C. S. Forester
Kommandant Hornblower

C. S. FORESTER

HORATIO HORNBLOWER

Gesamtwerk in Einzelausgaben mit Zeichnungen und
Karten von Samuel H. Bryant

1 Fähnrich Hornblower

2 Leutnant Hornblower

3 Hornblower auf der Hotspur

4 Kommandant Hornblower

5 Der Kapitän

6 An Spaniens Küsten

7 Unter wehender Flagge

8 Der Kommodore

9 Lord Hornblower

10 Hornblower in Westindien

11 Zapfenstreich

C. S. FORESTER

KOMMANDANT HORNBLOWER

Aus dem Englischen
von Eugen von Beulwitz

Roman

WOLFGANG KRÜGER VERLAG

Die englische Originalausgabe
›Hornblower and the Atropos‹
erschien im Verlag Michael Joseph Ltd., London
›Hornblower and the Atropos‹ © 1978 by Dorothy Forester
Deutsche Ausgabe:
© Wolfgang Krüger Verlag GmbH, Hamburg 1967
Neuausgabe:
© Wolfgang Krüger Verlag GmbH, Frankfurt am Main 1982
Für diese Ausgabe:
© Wolfgang Krüger Verlag GmbH, Frankfurt am Main 1999
Satz: Fotosatz Otto Gutfreund, Darmstadt
Druck und Einband: Clausen & Bosse, Leck
Printed in Germany 1999
ISBN 3-8105-0648-6

HORNBLOWER ÜBERNIMMT DAS RUDER

Das Kanalschiff war Schleuse um Schleuse bergan geklettert und wand sich nun durch die liebliche Landschaft der Cotswold Hills. Hornblower war in bester Stimmung; er war unterwegs zu einem neuen Kommando, lernte dabei ein ihm unbekanntes Stück England kennen und reiste obendrein auf eine ganz neue, ungewöhnliche Art. Zu alledem hatte ihm die Sphinx des englischen Wetters heute, mitten im Dezember, sogar einen klaren, leuchtenden Sonnentag beschert. So war es, trotz der Kälte, eine wahre Lust zu reisen.

»Darf ich dich einen Augenblick stören, Liebste?« sagte Hornblower.

Maria, den schlafenden kleinen Horatio im Arm, seufzte ein wenig über die Unrast ihres Gatten und nahm dann schweigend die Knie beiseite, um ihn vorüberzulassen. Hornblower erhob sich in der niedrigen Kajüte Erster Klasse vorsichtig von seinem Platz und trat durch den vorderen Eingang in den offenen Bugraum des Passagierschiffs hinaus. Wenn er sich hier auf seine Seekiste stellte, konnte er gut nach allen Seiten Umschau halten. Das Fahrzeug, auf dem er sich befand, bot einen seltsamen Anblick: Auf eine Länge von vollen siebzig Fuß kamen, wenn man vergleichend nach achtern sah, kaum fünf Fuß Breite – das war das gleiche Verhältnis, wie er es von den kippligen Einbäumen in Westindien her kannte. Der Tiefgang des Fahrzeuges konnte nicht einmal einen Fuß betragen, das wurde einem klar, wenn man sah, wie es hinter den trabenden Pferden mit einer Fahrt von gut und gern acht Knoten dahinraste. Acht Knoten – er rechnete rasch um –, das waren auf die hier übliche Weise ausgedrückt neun Meilen in der Stunde.

Das Passagierschiff benutzte für die Fahrt von Gloucester nach London den Themse-Severn-Kanal; es bot eine bedeutend angenehmere Beförderung als die Postkutsche, dabei war es kaum langsamer als diese, und bei einem Fahrpreis von einem Penny für die Meile sogar Erster Klasse entschieden billiger. Er selbst, Maria und das Kind waren die einzigen Fahrgäste Erster Klasse. Als Hornblower den

Fahrpreis zahlte, hatte der Schiffer allerdings mit einem Blick auf Marias offenkundigen Zustand bemerkt, von Rechts wegen hätten sie für zwei Kinder zu bezahlen. Maria hatte sich über den ungehobelten Burschen heftig entrüstet, zumal die Zuhörerschaft den Witz mit rohem Gelächter quittierte.
Von seiner Seekiste aus sah Hornblower über die Kanalböschungen hinweg über das Land, wo graue steinerne Bauernhöfe hinter ihren ebenso grauen Umfassungsmauern träumten. Das rhythmische Hufgeklapper der trabenden Treidelpferde unterstrich noch die sanfte Ruhe der Fahrt, denn das Schiff selbst glitt fast ohne jedes Geräusch über das stille Wasser hin. Hornblower bemerkte bald, daß der Schiffer sich darauf verstand, sein Fahrzeug durch eine plötzliche Beschleunigung der Fahrt mit dem Bug auf die Welle aufgleiten zu lassen, die es vor sich herschob, und es dann dort zu halten. So wurde das Wasser des Kanals kaum noch aufgewühlt, und man sah erst ganz weit achtern, wie sich das Uferschilf noch einmal neigte und wieder aufrichtete, nachdem sie längst vorüber waren. Nur diesem Kniff war auch die geradezu märchenhafte Fahrt zu verdanken, die das Schiff erreichte. Die trabenden Pferde hielten das Neunmeilentempo ohne Unterbrechung durch, bis sie gewechselt wurden, was jede halbe Stunde geschah. Sie schleppten an zwei Leinen, von denen die eine vorn, die andere achtern an einem Poller festgemacht war. Ein Schiffer ritt als Postillion auf dem hinteren Pferd und trieb das vordere mit Zuruf und Peitschenknallen an, der zweite saß mit verdrossener Miene am Heck seines Fahrzeugs. Seine linke Hand fehlte und war durch einen eisernen Haken ersetzt, mit der rechten führte er die Pinne und steuerte sein Schiff mit einer Geschicklichkeit durch die Kurven, die Hornblower geradezu erstaunlich fand.
Plötzlich klangen die Hufe hart auf Stein und warnten ihn dadurch noch eben zur rechten Zeit vor einer nahenden Gefahr. Die Pferde trabten grade mit unvermindertem Tempo unter einer niedrigen Brücke hindurch, obwohl ihnen dort der Treidelpfad, eingeengt zwischen Wasser und Brückenjoch, kaum noch genügend Raum bot. Der berittene Schifferknecht begrub seinen Kopf in der Mähne seines

Gauls, um durchzuschlüpfen, Hornblower fand eben noch Zeit, von seiner Seekiste herabzuspringen und sich niederzukauern, als die Brücke auch schon über ihn hinwegglitt. Es ärgerte ihn ein bißchen, daß der Mann am anderen Ende über seine eilige Flucht in ein lautes Gelächter ausbrach.
»Ja, ja, auf einem Kanalschiff lernt man die Beine in die Hand nehmen, Käpt'n!« rief er jetzt von seinem Platz am Ruder nach vorn. »Wer als letzter von der Rah kommt, kriegt ein Dutzend hinten drauf! Nicht wahr, so heißt's doch? Aber hier in den Cotswold Hills gibt's das nicht, Käpt'n, hier heißt's für *Sie* Augen auf, oder es gibt ein Loch in den Kopf. Ha ha!«
»Laß dir doch diese Unverschämtheiten nicht gefallen, Horatio!« mahnte Maria aus der Kajüte. »Kannst du dem Kerl nicht den Mund verbieten?«
»Das ist nicht so einfach, Liebling«, antwortete Hornblower, »er ist hier Kapitän, und ich bin nur ein gewöhnlicher Passagier.«
»Wenn du ihm seine Reden schon nicht untersagen kannst, dann komm wenigstens herein, hier bist du vor dem Flegel sicher.«
»Ja, Liebling, gleich.«
Aber Hornblower nahm lieber die Frechheit des Schiffers in Kauf, als daß er auf seinen Aussichtsplatz verzichtet hätte; hatte er doch noch nie eine so gute Gelegenheit gehabt, den Betrieb auf einem der Kanäle kennenzulernen, die in den letzten dreißig Jahren das Gesicht der englischen Landschaft so gründlich verändert hatten. Zumal sie sich jetzt dem Sapperton-Tunnel näherten, jenem Wunderwerk der Neuzeit, das als Meisterstück moderner Ingenieurkunst galt. Ihn wollte er unter allen Umständen sehen. Sollte sich der Steuermann dahinten bucklig lachen, ihm war es gleich. Das war natürlich ein alter Marinemann, der wegen des Verlustes seiner Hand als dienstuntauglich entlassen war. Da hatte er begreiflicherweise einen Riesenspaß daran, einmal einen richtigen Kapitän der Royal Navy unter seinem Kommando zu haben.
Voraus kam jetzt der graue steinerne Turm eines Schleusenhauses in Sicht, davor die winzige Gestalt des Wärters, der

bereits die Tore öffnete. Ein lauter Zuruf des Postillionschiffers stoppte die Gangart der Pferde, das Schiff glitt weiter, aber seine Fahrt verminderte sich rasch, als der Bug vom Kamm der Stauwelle herabsank. Sobald es die Schleuse erreichte, sprang der einhändige Steuerer mit einer Leine an Land und nahm geschickt ein paar Törns um einen Poller, ein-, zweimal schrickte er, dann war die Fahrt fast ganz heraus; nun rannte er mit seiner Leine ein Stück nach vorn und machte sie am nächsten Poller fest.

»Schmeiß die Vorleine, Käpt'n!« schrie er, und Hornblower nahm sie gehorsam auf und warf sie ihm hinüber, daß er sie festmachen konnte, wie es sich gehörte. Das Gesetz der See galt auch auf diesen Binnengewässern: zuerst kam immer das Schiff und dann nach einer ganzen Weile erst der persönliche Anspruch auf Achtung und Würde.

Schon schloß der Schleusenwärter hinter ihnen die Tore, seine Frau zog die Schütze am oberen Ende auf, und das Wasser strömte wirbelnd in die Kammer. Unter dem wachsenden Druck klappte das untere Tor mit einem lauten Knall vollends zu, dann stieg das Schiff mit dem gurgelnden Wasser in die Höhe. Die Pferde waren im Nu gewechselt, der Postillion kletterte wieder in den Sattel und hatte, bis die Schleuse gefüllt war, grade noch Zeit, eine schwarze Flasche andächtig an die Lippen zu setzen. Der Rudergänger warf die Leine los – Hornblower holte die Vorleine ein –, dann stieß die Frau des Schleusenwärters die eine Seite des oberen Tores auf, während ihr Mann schon angerannt kam, um die andere zu bedienen. Der Postillion schrie und knallte mit der Peitsche, das Schiff ruckte ab, während der Schiffer noch ans Ruder eilte, und schon waren sie ohne eine Sekunde Zeitverlust wieder unterwegs. Dieser Kanalverkehr war nach allgemeinem Urteil ein wahres Wunder des Fortschritts, und es war wirklich ein Genuß, an Bord dieses schnellsten aller Kanalschiffe, der Queen Charlotte, zu reisen, die allen anderen Fahrzeugen gegenüber das Recht der Vorfahrt genoß. Als stolzes Wahrzeichen dieses Vorrechts trug sie am Bug ein scharfes blitzendes Sichelblatt, mit dem sie die Schleppleinen jener durchtrennen konnte, die bei ihrer Annäherung nicht sofort loswarfen, um ihr den Weg zum Überholen frei-

zugeben. Die paar Dutzend Bauersfrauen und Mädchen, die mit ihren Hühnern, Enten, Eiern und Butterwecken die Zweite Klasse bevölkerten, reisten volle zwanzig Meilen weit zum Markt und konnten doch sicher damit rechnen, noch am gleichen Abend wieder zu Hause zu sein. Das war, weiß Gott, erstaunlich!*
Während sie jetzt der Scheitelhöhe des Kanals zustrebten, passierten sie in rascher Folge eine Schleuse nach der anderen. Bei jedem Halt führte der Postillion seine schwarze Flasche an den Mund, sein Geschrei wurde von Mal zu Mal heiserer, sein Peitschenknall ausdauernder. Hornblower bediente immer wieder gehorsam die Vorleine, obwohl sich Maria alle Mühe gab, ihn davon abzubringen.
»Aber Liebste«, meinte Hornblower, »wir sparen doch Zeit, wenn ich ein bißchen helfe.«
»Dennoch gehört es sich nicht«, sagte Maria. »Der Mann weiß doch, daß du Kapitän der Royal Navy bist.«
»Das weiß er nur zu genau«, sagte Hornblower mit einem schiefen Lächeln, »aber schließlich möchte ich so bald wie möglich mein Kommando übernehmen.«
»Als ob dein Kommando nicht ein bißchen warten könnte«, brummte Maria. Es war schwer, Maria klarzumachen, daß das Kommando für einen Kapitän schlechthin alles bedeutete; daß er – Hornblower – keine Stunde, keine Minute auf dieser Reise vergeuden wollte, die ihn zu seinem Schiff, seiner auf dem London River liegenden Korvette führen konnte. Er wollte endlich sehen, wie diese Atropos aussah; er sehnte sich nach ihrem Anblick mit jenem aus Hoffnung und Besorgnis gemischten Gefühl, das auch einen Bräutigam des Ostens überkommen mochte, wenn er mit seiner hinter dem Schleier verborgenen Braut versprochen wurde. ... Aber dieser Vergleich würde Maria nicht gefallen, es war bestimmt klüger, wenn er ihn für sich behielt.
Endlich durchfuhren sie den Scheitelabschnitt des Kanals; sein Bett schnitt tiefer und tiefer ins Land, das Echo der Pferdehufe hallte von den felsigen Böschungen wider. Hinter der nächsten flachen Krümmung begann gewiß der Sapperton-Tunnel. (Vgl. ① Karte S. 11)
»Halt ihn, Charlie!« schrie da plötzlich der Mann am

VON GLOUCESTER NACH DEPTFORD

1 Sapperton-Tunnel
2 Es geht vom Kanal in den Fluß
3 Abendessen in Oxford
4 Umsteigen auf das Riemenboot
5 Die Atropos vor Anker in Deptford

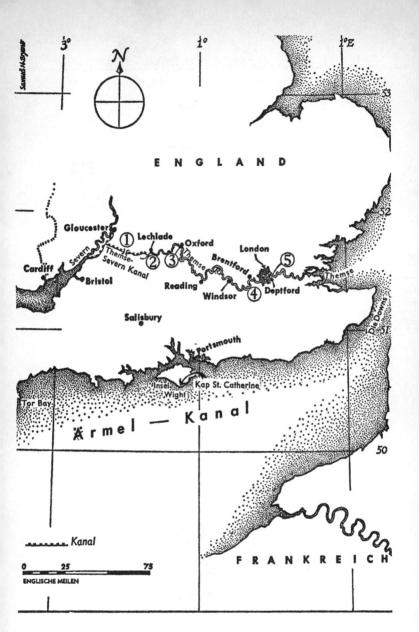

Ruder. Gleich darauf sprang er an die Achterleine und versuchte sie loszuwerfen, aber schon herrschte an Land das wildeste Durcheinander; Geschrei, Gewieher und lautes Hufgeklapper. Hornblower sah, wie das vordere Zugpferd ganz außer sich vor Angst den Hang der Böschung emporstrebte – grade vor ihm tat sich die zinnengekrönte, düstere Öffnung des Tunnels auf, so daß ihm kein anderer Ausweg blieb, als es davor scheute und kehrtmachen wollte. Die Queen Charlotte holte gefährlich über, als sie hart gegen das Ufer stieß, und aus der Zweiten Klasse ertönte dazu das laute Gekreisch der Weiber. Auch Hornblower glaubte im ersten Augenblick, daß sie kentern würden, aber dann richtete sich das Fahrzeug doch wieder auf und kam mit losen Schleppleinen zum Stillstand. Das zweite Zugpferd hatte sich in beide Leinen verwickelt und schlug wie rasend um sich, bis es endlich davon frei war. Derweile war der Schiffer hastig an Land geklettert und hatte die Achterleine an einem Poller festgemacht.
»Da haben wir den Salat«, meinte er.
Gleich darauf kam ein Mann die Böschung herabgerannt, von deren Höhe die Ersatzpferde wiehernd auf die Szene niederäugten. Er trat sofort auf die aufgeregten Tiere der Queen Charlotte zu und faßte sie an den Köpfen. Zu seinen Füßen aber lag still und mit blutüberströmtem Gesicht der Schiffer und Postillion Charlie.
»Macht, daß ihr wieder hineinkommt!« schrie der Steuermann das Weibervolk an, das aus der Zweiten Klasse herausquoll. »Es ist alles in Ordnung, marsch hinein! Läßt man sie einmal an Land laufen«, fügte er zu Hornblower gewandt hinzu, »dann sind sie schwerer wieder einzufangen als ihre eigenen Hühner.«
»Was ist eigentlich los, Horatio?« fragte Maria. Sie stand mit dem Kind auf dem Arm in der Tür der Kajüte Erster Klasse.
»Kein Grund zur Aufregung, Liebling«, sagte Hornblower. »Laß dich bitte nicht aus der Ruhe bringen, das ist in deinem Zustand nicht gut.«
Als er sich wieder zum Ufer wandte, sah er, wie der einarmige Schiffer sich soeben prüfend über Charlie beugte; er

faßte ihn mit seinem Haken beim Rockaufschlag und hob ihn etwas an, aber Charlies Kopf sank kraftlos zurück und das Blut strömte ihm über die Wangen.
»Der kann uns nicht mehr viel nützen«, bemerkte der Schiffer und ließ ihn ohne viel Umstände wieder zu Boden fallen. Schließlich ging Hornblower selbst an Land, um sich von dem Zustand des Mannes zu überzeugen. Als er sich über ihn beugte, strömte ihm von den blutenden Lippen schon auf drei Fuß Entfernung ein kräftiger Schnapsdunst entgegegen. Aha, dachte er, halb benommen, halb betrunken – vielleicht sogar von beidem etwas mehr als halb.
»Wir müssen uns durch den Tunnel stemmen«, sagte der Schiffer. »Ist im Tunnelhaus jemand zu finden?«
»Kein Mensch mehr da«, erwiderte der Pferdewärter. »Der ganze Verkehr ist schon am Morgen durch.«
Der Schiffer stieß einen leisen Pfiff aus.
»Dann mußt du mit uns fahren.«
»Ausgeschlossen«, sagte der Pferdeknecht. »Ich habe sechzehn Pferde zu versorgen, mit diesen beiden achtzehn, die kann ich unmöglich allein lassen.«
Der Schiffer stieß ein paar so haarsträubende Flüche aus, daß selbst Hornblower aufhorchte, obwohl er doch einiges gewöhnt war.
»Was verstehen Sie eigentlich unter diesem ›Stemmen‹ durch den Tunnel?« fragte Hornblower.
Der Schiffer wies mit seiner Hakenhand nach dem schwarzen, unheimlichen Tunnelloch mit seiner zinnengekrönten Einfassung.
»Natürlich gibt's da drinnen keinen Treidelweg, Käpt'n«, sagte er, »also lassen wir die Pferde hier und stemmen uns durch. Dazu machen wir vorn am Bug zu beiden Seiten ›Ausleger‹ fest, ähnlich wie die Kranbalken auf einem Seeschiff. Charlie legt sich auf den einen, ich auf den anderen, die Köpfe binnenbords, die Füße gegen die Tunnelwand gestemmt. Dann fangen wir sozusagen an zu ›gehen‹ und drücken das Schiff damit voran. Am anderen, südlichen Ende kriegen wir wieder Pferde.«
»Jetzt verstehe ich«, sagte Hornblower.
»Ich will den Saufaus da mit ein paar Pützen Wasser behan-

deln«, sagte der Schiffer, »vielleicht macht ihn das wieder munter.«
»Möglich ist es«, meinte Hornblower.
Aber die Dusche machte auf den bewußtlosen Charlie nicht den geringsten Eindruck, er hatte eben doch eine richtige Gehirnerschütterung davongetragen. Das Blut begann ihm gleich wieder langsam über das rein gespülte Gesicht zu rieseln. Wieder stieß der Fischer ein paar kräftige Flüche aus.
»Es kommen doch bald andere Schiffe hinter dir her«, meinte der Pferdewärter. »Ich schätze, daß du höchstens zwei Stunden zu warten brauchst.«
Die Antwort des Schiffers bestand nur in einer neuen Serie von Flüchen.
»Wir brauchen Tageslicht, um die Stauwehre auf der Themse zu passieren«, erklärte er schließlich. »Da soll ich zwei Stunden warten? Nur wenn wir sofort fahren, schaffen wir's noch.«
Er warf einen langen, wütenden Blick auf den friedlichen Kanal, das dunkle Loch des Tunnels, die schwatzenden Weiber auf seinem Schiff und die paar alten Leutchen, die sich inzwischen zu einem kleinen Klatsch bei ihnen eingefunden hatten.
»Zwölf Stunden Verspätung gibt das«, knurrte er verärgert.
Und ich komme einen Tag zu spät auf mein Schiff, dachte Hornblower.
»Ach was«, sagte er dann, »ich helfe Ihnen durchstemmen.«
»Das wäre schön, Sir«, sagte der Schiffer – er hatte unversehens statt der formlos kameradschaftlichen Anrede Käpt'n das bisher sorgfältig vermiedene Sir gewählt. »Aber glauben Sie, daß Sie es können?«
»Das möchte ich doch annehmen«, sagte Hornblower.
»Dann wollen wir gleich die Ausleger klarmachen«, sagte der Schiffer kurz entschlossen.
Die Ausleger waren kleine Plattformen, die zu beiden Seiten des Bugs nach außenbords ragten.
»Mein Gott, Horatio!« rief Maria aus der Kajüte. »Was in aller Welt treibst du da?«
Natürlich, das mußte kommen! Maria konnte eben nicht anders. Am liebsten hätte er geantwortet: Ich melke einen Vo-

gel Strauß, wie er es auf der Renown einmal jemand hatte sagen hören; aber am Ende war es besser, wenn er sich beherrschte.

»Ich helfe dem Schiffer, Liebste«, sagte er geduldig.

»Du müßtest wirklich mehr an deine Stellung denken.« Hornblower war nun schon eine ganze Weile verheiratet und hatte längst gelernt, daß es sich lohnte, die Frau reden zu lassen, wie sie wollte, solange er selbst weiterhin tun konnte, was er wollte. Nachdem die Ausleger festgemacht waren, traten er und der Schiffer an Bord, der Pferdewärter an Land, an die Reling der Queen Charlotte und gaben ihr durch eine kräftige gemeinsame Anstrengung so viel Fahrt, daß sie in der Mitte des Kanals der Tunnelmündung zustrebte.

»Hauptsache ist, daß wir immer in Fahrt bleiben, Sir«, sagte der Schiffer und eilte so schnell er konnte nach vorn zum Backbordausleger. Selbstverständlich war es viel besser, das Schiff in stetiger langsamer Fahrt zu halten, als zu warten, bis es ganz zum Stillstand kam, und es dann mit großem Kraftaufwand von neuem in Gang zu bringen. Auch Hornblower eilte daher zum Steuerbordausleger und legte sich darauf, als der Bug gerade in den düsteren Schatten des Tunnels glitt. Er lag auf seiner rechten Seite, den Kopf binnenbords, und merkte sofort, daß seine Sohlen an der Ziegelmauer des Tunnels Halt fanden. Jetzt galt es nur fest anzudrücken, dann konnte man das Schiff durch einfaches Rückwärtsschreiten langsam und stetig voranschieben.

»Nun heißt es durchhalten«, meinte der Schiffer – er lag mit seinem Gesicht unmittelbar neben Hornblower. »Wir haben reichlich zwei Meilen vor uns.«

Zwei Meilen lang war dieser Tunnel, der durch die massiven Felsen der Cotswold Hills führte! Da sprach man wohl mit Recht von einem Wunder der modernen Technik. Was waren gegen diese Leistung die Aquädukte der alten Römer? Immer tiefer gelangten sie in den Tunnel hinein, immer tiefer wurde auch die Dunkelheit, die sie umfing. Zuletzt herrschte ringsum schwärzeste, undurchdringlichste Finsternis, in der das Auge auch bei größter Anstrengung nichts, aber auch rein gar nichts mehr wahrnahm. Bei der Einfahrt hatten die Weiber achtern noch geschwatzt, gelacht und Rufe

ausgestoßen, um das Echo von den Tunnelwänden zu hören.
»Dumme Gänse«, hatte der Schiffer gebrummt.
Jetzt waren sie alle still geworden, weil ihnen die Finsternis unheimlich war, nur Maria ließ sich noch vernehmen.
»Horatio«, sagte sie, »denkst du auch daran, daß du deine besten Sachen anhast?«
»Natürlich, Liebste«, antwortete er und freute sich diebisch darüber, daß sie ihn unmöglich sehen konnte.
Sicher war diese Betätigung nichts weniger als standesgemäß und bestimmt alles andere als bequem. Schon nach wenigen Minuten kam ihm zum Bewußtsein, wie hart er auf dieser Plattform lag, und bald begannen auch seine Beine gegen die Anstrengung zu rebellieren, die ihnen hier plötzlich zugemutet wurde. Er versuchte seine Lage ein wenig zu verändern, andere Muskeln in Tätigkeit zu bringen und sein Gewicht auf andere Körperteile zu verlagern; aber er machte bald die Erfahrung, daß er dazu genau den rechten Augenblick wählen mußte, wenn der Rhythmus der Bewegung nicht darunter leiden sollte. Der Schiffer neben ihm stieß sofort ein unzufriedenes Brummen aus, als er nur einmal mit dem rechten Fuß einen Stoß verpaßte und das Schiff dadurch um ein weniges aus dem Kurs brachte.
»Fahrt, Sir, Fahrt!« mahnte er immer wieder.
So fuhren sie weiter und immer weiter durch die Nacht, die sie umgab, wie Gefangene in einem magischen Alptraum, schwebend in schwarzer Finsternis und lautloser Stille, da die geringe Fahrt der Queen Charlotte nicht einmal ausreichte, das Wasser vor ihrem Bug zu kräuseln. Hornblower stieß und stieß mit seinen Beinen, und seine Fußsohlen verrieten ihm, daß der Tunnel nicht mehr ausgemauert war. Seine Füße preßten sich jetzt gegen den nackten Fels, der so rauh und kantig war, wie ihn die Tunnelbauer mit ihren Spitzhacken ausgehauen und mit ihren Pulverladungen gesprengt hatten. Das steigerte die Last seiner Aufgabe noch um ein erkleckliches.
In der Ferne hörte man jetzt ein leises Geräusch; es klang wie Gemurmel und war zuerst so schwach, daß er sich noch nicht einmal darüber Rechenschaft gab. Erst als es lauter wurde,

merkte er, daß es schon eine Weile dagewesen war. Allmählich nahm es an Lautstärke zu, bis es zu starkem Rauschen angeschwollen war. Er hatte nicht die leiseste Ahnung, was der Lärm bedeuten konnte; da sich aber der Schiffer neben ihm offenbar nichts daraus machte, konnte er sich nicht entschließen, ihn danach zu fragen.
»Stop einen Augenblick, Sir«, sagte der Schiffer. Hornblower ließ verwundert seine müden Beine ruhen, sein Gefährte aber begann neben ihm, immer noch liegend, heftig an irgendeinem Gegenstand zu zerren. Gleich darauf hatte er auch schon eine Persenning über sie beide gebreitet, die sie, abgesehen von den unter den Rändern herausragenden Beinen, vollständig bedeckte. Unter dieser Persenning war es nicht dunkler als außerhalb, nur die Luft war zum Ersticken.
»Weiter, Sir«, sagte der Schiffer, und Hornblower begann wie vorher die Wand mit seinen Füßen zu bearbeiten. Das Rauschen, das er zuvor gehört hatte, klang unter der Persenning ein wenig gedämpft.
»Jetzt geht's los«, bemerkte der Schiffer unter der Persenning.
Eine unterirdische Quelle brach hier durch die Decke des Tunnels und ergoß sich rauschend in den Kanal. Das Wasser sauste in betäubenden Sturzbächen auf sie herab, es donnerte auf die Dächer der Kajüten und übertönte sogar das Gekreisch der Frauen unter Deck. Unter seinem Gewicht lastete die Persenning schwer wie Blei auf den beiden Männern. Dann, ganz allmählich, ließ die Wucht der Wassermassen nach, der Strom versiegte zu harmlosem Getröpfel, und schließlich waren sie durch.
»Nur einmal müssen wir noch durch«, sagte der Schiffer unter der stickigen Persenning. »Wenn der Sommer recht trocken war, ist es nicht so schlimm.«
»Bist du naß, Horatio«, ließ sich Maria vernehmen.
»Nein, Liebling«, sagte Hornblower, und diese bündige Verneinung hatte offenbar die gewünschte beruhigende Wirkung, denn alle weiteren Vorstellungen blieben aus.
In Wirklichkeit hatte er natürlich nasse Füße, aber nach elf Jahren Seefahrt empfand er das nicht mehr als besonders aufregend. Viel größeren Kummer machte ihm die zunehmen-

de Müdigkeit in den Beinen. Es schien eine Ewigkeit zu dauern, bis neues Wassergeplätscher und die Ankündigung des Schiffers: »Jetzt geht's wieder los«, den zweiten Sturzbach vermeldeten. Im Schneckentempo krochen sie auch unter ihm hindurch, und dann zog der Schiffer endlich mit zufriedenem Gebrumm die Persenning weg. Befreit atmete Hornblower auf und verrenkte sich gleich den Hals, um auszuspähen. War da nicht weit, weit voraus etwas zu sehen? Seine Augen hatten sich längst an die Dunkelheit gewöhnt, und mitten in dieser fast greifbaren Finsternis leuchtete jetzt unendlich fern und noch kaum sandkorngroß ein heller Punkt: die andere Mündung des Tunnels! Die Entdeckung gab ihm neue Kraft, unverdrossen schob er sich weiter voran. Die lichte Stelle wurde größer, das Sandkorn wuchs zur Erbse, und endlich formte sich daraus der Halbmond der gemauerten Öffnung. Zugleich wurde es, wenn auch unendlich langsam, heller um ihn her; schon unterschied er das tiefere Schwarz der Wasserfläche, schon erkannte er die rauhe felsige Fläche des Tunnelgewölbes. Nun hörte der blanke Fels auf, die Wände bestanden wieder aus Ziegeln – kam man da wirklich so viel leichter voran, oder wollte es einem nur so scheinen?
»Schluß!« rief der Schiffer erlöst mit einem letzten kräftigen Stoß.
Hornblower schien es unfaßbar, daß er seine Beine wirklich ruhen lassen durfte, daß es endlich wieder Tag um ihn wurde, daß er nicht mehr unter einer erstickenden Persenning zu liegen brauchte, um sich vor den Fluten unterirdischer Quellen zu schützen. Ganz langsam glitt das Schiff aus der Tunnelmündung heraus; aber trotz dieses sachten Übergangs aus dem Dunkel ins Helle und trotz der schwachen Leuchtkraft der Wintersonne war er für eine Weile ganz blind. Das Geschnatter der Passagiere schwoll zu einem Lärm, der fast so stark war wie vorhin das Brausen der Wasserstürze auf der Persenning. Hornblower setzte sich auf und sah sich blinzelnd um. Auf dem Treidelpfad stand ein Pferdehalter mit zwei Pferden; er fing die Leine auf, die ihm der Schiffer zuwarf, und dann holten sie das Schiff mit vereinten Kräften ans Ufer. Hier stiegen eine ganze Anzahl Passagiere aus und machten sich sogleich, beladen mit ihrem Gepäck und

ihren Hühnern, auf den Weg. Andere standen bereits wartend am Ufer und kamen nun an Bord.
Maria trat aus der Kajüte Erster Klasse, der kleine Horatio war jetzt wach und wimmerte leise vor sich hin.
»Horatio...«, begann sie.
»Ja, Liebste?«
Hornblower wußte, daß sie jetzt mit einem einzigen Blick feststellte, wie unordentlich er aussah. Dann folgte natürlich eine Strafpredigt; sie bürstete ihn aus und behandelte ihn wieder einmal, als ob sie über ihn das gleiche mütterliche Verfügungsrecht besäße wie über seinen Sohn. Dazu durfte es nicht kommen, jetzt nicht, er hätte es in diesem Augenblick nicht ertragen, daß ein anderer Mensch über ihn verfügte.
»Verzeih, Liebling, ich bin gleich wieder da«, sagte er, sprang mit einem gewandten Satz an Land und stieg die Böschung zum Treidelpfad hinauf. Dort gesellte er sich zu dem Schiffer, der sich eben mit dem Pferdehalter besprach.
»Wir haben wirklich niemand hier«, betonte dieser grade, »ich möchte wetten, daß du vor Oxford keinen Ersatzmann findest.«
Der Schiffer erhob wieder die gleichen Vorstellungen wie drüben auf der anderen Seite des Tunnels.
»Ja, ja, aber da läßt sich eben nichts machen«, meinte der Pferdehalter weise. »Du mußt schon warten, bis das nächste Fahrzeug kommt.«
»Gibt es denn hier auch keine Ersatzleute?« fragte Hornblower.
»Keinen einzigen, Sir«, sagte der Schiffer und fügte dann nach kurzem Zögern hinzu: »Sie werden wohl keine besondere Lust haben, ein paar Pferde zu kutschieren, wie?«
»Nein, weiß Gott nicht«, gab Hornblower eilig zur Antwort – die Frage hatte ihn so überrascht, daß er gar nicht versuchte, sein Entsetzen über diese Zumutung zu verbergen. Er sollte wie der gestürzte Charlie mit Geschrei und Peitschengeknall durch die Gegend traben? Niemals! Aber dann fiel ihm gleich eine Lösung ein, die geeignet war, sein Ansehen bei den Männern wiederherzustellen, und nebenbei den Zweck erfüllte, ihn der ständigen Bemutterung durch Maria zu entziehen.

»Ich könnte das Ruder nehmen.«
»Warum nicht, Sir?« antwortete der Schiffer. »Sie haben sicher schon oft genug eine Pinne in der Hand gehabt und verstehen sich auf das Geschäft. Und ich kutschiere die beiden Gäule – soll mir trotz meiner künstlichen Pfote hier nichts ausmachen.«
Er warf dabei einen Blick auf den stählernen Haken, der ihm die fehlende Hand ersetzte.
»Abgemacht«, sagte Hornblower.
»Ich bin Ihnen wirklich dankbar, Sir«, sagte der Schiffer, »das können Sie mir glauben.« Er bekräftigte die Aufrichtigkeit seines Gefühls mit einer Reihe herzhafter Flüche. »Für diese Reise stehe ich nämlich unter Zeitkontrakt – dort vorne sind ein paar Kisten Tee verstaut, letzte Ernte, die müssen pünktlich in London sein. Ja, Sir, Sie retten mir durch Ihre Hilfe gute Pfunde und meinen Ruf als Schiffer dazu. Und ob ich Ihnen dafür dankbar bin, sonst sollte mich doch gleich...«
Und wieder bekräftigte er ausführlich seine aufrichtige Gesinnung.
»Reden wir nicht weiter darüber«, sagte Hornblower. »Je eher wir aufbrechen, desto eher kommen wir ans Ziel. Aber sagen Sie doch erst noch, wie Sie heißen.«
»Jenkins, Sir, Tom Jenkins – sonst Schiffer, heute Postillion, wie's eben der Zufall bringt, Großtoppsgast auf der alten Superb unter Käpt'n Keates, Sir.«
»Schön, Jenkins, machen wir uns auf den Weg.«
Der Pferdehalter war bereits dabei, die Schleppleinen am Geschirr seiner Pferde festzumachen, Jenkins warf die Vorleine los, Hornblower löste die Achterleine bis auf einen Törn, den er klar zum Loswerfen festhielt. Mittlerweile war Jenkins gewandt in den Sattel geklettert und hatte die Zügel um einen Haken geschlungen.
»Aber Horatio«, rief Maria, »was hast du eigentlich im Sinn?«
»Daß wir möglichst bald nach London kommen, Liebling«, sagte Hornblower. Im gleichen Augenblick knallte auch schon die Peitsche, und die Schleppleinen kamen steif.
Die Leine noch in der Hand, mußte Hornblower ans Heck rennen und schleunigst nach der Pinne greifen. Vielleicht

machte ihm Maria immer noch Vorwürfe, aber er hatte jetzt keine Zeit mehr, auf ihre Worte zu achten. Es war erstaunlich, wie rasch die Queen Charlotte Fahrt aufnahm, als die sofort antrabenden Pferde ihren Bug erst auf die Stauwelle gehoben hatten. Aus dem Trab wurde bald ein kurzer Galopp, und nun ging es rasend schnell dahin, unheimlich schnell vor allem für Hornblower, der nun am Ruder stand und das Schauspiel nicht mehr als Passagier ohne Verantwortung genießen durfte. Die Ufer flogen nur so vorüber, und es war ein Glück, daß der Kanal in dem tiefen Einschnitt auf seiner Scheitelhöhe schnurgerade verlief, denn das Steuern war eben doch nicht ganz so einfach. Die beiden Schleppleinen, eine am Bug und eine am Heck, hielten das Schiff mit kleinsten Ruderhilfen parallel zum Ufer – eine kräftesparende Lösung, die dem mathematisch denkenden Hornblower besonders gut gefiel. Aber grade diese Anordnung gab ihm andererseits beim Steuern ein recht unnatürliches Gefühl, wie er alsbald feststellen konnte, als er die Pinne probeweise ein wenig bewegte.
Darum sah er auch der nächsten Biegung des Kanals mit einiger Besorgnis entgegen. Als sie ihr näher kamen, wanderten seine Blicke prüfend von einem Ufer zum anderen, um sich zu versichern, daß er auch wirklich genau die Mitte hielt. Und gleich hinter dieser Biegung kam auch schon die erste Brücke, sie waren bereits dicht davor, als sie auftauchte. Auch ihre Spannweite war wie die aller anderen aus Gründen der Sparsamkeit so teuflisch eng, daß sich der Treidelweg unter ihren Jochen ins Fahrwasser vorbog. Dieser Umstand erschwerte es ungemein, die Mitte des stark verengten Kanalbetts richtig anzuvisieren. Ausgerechnet in diesem Augenblick rief ihm Maria etwas zu, und auch der kleine Horatio brüllte wieder einmal wie am Spieß, aber er hatte in diesen Sekunden weder einen Blick noch einen Gedanken für die beiden übrig. Seine ganze Aufmerksamkeit galt der Aufgabe, das Schiff durch die Biegung zu steuern. Schon klapperten die Hufe des vorderen Gauls über das Pflaster unter dem Brückenbogen. Himmel! Er war ja ganz an die Seite geraten. Hastig riß er an der Pinne, um den Fehler auszugleichen. Zu viel! Jetzt war er glücklich auf der anderen Seite.

Wieder korrigierte er und war immer noch dabei, das Schiff auf geraden Kurs zu bringen, als es schon mit dem Bug in die Enge unter der Brücke einlief. Zwar hatte er ihm noch rasch den richtigen Dreh gegeben, nur leider nicht genug, denn ehe er sich's versah, bumste es Steuerbord achtern, grade da, wo er stand, heftig gegen die vorspringende Kanalwand, die hier aus festem Mauerwerk bestand. Glücklicherweise war die Bordwand, vermutlich zum Schutz gegen ähnliche Vorkommnisse, an dieser Stelle mit einem dicken Taufender bewehrt, der den Stoß abfing. Der war auch nicht stark genug gewesen, um die Passagiere in der Kajüte von ihren Sitzen zu schleudern, nur Hornblower selbst wäre beinahe aufs Gesicht gefallen, als er zusammengekauert neben dem Ruder hockte, um seinen Kopf vor der niedrigen Brücke zu bergen. Aber es blieb ihm keine Zeit, sich jetzt um andere Dinge zu kümmern, er fragte nicht einmal nach seinem kleinen Horatio, obwohl der Junge wahrscheinlich einen tüchtigen Schreck bekommen hatte, denn das Gebrüll aus der vorderen Kajüte klang jetzt noch mörderischer als zuvor. Der Kanal bog gleich wieder in die frühere Richtung zurück, und er hatte nur die Pflicht, die Queen Charlotte wohlbehalten um die neue Biegung zu steuern.
Klitsch – klatsch –, klitsch – klatsch – das war Jenkins mit seiner Peitsche. Ging es ihm immer noch nicht schnell genug? Hinter der Biegung kam ihnen ein anderes Kanalschiff entgegen, das, von einem einzigen Pferd geschleppt, in friedlichem Schneckentempo seinem Ziel zustrebte. Hornblower sagte sich jetzt, daß Jenkins' viermaliges Peitschenknallen für den anderen die Aufforderung bedeutete, ihnen die Bahn freizugeben. Er hoffte brennend, daß jener nun auch tat, was man von ihm verlangte, denn das Passagierboot raste immer noch mit unverminderter Geschwindigkeit auf den Frachtkahn zu.
Der Kahnschiffer brachte seinen am Zügel geführten Gaul zum Stehen und zog ihn, um Platz zu machen, in das Strauchwerk neben dem Treidelpfad; seine Frau legte das Ruder über, und der Kahn schmiegte sich mit seiner restlichen Fahrt langsam und majestätisch gegen den Schilfstreifen am gegenüberliegenden Ufer. Die Schleppleine vom Pferd zum Kahn

sank dabei lose auf den Treidelweg und in einer tiefen Bucht auf den Grund des Kanals. Alsbald sprengten Jenkins' Pferde im Galopp darüber hinweg, und Hornblower hielt mit seinem Schiff genau Kurs auf die enge Lücke zwischen Kahn und Treidelpfad. Unmittelbar neben dem Pfad war das Wasser sicherlich flach, es kam also darauf an, sich so dicht wie möglich an dem Kahn zu halten. Dabei hatte ihm die Schiffersfrau ohnehin nur so viel Platz gelassen, wie unbedingt nötig war, weil sie damit rechnen konnte, daß hier nur erfahrene und geschickte Steuerleute des Weges kamen. Hornblower war auf dem besten Wege, vollends den Kopf zu verlieren, als sein Schiff mit unverminderter Fahrt auf das Hindernis zuraste.

Steuerbord! – Stütz! Backbord – Stütz! Er gab sich selbst die Kommandos, wie er es zu seinem Rudergänger getan hätte; plötzlich aber ging ihm mitten in der dunklen Verwirrung, die sich seiner bemächtigen wollte, wie ein Blitz die Erkenntnis auf, daß mit solchen Befehlen so gut wie nichts erreicht war. Wohl konnte er sie sich selber geben; durfte er sich aber darauf verlassen, daß er sie mit seinen ungeübten Händen auch ebenso zuverlässig und genau ausführte wie ein tüchtiger Rudergänger? Jetzt ging es mit voller Fahrt in die schmale Lücke, das Heck wollte noch herumschwingen, erst im allerletzten Augenblick gelang es ihm, den Dreh durch Gegenruder aufzuheben. Der Frachtkahn schien förmlich vorbeizufliegen, am Rande seines Gesichtsfeldes glaubte er zu erkennen, daß die Schiffersfrau herüberwinkte und überrascht innehielt, als sie am Ruder der Queen Charlotte einen wildfremden Mann erblickte. Sie rief ihm etwas zu, aber er faßte kein Wort von dem auf, was sie zu ihm sagte; für den Austausch höflicher Reden hatte er jetzt, weiß Gott, keinen Sinn.

Sie waren durch, es war gegangen wie der Blitz, und jetzt konnte er wieder atmen, wieder lächeln, wieder froh sein. War das Leben nicht wunderbar, wenn man ein Passagierschiff mit vollen neun Meilen Fahrt durch den Themse-Severn-Kanal steuern durfte? Aber da stieß Jenkins wieder einen Schrei aus, er zügelte sein Pferd, und gleichzeitig kam voraus der graue Turm eines Schleusenhauses in Sicht. Die Tore waren offen, der Schleusenwärter stand daneben. Hornblower steuerte die Einfahrt an, wobei ihm besonders zustatten kam, daß die Queen Charlotte plötzlich stark an Fahrt verlor, als ihr die Stauwelle davonlief. Hornblower griff nach der Achterleine, machte einen Satz an Land und blieb dabei wie durch ein Wunder auf den Beinen. Der Poller war zehn Fuß weiter vorn, er rannte hin, nahm einen Törn und schrickte, als Kraft auf die Leine kam. Nach den Regeln der Kunst galt es, beim ersten Abstoppen die Fahrt bis auf einen kleinen Rest aus dem Schiff zu bringen, so daß es eben noch langsam in die Schleuse glitt, und es beim nächsten Poller zum Stehen zu bringen.

Aber man konnte wohl kaum erwarten, daß Hornblower dieses Manöver gleich beim ersten Male in seiner Vollendung gelingen würde. Er ließ die Leine langsam durch die Hände gleiten und achtete dabei genau auf die Fahrt des Schiffes; dann aber beging er den Fehler, zu plötzlich festzuhalten. Die Folge war, daß Leine und Poller unter der Beanspruchung knirschten und krachten und daß die Queen Charlotte mit dem Bug quer über die Schleuse schwenkte und auf der anderen Seite hart gegen die Mauer schlug. Da lag sie nun, halb drinnen und halb draußen, hilflos und ohne Fahrt, und die Frau des Schleusenwärters mußte vom anderen Schleusentor her zu Hilfe eilen. Sie setzte den Bug von der Schleusenmauer frei, griff nach der Vorleine, legte sie über ihre kräftige Schulter und holte das Schiff daran die letzten zwölf Yard in die Schleusenkammer herein. Das gab natürlich einen minutenlangen und durchaus überflüssigen Zeitverlust. Es war jedoch für Hornblower noch nicht die letzte Lehre, die er empfing. Da sie jetzt die Scheitelhöhe des Kanals hinter sich hatten, führte diese Schleuse zum ersten Male abwärts. Diesen Übergang zum Abstieg hatte er nicht in Rechnung gezogen, und er war daher überrascht, als die Queen Charlotte nach dem Öffnen der Schütze plötzlich und rasch mit dem fallenden Wasserspiegel in die Tiefe sank. So blieb ihm grade noch Zeit, um zuzuspringen und die Achterleine zu fieren, als sich das Schiff schon daran aufzuhängen drohte.

»Alles, was recht ist, Mann, aber vom Schippern versteht Ihr nicht viel«, meinte die Frau des Schleusenwärters, und Horn-

blowers Ohren brannten vor Verlegenheit über diese Blamage. Er dachte an seine Prüfungen in Navigation und Seemannschaft, er dachte an die vielen schwierigen Wendemanöver, die ihm mit einem Monstrum von Linienschiff auch bei schwerem Wetter gelungen waren. Aber mit dieser ganzen seemännischen Erfahrung war hier mitten in Gloucestershire – oder war es schon Oxfordshire – offenbar nichts anzufangen. Wie dem auch war, die Schleuse war schon leer, die Tore gingen auf, und die Schleppleinen kamen bereits steif. Höchste Zeit, die sechs Fuß und mehr auf das schon anfahrende Schiff hinunterzuspringen und daran zu denken, daß er die Achterleine mitnehmen mußte. Er kam zwar damit zu Rande, aber er benahm sich dabei offenbar höchst ungewandt, das verriet ihm das herzhafte Gelächter der Schleusenwärterin, als er unter ihr davonglitt. Sie schickte ihm wohl auch noch eine Bemerkung nach, aber er konnte gar nicht hinhören, weil er gleich in aller Eile nach der Pinne greifen mußte, um das immer rascher dahineilende Fahrzeug sicher unter der Schleusenbrücke hindurchzustemmen. Dabei war ihm erst heute morgen, als er den Fahrpreis erlegte, das Leben eines Kanalschiffers so ruhig und angenehm erschienen wie kein anderer Beruf. Hilf der Himmel! Zu allem Überfluß hatte Maria den Weg durch die Kajüte Zweiter Klasse nach achtern gefunden und tauchte jetzt plötzlich neben ihm auf.
»Wie kannst du es nur dulden, daß diese Leute so unverschämte Reden führen?« fragte sie. »Warum sagst du ihnen nicht, wer du bist?«
»Liebling«, begann Hornblower, aber er unterbrach sich mitten in der Rede. Wenn Maria nicht einsah, wie schlecht es einem Kapitän der Kriegsmarine anstand, ein gewöhnliches Kanalschiff so stümperhaft zu hantieren, dann war eben nicht mit ihr zu rechten. Außerdem konnte er ihr beim besten Willen nicht zuhören, solange die Queen Charlotte hinter den galoppierenden Pferden in diesem Tempo dahinschoß.
»Du hast es doch, bei Gott, nicht nötig, dich so zu erniedrigen«, fuhr Maria fort, »warum machst du dich nur mit diesen Leuten so gemein? Und wozu denn diese Eile? Haben wir denn nicht genügend Zeit?«
Hornblower steuerte das Schiff eben um eine Biegung des

Kanals, er war stolz darauf, daß er nun schon das richtige Gefühl dafür bekam.

»Warum gibst du mir keine Antwort?« fragte Maria. »Ich habe das Dinner für dich und den kleinen Horatio hergerichtet.«

Sie redete auf ihn ein wie die Stimme des Gewissens; ja, das war, weiß Gott, die Rolle, die sie spielte.

»Hör zu, Maria«, knirschte er, »geh nach vorn, ich sage dir, geh nach vorn. Geh doch in deine Kajüte!«

»Aber Liebling, was...«

»Geh nach vorn, sage ich!«

Zuletzt hatte er sie richtig angeschrien, denn schon kam ihnen wieder ein Frachtkahn entgegen. Er hatte jetzt einfach keine Zeit für ein liebenswürdiges Gespräch mit seiner Frau.

»Du bist wirklich herzlos mit mir, Horatio«, sagte Maria, »und das bei meinem Zustand.«

War er herzlos? Nun ja, vielleicht hatte sie recht, aber vor allem waren ihm jetzt grade andere Dinge wichtig. Er widmete seine ganze Aufmerksamkeit wieder dem Steuern. Maria drückte sich ihr Taschentuch an die Augen und kehrte ihm beleidigt den Rücken, so gut ihr diese rasche Bewegung noch gelingen wollte. Dann tauchte sie in der Kajüte Zweiter Klasse unter. Die Queen Charlotte schoß indessen sauber durch die Lücke zwischen Frachtkahn und Treidelweg, und Hornblower fand sogar Zeit, den Gruß der Schiffersfrau winkend zu erwidern. Ebenso hatte er jetzt Zeit für ein paar Gewissensbisse wegen der Behandlung, die er seiner Maria angedeihen ließ; aber die hielten nur eine kurze Weile vor, denn noch hatte er das Schiff zu steuern.

2   THEMSEABWÄRTS

Es war immer noch heller Tag, als sie in das Themsetal gelangten. Hornblower entdeckte an Steuerbord den Fluß, der hier sozusagen noch ein Kind war, obwohl er um diese Winterszeit schon einen recht ausgewachsenen Eindruck machte.

Mit jeder Biegung, jeder Schleuse des Kanals kamen sie ihm näher, bis sie endlich in Inglesham die Einmündung erreichten, als eben der Kirchturm von Lechlade voraus in Sicht kam. In der Schleuse von Inglesham stieg Jenkins von seinem Pferd, um mit Hornblower zu sprechen. (Vgl. ② Karte S. 11)
»Jetzt kommen gleich drei Nadelwehre, über die wir hinunter müssen«, sagte er.
Hornblower hatte keine Ahnung, wie so ein Nadelwehr aussah, und hätte doch gern Näheres darüber gewußt, ehe er über ein solches Hindernis ›hinunter mußte‹, aber es widerstrebte ihm, dem anderen seine Unwissenheit zu verraten. Vielleicht fühlte Jenkins mit angeborenem Takt dieses Dilemma heraus, jedenfalls gab er gleich von selbst die gewünschte Erklärung.
»Das sind Stauwehre, die quer über den ganzen Fluß reichen, Sir«, erklärte er Hornblower. »Um diese Jahreszeit führt der Fluß eine Menge Wasser, da werden einige der Schütze an der Seite des Treidelweges ständig offengehalten. Das Wasser fällt dort fünf bis sechs Fuß.«
»Wie, fünf bis sechs Fuß?« fragte Hornblower ganz erschrocken.
»Jawohl, Sir, ungefähr soviel. Damit Sie mich richtig verstehen, Sir, ein Wasserfall ist das natürlich nicht, es geht nur etwas steil nach unten.«
»Und da müssen wir hinunterfahren?«
»Jawohl, Sir, es ist gar nichts dabei – wenigstens oben.«
»Und unten?«
»Da ist natürlich ein Wirbel – kann ja gar nicht anders sein. Aber Sie brauchen nur Kurs zu halten, dann holen meine Gäule Sie ohne weiteres durch.«
»Ich werde meinen Kurs schon halten.«
»Klar, Sir.«
»Was sollen denn eigentlich diese dummen Wehre?«
»Sie stauen das Wasser für die Mühlen und für die Schiffahrt, Sir.«
»Warum baut man da keine Schleusen?«
Jenkins breitete seine Hand und seinen Haken aus und deutete damit an, daß er es nicht wisse.
»Das weiß ich nicht, Sir. Erst von Oxford abwärts gibt es

Schleusen. Diese Wehre sind eine wahre Landplage, manchmal brauche ich sechs Pferde, um die alte Queen Charlotte stromaufwärts darüber zu bringen.«
Hornblower war in seinen Überlegungen noch nicht so weit gekommen, darüber nachzudenken, wie man diese Wehre flußaufwärts überwand, und ärgerte sich ein wenig, daß er diese Frage nicht selbst angeschnitten hatte. Aber er brachte es doch fertig, Jenkins' Klagen mit verständnisvollem Nicken anzuhören.
»Was, sechs Pferde«, sagte er. »Na, auf dieser Reise brauchen wir uns ja nicht darum zu kümmern.«
»Nein, Sir«, sagte Jenkins. Er zeigte flußabwärts: »Der erste Durchlaß liegt eine halbe Meile unterhalb der Brücke von Lechlade, ganz auf der Backbordseite. Sie können ihn gar nicht verfehlen, Sir.«
Hornblower hoffte nur, daß der Mann damit recht hatte. Er nahm wieder seinen Platz am Heck ein und griff mit dem kühnen Entschluß nach der Pinne, sich seine Unsicherheit auf keinen Fall anmerken zu lassen. Als das Schiff in rascher Fahrt aus der Schleuse glitt, fand er Zeit, dem Schleusenwärter zuzuwinken. So weit war er nun doch schon in dem neuen Handwerk fortgeschritten, daß er diese kleine Höflichkeit nicht mehr verpaßte, obwohl er gleichzeitig durch das Schleusentor zu steuern hatte. Jetzt schossen sie auf die noch junge Themse hinaus, hier herrschte eine Menge Strom in Richtung ihrer Fahrt – Hornblower sah deutlich den Wirbel an der Landzunge –, aber das Tempo der Pferde gab dem Schiff doch noch zusätzliche Fahrt durchs Wasser und damit Ruderwirkung.
Die Brücke von Lechlade lag jetzt voraus, eine halbe Meile unterhalb kam – nach Jenkins – das Wehr. Die Luft war nun ausgesprochen frisch, und doch merkte Hornblower, daß seine um die Pinne gekrampften Hände feucht von Schweiß waren. War es nicht eine tolle Unverfrorenheit von ihm, das schwere Schiff so ohne jede Erfahrung über ein Wehr zu steuern? Wie gern, wie brennend gern, hätte er die Finger davongelassen. Aber jetzt galt es schon, die Brücke zu durchfahren – die Pferde klatschten bis an die Fesseln durchs Wasser –, und dann war es zu spät, sich noch anders zu entschlie-

ßen. Vor ihm lag quer über den Strom die Linie des Wehrs, an Backbord deutlich sichtbar der Leerschuß. Die Wasserfläche jenseits des Wehrs war durch die Stufe verdeckt, nur durch den Leerschuß jagte das Wasser in einer glatten, steilen Masse zu Tal, die an den Rändern höher war als in der Mitte. Alles Treibgut an der Oberfläche strebte eilends darauf zu, der Masse Mensch vergleichbar, die sich nach einer Versammlung zur einzigen Tür des Saales drängt. Hornblower hielt genau die Mitte der Öffnung und zitterte dabei vor Aufregung am ganzen Körper. Jetzt spürte er schon die veränderte Trimmlage, wie der Bug sich abwärts senkte und das Heck sich hob. Und dann flogen sie nur so bergab und immer weiter bergab. Nach unten zu verengte sich die glatte grüne Fläche immer mehr und lief zuletzt in eine spitze Zunge aus. Vor ihrem Ende und zu ihren Seiten schäumte die Gischt in wirbelnden Kreisen. Noch hatte er Ruderwirkung genug, um genau die Zungenspitze anzusteuern. Als er fühlte, wie gut das Schiff dem Ruder gehorchte, war er im ersten Augenblick versucht, diesem Phänomen mit physikalischen Überlegungen zu Leibe zu gehen, aber er hatte dazu weder Muße noch rechte Lust. Krachend und gischtübersprüht hieb der Bug in die aufgewühlten Wassermassen, schwerfällig holte das Schiff in dem unheimlichen Wirbel über, aber schon im nächsten Augenblick zerrten es die Schleppleinen wieder voran. Noch zwei Sekunden aufmerksamen Steuerns, und der gefährliche Stromwirbel lag hinter ihnen; sie fuhren wieder in glattem, wenn auch schaumgestreiftem Wasser, und Hornblower lachte vor überwältigender Freude laut hinaus. Das war, bei Gott, kein Kunststück gewesen; aber als es vorüber war, machte es ihm so viel Laune, daß er gar nicht auf den Gedanken kam, sich seiner anfänglichen Angst ein bißchen zu schämen. Jenkins warf sich im Sattel herum und schwang grüßend die Peitsche, Hornblower winkte zurück.
»Horatio, du mußt jetzt unbedingt zum Dinner kommen«, sagte Maria, »du hast dich ohnehin den ganzen Tag nicht um mich gekümmert.«
»Wir sind bald in Oxford, Liebling«, sagte Hornblower. Wenn sie nur nicht erriet, daß er sie und sein Kind zeitweilig ganz vergessen hatte.

»Horatio!«
»Bald, Liebling«, sagte Hornblower.
Der winterliche Abend begann sich um sie zu schließen. Die Landschaft hüllte sich in zarten Dunst, und langsam sank die Sonne über Äckern und Wiesen, über den knorrigen Weiden, die knietief im Wasser standen, über Höfen und Siedlungen. Ein unsagbarer Zauber breitete sich über Land und Strom. Hornblower war es zumute, als müsse er diesen einen Augenblick für immer und ewig festhalten. Die Welt war vollkommen – war dies das echte, das wahre Glück? Seine überschäumende Lebensfreude von vorhin war zu heiterem Seelenfrieden abgeklungen, so wie die Wasser des Stroms sich unterhalb des tosenden Wirbels beruhigt hatten. Bald, sehr bald schon würde sein Leben wieder ein ganz anderes Gesicht bekommen; dann trat er wieder in den Dienst einer Welt voller Kampf und Grausamkeit – jener Welt, die er in der Mündung des Severn hinter sich gelassen und die er jetzt in der Themsemündung wiederfinden sollte. Es erschien ihm wie ein Symbol, daß er ausgerechnet hier im Herzen Englands auf dem halben Wege seiner Fahrt für einen kurzen Augenblick dieses nie gekannte Glücksgefühl erfuhr. Das Vieh auf den Weiden, die Krähen in den Ästen, hatten sie etwa zu diesem Glücke beigetragen? Möglich war es wohl, aber nicht gewiß, denn sein Hochgefühl kam ganz von innen heraus, und er verdankte es sicherlich weit weniger greifbaren Ursachen. Hornblower atmete in langen Zügen die köstliche Abendluft, als wäre sie Nektar vom Tisch der Götter... Aber dann fiel sein Blick auf Jenkins, der ihm aus dem Sattel zuwinkte und mit der Peitsche nach vorne wies. Das rief ihn wieder ins Leben zurück, und das Leuchten dieses Augenblicks verblaßte für immer.
Jenkins zeigte auf das nächste Wehr; Hornblower steuerte kühn und ohne die geringste Aufregung darauf zu. Oberhalb hielt er sorgfältig genauen Kurs, spürte wieder, wie das Schiff vorn überkippte und plötzlich schneller wurde, während es den Scheitel des Wehrs überfuhr, und grinste vor Vergnügen, als es den Hang hinabschoß, klatschend in den Wirbel krachte und wie zuvor nach kurzem, zögerndem Verweilen wieder Fahrt gewann. Durch die sinkende Nacht ging

es weiter stromab. Brücken, noch ein Wehr – Hornblower war froh, daß es das letzte war; er wußte jetzt, warum Jenkins so betont hatte, daß man zum Passieren Tageslicht brauchte – Dörfer, Kirchen. Zuletzt war es ganz dunkel, Hornblower wurde allmählich müde und fror. Als Maria das nächste Mal nach achtern kam, fand er freundliche Worte für sie und stimmte sogar in ihre Klage ein, daß Oxford so lange auf sich warten ließ. Jenkins hatte zwei Laternen angezündet; die eine hing am Kummet des Leitpferdes, die zweite am Sattelhorn des Gaules, den er ritt. Hornblower sah vom Heck der Queen Charlotte aus, wie die beiden Lichter auf dem Treidelweg auf und nieder tanzten; sie zeigten ihm die Biegungen des Flusses an und reichten grade hin, um ihm ein sicheres Steuern möglich zu machen. Und doch schlug ihm das Herz noch zweimal vor Schreck bis in den Hals, als das Schilf plötzlich die Bordwand streifte, weil er zu nahe ans Ufer geraten war. Es war stockdunkle Nacht, als er fühlte, wie der Zug der Schleppleine nachließ und das Schiff an Fahrt verlor. Auf Jenkins' gedämpften Zuruf hin steuerte er eine von Laternen erleuchtete Landungsbrücke an, dienstbereite Hände griffen nach den Leinen, um die Queen Charlotte festzumachen, und die Passagiere schwärmten nach allen Richtungen auseinander.

»Käpt'n – Sir?« sagte Jenkins.

Dieses ›Käpt'n‹ klang ganz anders als zu Beginn ihrer gemeinsamen Reise. Da war nichts mehr von der höhnischen Freude des früheren Untergebenen zu spüren, dem ein Vorgesetzter von ehedem nichts mehr zu sagen hatte. Jenkins gebrauchte die Anrede jetzt genau in demselben Ton, wie jedes ordentliche Mitglied einer Schiffsbesatzung seinem Kommandanten gegenüber.

»Ja?« fragte Hornblower.

»Wir sind in Oxford, Sir – die Ablösung ist da.«

Im flackernden Licht einer Laterne sah Hornblower die beiden Männer auf der Brücke stehen.

»Also kann ich jetzt wohl mein Abendbrot essen?« fragte er mit leiser Ironie.

»Gewiß, Sir, das können Sie, Sir. Es tut mir leid, daß Sie so lange warten mußten. Ich bin tief in Ihrer Schuld, Sir.«

»Reden wir nicht darüber«, sagte Hornblower kurz angebunden. »Es war mir ja selbst darum zu tun, möglichst rasch nach London zu kommen.«
»Also meinen allerbesten Dank, Sir. Und...«
»Wie weit ist es eigentlich noch bis London?«
»Auf dem Strom sind es hundert Meilen bis Brentford, Sir. Sie kommen grade bei Hellwerden an. Wie trifft das mit den Gezeiten hin, Jem?«
»Wir werden grade Hochwasser haben«, sagte einer der Männer der neuen Besatzung, der schon die Peitsche in der Hand hielt. »Sie können dort ein Boot nehmen, dann sind Sie in einer Stunde an der Treppe von Whitehall.«
»Danke«, sagte Hornblower. »Dann wollen wir jetzt Abschied nehmen, Jenkins. Leben Sie wohl!«
»Leben Sie wohl, Sir. Und nochmals meinen Dank für Ihre Hilfe als wahrer Gentleman.«
Maria stand am Bug des Schiffes, und Hornblower glaubte sogar in dem spärlichen Licht der Laternen an ihrer Haltung zu erkennen, daß sie nicht mit ihm zufrieden war. Aus ihren Worten war das allerdings nicht unmittelbar zu folgern.
»Ich habe ein warmes Abendessen für dich aufgetrieben, Horatio«, sagte sie.
»Großartig!« rief Hornblower.
Auf dem Kai standen ein paar Burschen und junge Mädchen, die an die Flußreisenden Lebensmittel verkauften. Hornblowers Blick fiel auf einen stämmigen jungen Mann, mit einem Faß auf einer Karre, das offensichtlich Bier enthielt. Da wurde er erst gewahr, daß ihn der Durst sogar noch ärger quälte als der Hunger.
»Du kommst mir wie gerufen«, sagte er, »gib mir ein Quart (einen Liter).«
»Ich habe nur Pinten (halbe Liter), Sir«, sagte der Junge.
»Dann zwei Pinten, du Tropf.«
Er leerte die erste der beiden hölzernen Bitschen auf einen Zug und ohne Atem zu holen. Dann, als er die zweite eben an die Lippen setzen wollte, fiel ihm plötzlich ein, was die Höflichkeit von ihm verlangte. Der Durst hatte ihn so gequält, daß es ihm nicht eher eingefallen war.

»Und du, Liebste?« fragte er Maria.
»Ach, für mich höchstens eine halbe Pinte«, sagte Maria – Hornblower hätte das schon vorher wissen können, denn es war echt Maria: für Damen schickte es sich nicht, ihr Bier anders als halbpintenweise zu trinken.
»Ich habe nur ganze Pinten, Sir«, sagte der Junge.
»Dann gib der Lady eben eine ganze, und ich trinke den Rest«, sagte Hornblower, der inzwischen seine zweite Bitsche zu zwei Dritteln geleert hatte.
»Alles an Bord!« rief der neue Schiffer. »Alles an Bord!«
»Macht einen Shilling, Sir«, sagte der Junge.
»Was? Vier Penny für die Pinte?« rief Maria erstaunt.
»Das ist nicht zu teuer«, sagte Hornblower. »Da, nimm!« In seiner übermütigen Laune gab er dem Jungen einen Gulden, den dieser überglücklich in die Luft warf, ehe er ihn in der Tasche verschwinden ließ. Hornblower nahm Maria die Bitsche aus der Hand, trank sie leer und warf sie dem Burschen zu.
»Alles an Bord!«
Hornblower stieg ein und half dann Maria mit aller Fürsorge die Treppe hinab. Er war etwas betroffen, als er sah, daß die Queen Charlotte hier oder gar schon eher einige weitere Passagiere Erster Klasse aufgenommen hatte. Zwei oder drei Männer und ein halbes Dutzend Frauen saßen jetzt in der von einer Lampe erhellten Kajüte, der kleine Horatio schlief friedlich in einer Ecke. Maria war voll nervöser Unruhe, sie hätte zu gern von häuslichen Dingen gesprochen, konnte sich aber nicht entschließen, das in Gegenwart all der fremden Leute zu tun. So brachte sie im Flüstertone vor, was sie zu sagen hatte, und deutete dabei ab und zu verstohlen auf die Fremden, die mit undurchdringlichen Gesichtern auf ihren Plätzen saßen, als wollte sie sagen, daß sie noch viel, viel mehr auf dem Herzen hatte, was sie ihm in Gegenwart der fremden Menschen nicht erzählen konnte.
»Du hast dem Burschen da vorhin zwei Shilling gegeben, Liebling«, sagte sie. »Warum eigentlich?«
»Das war nur eine närrische Laune von mir, mein Kind, nichts als eine närrische Laune«, sagte Hornblower fröhlich und traf damit so ziemlich den Nagel auf den Kopf.

Maria maß ihren unberechenbaren Gatten seufzend mit einem langen Blick. Erst warf er einen Shilling weg, und jetzt redete er mitten unter lauter fremden Menschen so laut von seinen verrückten Launen, daß es jedermann hören konnte.
»Da ist das Abendessen, das ich dir besorgt habe, als du mit den Männern draußen sprachst. Hoffentlich ist es noch warm, du hast ja den ganzen Tag noch nichts gegessen, und die belegten Brote, die ich mitnahm, sind inzwischen schon ganz ausgetrocknet.«
»Ich esse alles, was es gibt, sogar noch eine Portion mehr«, sagte Hornblower, der zwar mehr als ein Quart Bier, aber sonst noch nichts im Magen hatte.
Maria zeigte auf die beiden Holzschüsseln, die sie auf der Bank neben dem kleinen Horatio erwarteten. (Vgl. ③ Karte S. 11)
»Messer und Gabeln habe ich aus unserem Gepäck geholt«, erklärte sie, »die Schüsseln lassen wir nachher an Bord.«
»Großartig«, sagte Hornblower.
Auf jeder Schüssel lagen, eingebettet in einen wahren Berg von Erbsenbrei und immer noch dampfend, zwei Würste. Hornblower nahm die eine der Schüsseln auf die Knie und begann zu essen. Das Fleisch in den Würsten war gewiß vom Rind, hm, wenn es doch von einem Hammel oder am Ende gar von einer Ziege oder einem Pferd stammte. Sicher war jedenfalls, daß es zum weitaus größten Teil aus Knorpeln bestand. Und die Haut war genauso zäh und ungenießbar wie ihr Inhalt. Hornblower warf einen forschenden Seitenblick auf Maria, aber die hatte anscheinend nichts daran auszusetzen und aß mit gutem Appetit. Er war ihr heute im Lauf des Tages schon verschiedentlich zu nahe getreten und brachte es nicht über sich, sie jetzt schon wieder zu kränken, sonst hätte er diese elenden Würste einfach über Bord in die Themse geworfen, damit wenigstens die Fische etwas davon hatten, sofern sie überhaupt etwas davon wissen wollten. So aber würgte er sie mit Selbstverleugnung in sich hinein. Als er jedoch bei der zweiten Wurst angelangt war, merkte er, daß es beim besten Willen nicht mehr ging. Da zog er mit der Linken rasch sein Taschentuch und hielt es in Bereitschaft.

»Schau doch, gleich sind wir in der ersten Schleuse«, sagte er zu Maria und deutete mit der Rechten auf das dunkle Fenster, um ihre Aufmerksamkeit abzulenken. Maria versuchte hinauszuspähen, Hornblower barg unterdessen die zweite Wurst blitzschnell in seinem Taschentuch und ließ sie in der Rocktasche verschwinden. Dabei fing er den Blick eines älteren Mannes auf, der ihm schräg gegenüber auf der Bank der schmalen Kajüte saß. Der Fremde stak in einem dicken, schweren Wintermantel; er hatte einen warmen Schal um den Hals geschlungen und seinen Hut tief in die Stirn gezogen. So saß er mit mürrischem Ausdruck auf seinem Platz und verfolgte unter den Augenbrauen hervor gespannt jede Bewegung der Hornblowers. Als Hornblower merkte, wie sich die verdrossene Neugier des alten Herrn plötzlich in fassungsloses Staunen verwandelte, blinzelte er ihm an Stelle einer Erklärung vielsagend zu. Er wollte dadurch bestimmt kein geheimes Einvernehmen mit dem anderen herbeiführen, ebenso fern lag ihm das hoffnungslose Unterfangen, den Eindruck zu erwecken, als ob es zu seinen täglichen Gewohnheiten gehöre, heiße Würste in die Tasche zu stecken. Ihm ging es nur darum zu verhindern, daß sich der alte Herr über seine seltsame Handlungsweise den Kopf zerbrach und am Ende eine Bemerkung darüber fallen ließ. Als nichts dergleichen geschah, widmete er sich der Aufgabe, den Erbsenbrei vollends aufzuessen.

»Du ißt viel zu schnell, Liebling«, sagte Maria, »das kann für deinen Magen unmöglich gut sein.«

Sie selbst kämpfte immer noch verzweifelt mit ihren Würsten.

»Ich habe solchen Hunger, daß ich ein ganzes Pferd aufessen könnte«, sagte Hornblower. »Jetzt mache ich mich über unsere Brote her, ganz gleich, ob sie trocken sind oder nicht.«

»Es freut mich, wenn es dir schmeckt«, sagte Maria, »ich will gleich . . .«

»Nein, nein, Liebling, bleib nur sitzen, das kann ich leicht selbst machen.«

Er holte den Proviantkorb hervor und öffnete ihn.

»Schmeckt wirklich ausgezeichnet«, bemerkte er und kaute mit vollen Backen Brot und Fleisch.

So machte er Minute für Minute wieder gut, was er im Lauf

des Tages durch Vernachlässigung seiner Kavalierspflichten an Maria gesündigt hatte. Je größer die Mahlzeiten waren, die er vertilgte, je stärker der Appetit, den er entwickelte, desto besser gefiel er Maria. Allein die kleine Geste, daß er sich seine Brote selbst holte, ließ sie vor Freude aufstrahlen. Es war so einfach für ihn, sie glücklich zu machen, aber leider war sie auch allzuleicht verletzt.
»Es tut mir wirklich leid, daß ich tagsüber so wenig von dir hatte, Schatz«, sagte er. »Für mich war das bestimmt ein Opfer, aber wenn ich mich nicht um das Schiff gekümmert hätte, dann lägen wir jetzt immer noch vor dem Sapperton-Tunnel.«
»Ja, ja, mein Liebling«, sagte Maria.
»Ich hätte dir so gern ein bißchen die Gegend gezeigt, durch die wir fuhren«, sagte Hornblower und stellte dabei mit grimmiger Selbstverachtung fest, daß er jetzt zu heucheln begann, »aber ich nehme an, daß du sie auch ohne mich genossen hast.«
»Längst nicht so, als wenn du bei mir gewesen wärest, Schatz«, sagte Maria, aber seine Worte machten sie doch über die Maßen froh. Sie schoß forschende Blicke nach den anderen Frauen in der Kajüte, ob sie sie nicht um diesen fabelhaften Mann beneideten.
»War der Junge brav?« fragte Hornblower. »Hat er sein Mus schön aufgegessen?«
»Bis zum letzten Löffel«, antwortete Maria stolz und blickte auf das schlafende Kind. »Manchmal weinte er ein bißchen, aber jetzt schläft er schon lange fest.«
»Hätten wir diese Reise zwei Jahre später gemacht«, sagte Hornblower, »dann wäre er an dem ganzen Schiffsbetrieb schon mächtig interessiert gewesen. Er hätte an den Leinen mitgeholfen, und ich hätte ihm schon zeigen können, wie man das Ruder bedient.«
Bei diesen Worten lag ihm jede heuchlerische Absicht fern.
»Er hat sich jetzt schon lebhaft für alles interessiert, was um ihn herum vorging«, sagte Maria.
»Und was macht die kleine Schwester?« fragte Hornblower. »Benimmt sie sich anständig?«
»Aber Horatio«, sagte Maria etwas schockiert.

»Sie wird dir doch keinen Kummer machen?« sagte Hornblower. Es kostete ihn nur ein freundliches Lächeln, und ihre Verlegenheit war wie weggewischt.
»Gott sei Dank, nicht den geringsten«, gab sie jetzt unbefangen Auskunft.
Sie glitten langsam in eine Schleuse, Hornblower hörte, wie die Schütze rasselnd hinter ihnen geschlossen wurden.
»Du bist mit deinen Würsten immer noch nicht fertig geworden, Liebling«, sagte er. »Gib sie doch her und iß lieber so ein Brot mit Braten, es schmeckt wirklich ausgezeichnet.«
»Aber Schatz . . .«
»Bitte, kein Aber!«
Er nahm die beiden Schüsseln und trat in das dunkle Vorschiff hinaus. Rasch hatte er sich über die niedrige Reling gebeugt und die Schüsseln außenbords reingespült, noch eine Sekunde, und die Wurst aus seiner Tasche war ebenfalls über Bord geflogen, dann trat er mit den triefenden Schüsseln wieder in die Kajüte. Maria war zugleich schockiert und entzückt, daß sich ihr Mann zu dieser unwürdigen Hausarbeit hergab.
»Es ist zu dunkel, als daß man irgend etwas von der Gegend sehen könnte«, sagte er, während das Schiff schon wieder aus der Schleuse glitt – »iß erst fertig, Liebling, dann will ich's dir für die Nacht so bequem machen, wie es irgend geht.«
Er beugte sich über das schlafende Kind, während Maria die Reste des Abendessens einpackte.
»Bist du soweit, Schatz?«
»Nein, Horatio, das geht nicht, das sollst du nicht, Horatio, bitte! Ich flehe dich an!«
»Was brauchst du um diese Nachtzeit einen Hut? Komm, ich nehme ihn dir ab. So, hier auf der Bank hast du Platz genug, dich auszustrecken. Nimm nur die Beine hoch. Du willst die Schuhe anbehalten? Ich möchte nur wissen, warum. Nein, bitte, kein Wort der Widerrede. So, und jetzt ein Kissen für den Kopf. Der Koffer gibt eine gute Unterlage. Liegst du auch bequem? Nun breiten wir noch den Mantel über dich, damit du es schön warm hast. Und jetzt schlaf recht schön, Schatz! Wo ich Platz finden werde? Ach, Schatz, ich richte

mich schon irgendwie gemütlich ein, ich bin doch nicht umsonst ein alter Feldsoldat. Aber nun mach die Augen zu und schlaf.«
Aber dieses ›Sicheinrichten‹ wollte ihm denn doch nicht recht gelingen, obwohl er sich sagen mußte, daß er schon schlimmere Nächte überstanden hatte, beispielsweise dann und wann in einem offenen Boot. Da Maria und das Kind den ganzen Platz auf der mit dünnen Kissen belegten Sitzbank in Anspruch nahmen, mußte er wohl oder übel aufrecht sitzen bleiben, wie die anderen Passagiere auch. Die blakende Lampe und der Atem der vielen Menschen erzeugten in dem überfüllten kleinen Raum eine unerträgliche Stickluft, die Beine schliefen ihm allmählich ein, sein Rücken schmerzte, und sein Sitzfleisch revoltierte gegen die übermäßige Inanspruchnahme. Immerhin, das ganze Ungemach dauerte ja nur diese eine Nacht. So stopfte er denn seine Hände tief in die Taschen und setzte sich wieder und wieder zurecht, während das Schiff durch die Nacht flußabwärts glitt und nur ab und zu in Schleusenkammern knirschend anhielt, um die Fahrt schon nach kurzer Weile wieder fortzusetzen. Er hatte von der Flußstrecke zwischen Oxford und London selbstverständlich keine Ahnung, darum konnte er auch nicht erraten, wo sie sich gerade befanden. Genug, daß es flußabwärts ging und daß ihn am Ziel sein neues Kommando erwartete.
Er gab sich immer wieder Rechenschaft, daß dieses Kommando ein großes Glück für ihn war. Man hatte ihm zwar keine Fregatte gegeben, sondern nur eine Glattdeckskorvette, aber das Schiff war mit seinen zweiundzwanzig Geschützen immerhin so groß, daß es geboten schien, keinen jungen Commander, sondern einen ausgewachsenen Kapitän mit seiner Führung zu betrauen. Wenn man von den sechshundertundzwei Kapitänen der Rangliste die Nummer 601 hatte, dann konnte man, bei Gott, nichts Besseres erwarten. Anscheinend war Caldecott, sein Vorgänger auf der Atropos, während der Werftliegezeit des Schiffes in Deptford krank geworden; damit erklärte sich seine überraschende Kommandierung als Nachfolger. Kaum hatte ihn diese erfreuliche Order erreicht, da gelangte auch die Nachricht von Nelsons Sieg bei Trafalgar nach England. Seither gab es landauf,

landab nur noch einen Gedanken: Nelson und Trafalgar. Ganz England bejubelte die Vernichtung der Flotte Villeneuves und trauerte zugleich in wildem Schmerz um seinen toten Helden. Nelson – Trafalgar, so las man in allen Zeitungsspalten, Nelson – Trafalgar hörte man, wo immer Fremde miteinander ins Gespräch kamen. Die Nation aber spendete den Siegern fürstlichen Lohn. Für Nelson wurde ein Staatsbegräbnis angeordnet, in der Marine gab es neue Lords und Ritter und dazu eine Flut von Beförderungen. Der Rang des ›Admirals of the Reds‹ wurde wieder ins Leben gerufen, das allein hatte die Beförderung von zwanzig der ältesten Kapitäne der Rangliste zu Admiralen zur Folge, zwei Kapitäne waren bei Trafalgar gefallen, zwei weitere waren gestorben, so daß Hornblower jetzt im Dienstalter schon der fünfhundertsiebenundsiebzigste war. Aber gleichzeitig waren auch Commander und Leutnants in großzügigem Ausmaß befördert worden; es gab nicht weniger als einundvierzig frisch gebackene Kapitäne – nicht übel, sich vorzustellen, daß man nun schon zweiundvierzig Hinterleute hatte. Aber das hieß eben doch auch, daß von nun an sechshundertneunzehn Kapitäne nach Verwendung suchten, und für alle diese hatte selbst die riesige englische Marine längst nicht genug Stellungen zu bieten. Einhundert – wahrscheinlich sogar einhundertfünfzig – waren bestimmt dazu verurteilt, so lange auf Halbsold an Land zu sitzen, bis sich ein Kommando für sie ergab. An und für sich war das ganz in der Ordnung, eine solche Reserve bot genügend Spielraum, überalterte oder erkrankte Kommandanten zu ersetzen, und überhob die Admiralität zugleich des Zwanges, auf Offiziere zurückzugreifen, deren mangelnde Eignung erwiesen war.
Etwas anderes war es allerdings, wenn diese ›Versager‹ einflußreiche Freunde hatten. Dann blieben außer den notorischen Pechvögeln eben auch Leute auf Halbsold sitzen, die keine so nützlichen Verbindungen besaßen. Hornblower wußte nur zu genau, daß ›Beziehungen‹ seine schwache Seite waren, und wurde darum mitten in der Freude des Augenblicks die Sorge nicht los, daß es um seine spätere Laufbahn traurig bestellt war. War er nicht im Begriff, ein Schiff zu

übernehmen, das ein anderer in Dienst gestellt und ausgerüstet hatte, dessen Offiziere und dessen Besatzung er überhaupt nicht kannte? Es genügte ihm, sich diesen fatalen Umstand vor Augen zu halten, um alsbald in die düsterste Schwarzseherei zu verfallen.
Maria seufzte im Schlaf und warf sich auf ihrem harten Lager herum; sogleich beugte sich Hornblower über sie und zog den schweren Mantel, der ihr als Decke diente, sorgfältig wieder zurecht.

3   BEFEHLSHABER DER LEICHENPARADE

Bei der Ankunft in Brentford graute ein feuchtkalter, düsterer Wintertag. Der kleine Horatio wimmerte ununterbrochen vor sich hin, Maria stand müde und übernächtig neben ihrem Mann, während ihr Koffer und seine beiden Seekisten von Bord geschafft wurden.
»Ist es sehr weit nach Deptford, Liebling?« fragte sie.
»Noch ein ordentliches Stück Wegs«, sagte Hornblower.
Zwischen Brentford und Deptford lag ja ganz London und noch einiges mehr, dazu kam, daß der Strom, auf dem sie fahren wollten, mehrere große Bogen beschrieb. Sie waren mit solcher Verspätung angelangt, daß ihnen die Ebbe kaum mehr über die ganze Strecke voranhelfen würde.
Die Bootsleute boten sofort ihre Dienste an:
»Ein Boot, Sir? Skulls, Sir? Riemen, Sir?«
»Riemen«, antwortete Hornblower.
Ein Riemenboot mit zwei Ruderern kostete zweimal soviel wie ein Skullboot mit einem Mann, aber bei der weit fortgeschrittenen Ebbe lohnte sich diese Mehrausgabe bestimmt. Hornblower half Maria mit dem Kind beim Einsteigen und paßte dann auf, daß das Gepäck gut an Bord kam. (Vgl. ④ Karte S. 11)
»Fertig, Bill, los vorn«, sagte der Mann am Schlagriemen; das Boot schor von der Brücke ab und glitt auf den winterlich grauen Strom hinaus.

»Oh!« stieß Maria hervor. Offensichtlich hatte sie ein bißchen Angst. Die Riemen knarrten in den Dollen, das kleine Fahrzeug tanzte im kabbligen Seegang.
»Man sagt, Sir, der König sei ganz außer sich über Lord Nelsons Tod«, meinte der Schlagmann und wies mit der Hand nach Kew drüben am anderen Ufer. »Dort wohnt er, Sir, im Schloß, das sie dort sehen.«
»Ja«, sagte Hornblower. Er hatte jetzt nicht die geringste Lust, sich über den König oder Lord Nelson oder irgend jemand zu unterhalten.
Der Wind stand ziemlich steif aus Westen, wäre er aus Osten gekommen, dann hätte er bedeutend steileren Seegang hervorgerufen und das Vorwärtskommen unangenehm gehemmt. So hatte die trübe, graue Welt doch wenigstens eine kleine Lichtseite.
»Sinnig, Harry«, sagte der Bugmann, und das Boot begann die erste Biegung des Stroms zu runden.
»Pst, mein Kleiner! Ja, das böse Boot, nicht wahr, das magst du nicht?« sagte Maria zum kleinen Horatio, und der bestätigte ihr sofort, daß sie damit ins Schwarze getroffen hatte.
»Dem Kleinen ist wohl kalt«, meinte der Schlagmann.
»Ja, ich glaube auch, daß er friert«, bestätigte Maria.
Zwischen dem Bootsmann und Maria entwickelte sich eine Unterhaltung, gegen die Hornblower durchaus nichts einzuwenden hatte, weil er sich so wenigstens in seinen Gedanken ungestört mit dem Schiff befassen konnte, das ihn weiter stromab erwartete. Hoffnung und Besorgnis lösten dabei einander ab, und er gestand sich ein, daß die Besorgnis überwog. Noch ein, zwei Stunden, und er setzte den Fuß zum ersten Male an Bord eines Schiffes, das ihm ebenso fremd war wie seine Offiziere und seine Besatzung.
»Dort wohnt der Herzog, Madam«, überschrie der Bootsmann den brüllenden Horatio, »und was Sie zwischen den Bäumen da sehen, das ist das Bischöfliche Palais.«
Maria war ja das erstemal in London, da war es gut, daß sie einen redseligen Bootsmann hatten.
»Wie hübsch die Häuser sind«, bemerkte Maria und wiegte dabei ihr Kind im Arm. »Und die schönen Boote!«

Die Häuser standen immer dichter, sie passierten Brücke um Brücke, und der Bootsverkehr auf dem Wasser wurde immer lebhafter. Hornblower schreckte aus seinem Brüten auf – sie waren in London.
»Westminster, Madam«, sagte der Bootsmann. »Hier habe ich übergesetzt, bis sie die Brücke bauten, dann war es aus. Sie nehmen nur einen halben Penny Brückenzoll, das brachte manchen ehrlichen Bootsmann um sein tägliches Brot.«
»Das war wohl ein harter Schlag für Sie«, sagte Maria voll Mitgefühl. Sie hatte längst vergessen, was sie ihrer Stellung als Frau eines Kapitäns der Navy schuldig war.
»Dies ist die Whitehall-Treppe, Madam – dort der Strand.«
Wie oft hatte Hornblower an der Whitehall-Treppe angelegt, als er in den bitteren Halbsoldtagen die Admiralität belagerte, um irgendeine Verwendung zu ergattern.
»Das ist St. Paul's, Madam.«
Jetzt waren sie schon mitten in der City, Hornblower roch den schwefligen Rauch von Kohlenfeuern.
»Sinnig, Harry«, sagte der Bugmann wieder einmal und warf einen Blick über seine Schulter. Boote, Schuten und Leichter bedeckten die ganze Breite des Stroms, vor ihnen lag London Bridge.
»Pull aus!« stieß der Bugmann hervor, da rissen die beiden wie wild an ihren Riemen und steuerten das Boot durch eine Lücke in dem Gedränge oberhalb der Brücke. Die Tide rauschte gurgelnd zwischen den dicht stehenden Pfeilern hindurch, offenbar hatte die Einschnürung durch die Pfeiler den Strom oberhalb der Brücke aufgestaut. Schon schossen sie blitzschnell durch einen der engen Jochbögen.
»Um Gottes willen!« stieß Maria erschrocken hervor.
Nun waren sie im größten Hafen der Welt. Zu beiden Seiten lagen zahllose Schiffe vor Anker oder waren beim Löschen ihrer Ladung, nur in der Mitte blieb eine schmale Fahrrinne frei. Man sah schwarze Kohlenschiffe aus den Häfen des Nordens, Fischkutter aus Ramsgate, Küstensegler und Getreideschiffe; auf dieses ganze Gewimmel aber blickten die grauen Mauern des Tower herab.
»Ja, Madam«, meinte der Schlagmann, »hier im Pool gibt's immer was zu sehen, trotz Krieg und allem.«

Die blühende Schiffahrt war der beste Beweis, daß Bonaparte da drüben auf dem Festland im Begriff war, den Krieg gegen England zu verlieren. England konnte niemals in die Knie gezwungen werden, solange seine Navy die See beherrschte und die Festlandmächte mit würgendem Griff blockierte, während der englische Handel überall weit offene Meere fand. Unterhalb des Pools lag ein Kriegsschiff müßig vor Anker, seine Stengen waren gestrichen, die Mannschaften saßen auf Stellings außenbords und malten. Unter dem Bugspriet ragte eine roh gezimmerte Galionsfigur hervor, eine Weibsgestalt in faltigem Gewande, das ganz in Rot und Weiß gehalten war. In ihren klobigen Händen hielt sie eine mächtige vergoldete Schere, und die verriet Hornblower sofort, welches Schiff er da vor sich hatte, ehe er noch die elf Stückpforten zählen konnte, die die Bordwand durchbrachen, und ehe er noch den Namen »Atropos« zu Gesicht bekam, als sie dicht unter dem Heck passierten. Sein Schiff! Er starrte stumm hinüber und wäre vor unterdrückter Erregung fast erstickt. Wie lag es zu Wasser? Was verrieten ihm seine Linien? Er bemerkte den Maat der Ankerwache, ja, er nahm in diesen überwachen Augenblicken von jeder Kleinigkeit Notiz, die er im Vorüberfahren überhaupt mit dem Auge zu erfassen vermochte.
»Die Atropos, Sir, zweiundzwanzig Kanonen«, sagte der Schlagmann, als er Hornblowers gespanntes Interesse bemerkte.
»Ja, und mein Mann ist ihr Kommandant«, sagte Maria voll Stolz.
»Wahrhaftig, Sir?« rief der Schlagmann und verriet dabei plötzlich eine Ehrerbietung, die Maria unendlich wohl tat.
Aber schon nahmen sie Kurs auf das Ufer, da war Deptford Creek und Deptford Hard.
»Nicht so hart«, sagte der Bugmann. »So, noch einen Schlag und Riemen ein.«
Das Boot knirschte auf dem Ufersand, und damit hatte die weite Reise von Gloucester ihr Ende gefunden. Nein, doch noch nicht ganz, sagte sich Hornblower, während er sich zum Anlandgehen rüstete. Jetzt ging es erst los mit der langweiligen Suche nach einer Bleibe; es galt das Gepäck hinzuschaffen

und Maria mit ein paar Handreichungen behilflich zu sein, erst dann durfte er endlich auf sein Schiff. Das Leben glich wirklich einer Schachtel harter Pillen, die eine um die andere geschluckt werden mußten. Unter Marias wachsamen Blicken bezahlte er den Bootsmann; zum Glück erschien alsbald einer von den Bollwerkslöwen, die den Hafen bevölkerten, und bot ihm seine Dienste an. Sogleich brachte er von irgendwoher eine Karre zum Vorschein und belud sie mit dem Gepäck. Hornblower nahm Marias Arm und half ihr den schlüpfrigen Hard hinauf, sie selbst aber trug den kleinen Horatio.
»Ich bin, weiß Gott, froh, wenn ich die Schuhe von den Füßen bekomme«, stöhnte Maria, »höchste Zeit auch, daß der Kleine frisch gewickelt wird! . . . Schon gut, mein Schätzchen, schon gut!«
Glücklicherweise lag das George in unmittelbarer Nähe. Eine dicke Wirtin empfing sie und nahm sofort mit verständnisvoller Miene von Marias Zustand Notiz. Sie führte die beiden auf ihr Zimmer und scheuchte gleichzeitig ein Dienstmädchen auf, das schleunigst heißes Wasser und Handtücher besorgen sollte.
»Ei, ei, mein Süßer!« tröstete die Wirtin den kleinen Horatio. »Aah!« stieß Maria hervor, setzte sich auf ihr Bett und begann sofort die Schuhe auszuziehen.
Hornblower wartete ungeduldig an der Tür, bis seine Seekisten erschienen.
»Wann erwarten Sie denn Ihr Kind, Madam?«
Kaum eine Sekunde später war zwischen ihr und Maria schon das lebhafteste Gespräch über Hebammen und die allgemeine Teuerung im Gange, wobei Maria vor allem an dem zweiten dieser Themen gelegen war, weil sie den festen Vorsatz hatte, den Zimmerpreis um ein erkleckliches herunterzuhandeln. Endlich polterten der Schenkkellner des George und der Bollwerkslöwe mit dem Gepäck die Treppe herauf und setzten die Sachen mitten ins Zimmer. Ihre Dazwischenkunft unterbrach das Gespräch der beiden Frauen. Hornblower zog sofort seine Schlüssel aus der Tasche und kniete im nächsten Augenblick vor einer seiner Kisten auf dem Boden.

»Horatio, so hör doch, Liebling«, sagte Maria, »wir wollten dich eben etwas fragen.«
»So? – Was denn?« fragte Hornblower zerstreut über die Schulter hinweg.
»Ob Sie etwas Heißes trinken möchten, Sir«, fragte die Wirtin, »bis das Frühstück fertig ist. Vielleicht einen Rumgrog? Oder lieber eine Kanne Tee?«
»Nicht für mich«, sagte Hornblower, »besten Dank.«
Er hatte die Kiste inzwischen geöffnet und packte sie in fieberhafter Eile aus.
»Hat das nicht Zeit bis nach dem Frühstück, Liebling?« meinte Maria. »Dann könnte ich dir die Arbeit abnehmen.«
»Tut mir leid, das würde mir zu lange dauern«, sagte Hornblower, der immer noch auf den Knien lag.
»Deine besten Hemden!« schalt Maria. »Jetzt hast du sie schon ganz zerknittert.«
Hornblower zerrte erbarmungslos seinen guten Uniformrock unter den Hemden hervor. Dann legte er den Rock auf die zweite Kiste und machte sich an die Suche nach der Epaulette.
»Willst du etwa schon auf dein Schiff?« rief Maria plötzlich ganz entgeistert.
»Das ist doch klar, mein Schatz.«
Die Wirtin hatte das Zimmer verlassen, so daß sie ungehemmter reden konnten.
»Aber du mußt doch unbedingt erst frühstücken«, begehrte Maria auf. Hornblower sah das wohl oder übel ein.
»Also gut. Erst rasiere ich mich, dann werden noch fünf Minuten für das Frühstück genehmigt.«
Er breitete die Uniform auf seinem Bett aus und stellte dabei stirnrunzelnd fest, daß sie sehr stark zerdrückt war. Dann schnallte er die hübsche japanische Lackschachtel auf, die seinen Schiffshut enthielt. Im nächsten Augenblick fuhr er aus seinem Rock und löste in fieberhafter Eile Halsbinde und Kragen. Der kleine Horatio hielt es grade in diesem Augenblick für richtig, von neuem laut gegen die herzlose Welt aufzubegehren, aber sein Vater ließ sich dadurch nicht stören; er öffnete sein eingerolltes Necessaire, entnahm ihm ein

Rasiermesser und machte sich ans Rasieren. Maria befaßte sich unterdessen mit dem Kleinen.
»Ich bringe Horatio hinunter, damit er Brot und Milch bekommt«, sagte sie.
»Ist gut, mein Schatz«, sagte Hornblower durch den dicken Schaum hindurch, der sein ganzes Gesicht bedeckte.
Im Spiegel sah er Maria stehen, ihr Anblick holte ihn wieder in die Wirklichkeit zurück. Sie starrte ihn mit rührend traurigen Augen an. Da legte er sein Messer aus der Hand, griff zum Handtuch und wischte sich um den Mund herum den Schaum vom Gesicht.
»Seit gestern hast du mir keinen einzigen Kuß gegeben«, sagte er. »Findest du nicht selbst, daß du mich arg vernachlässigst?«
Sie eilte in seine ausgestreckten Arme, ihre Augen waren feucht, aber die Herzenswärme, die aus seinen Worten klang, zauberte trotz der Tränen ein glückliches Lächeln auf ihre Lippen.
»Ich hatte schon geglaubt, daß du mich ganz vergessen hättest«, flüsterte sie.
Sie küßte ihn mit einer Gier, als wollte sie ganz und gar von ihm Besitz ergreifen, legte ihm die Arme auf die Schultern und zog ihn an ihren hohen Leib.
»Ja, du hast recht, ich habe immer nur meinen Dienst im Kopf gehabt und darüber alles andere vergessen. Kannst du mir das verzeihen, Schatz?«
»Verzeihen?« Ihr Lächeln sowohl wie ihre Tränen traten erst so recht in Erscheinung, wenn sie sprach. »Sag dieses Wort nicht, Liebling, tu immer, was du willst – ich bin dein, ganz dein.«
Hornblower fühlte, wie ihm wirklich warm ums Herz wurde, als er sie noch einmal küßte. Seine Geduld, sein Taktgefühl allein entschieden über Glück oder Unglück, ja, über Sein oder Nichtsein dieses Menschenkindes. Offenbar hatte er sich den Seifenschaum nicht gründlich genug abgewischt, denn Maria trug deutliche Spuren davon im Gesicht.
»Und du bist mir das Liebste von allem, was ich besitze«, sagte er, »weil du mein süßer Schatz bist.«
Aber mitten im Küssen dachte er schon wieder an die Atro-

pos, die draußen auf dem Strom vor Anker lag. Er ärgerte sich über sich selbst und schalt sich im stillen einen widerwärtigen Heuchler und Schauspieler. Aber am Ende wurde es doch belohnt, daß er seine Ungeduld so lange gezügelt hatte, denn jetzt begann der kleine Horatio wieder zu schreien, und da mußte sich natürlich Maria aus der Umarmung lösen.
»Der arme Kerl!« rief sie, gab Hornblower frei und eilte zu ihrem Sohn. Während sie sich über ihn beugte, wandte sie den Kopf nochmals zu ihrem Mann zurück und lächelte ihn an: »Jetzt muß ich sehen, daß meine beiden Männer ordentlich zu essen bekommen.«
Hornblower mußte ihr unbedingt noch etwas sagen, aber dazu gehörte Takt, und darum brauchte er eine ganze Weile, bis er die richtigen Worte fand. »Schatz«, sagte er endlich, »mir ist es ja gleichgültig, ob alle Welt sehen kann, daß ich dich eben geküßt habe, aber dir möchte es vielleicht peinlich sein.«
»Ach, du lieber Gott«, stieß Maria hervor, da sie sofort erfaßt hatte, was er meinte, und sie eilte zum Spiegel, um sich den Seifenschaum abzuwischen. Dann nahm sie das Kind auf: »Ich werde dafür sorgen, daß du dein Frühstück bereit findest, wenn du nach unten kommst.«
Sie lächelte ihn noch einmal glückstrahlend an und warf ihm einen Handkuß zu, ehe sie das Zimmer verließ. Hornblower wandte sich wieder zum Waschtisch, seifte sich von neuem ein und machte sich nach dem Rasieren zurecht, um an Bord zu gehen. Dabei ging ihm alles mögliche zugleich im Kopf herum: das Schiff, die Frau, sein Junge und das Ungeborene. Vergessen war das schwebende Glücksgefühl von gestern; da er selbst nicht wußte, daß er unglücklich war, konnte er auch heute noch für glücklich gelten; alles in allem aber fehlte ihm zum Glücklichsein ganz einfach die Begabung.
Als er mit dem Frühstück fertig war, nahm er am Hard wieder ein Boot, um die kurze Strecke zu seinem Schiff zurückzulegen. Er setzte sich in die Achterpiek des Fahrzeugs, rückte den goldbetreßten Zweispitz zurecht und hängte sich seinen Mantel so lose um die Schultern, daß die rechte Epau-

lette sichtbar blieb, die ihn als Kapitän von weniger als drei Jahren Rangdienstalter kennzeichnete. Er tippte noch einmal kurz an seine Brusttasche, um sicherzugehen, daß sich dort seine Kommandierungsorder befand, dann saß er steif und aufrecht auf seinem Platz und umgab sich mit aller Würde, die ihm zu Gebote stand. Es fiel ihm nicht schwer, sich vorzustellen, was jetzt auf der Atropos vor sich ging. Der Bootsmannsmaat der Wache entdeckte den Schiffshut und die Epaulette, der Läufer raste unter Deck und meldete es dem Ersten Offizier, Fallreepsgäste und Bootsmannsmaate wurden an Deck gepfiffen, eine Welle von Aufregung und Neugier erfaßte das ganze Schiff, wenn die Nachricht die Decks durchlief, daß der neue Kommandant an Bord kam. Die Vorstellung von alldem nötigte ihm trotz seiner eigenen Aufregung und Neugier ein Lächeln ab. (Vgl. ⑤ Karte S. 11)
»Boot ahoi!« kam der Anruf vom Schiff.
Der Bootsmann sah Hornblower fragend an, erhielt ein Nicken zur Antwort und wandte sich zur Atropos zurück, um den Ruf aus voller Lunge zu erwidern:
»Atropos!«
Damit wußten sie an Bord, daß das Boot ihren Kommandanten trug.
»Gehen Sie längsseit«, sagte Hornblower.
Die Atropos hatte als Glattdeckskorvette keinen hohen Freibord; wenn er sich im Boot erhob, lagen ihre Kreuzrüsten in bequemer Reichweite. Der Bootsmann räusperte sich:
»Darf ich Sie an mein Fährgeld erinnern, Sir?« fragte er, und Hornblower mußte noch rasch nach Kupfermünzen suchen, um ihn zufriedenzustellen. Dann stieg er eilig die Bordwand hinauf und widersetzte sich, soweit seine Selbstbeherrschung reichte, der Versuchung, sich durch den kleinen Zwischenfall irritieren zu lassen. Er bemühte sich nach Kräften, seine Aufregung zu verbergen, als er inmitten zwitschernder Pfeifen das Oberdeck betrat und mit der Hand an der Hutkrempe militärisch grüßte – dennoch war er einfach außerstande, die Gesichter der Männer, die ihn hier empfingen, genau ins Auge zu fassen.
»John Jones, Erster Offizier«, hörte er eine Stimme sagen, »willkommen an Bord, Sir.«

Dann folgten andere Namen, und dazu andere Gesichter, die ihm ebensowenig sagten wie die Namen.
Hornblower konnte sich im letzten Augenblick so weit zusammennehmen, daß er nicht vor Erregung zu schlucken begann, weil er fürchtete, daß das aufgefallen wäre. Er gab sich die größte Mühe, von vornherein einen festen, sicheren Ton zu treffen.
»Bitte lassen Sie ›Alle Mann‹ pfeifen, Mr. Jones.«
»Alle Mann auf! Musterung in Divisionen!«
Die Rufe drangen in alle Winkel des Schiffes, die Pfeifen der Maate begannen von neuem ihr zwitscherndes Konzert. Aus den unteren Decks hörte man das Hin und Her eilig trappelnder Füße und unterdrücktes Stimmengemurmel. Wenig später breitete sich mittschiffs vor seinen Augen ein wahres Meer von Menschengesichtern aus – seine Aufregung war noch viel zu groß, als daß er sie einzeln unterschieden hätte.
»Mannschaft angetreten, Sir.«
Hornblower hob dankend die Hand an den Hutrand, er mußte annehmen, daß Jones mit dem gleichen Gruß vor ihn hingetreten war, es war ihm nämlich nicht zum Bewußtsein gekommen. Dann zog er seine Kommandierungsorder aus der Tasche und begann zu lesen.
›Gestellungsorder der durch den Lord-Großadmiral von Großbritannien und Irland beauftragten Kommissare der Admiralität an den Kapitän Horatio Hornblower der Kriegsmarine Seiner Königlichen Majestät:
Sie werden hierdurch angewiesen . . .‹
Er las die Order vom Anfang bis zum Ende, faltete sie zusammen und steckte sie wieder in seine Tasche. Jetzt erst war er Rechtens Kommandant der Atropos und hatte damit eine Stellung inne, aus der ihn nur ein Kriegsgericht oder ein Parlamentsbeschluß oder der Verlust des Schiffes wieder entfernen konnten. Vom gleichen Augenblick an hörte auch der leidige Halbsold auf, an seine Stelle trat das Gehalt eines Kapitäns der Rangdienstaltersstufe sechs. Lag nicht ein tieferer Sinn darin, daß sich ausgerechnet in dieser bedeutsamen Minute auch der Nebel vor Hornblowers Blick zu zerteilen begann? Jones hatte Kinnbacken wie ein Nußknacker,

sein frisch rasierter Bart schimmerte bläulich um sein braunes Kinn. Hornblower begegnete seinem Blick.
»Bitte, lassen Sie wegtreten, Mr. Jones.«
»Aye, aye, Sir.«
Eigentlich wäre jetzt eine Ansprache am Platze gewesen, darüber war sich Hornblower natürlich im klaren, ja, so wollte es sogar der Brauch. Aber einmal hatte er sich nicht darauf vorbereitet, und zum anderen sagte er sich, daß es wahrscheinlich besser war, nicht zu reden. Er hatte nämlich vor, gleich von vornherein den Eindruck eines kalten, harten und energischen Vorgesetzten zu erwecken, dem jede Gefühlsduselei ein Greuel war. Seine Augen wanderten zu der wartenden Gruppe der Leutnants – jetzt unterschied er bereits ihre Gesichter, jetzt sah er, daß sie Individuen waren, jeder ein Mensch von eigener Prägung, diese Männer, die nun auf Jahre hinaus seine Werkzeuge sein sollten und denen er sein Vertrauen schenken mußte –, nur ihre Namen waren ihm völlig aus dem Gedächtnis entschwunden, nein, schlimmer noch, er hatte sie in den Sekunden der Hochspannung beim Betreten des Achterdecks überhaupt nicht gehört.
»Einstweilen danke ich Ihnen, meine Herren«, sagte er zu ihnen. »Wir werden uns ja ohnehin bald näher kennenlernen, nicht wahr?«
Die Hände fuhren grüßend an die Hüte, dann wandte sich alles zum Gehen. Jones blieb als einziger zurück.
»Von der Admiralität liegt ein Schreiben an Sie vor, Sir.«
Ein Schreiben der Admiralität? Das war die Order, das war der Schlüssel zu ihrer Zukunft. Die trockenen Worte dieser Order jagten ihn mit seiner Atropos nach China oder nach Grönland oder nach Brasilien. Hornblower fühlte, wie ihn die Erregung wieder packen wollte, die er doch eben erst überwunden hatte. Wieder kämpfte er mühsam gegen den Zwang zum Schlucken.
»Danke, Mr. Jones, ich werde das Schreiben lesen, sobald ich Zeit finde.«
»Darf ich Sie jetzt unter Deck führen?«
»Danke, ja.«
Die Kommandantenkajüte der Atropos war so winzig, wie Hornblower erwartet hatte, kleiner konnte man sich den

Wohn- und Schlafraum gar nicht denken. Ein jeder der beiden Räume war so eng, daß sie nicht einmal gegeneinander abgeschottet waren, ein Vorhang sollte sie an Stelle einer festen Wand voneinander trennen, aber dieser Vorhang war nicht vorhanden. Es war überhaupt nichts vorhanden – kein Kojenzeug, kein Schreibtisch, kein Stuhl, nichts. Offenbar hatte Caldecott auch das letzte Stück von seinen Sachen mitgenommen, als er von Bord ging. Dagegen konnte man an sich durchaus nichts einwenden, aber für den Nachfolger war es auf jeden Fall lästig. Die Kammer war dunkel und stickig; da aber das Schiff eben erst aus dem Trockendock kam, hatte sich das übliche Konglomerat von Schiffsdünsten noch nicht wieder darin festgesetzt.

»Wo ist dieses Schreiben?« fragte Hornblower. Seine Stimme hatte vor unterdrückter Erregung einen barschen Klang.

»In meinem Schreibtisch, Sir, ich bringe es sofort.«

Wie lange das dauerte! Hornblower stand unter dem kleinen Skylight und wartete auf Jones' Rückkehr. Er nahm den versiegelten Umschlag entgegen und wog ihn eine Sekunde in seiner Hand. Diese Sekunde bedeutete wieder einmal Übergang, einen Aktwechsel in seinem Leben. Schon die ganzen letzten vierundzwanzig Stunden, die Reise, die ihn hierher geführt hatte, gehörten zu diesem Szenenwechsel, wenn der Übergang auch länger gedauert hatte – immer hörte zu solchen Zeiten das Alte auf, und ein Neues trat an seine Stelle. Vielleicht verwandelten schon die nächsten Tagesstunden die Atropos aus einer müden Hulk auf der Themse in ein gefechtsklares Kriegsschiff mit geladenen Geschützen und Ausguckposten in den Toppen, das stolz die See befuhr und dabei ständig bald dicht hinter der Kimm und bald in nächster Nähe von Abenteuern, Gefahren und Tod umlauert war. Hornblower brach das Siegel mit dem unklaren Anker der Admiralität – wohl dem abwegigsten Emblem, das man sich für eine seebeherrschende Nation ausdenken konnte. Als er kurz aufsah, begegnete er dem Blick seines Ersten Offiziers, der gespannt darauf wartete zu erfahren, welches Schicksal ihnen zugedacht war. Hornblower sagte sich, daß es richtiger gewesen wäre, Jones wegzuschicken, ehe er das Siegel erbrach, aber dazu war es leider zu

spät. Jetzt las er die einleitenden Worte, er hätte die ersten sechs, nein, sogar die ersten elf davon auswendig hersagen können: ›Sie werden hierdurch ersucht und angewiesen, unmittelbar nach Empfang dieser Order . . .‹
Jetzt kam der große Augenblick, Hornblower kostete ihn noch eine halbe Sekunde lang aus:
›. . . dem Blue Mantle Pursuivant of Arms Henry Pallender Esq. im Königlichen Heroldsamt Ihre Aufwartung zu machen . . .‹
»Gott soll mich bewahren!« stieß Hornblower hervor.
»Was soll denn werden, Sir?« fragte Jones atemlos.
»Ich weiß es noch nicht«, gab Hornblower zurück.
›. . . um mit ihm die Vorbereitungen zum Leichenbegängnis für den verewigten Vizeadmiral Viscount Nelson durchzusprechen, das auf der Themse stattfinden soll . . .‹
»Das ist es also . . .« sagte Hornblower.
»Was denn?« fragte Jones, der es vor Neugier nicht mehr aushielt. Aber Hornblower hatte jetzt keine Zeit, ihn ins Bild zu setzen.
›Sie erhalten kraft dieser Order die Befehlsbefugnis über alle Offiziere, Mannschaften und Königl. Seesoldaten, die an dem vorerwähnten Leichenzug teilnehmen, desgleichen das Kommando über alle Fahrzeuge, Boote und Staatsbarken, die der City von London, der City von Westminster und deren Gilden gehören. Sie haben in Ihrer Eigenschaft als Befehlshaber alle Anordnungen zu erlassen, die für eine seemännisch einwandfreie Durchführung der Leichenparade erforderlich sind. Die bereits erwähnte Besprechung mit Henry Pallender Esq. soll Sie in die Lage versetzen, alle Erfordernisse des Zeremoniells und der Rangordnung gebührend zu berücksichtigen. Darüber hinaus wird Ihnen jedoch ausdrücklich und unter voller persönlicher Verantwortung zur Pflicht gemacht, bei allen Maßnahmen die Wetter- und Stromverhältnisse gebührend in Rechnung zu ziehen, so daß nicht nur ein planmäßiger Ablauf der Totenfeier gewährleistet ist, sondern auch jede Gefahr für die vorerwähnten Boote, Staatsbarken und anderen Fahrzeuge sowie jede Schädigung ihrer Mannschaften und Passagiere an Leib und Leben unter allen Umständen vermieden wird.‹

»Bitte, Sir, sagen Sie . . .« flehte Jones.
Hornblowers Gedanken kehrten wieder in die enge Kammer zurück. »Die Order betrifft mich eigentlich nur persönlich«, sagte er, »aber, bitte – Sie können sie ruhig lesen.«
Jones las das Schriftstück von Anfang bis zu Ende, wobei seine Lippen unaufhörlich in Bewegung waren. Am Schluß sah er Hornblower ratlos an.
»Das Schiff bleibt also hier, Sir?« fragte er.
»Selbstverständlich, die Atropos ist von diesem Augenblick an das Flaggschiff der Leichenparade«, sagte Hornblower. »Ich brauche sofort ein Boot mit Besatzung. Ja, und außerdem bitte ich Sie um ein Blatt Papier und eine Feder, damit ich meine Frau benachrichtigen kann.«
»Aye, aye, Sir.«
»Sehen Sie zu, daß ein guter, zuverlässiger Unteroffizier als Bootssteuerer eingeteilt wird. Das Boot wird voraussichtlich viel an Land zu warten haben.«
»Aye, aye, Sir. Es laufen uns ohnehin jeden Tag Leute weg.«
Für ein Schiff, das hier auf der Themse lag, konnten die Desertionen natürlich zu einem ernsten Problem werden. Das Land war so nahe, daß man das Ufer leicht schwimmend erreichen konnte, auf dem Strom verkehrten zahllose Boote, und in nächster Nähe lag die riesige City von London, wo jeder flüchtige Seemann mühelos Unterschlupf fand. Ja, da war auch noch der heimliche Verkauf von Schnaps durch Boote, die von Land herüberkamen.
Das und vieles andere hätte Hornblower jetzt brennend gern erkundet: Wie war die Besatzung der Atropos; wie waren die Offiziere; in welchem Zustand befand sich das Schiff; welche Mängel hatte es? Er war jetzt volle zehn Minuten an Bord und wußte doch von dem, was ihn brennend interessierte, noch keinen Deut mehr als gestern um diese Zeit. Aber es war nicht zu ändern, für den Augenblick mußte er seinen Wissensdrang noch zügeln; einstweilen konnten die Fragen, die ihm die allerwichtigsten schienen, höchstens nebenbei behandelt werden, wenn ihm sein seltsames neues Amt dafür einen Augenblick der Muße gewährte.

Schon die Frage nach der Ausstattung seiner Kajüte nahm ihn wahrscheinlich mehr in Anspruch, als er sich jetzt leisten konnte. Hornblower wußte aus der Zeitung, die er gestern gelesen hatte, daß die Leiche Lord Nelsons bereits im Nore eingetroffen war und mit dem nächsten günstigen Wind nach Greenwich heraufgebracht würde. Die Zeit drängte also, dabei galt es zweifellos, noch Hunderte von Befehlen auszuschreiben und Anordnungen zu treffen.
So war denn der Schritt in eine neue Welt getan. Hätte Hornblower tausendmal raten dürfen, welche Aufgabe ihm die Order zuweisen könnte – auf diese wäre er nicht gekommen. Wenn sie nicht so ernst wäre, müßte man eigentlich darüber lachen – ach was, lachen konnte man auf alle Fälle, und so tat er es denn auch. Nach einem Augenblick der Überraschung hielt es Mr. Jones für das beste, dem Beispiel seines Vorgesetzten zu folgen, und er lachte pflichtschuldigst mit.

4   VON DEPTFORD BIS WESTMINSTER

»Schwarze Kniehosen?« fragte Hornblower fassungslos.
»Natürlich, schwarze Kniehosen, schwarze Strümpfe und Trauerflore«, erklärte Mr. Pallender feierlich.
Der alte Herr war um den Scheitel bereits vollständig kahl, dennoch trug er den verbliebenen Kranz weißer Haare lang, sie waren im Nacken zu einem dicken kurzen Zopf geflochten, der von einer schwarzen Schleife zusammengehalten wurde. Er hatte wasserblaue Augen, die infolge seines hohen Alters ständig tränten, und eine lange, scharf geschnittene Nase, an deren rötlicher Spitze hier in diesem kalten Zimmer – oder vielleicht sogar stets – ein kleines Tröpfchen hing. Hornblower machte auf dem Blatt Papier, das vor ihm lag, eine Notiz über die schwarzen Hosen und Strümpfe und die Trauerflore. Dabei ging ihm durch den Kopf, daß er diese Dinge selbst beschaffen mußte, und er fragte sich, wo er das Geld dazu hernehmen sollte.
»Es wäre das beste«, fuhr Mr. Pallender fort, »wenn der

Konduktum die Mittagszeit durch die City käme. Dann hätte die Bevölkerung reichlich Zeit, sich anzustellen, und in den Kontoren erlitte die Arbeit keine Unterbrechung.«
»Das kann ich aber nicht versprechen«, sagte Hornblower. »Es hängt ganz von der Tide ab.«
»Was bedeutet hier die Tide, Kapitän Hornblower? Sie müssen sich vor Augen halten, daß der Königliche Hof, vor allem Seine Majestät der König selbst, an dieser Feierlichkeit das größte Interesse nimmt.«
»Nichtsdestoweniger ist ihre Durchführung notwendig an die Gezeiten gebunden«, sagte Hornblower, »und auch der Wind spielt dabei eine wichtige Rolle.«
»Was Sie nicht sagen! Seine Majestät wird aber höchst ungehalten sein, wenn seine Pläne und Richtlinien nicht die gebührende Beachtung finden.«
»Ich verstehe«, sagte Hornblower.
Er hätte gerne noch bemerkt, daß seine Majestät zwar die See beherrsche, aber über Ebbe und Flut dennoch ebensowenig bestimmen könne wie sein erlauchter Vorgänger König Knut; dann hielt er aber doch lieber den Mund, denn dieser Mr. Pallender schien ihm durchaus nicht zu der Sorte von Menschen zu gehören, die einem Scherz über die Grenzen königlicher Machtvollkommenheit Verständnis entgegenbrachten. Statt dessen beschloß er, Mr. Pallenders feierliches Gehaben nach bestem Können nachzuahmen.
»Da der Termin der Leichenfeier noch nicht festgesetzt ist«, sagte er, »besteht wohl noch die Möglichkeit, einen Tag auszusuchen, an dem die Gezeiten günstig liegen.«
»Ja, diese Möglichkeit besteht«, gab Mr. Pallender zu.
Hornblower notierte sich, daß er unbedingt sofort die Gezeitentafeln nachsehen müsse.
»Der Lord-Mayor«, sagte Pallender, »wird nicht persönlich teilnehmen, er sendet aber seinen Stellvertreter.«
»Jawohl.«
Daß die Person des Lord-Mayor nicht unter seine Verantwortung fallen würde, war natürlich ein kleines Plus, aber was bedeutete das schon, wenn man bedachte, daß die acht ältesten Admirale der Navy an dem Zug teilnahmen und daß er für ihre Sicherheit verantwortlich war.

»Haben Sie wirklich keine Lust, einen Schluck von diesem Cognac zu versuchen?« fragte Mr. Pallender und schob ihm die Karaffe ein wenig näher.
»Nein, besten Dank.«
Hornblower hatte nicht die geringste Lust, um diese Tageszeit Cognac zu trinken; aber er wußte jetzt wenigstens, woher Mr. Pallender seine rote Nasenspitze hatte. Ehe er zu reden fortfuhr, führte er sich nämlich genießerisch einen tüchtigen Schluck zu Gemüte.
»Was nun den Trauersalut betrifft ...«
Wie sich ergab, sollten entlang der Strecke, die der Kondukt zurückzulegen hatte, an fünfzehn Punkten Salutgeschütze aufgestellt werden, und seine Majestät legte den größten Wert darauf und würde sich selbst davon überzeugen, daß sie genau in Minutenabstand feuerten. Hornblower beschrieb immer mehr Papier mit seinen Notizen. Der Zug umfaßte 38 Boote und Barken, er versammelte sich an einer wegen ihrer knifflig en Stromverhältnisse berüchtigten Stelle vor Greenwich, war dort zu ordnen und stromaufwärts nach der Whitehall-Treppe zu führen, wo er sich dann auflöste, nachdem der Sarg der hier bereitstehenden Ehrenwache der Marine übergeben war. Die Ehrenwache brachte den Toten anschließend in feierlichem Zuge zur Admiralität, wo er die Nacht über ruhen sollte, bis er am folgenden Tage zur St.-Pauls-Kathedrale geleitet wurde.
»Können Sie mir sagen, Sir«, fragte Hornblower, »um welche Art Fahrzeuge es sich bei diesen ›Staatsbarken‹ handelt?«
Kaum hatte er die Frage gestellt, da tat es ihm auch schon wieder leid. Mr. Pallender zeigte sich überrascht, daß es überhaupt Menschen gab, die nicht wußten, wie eine Staatsbarke aussah; wenn man jedoch von ihm wissen wollte, wie sich ein solches Fahrzeug in bewegtem Wasser benahm oder auch nur wie viele Riemen es an jeder Seite führte, dann konnte man natürlich keine Auskunft von ihm erwarten. Hornblower sagte sich, daß es das beste war, wenn er sich selbst so bald wie möglich auf einem dieser Fahrzeuge einschiffte und unter passenden Stromverhältnissen die ganze Strecke abrudern ließ, wobei jeder einzelne Abschnitt genau gezeitet werden mußte. Er füllte Seite um Seite mit Notizen, während

Pallender bei dem Thema verweilte, das ihm das wichtigste schien: in welcher Rangordnung die Boote fahren sollten; daß das ganze Heroldsamt teilnehmen würde, einschließlich des King of Arms Norroy und seiner selbst als Blue Mantle Pursuivant, dann die Herzöge aus königlichem Haus und alle Admiräle. Er erklärte die Formalitäten, die bei der Einschiffung und Landung zu beachten waren, welche Funktionen der Erste Leidtragende, der Schleppenträger und die Bahrtuchträger auszuüben hatten und wo die Angehörigen des toten Admirals ihren rechten Platz fänden.

»Ich danke Ihnen für Ihre Informationen, Sir«, sagte Hornblower zuletzt und raffte seine Papiere zusammen, »ich werde die Vorarbeiten sofort in Angriff nehmen.«

»Ich bin Ihnen aufrichtig verbunden, Sir«, sagte Mr. Pallender, als sich Hornblower von ihm verabschiedete.

Diese Operation bedurfte mindestens ebenso sorgfältiger Vorbereitung wie Abercrombies Landung in Ägypten – dabei gab es im Mittelmeer nicht einmal Gezeiten, die jede Planung so ungemein erschwerten. Achtunddreißig Fahrzeuge mit ihren Besatzungen und Ruderknechten, dazu die Ehreneskorte, die offiziellen Leidtragenden und die Vertreter der Behörden und Körperschaften, das machte zusammen mindestens tausend Offiziere und Mannschaften, die unter Hornblowers Befehl stehen sollten. Der Mut sank ihm ein wenig, als er bald darauf eine von den Staatsbarken in der Deptford-Werft von den Handwerkern übernehmen konnte, die sie dort schon mit Abzeichen und Emblemen schmückten, und damit zuvörderst einmal Probefahrten machte. Das Fahrzeug war sehr groß und unglaublich schwerfällig, seine Ausmaße gaben denen einer gewöhnlichen Frachtschute nicht viel nach. Vorne im offenen Vorschiff waren sechs Paar Riemen untergebracht, daran schloß sich von mittschiffs nach achtern ein massiv gebauter Baldachin, der einen riesigen Windfang bildete. Die Barke, die die LEICHE (nach dem Anhören von Mr. Pallenders Erklärungen war es unmöglich, dieses Wort anders als groß zu schreiben) zu tragen hatte, war überdies von vorn bis achtern mit Bündeln von Straußenfedern besteckt, die dem Wind eine Fläche boten wie das Großsegel einer Fregatte. Für diese Barke waren die kräftigsten Ruderer auszu-

DIE THEMSE VON DEPTFORD BIS WESTMINSTER

1 Ankerplatz der Atropos
2 Der Leichenzug tritt zusammen, Planke der Staatsbarke wird eingedrückt
3 Das Ausösen beginnt
4 Der Sarg wird an Land gebracht
5 Slip für die Notreparatur der Staatsbarke

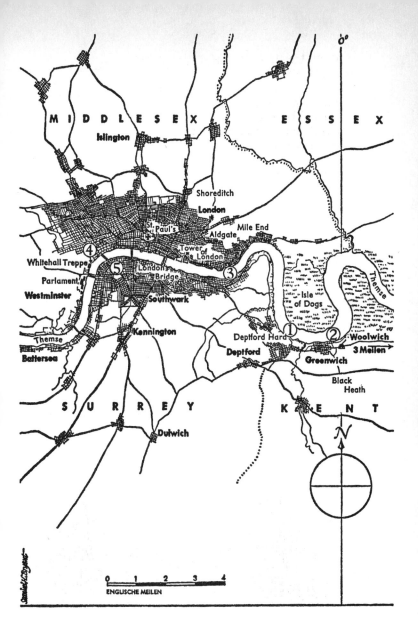

suchen, und am besten war es, ihr irgendwo unter dem Baldachin versteckt noch eine vollständige Ablösung mit an Bord zu geben. Aber da sie den Zug anzuführen hatte und die anderen Boote den Anschluß an sie nicht verlieren durften, war es auch wieder angezeigt, hinsichtlich der Fahrt des Guten nicht zuviel zu tun. Hornblower hatte den ganzen zeitlichen Ablauf mit großer Sorgfalt vorauszubestimmen: Die Flut brachte den Zug stromauf, die Ankunft an der Whitehall-Treppe mußte genau bei Stauwasser erfolgen, damit die schwierigen Manöver dort mit einem Mindestmaß an Risiko verbunden waren, zuletzt half dann die beginnende Ebbe den Booten und Barken wieder auf den Rückweg, bis sie sich unterwegs nach Bedarf zerstreuten.

»Liebling«, sagte Maria, als er wieder einmal bei ihr im George auf dem Zimmer saß, »du hörst wohl überhaupt nicht mehr zu, wenn ich dir etwas sage.«
»Wie meintest du, Schatz?« sagte Hornblower und blickte mit abwesender Miene von dem Tisch auf, an dem er schrieb. Er war ganz von dem Problem in Anspruch genommen, wie man tausend Menschen, die den Tag über voraussichtlich nichts mehr zu essen bekamen, mit einem kräftigen Frühstück versorgen konnte.
»Ich sagte eben, daß ich heute mit der Hebamme gesprochen habe. Sie macht einen sehr netten Eindruck. Von morgen an hält sie sich für mich frei. Da sie nur ein paar Häuser von hier wohnt, braucht sie nicht hier bei uns Quartier zu nehmen, um abzuwarten, bis es soweit ist. Darüber bin ich besonders froh, du weißt ja, wie wenig Geld wir haben.«
»Ach ja, Schatz«, sagte Hornblower. »Ist übrigens meine schwarze Kniehose schon abgeliefert worden?«
Es war gar nicht so abwegig, daß er von Marias bevorstehender Entbindung via Geld auf seine schwarze Hose zu sprechen kam, aber Maria nahm ihm seine scheinbare Herzlosigkeit übel. »Deine Hose ist dir wohl wichtiger als dein Kind«, fragte sie, ». . . und als ich.«
»Aber Schatz«, entgegnete Hornblower. Er mußte die Feder aus der Hand legen und aufstehen, um sie zu trösten.

»Ich habe eben allzuviel im Kopf, und das gerade in diesen Tagen – ich kann dir gar nicht sagen, wie‹ schwer das für mich ist.«
Es ging wirklich mit dem Teufel zu: Nicht nur die Blicke Londons, sondern ganz Englands ruhten auf diesem Trauerzug. Wenn es da einen Versager gab, dann wurde ihm das sein Leben lang nicht vergessen. Und hier Maria in ihrem Zustand – er mußte sie bei den Händen nehmen, um sie zu trösten.
»Und doch bist du mein ein und alles«, sagte er und blickte ihr lächelnd in die Augen. »Es gibt nichts in der Welt, was mir noch mehr am Herzen läge.«
»Ich wollte, ich wäre dessen so sicher«, sagte Maria.
Er küßte ihre Hand, die er noch in der seinen hielt.
»Was kann ich denn noch sagen, um deine Zweifel zu verscheuchen?« fragte er. »Daß ich dich über alles liebe?«
»Ja, das wäre wohl schön zu wissen«, sagte Maria.
»Aber du weißt doch, daß ich dich liebe«, sagte er, und da sie ihn bis jetzt noch keines Lächelns gewürdigt hatte, fuhr er fort: »Wenn ich dir sage: Ich liebe dich wirklich mehr als meine neue schwarze Hose.«
»Ach!« sagte Maria.
Jetzt mußte er den Scherz auf die Spitze treiben, vielleicht merkte sie dann doch, daß er zärtlich und nicht nur spaßhaft gemeint war. »Ja, sogar mehr als tausend schwarze Hosen«, sagte er. »Ist dir das noch immer nicht genug?«
Jetzt lächelte sie endlich. Sie entzog ihm ihre Hand und legte sie ihm auf die Schulter.
»Darf ich dieses Wort für immer im Herzen bewahren?«
»Es wird immer wahr bleiben, Schatz«, sagte er.
»Du bist der liebste und beste aller Männer«, sagte sie, und das Zittern in ihrer Stimme verriet ihm, daß ihr diese Worte von Herzen kamen.
»Ich habe aber auch die reizendste aller Frauen«, sagte er.
»Und jetzt darf ich wohl wieder an meine Arbeit gehen, nicht?«
»Natürlich, Liebling, ich will dich nicht abhalten, aber ich bin eben zu eigensüchtig – weil ich dich so schrecklich liebhabe ... nur darum ...«

»Aber Schatz!« sagte Hornblower und klopfte ihr beruhigend auf die Schulter. Wahrscheinlich nahm ihn sein Gefühlsleben ebenso stark in Anspruch wie Maria, aber es gab eben zur Zeit außerdem noch eine Menge anderer Dinge, die seine ganze Aufmerksamkeit verlangten – und letzten Endes hing ja alles zusammen. Wenn er bei dieser Trauerparade versagte, dann konnte er damit rechnen, für den Rest seines Lebens auf Halbsold herumzusitzen, und damit war auch für das Ungeborene von vornherein und für immer Schmalhans Küchenmeister. Der tote Nelson aber lag zu dieser selben Stunde schon in Greenwich aufgebahrt, und übermorgen war der festgesetzte Tag für die Prozession, weil da die Flut um elf Uhr einsetzte. Die Zeit drängte also, denn es gab noch eine Menge zu tun. Er war darum froh, daß er endlich wieder an das Aufsetzen seiner Befehle gehen durfte, und er war erst recht froh, als er wieder auf seiner Atropos saß und sich in die Arbeit stürzen konnte. (Vgl. ① Karte S. 59)
»Mr. Jones, würden Sie die Güte haben, die Fähnriche und Steuermannsmaate zu mir achteraus zu schicken. Ich brauche sofort ein halbes Dutzend Männer mit anständiger Handschrift.«
Die Kajüte der Atropos glich alsbald einem Schulzimmer. Die Fähnriche saßen mit Tintenfässern und Federn ausgerüstet auf Messestühlen an improvisierten Tischen und schrieben die von Hornblower konzipierten Befehle ins reine. Hornblower eilte wie ein Eichhörnchen im Käfig von einem zum anderen und beantwortete alle auftauchenden Fragen.
»Bitte, Sir, ich kann dieses Wort hier nicht lesen.«
»Bitte fragen zu dürfen, ob ich hier einen neuen Absatz beginnen soll.«
Nebenbei konnte man bei diesem Unternehmen dem Offiziersnachwuchs ein bißchen auf den Zahn fühlen. Aus der gestaltlosen Masse schälten sich bald die einzelnen Charaktere deutlich heraus: die einen brauchten jeden Augenblick Erklärungen, andere dagegen waren fähig, aus dem Zusammenhang richtige Schlüsse zu ziehen, und dann gab es noch die Dummköpfe, die gedankenlos irgendwelchen Unsinn zu Papier brachten.
»Sind Sie denn ganz von Gott verlassen, Mann?« sagte Horn-

blower. »Kein normaler Mensch wird im Leben so etwas sagen, geschweige denn schreiben.«
»Aber ich habe es so gelesen, Sir« erwiderte der Fähnrich hartnäckig.
»Dann ist Ihnen nicht zu helfen«, stöhnte Hornblower.
Aber gerade dieser Mann hatte eine besonders gute, leicht leserliche Schrift, darum gab ihm Hornblower die Aufgabe, Kopf und Einleitung für alle Befehle auszuschreiben.
›HMS Atropos zur Zeit Deptford, den 6. Januar 1806
Sir, kraft der mir von den Lord-Kommissaren der Admiralität erteilten Vollmacht . . .‹
Andere konnten von da an fortfahren und sparten auf diese Weise Zeit.
Endlich waren die neunzig verschiedenen Befehle und Anordnungen samt ihren Duplikaten ausgeschrieben und um Mitternacht ihren Empfängern zugestellt. Von den verschiedensten Stellen waren für alle Boote, die an dem Zug teilnehmen sollten, Bootssteurer und Besatzungen aufgetrieben worden, ihre Verpflegung war sichergestellt, ihr Platz in der Linie genau bezeichnet:
›Sie werden Platz Nr. 17 einnehmen, unmittelbar hinter der Barkaß des Oberkommandierenden auf dem Nore und unmittelbar vor dem Boot der Hochansehnlichen Innung der Fischhändler.‹
Die letzten Anordnungen wurden noch um zwei Uhr morgens am Tag der Prozession gemeinsam mit Mr. Pallender getroffen, dann blieb, wie Hornblower gähnend feststellte, wirklich nichts mehr zu bedenken. Halt, eine Änderung mußte noch getroffen werden.
»Mr. Horrocks, Sie kommen mit mir auf das Boot Nr. 1, auf dem sich der Leichnam befindet.«
»Mr. Smiley, Sie übernehmen den Befehl über Boot Nr. 2 mit dem Ersten Leidtragenden.«
Horrocks war der dümmste von den Fähnrichen und Smiley der aufgeweckteste. Was Wunder, daß er sich anfangs diesen zu seinem Adjutanten auserkoren hatte, aber dann war ihm allmählich aufgegangen, wie über alle Maßen begriffsstutzig dieser Horrocks war, und er hatte eingesehen, daß er ihn deshalb nicht aus den Augen lassen durfte.

»Aye, aye, Sir.«
Es schien Hornblower, als freute Smiley sich diebisch, auf diese Weise der Aufsicht seines Kommandanten zu entrinnen, darum fand er es geraten, diese Blase sofort aufzustechen.
»Sie haben neun Admirale und vier Kapitäne als Passagiere an Bord, Smiley«, sagte er, »darunter den Großadmiral Sir Peter Parker und Lord St. Vincent.«
Man konnte Smiley ansehen, daß diese Nachricht seinen Übermut etwas dämpfte.
»Mr. Jones, die Pinaß mit unseren Männern liegt also Punkt sechs Uhr an der Pier in Greenwich.«
»Aye, aye, Sir.«
»Und jetzt pfeifen Sie die Gig für mich.«
»Aye, aye, Sir.«
»Ich bin bis fünf Uhr im George, schicken Sie etwaige Nachrichten dorthin.«
»Aye, aye, Sir.«
Er hatte immerhin noch so etwas wie ein Privatleben, und Marias Stunde mußte unmittelbar bevorstehen. An Deck pfiff ein kräftiger westlicher Wind durch die Takelage und frischte zuweilen, wie Hornblower feststellte, zu unangenehmen Böen auf. Wenn es nicht noch erheblich abflaute, dann wurde es ein Kunststück, mit den schwerfälligen Staatsbarken zurechtzukommen. Er stieg in seine Gig.
»Deptford Hard«, befahl er dem Bootssteurer und schlug sich seinen Umhang fröstelnd enger um die Schultern, denn in der Kajüte der Atropos war es von all den Lampen, Kerzen und den vielen Menschen unerträglich heiß gewesen. Er ging den Hard hinauf und klopfte an die Tür des George. Hinter einem Fenster an der Seite zeigte sich ein schwacher Lichtschimmer, und in seinem eigenen Zimmer im ersten Stock brannte ebenfalls noch Licht. Die Tür wurde endlich aufgeschlossen, im Flur stand die Wirtin.
»Ach, Sie sind's, Sir«, sagte sie. »Ich dachte, es wäre die Hebamme, die habe ich nämlich eben durch Davie holen lassen. Ihre liebe Frau . . .«
»Lassen Sie mich, bitte, vorbei«, sagte Hornblower.
Maria war im Morgenrock und wanderte ruhelos im Schlaf-

zimmer umher. Zwei Kerzen erhellten den Raum, und als Hornblower eintrat, huschten die Schatten des Betthimmels und der anderen Möbel unheimlich über Decken und Wände.
»Mein Liebling!« sagte Maria.
Hornblower ging mit ausgestreckten Händen auf sie zu.
»Es ist doch alles in Ordnung, ja?« fragte er.
»Ich denke schon – ich hoffe. Es hat eben erst begonnen«, sagte Maria. Sie küßten sich.
»Liebling«, sagte Maria, »wie schön von dir, daß du gekommen bist. Ich – ich hatte ja so gehofft, daß ich dich noch einmal sehen würde, ehe – ehe meine Zeit gekommen ist.«
»Sag nicht, es sei schön von mir«, entgegnete Hornblower. »Ich kam nicht, um dir einen Gefallen zu tun, sondern weil ich das Bedürfnis dazu hatte. Ich mußte dich sehen.«
»Aber du hast doch so viel zu tun. Heute ist ja die Trauerparade – oder nicht?«
»Ja«, sagte Hornblower.
»Und unser Kind kommt auch heute zur Welt. Möchtest du ein Mädchen, Liebster – oder noch einen Jungen?«
»Wir werden ja bald Bescheid wissen«, sagte Hornblower – er wußte genau, was sich Maria wünschte. »Ob Junge oder Mädchen, es ist unser Kind, und wir wollen es liebhaben.«
»Ja, das wollen wir«, sagte Maria.
Die letzten Worte hatte sie etwas gequält hervorgestoßen, zugleich bekam ihr Ausdruck etwas Abwesendes.
»Was ist dir, Schatz?« fragte Hornblower besorgt.
»Nur ein kurzer Anfall«, sagte Maria lächelnd – Hornblower merkte wohl, daß sie sich zu diesem Lächeln zwang. »Sie folgen noch nicht dicht aufeinander.«
»Wenn ich dir nur helfen könnte«, seufzte Hornblower nicht anders als ungezählte Millionen anderer Väter.
»Du hast mir schon geholfen, indem du gekommen bist, Liebster«, sagte Maria.
Schritte auf dem Gang und ein Klopfen an der Tür kündeten die Ankunft der Hebamme und der Wirtin an.
»Na schön«, sagte die Hebamme, »es hat also angefangen, wie?«
Hornblower musterte sie eingehend. Sie war nicht adrett angezogen – das konnte man unter den gegebenen Umständen

auch nicht ernstlich erwarten –, aber sie war jedenfalls nüchtern, und ihr zahnlückiger Mund zeigte ein gutmütiges Lächeln.

»Ich möchte Sie gern einmal ansehen, Madam«, sagte sie und fügte dann mit einem Seitenblick hinzu: »Der Herr zieht sich wohl so lange zurück.«

Maria suchte ihn mit dem Blick. Sie gab sich sichtlich alle Mühe, tapfer zu erscheinen.

»Ich sehe dich ja bald wieder, Schatz«, sagte Hornblower und bemühte sich ebenfalls um einen möglichst unbekümmerten Ton.

Draußen bot ihm die Wirtin mit herzlichen Worten ihre Gastfreundschaft an:

»Wie wäre es mit einem Cognac, Sir? Oder ist Ihnen ein Glas heißer Rum vielleicht lieber?«

»Nein, danke, ich möchte jetzt keines von beiden«, sagte Hornblower.

»Der junge Herr schläft bei einem meiner Mädchen im Bett«, erklärte die Wirtin. »Er hat nicht geschrien, keinen Ton hat er von sich gegeben, als wir ihn zu ihr hineinbrachten. Ein feines Jungchen ist das, Sir.«

»Ja«, sagte Hornblower. Beim Gedanken an seinen kleinen Jungen fand er doch noch ein Lächeln.

»Es ist das beste, Sir, Sie gehen in die Kaffeestube«, sagte die Wirtin, »dort ist noch etwas Glut im Kamin.«

»Besten Dank«, sagte Hornblower, mit einem Blick auf seine Uhr. Gott, wie die Zeit verging.

»Ihre liebe Frau wird alles gut überstehen«, fuhr die Wirtin in mütterlich tröstendem Tone fort. »Ich wette, es wird wieder ein Junge, für mich gibt es darüber keinen Zweifel, wissen Sie, ich erkannte das gleich an der Art, wie sie das Kind trug.«

»Vielleicht haben Sie recht«, sagte Hornblower und sah wieder nach der Uhr. Es war nun wirklich höchste Zeit, sich für den bevorstehenden Tag zurechtzumachen. »Hören Sie mich bitte einen Augenblick an«, sagte er. Dann brauchte er noch eine kurze Pause, um seine bleierne Müdigkeit abzuschütteln und den ständig um Maria kreisenden Gedanken eine andere Richtung zu geben. Schließlich begann er der Wirtin

an seinen Fingern alle die Dinge aufzuzählen, die er aus dem Schlafzimmer geholt haben wollte. Die schwarze Hose und die schwarzen Strümpfe, die Epaulette, den besten Schiffshut, den Säbel und den Trauerflor.
»Ich bringe Ihnen die Sachen herunter, Sir. Sie können sich dann gleich hier umziehen – um diese Nachtstunde stört Sie hier kein Mensch.«
Als sie wieder erschien, hatte sie beide Arme mit den Kleidungsstücken beladen, die Hornblower ihr genannt hatte.
»Allerhand, daß ich den Leichenzug ganz vergessen konnte, Sir«, sagte sie. »Dabei wird hier am Strom schon seit einer Woche von nichts anderem geredet. Hier sind Ihre Sachen, Sir.«
Im Licht der flackernden Kerzen sah sie Hornblower aufmerksam an. »Es wäre vielleicht doch gut, wenn Sie sich rasierten, Sir«, sagte sie. »Wenn Sie Ihr Messer an Bord gelassen haben sollten, dann können Sie das meines Mannes benutzen.«
Mutterschaft schien ansteckend zu wirken – in ihrem Bannkreis wurden wohl alle Frauen zu Müttern.
»Ja, danke schön, das werde ich tun.«
Nach einer Weile war er glücklich fertig und zog abermals seine Uhr. »Jetzt ist es Zeit zu gehen«, sagte er. »Schauen Sie doch bitte nach, ob ich zu meiner Frau hinein kann.«
»Ich sage Ihnen von vornherein, daß das nicht gehen wird, Sir«, sagte die Wirtin. »Wenn Sie hören, was ich höre . . .«
Hornblowers Ausdruck mußte seine Gefühle recht deutlich verraten haben, denn die Wirtin fuhr fort:
»In einer Stunde ist alles vorüber, Sir. Wollen Sie denn nicht noch ein bißchen warten?«
»Warten?« wiederholte Hornblower und warf wieder einen Blick auf die Uhr.
»Nein, das ist ausgeschlossen, ich muß jetzt gehen.«
Die Wirtin steckte die Kerze seiner Laterne an dem Leuchter auf dem Kaminsims an.
»Gott wie schön«, rief sie. »Sie sehen ja aus wie ein Gemälde. Aber es ist kalt draußen.«
Sie knöpfte ihm dicht unterm Kinn den obersten Knopf seines Mantels zu.

»Ich kann nicht dulden, daß Sie sich heute erkälten, Sir. Und nun machen Sie sich nur keine Sorgen.«
Ein guter Rat, dachte Hornblower, während er zum Strom hinunterging, aber ebenso schwer zu befolgen wie die meisten anderen guten Ratschläge. Am Wasser unten entdeckte er gleich die Bootslaterne der Gig und sah dann, wie sich eine schattenhafte Gestalt davor hin und her bewegte. Die Besatzung hatte offenbar einen Ausguck aufgestellt, der auf seine Laterne achten sollte, damit sich die anderen derweil auf den höchst unbequemen Bodenbrettern der Gig wenigstens ein Auge voll Schlaf verschaffen konnten. So hart ihr Lager auch war, sie hatten es immer noch zehnmal besser als er selbst, denn ihm war zumute, als könnte er sogar auf dem Vorstag der Atropos schlafen, wenn man ihn nur ließe. Er erreichte die Gig und stieg an Bord.
»Stromab«, befahl er dem Bootssteurer.
An der Greenwich Pier herrschte noch Nacht; man schrieb erst Ende Januar, und am Himmel war um diese Jahreszeit noch keine Spur von Dämmerung zu entdecken. Der Wind wehte stetig aus West, also stromabwärts, und frischte wahrscheinlich mit Hellwerden noch auf. Während er die Pier entlangging, brachte ihn ein lauter Haltruf zum Stehen.
»Gut Freund«, sagte Hornblower und öffnete seinen Mantel, damit der Posten im Licht der Laterne seine Uniform sehen konnte.
»Treten Sie näher und geben Sie das Losungswort!«
»Ruhm und Unsterblichkeit«, sagte Hornblower – er hatte diese Parole selbst gewählt, das war auch so eine von den tausend Einzelheiten, die am Tag vorher zu regeln waren.
»Passiert! Alles in Ordnung!« sagte der Posten.
Der Mann war ein Soldat der Blackheath-Miliz. Solange der tote Admiral in Greenwich aufgebahrt lag, mußten an allen Ecken des Geländes Wachen ausgestellt werden, damit das Volk nicht auch dort herumlief, wo es nicht erwünscht war. Im Hospital brannte schon überall Licht, dort herrschte allgemeine Aufregung und geschäftiges Hin und Her.
»Der Gouverneur zieht sich grade an, Sir«, sagte ein Leutnant mit einem Holzbein. »Die Herren von Rang und Stand werden um acht Uhr eintreffen.«

»Ja«, sagte Hornblower, »ich weiß.« Er hatte selbst den Fahrplan aufgestellt. Die Würdenträger des Staates, der Marine und der Bürgerschaft sollten zu Land von London kommen und den Toten zu Wasser dorthin zurückbegleiten. Hier lag Lord Nelsons Leiche in ihrem Sarg, die Schragen, auf denen er stand, waren unter Flaggen, Trophäen und heraldischen Insignien verborgen. Und da erschien auch schon der Gouverneur, er hinkte vor Rheumatismus, seine Glatze schimmerte im Lampenlicht.
»Morgen, Hornblower!«
»Guten Morgen, Sir.«
»Na, alles klar?«
»Jawohl, Sir. Nur der Wind weht mir zu frisch aus West. Er verzögert die Flut.«
»Sehen Sie, das habe ich befürchtet.«
»Die Folge ist, daß die Boote nicht so schnell vorankommen.«
»Das ist klar.«
»Aus diesem Grunde wäre ich Ihnen besonders verbunden, wenn Sie Ihr möglichstes tun würden, daß die Herren Leidtragenden rechtzeitig aufbrechen. Leider haben wir bis zur Einschiffung nicht viel Zeit, Sir.«
»Ich will mein Bestes tun, Hornblower; aber einen Großadmiral können Sie nicht gut zur Eile antreiben und Lord St. Vincent auch nicht und den Lord-Mayor ebenfalls nicht, nicht einmal seinen Stellvertreter.«
»Ich weiß wohl, Sir, es wird schwierig sein.«
»Wie gesagt, Hornblower, ich werde mein Bestes tun. Aber ohne einen Bissen Frühstück können wir die Leute doch nicht gut losschicken.«
Der Gouverneur zeigte nach dem nächsten Raum, wo unter Aufsicht des Leutnants mit dem Holzbein eine Anzahl Matrosen in schwarzen Halstüchern eine Tafel deckten. An einem Büfett gab es kalte Pasteten, Schinken und Roastbeef, auf dem weißen Tischtuch glänzte blankes Silber. Auf einem kleineren Seitenbüfett baute ein zuverlässiger Unteroffizier grade eine Batterie von Karaffen und Flaschen auf.
»Wie wär's mit einem kleinen Imbiß und einem Gläschen?« lud ihn der Gouverneur ein.

Hornblower sah wie immer nach der Uhr.
»Danke, Sir, Ich habe grade drei Minuten Zeit dazu.«
Es war schön, so unerwartet etwas zu essen zu bekommen; es war ein besonderer Genuß, Schinkenscheiben zu verzehren, die sonst durch die Speiseröhre eines Admirals gerutscht wären. Er spülte den Schinken mit einem Glas Wasser hinunter, was den Unteroffizier am Weinbüfett in fassungsloses Staunen versetzte.
»Meinen besten Dank, Sir«, sagte er zum Gouverneur, »es ist Zeit, daß ich mich verabschiede.«
»Leben Sie wohl, Hornblower, und alles Gute!«
Als er wieder an die Pier kam, hatte es zu dämmern begonnen – man konnte bereits, wie man im Orient zu sagen pflegt, einen schwarzen Faden von einem weißen unterscheiden. Auf dem Strom herrschte schon reges Leben, von flußaufwärts trug der Wind das Geräusch von Ruderschlägen und scharfe seemännische Kommandos herüber. Hier lag der Kutter der Atropos mit Smiley und Horrocks an Bord, dort lagen die Boote vom Wachschiff und vom Empfangsschiff, eine abgemarkte Leine auf der Pier bezeichnete den Aufstellungsplatz für eine anrückende Abteilung Matrosen. Kurzum, der Ernst des Lebens begann.
Das konnte man wirklich mit Fug behaupten. Die 38 Fahrzeuge mußten bemannt und in der richtigen Reihenfolge eingeordnet werden, sie erstreckten sich hintereinander nicht weniger als eine Meile stromab. Da gab es Schafsköpfe, die ihre Befehle verlegt hatten, und andere, die sie nicht verstanden. Hornblower preschte in seiner Gig die Linie auf und ab und zog dabei fast jede Minute seine Uhr. Zu allem Überfluß waren auch die Schnapsverkäufer schon unterwegs, weil sie sich wohl von diesem Tag ein gutes Geschäft erwarteten, und ruderten ebenfalls die Linie entlang. Allem Anschein nach hatten sie auch schon heimlich einiges von ihrem Stoff abgesetzt, denn hier und dort tauchten bereits rote Köpfe mit dem unverkennbaren blöden Grinsen auf. Die Ebbe lief noch in voller Stärke, und hinter ihr drückte zu allem Überfluß der stramme Westwind her. Horrocks wollte die Staatsbarkaß, die nachher den Leichnam aufnehmen sollte, längsseit bringen, aber er verschätzte sich dabei gründlich in den Entfer-

nungen und in den auftretenden Kräften. Das große, schwerfällige Fahrzeug wurde beim Aufdrehen von Wind und Strom so hart gefaßt, daß es mit seinem Steuerbord-Achterschiff laut krachend gegen die Pier knallte. Hornblower, der den Vorfall von der Pier aus mit ansah, öffnete schon den Mund zu einem kräftigen Anschnauzer, aber dann besann er sich eines Besseren und schloß ihn wieder. Hätte er sich zu jeder Ungeschicklichkeit äußern wollen, so würde er bald stockheiser sein. Einstweilen begnügte er sich damit, den armen Horrocks mit einem alles andere als gnädigen Blick zu traktieren, unter dem der große, grobknochige Bursche förmlich in sich zusammensackte, bis er sich nach einer Weile wieder fing und seinen Groll an der armen Besatzung ausließ. (Vgl. ② Karte S. 59)
Diese Staatsbarken waren aber auch rein zum Verzweifeln, wenn man mit ihnen manövrieren wollte. Mit nur zwölf Riemen hatte man die über 40 Fuß langen Ungetüme kaum in der Gewalt, weil sie mit ihren riesigen Aufbauten dem Wind eine allzu große Angriffsfläche boten. Sollte Horrocks sehen, wie er auf seinen Platz gelangte – Hornblower wandte sich ab und kletterte wieder in seine Gig. Er flog nur so stromab, er quälte sich mühsam mit peitschenden Riemen stromauf. Endlich schien alles in Ordnung. Als Hornblower zuletzt wieder an Land gestiegen war, warf er einen prüfenden Blick von der Pier ins Wasser und glaubte – endlich – ein Nachlassen des Ebbstroms feststellen zu können. Es kam verspätet, aber doch grade noch zur rechten Zeit. Hell und klar drangen vom Hospital die Töne einer Trompete herüber, seine musikunempfindlichen Ohren registrierten nur ein häßliches Geräusch, aber er wußte dennoch, was es bedeutete. Die Miliz trat längs der Straße vom Hospital zur Pier ins Glied, und bald tauchten auch in feierlicher Prozession zu zwei und zwei die Würdenträger auf, die niedrigsten im Rang gingen an der Spitze. Dementsprechend kamen die Boote in der umgekehrten Reihenfolge ihrer Nummern an die Pier, um sie an Bord zu nehmen – es hatte Hornblower unsägliche Mühe gekostet, den Bootssteurern das klarzumachen – und fuhren dann wieder stromab an ihren Platz in der Linie, um zu warten, bis es losging. Trotz allem kamen

ein paar Boote aus der Reihe, aber jetzt war für Kleinigkeiten keine Zeit. Man mußte in Kauf nehmen, daß ein paar der würdigen Herren auf der Pier in ein falsches Boot gerieten und nicht einmal Zeit fanden, dagegen Einspruch zu erheben. Immer höher wurde Rang und Würde der heranziehenden Trauergäste – es kamen die Herolde der verschiedenen Grade, unter ihnen Mr. Pallender, und dann erschien endlich der Erste Leidtragende, Großadmiral Sir Peter Parker, dem Blackwood die Schleppe trug. Sein Gefolge bildeten 8 Admirale mit dem für Trauerfeiern vom Reglement vorgeschriebenen düsteren Gesichtsausdruck. Vielleicht sahen sie jedoch ohne die Vorschrift des Reglements genauso düster drein. Hornblower komplimentierte sie alle, einen nach dem anderen, in ihr Boot. Inzwischen hatte die Strömung umgeschlagen, die Flut setzte sich durch. Von nun an war jede Minute kostbar.
Plötzlich krachte in nächster Nähe ein Kanonenschuß, daß Hornblower zusammenfuhr. Er konnte nur hoffen, daß sein Erschrecken niemand aufgefallen war. Das war der erste Schuß des Trauersaluts, der nun in genauen Minutenabständen so lange weitergefeuert wurde, bis der tote Seeheld seine nächste vorübergehende Ruhestätte in der Admiralität erreicht hatte. Für Hornblower war er das Signal, daß der Sarg das Hospital verließ. Er half Sir Peter Parker als letztem in die Staatsbarke. Ein lautes Kommando des Obersten der Miliz, und die angetretenen Kolonnen warfen ihre Gewehre herum, so daß die Mündung auf dem Boden ruhte, und kreuzten die Arme über dem Schaft. Hornblower hatte sie diesen Griff während der letzten zwei Tage in jeder freien Minute üben sehen. Er folgte ihrem Beispiel und senkte seinen Säbel mit aller militärischen Exaktheit, die ihm zu Gebote stand, zum Salut – auch er hatte das geübt. Maria hatte ihn vor ein paar Tagen in ihrem Zimmer im George dabei ertappt und war über das Schauspiel, das er bot, in schallendes Gelächter ausgebrochen.
Die Staatsbarke des Ersten Leidtragenden hatte inzwischen abgelegt, und Horrocks brachte sein Fahrzeug mit entschlossenen Kommandos abermals längsseit. Hornblower verfolgte sein Manöver mit gerunzelter Stirn; aber jetzt, da der Wind

gegen den Strom stand, bot es glücklicherweise keine besondere Schwierigkeit mehr. Die Musik rückte näher; für Hornblower klangen zwar alle Weisen trist, aber diese schien ihm an Trübseligkeit alles bisher Gehörte zu übertreffen. Am Fuß der Pier schwenkte der Musikzug nach rechts ein; hinter ihm kam die Abteilung Matrosen in Sicht, die gesenkten Hauptes und im vorgeschriebenen kurzen Schritt die Lafette mit dem Sarg zog. Hornblower dachte an die lange Linie der Boote, die sich bis weit stromab die größte Mühe gaben, ihre Positionen zu halten, und wünschte sich, sie möchten in Gottes Namen schneller ausschreiten; aber er war sich natürlich zugleich darüber klar, daß ein solcher Wunsch barer Unsinn war. Der monotone Donner der in Minutenabstand fallenden Salutschüsse tat ihm kund, wie die kostbare Zeit verstrich. Endlich stand die Lafette am Kopf der Pier, und nun galt es, den schweren Sarg auf das Deck der Staatsbarke zu schaffen. Das war alles andere als einfach. Hornblower hörte die wütenden Schimpfreden, mit denen der aufsichtführende Maat im zischenden Flüsterton seine Männer traktierte, und konnte sich kaum ein Lächeln darüber verkneifen, wie schlecht sie zu der offiziellen Trauerstimmung passen wollten. Aber der Sarg gelangte dabei doch sicher an seinen Platz; er wurde rasch und sachgemäß festgelascht, und während die Begleitmannschaften noch dabei waren, die Laschungen unter Kränzen und Flaggen zu verbergen, trat Hornblower selbst als letzter an den Rand der Pier, um sich an Bord zu begeben. Er trug den Säbel vorschriftsmäßig mit gesenkter Spitze unter dem Arm und mußte seine Ungeduld mit eiserner Energie unterdrücken, um den Weg, wie es sich gehörte, im gemessenen Trauerschritt, gebeugt und mit der Miene eines Leidtragenden zu durchmessen. So gut es ging, versuchte er diese Haltung auch noch zu wahren, als er den letzten langen Schritt tun mußte, um von der Pier an Bord zu gelangen, wo er achtern hinter dem Baldachin Aufstellung nahm.

»Ablegen«, befahl er mit gedämpfter Stimme. Die Salutgeschütze donnerten ihr Lebewohl, als die Barke die Pier verließ, die Riemen bogen sich und zogen durchs Wasser, bis das schwere Boot Fahrt aufnahm. Horrocks, der neben ihm stand, legte das Ruder und steuerte zur Mitte des Fahrwassers. Ehe sie dort anlangten und auf den richtigen Kurs gingen, hatte Hornblower noch Gelegenheit, einen raschen Blick auf die stromabwärts wartende Schiffsprozession zu werfen. Im ganzen schien dort alles in Ordnung zu sein, die Fahrzeuge waren teils zusammengeschoren, teils lagen sie einzeln in dichten Haufen, alle waren eifrig bemüht, unter den schwierigen Wind- und Stromverhältnissen ihren Platz zu halten. War der Zug erst in Bewegung, dann fiel ihnen diese Aufgabe sicherlich bedeutend leichter.

»Nicht so hart!« knurrte er Horrocks an, der den Befehl sogleich an die Bootsbesatzung weitergab. Man mußte den anderen Booten Zeit lassen, ihren Platz einzunehmen.

Hornblower fühlte das Bedürfnis, nach der Uhr zu schauen; ja, er sagte sich sogar, daß er eigentlich den Blick überhaupt nicht mehr von der Uhr lassen durfte. Sollte er sie also jede Minute aus der Tasche ziehen? Das war nicht zu machen. Da fiel sein Blick auf das Fußende des Sarges, das er dicht vor sich hatte. Mit raschem Griff holte er die Uhr samt Kette aus der Tasche und befestigte sie an dem dort angebrachten Handgriff, so daß ihm das Zifferblatt unmittelbar vor der Nase baumelte. Einstweilen war alles in bester Ordnung. Sie hatten vier Minuten Verspätung, aber immer noch elf Minuten in Reserve.

»Pull aus! Längere Schläge!« zischte er Horrocks an.

Sie kamen um die erste Krümmung des Stroms. Schon hier, weit vor London, waren alle Schiffe und das Ufer selbst dicht mit Zuschauern besetzt. Er konnte sich mit einem kurzen Blick davon überzeugen, daß der Rest der Besatzung der Atropos auf den Rahen paradierte, wie er es angeordnet hatte, und als sie dem Schiff näher kamen, übernahm der achterste Neunpfünder an Bord den Salut von dem Geschütz in Greenwich. Immerhin, noch ging alles klar. Man konnte wohl sagen, daß dies die undankbarste Aufgabe war, die man sich für einen Seeoffizier denken konnte. Und wenn er sie noch so vollkommen löste, kein Mensch würde es ihm zur Ehre rechnen, damit mußte er sich abfinden. Niemand von den Beteiligten, die Herren der Admiralität eingeschlossen, würde einen Gedanken daran verschwenden, wieviel Fleiß

und Überlegung dazu gehörte, die größte Wasserparade zu organisieren, die London je gesehen hatte, und das auf einem Gewässer, das wegen seiner Gezeitenverhältnisse zu den denkbar schwierigsten gehörte. Wenn aber bei diesem Unternehmen auch nur das geringste schiefging, dann wurde es bestimmt von tausend Augenpaaren beobachtet und von tausend scharfen Zungen kritisiert. Eine aufgeregte Stimme weckte ihn aus seinen Gedanken.
»Sir, Sir!«
Die Vorhänge am Achterende des von der Plattform überdeckten Raumes hatten sich geteilt, und in dem Spalt erschien das erschrockene Gesicht eines Matrosen, der zu den dort unten verstauten Reserveruderern gehörte. Der Mann war so aufgeregt, daß er Hornblower sogar an seiner schwarzen Kniehose zupfte, um seine Aufmerksamkeit zu erregen.
»Was ist denn los?«
»Ein Leck, Sir, wir machen Wasser!«
Das hatte gefehlt! Die Nachricht paßte so verdammt gut zu seinen bösen Ahnungen, daß es wirklich aussah, als hätte der Teufel persönlich seine Hand im Spiel.
»Sehr schlimm?«
»Weiß ich nicht, Sir. Das Wasser reicht bis an die Bodenbretter, dadurch haben wir es gemerkt. Wahrscheinlich läuft allerhand herein.«
Natürlich war das passiert, als Horrocks die Barke gegen die Pier knallen ließ. Dabei war wohl eine Planke eingedrückt worden. Wenn das Wasser jetzt schon bis an die Bodenbretter stand, dann brachte er das Boot bestimmt nicht mehr bis an die Whitehall-Treppe. Nicht auszudenken, wenn es ihm hier, mitten auf der Themse, unter den Füßen absackte! Nie, nie, nie würde England dem Mann verzeihen, der daran schuld war, daß der tote Nationalheld in seinem Sarg sang- und klanglos irgendwo bei der Isle of Dogs im Schlick der Themse versank. Was sollte er tun? Auf Strand laufen und den Schaden reparieren? Unvorstellbar mit diesem Gefolge – Gott, was gäbe das für ein Durcheinander! Das Hochwasser wäre dann ohne Zweifel verpaßt, und die wartenden Zehntausende erlebten eine bittere Enttäuschung – ganz zu schweigen von Seiner Majestät. Und für morgen war doch

die Schlußfeier angesetzt, der Trauerzug von der Admiralität nach der St.-Pauls-Kathedrale, an dem Herzöge, Pairs, die königliche Familie und Tausende von Soldaten teilnehmen sollten, und den Hunderttausende von Zuschauern erwarteten. Ob er auf der Themse sank oder ob er den Zug anhielt, so oder so gab es eine Katastrophe. Nein, ganz dasselbe war es doch nicht: Wenn er jetzt auf Strand lief und reparierte, dann warf er zwar die heutige Feier über den Haufen, aber es blieb dann immer noch die Möglichkeit, die Leiche mit der Nachtflut in die Admiralität zu bringen, so daß wenigstens das morgige Leichenbegängnis stattfinden konnte. Seine Laufbahn als Seeoffizier war damit zerstört, aber es war von allen halben Maßnahmen immer noch die sicherste. Nein und dreimal nein! Alles, nur keine halben Maßnahmen!
»Mr. Horrocks!«
»Sir.«
»Geben Sie mir das Ruder und machen Sie, daß Sie unter Deck kommen. Halt, Sie Esel, hören Sie doch erst zu, was ich Ihnen sage! Nehmen Sie sofort die Bodenbretter auf und beginnen Sie zu ösen – mit Hüten oder was sich sonst findet. Suchen Sie das Leck und stopfen Sie es, wenn Sie können – meinetwegen nehmen Sie ein Hemd von einem der Männer dazu. Stopp, noch eins: ich möchte nicht, daß alle Welt darauf aufmerksam wird, was hier geschieht. Schütten Sie das Wasser hier an meinen Beinen vorbei über Bord. Haben Sie mich verstanden?« (Vgl. ③ Karte S. 59)
»J-jawohl, Sir.«
»So, her mit der Pinne und marsch unter Deck. Wenn Sie diesmal Mist machen, dann ziehe ich Ihnen bei lebendigem Leibe die Haut ab. Lassen Sie sich das gesagt sein!«
Horrocks verschwand zwischen den Vorhängen; Hornblower hielt nun die Pinne und wechselte seinen Platz, so daß er am Sarg vorbei nach vorne sehen konnte. Den Säbel mußte er jetzt loslassen, und mit der Trauermiene war es ebenfalls vorüber, aber das kostete ihn keine Überwindung. Der westliche Wind blies ihnen mit halber Sturmstärke genau in die Zähne, und da er gegen den Strom stand, wühlte er einen häßlichen kurzen Seegang auf. Spritzer flogen um den Bug, und zuweilen sprühte das Wasser um die eintauchenden Rie-

men hoch auf. Für die Heimkehr des toten Admirals, der da dicht vor ihm im Sarg lag, war das wohl just das rechte Wetter. Als sie sich der nächsten Biegung des Flusses näherten, faßte eine auffrischende Bö den hohen Aufbau und setzte sie nach Lee.
»Zu – gleich, zu – gleich!« feuerte Hornblower die Ruderer an und schlug dabei alle Würde in den Wind, die ihm als dem Leiter dieses feierlichen Zuges angestanden hätte. Stöhnend und mit zusammengebissenen Zähnen warfen sich die Männer in die Riemen, um das ungefüge Fahrzeug trotz allem mit harter Muskelkraft voranzutreiben. Jetzt rief der genau gegen den Strom stehende Wind schon stellenweise richtige Brecher hervor, und die Staatsbarke tanzte, auf und ab, auf und ab, darüber hinweg wie ein Fischerboot im Sturm auf See. Ihr Stampfen und Gieren wurde so heftig und unangenehm, daß es schon schwierig war, stehend das Gleichgewicht zu wahren, und erst recht eine Kunst, sie auf Kurs zu halten. Ach, und zu alldem ging Hornblower natürlich das Wasser dort unten nicht aus dem Kopf, das nun bei jedem Einsetzen abwechselnd nach vorn und achtern rauschte. Er machte sich die schwersten Sorgen um die Stabilität seines unmöglichen Fahrzeugs, das mit dem über der Reling stehenden schweren Sarg ohnehin gefährlich topplastig war. Mit Aufwand aller Kraft kämpften sie sich Zoll um Zoll um die gefährliche Biegung; erst als das endlich geschafft war, boten ihnen die am Nordufer in dichter Reihe liegenden Schiffe einigen Schutz.
»Mr. Horrocks, haben Sie endlich die Bodenbretter aufgenommen?« fragte Hornblower. Angesichts der Zuschauermenge an Land mußte er versuchen, sich ohne Bücken unten verständlich zu machen.
Im gleichen Augenblick hörte er ein splitterndes Krachen, dann tauchte Horrocks' Kopf zwischen den Vorhängen auf.
»Sie waren fest angenagelt, Sir«, sagte er. »Ich mußte sie mit Gewalt herausbrechen. Das Boot ist achterlastig, darum müssen wir hier am Heck ösen.« Mit dem Sarg und den darunter verstauten Reserveruderern war das Boot natürlich achterlastig.
»Wieviel Wasser?«

»Ziemlich einen Fuß, Sir.«
»Dann ösen, was das Zeug hält!«
Kaum war Horrocks' Nase wieder untergetaucht, als auch schon der erste Hut voll Wasser an Hornblowers Beinen vorüberflog. Ihm folgte sogleich der nächste, und so ging es ohne Unterbrechung weiter. Hornblowers neue schwarze Hose bekam einen guten Teil des Wassers ab, was er fluchend hinnahm, weil es keinen Sinn hatte, sich darüber zu beschweren. Da war Bermondsey am Surrey-Ufer, Hornblower sah nach seiner Uhr, die am Sarggriff baumelte. Der Gegenwind bewirkte, daß sie langsam hinter der berechneten Zeit zurückblieben. Das war aber noch keineswegs schlimm; die Gefahr, das Hochwasser zu verpassen, war längst nicht so groß als die, mitten im Strom zu sinken. Hornblower fühlte sich in seiner nassen Hose alles andere als wohl und suchte vergeblich nach einem trockenen Platz. Ein Blick nach achtern zeigte ihm, daß die Boote des Zuges ganz gut Position hielten; er sah allerdings nur die erste Hälfte, denn der Rest quälte sich noch um die eben überwundene Flußkrümmung. Voraus lag bereits die nächste Biegung, diesmal nach Steuerbord, natürlich kam dort auch der Wind wieder von vorn.
Wie erwartet, so traf es auch ein. Wieder stampften sie mühsam über die Brecher, einmal steckte die Barke dabei sogar ihren Bug richtig unter und nahm eine Menge Wasser über – mindestens so viel, wie Horrocks bis jetzt hatte ausösen können. Hornblower begann wiederum herzhaft zu fluchen und hatte keinen Gedanken mehr für den Ausdruck der Trauer übrig, den er hätte zeigen sollen. Er hörte nicht nur, er spürte sogar, wie das Wasser in der Bilge beim Stampfen schwer nach vorn und achtern rollte. Aber weiter schoß Hut um Hut voll hinter dem Vorhang heraus über Bord, meist an Hornblowers Beinen vorbei, zuweilen aber auch einmal dagegen. Hornblower kümmerte es längst nicht mehr, was die zuschauende Menge davon hielt, daß auf dem Schiff mit dem Toten an Bord während des Trauerzuges geöst wurde. Jeder Seemann, der es sah, mußte sich bei dem herrschenden rauhen Wetter sagen, daß so etwas nötig werden konnte, und dachte darum noch längst nicht an ein Leck. Sie bahnten sich auch um die neue Biegung mühsam ihren Weg; ein paar endlose

Minuten lang sah es fast so aus, als kämen sie überhaupt nicht mehr von der Stelle, trotz aller Kraftanstrengung schienen die Ruderer ihre Riemen wirkungslos durchs Wasser zu holen. Aber als die Bö vorüber war, wurde es wieder ein bißchen flauer, und schon ging es wieder voran.
»Können Sie das Leck nicht stopfen, Mr. Horrocks?«
»Wird schwierig sein, Sir«, sagte Horrocks und steckte die Nase wieder zum Vorhang heraus. »Eine ganze Planke ist eingedrückt. Die Holznägel an den Enden halten grade noch. Wenn ich die Dichtung hineinschlage, dann könnte . . .«
»Gut, ösen Sie weiter!«
Jetzt noch ans Ufer steuern? Irgendwo längsseit gehen, zum Beispiel dort am Tower? Die Stelle wäre nicht schlecht. Nein, nicht um alles in der Welt. Jetzt gab es nur noch eins: Ösen, ösen, ösen – und einen Kurs steuern, der es erlaubte, sowohl den Flutstrom als auch den Windschutz der zu luvward liegenden Schiffe so gut es ging zu nutzen. Diese Aufgabe war nicht so ganz einfach zu lösen und nahm Hornblower von nun an voll in Anspruch. Fand er eine Sekunde Zeit, sich umzusehen, dann fiel sein Blick auf die ungezählten Tausende, die die Ufer säumten. Nahm er sich eine Sekunde Zeit – mein Gott, er hatte ja Maria ganz vergessen, Maria, die in ihren Wehen lag, als er sie verließ. Vielleicht – wahrscheinlich – war das Kind jetzt schon geboren. Vielleicht – vielleicht – nein, daran konnte, daran durfte er nicht denken. Näher kam die London Bridge mit ihren enggestellten Jochen und häßlichen Strudeln und Wirbeln dahinter. Von seinen vor zwei Tagen unternommenen Versuchsfahrten her wußte er, daß die Riemen für die schmalen Durchlässe zu weit nach beiden Seiten ragten. Man mußte sie einnehmen, und zwar genau im richtigen Augenblick, nicht zu früh und nicht zu spät. Glücklicherweise nahm die massige Brücke wenigstens dem Wind seine größte Kraft. Er legte Ruder, um die Durchfahrt richtig anzulaufen, und steuerte dann genau und senkrecht auf ihre Öffnung zu.
»Pull aus, jetzt!« feuerte er seine Bootsgäste an, und die Barke rauschte, getrieben durch die Flut und den vermehrten Kraftaufwand der Männer, mit erhöhter Fahrt auf die Brücke zu.

»Riemen ein!«
Gott sei Dank, das hatte geklappt. Sie schossen in den Brückenbogen hinein, und hier erwartete sie der Wind, der mit doppelter Kraft durch die enge Öffnung pfiff. Aber die Fahrt, die sie hatten, trug sie dennoch vorwärts. Hornblower schätzte nach Augenmaß ab, ob sie ausreichte. Da, jetzt schor der Bug aus und wurde vom Wirbel hinter der Brücke herumgezogen; aber dann waren sie auch schon klar von den Pfeilern, wiewohl er sich selbst noch unter dem Bogen befand.
»Riemen bei! Ruder an!« brüllte er – hier unter der Brücke hatte er kein Bedenken, seine gesetzte Würde ganz fallenzulassen.
Mit einem Ruck kamen die Riemen heraus, sie knirschten in den Dollen. Der Wirbel suchte das Schiff zu drehen, die Riemen zogen es voran – schon war wieder Steuer im Schiff – sie waren durch, der Wirbel blieb zurück.
Guß um Guß flog indessen das Wasser durch die Vorhänge über Bord und netzte dabei immer von neuem seine triefende Hose; aber trotz der ansehnlichen Menge, die so herausgeschafft wurde, wollte ihm das Benehmen der Barke immer weniger gefallen. Ihre Bewegungen wurden so träge und unbeholfen – das sicherste Zeichen, daß das Wasser im Kielraum bedenklich zunahm und der kritische Augenblick immer näher rückte.
»Pull aus! Nicht nachlassen!« rief er den Ruderern zu, dann wandte er den Kopf und sah, wie die zweite Staatsbarke mit den Hauptleidtragenden an Bord eben unter der Brücke hervorkam. Hinter der nächsten Biegung erschienen endlich die Kirchen am Strand, kein Schiffbrüchiger hatte wohl je das rettende Segel mit solcher Freude begrüßt.
»Das Wasser reicht beinahe bis an die Duchten, Sir«, meldete Horrocks.
»Ach was, ösen Sie, ösen Sie!«
Somerset House! Jetzt noch eine Biegung, eine leichte nur, und sie waren an der Whitehall-Treppe angelangt. Hornblower kannte natürlich die Befehle, die er selbst für den Leichenzug gegeben hatte, sie waren im Einvernehmen mit Mr. Pallender ausgearbeitet worden.

Die Staatsbarke mit dem Sarg sollte auf der anderen Seite, am Surrey-Ufer, so lange warten, bis die nächsten sechs Boote der Reihe nach an der Treppe angelegt und ihre Passagiere ausgeschifft hatten. Erst wenn sich diese in der festgelegten Ordnung aufgestellt hatten, auf keinen Fall eher, durfte er mit seinem Fahrzeug zur feierlichen Ausschiffung des Sarges längsseit kommen. Wenn ihm aber das Wasser schon bis an die Duchten stand, wenn ihm seine Barke unter den Füßen wegzusacken drohte, dann war das eben nicht zu machen. Er wandte sich um, sein Blick suchte Smiley, der am Heck der zweiten Barke stand. Smiley hielt den Kopf gesenkt, wie das die Vorschrift wollte, aber zum Glück sah ihn der Bootssteurer und stieß Smiley an, um ihn aufmerksam zu machen. Hornblower hob den Arm, um ihn anzuhalten, und unterstrich dieses Signal noch durch eine zurückschiebende Bewegung. Er mußte sein Zeichen mehrmals wiederholen, bis Smiley endlich begriff und ihm dies durch Kopfnicken kundtat. Nun legte Hornblower das Ruder nach steuerbord, die Barke folgte träge und kroch nun dem Ufer zu. Sollte er wenden? Nein, bei diesem Wind war es besser, mit dem Bug stromaufwärts anzulegen, zumal die Flut schon fast zum Stillstand gekommen war. Hornblower legte das Ruder mittschiffs, schätzte sorgfältig die Entfernungen und näherte sich langsam der Treppe.
»Auf Riemen!«
Gott sei Dank, sie waren längsseit. Hier stand ein Herold im roten Wappenrock und neben ihm der Seeoffizier, der die Ehrenwache kommandierte. »Sir«, protestierte der Herold so stürmisch, wie es die obligate Trauermiene zuließ, »Sie haben die befohlene Ordnung umgestoßen – Sie...«
»Halten Sie doch den Mund«, zischte ihn Hornblower an; dann wandte er sich an den Seeoffizier: »Schaffen Sie den Sarg so schnell wie möglich an Land.«
Sie handelten so rasch, wie es die Würde des Augenblicks irgend erlaubte. Hornblower stand mit gebeugtem Kopf, den Säbel umgekehrt unterm Arm, dabei und stieß einen Seufzer der Erleichterung aus, als er unter gesenkten Brauen hervor beobachtete, wie sich die Barke merklich hob, sobald sie von der schweren Last des Sarges befreit war. Den Kopf

immer noch vornübergebeugt, stieß er seine Befehle hervor: (Vgl. ④ Karte S. 59)
»Mr. Horrocks, bringen Sie die Barke sofort an die Brücke dort gegenüber. Machen Sie rasch! Besorgen Sie eine Persenning und holen Sie sie über das Leck. Sehen Sie zu, daß Sie das Boot dicht bekommen, dann ösen Sie es aus. Und jetzt machen Sie hier Platz.«
Die Barke entfernte sich langsam von der Treppe. Hornblower konnte jetzt sehen, daß Horrocks nicht übertrieben hatte, als er sagte, das Wasser stünde bis an die Duchten. Smiley brachte die Barke der Leidtragenden sauber längsseit, Hornblower trat beiseite und erinnerte sich dabei im letzten Augenblick an die vorgeschriebenen kleinen Schritte. Einer nach dem anderen stiegen sie an Land: Sir Peter Parker, dem Blackwood die Schleppe trug, Cornwallis, St. Vincent. St. Vincent humpelte mühsam auf gichtischen Füßen, altersmüde, runde Schultern trugen sein in Trauer geneigtes Haupt. Er konnte es offenbar kaum erwarten, seinen Zorn loszuwerden. Kaum daß er die Treppe betreten hatte, schnauzte er Hornblower aus dem Mundwinkel an:
»Wohl ganz des Teufels geworden, Hornblower?« fragte er. »Haben Sie denn Ihre eigenen Befehle nicht gelesen?«
Hornblower tat einige Schritte – natürlich kurze und langsame – auf ihn zu.
»Das Boot ist leckgesprungen, Sir – Verzeihung Mylord«, sagte er ebenfalls halblaut aus dem Mundwinkel. »Es lief voll und war bereits nahe am Sinken. Ich durfte keine Zeit verlieren.«
»Ha!« sagte St. Vincent. »Also schön. Machen Sie eine entsprechende Meldung.«
»Danke, Mylord«, sagte Hornblower.
Er blieb mit gebeugtem Haupt und gesenktem Säbel stehen und ließ die anderen Leidtragenden an sich vorüberziehen. Das war sozusagen Zeremoniell aus dem Stegreif, aber es tat in diesem Notfall seinen Dienst. Hornblower versuchte so still zu stehen wie eine Statue, obwohl er noch keine Statue gesehen hatte, die eine klatschnasse Hose trug. Fast wäre er sichtbar zusammengefahren, als ihm jetzt wieder seine Maria einfiel. Er hätte nur zu gern gewußt, wie es um

sie stand. Noch schwerer war es, den zweiten Schreck zu unterdrücken, der ihn befiel. Seine Uhr! Die baumelte noch an dem Sarg, der jetzt eben in dem bereitstehenden Leichenwagen verschwand. Nun ja, im Augenblick war da wohl nichts zu machen – und was Maria betraf, auch nicht. Es blieb ihm nichts anderes übrig, als in seiner eiskalten Hose dort stehen zu bleiben, wo er stand.

DIE UHR

Dem Posten vor der Admiralität war alles andere als wohl zumute, aber er blieb standhaft.
»Verzeihung, Sir, ich habe strikten Befehl, niemand einzulassen, nicht einmal einen Admiral.«
»Dann holen Sie den wachhabenden Unteroffizier.«
Der Unteroffizier ließ sich wenigstens herbei, Hornblower anzuhören, aber dann meinte er doch:
»Wir haben ausdrücklichen Befehl, Sir. Ich kann es leider nicht riskieren, das werden Sie verstehen, Sir.«
Sicherlich war kein Maat davon erbaut, einem Kapitän einen Wunsch abschlagen zu müssen, auch wenn dieser Kapitän erst ein Dienstalter von weniger als drei Jahren besaß.
Hornblower erkannte von weitem einen Leutnant, der, den Schiffshut auf dem Kopf, im Hintergrund des Torwegs vorüberging.
»Bracegirdle«, rief er ihn an.
Bracegirdle war mit ihm auf der alten Indefatigable Fähnrich gewesen, sie hatten zusammen mehr als ein tolles Abenteuer erlebt. Jetzt trug er die Uniform eines Leutnants mit Adjutantenschnüren, die ihn als Angehörigen eines Stabes auswiesen.
»Guten Tag, Sir«, sagte er und trat näher.
Sie schüttelten einander die Hand und musterten einander, wie es unter Männern üblich ist, die sich nach langen Kriegsjahren unverhofft wiedersehen. Hornblower erzählte dem anderen von seiner Uhr und bat um die Erlaubnis, sie her-

ausholen zu dürfen. Bracegirdle pfiff bedauernd durch die Zähne.
»Das ist ein schwieriger Fall«, sagte er. »Hätte hier ein anderer zu sagen als ausgerechnet der alte Jervie, so würde ich es auf mich nehmen. Aber hier handelt es sich um seinen höchst persönlichen Befehl, und ich habe keine Lust, mir für den Rest meines Lebens mein Brot am Straßenrand erbetteln zu müssen.«
Jervie, das war der Admiral Lord St. Vincent, der jetzt erst neuerdings zum Ersten Lord der Admiralität ernannt worden war. Früher hieß er Sir John Jervis und war ein Mann, über dessen eiserne Strenge man in der ganzen Navy flüsternd die Köpfe zusammensteckte.
»Sie sind wohl sein Flaggleutnant?«
»Ja«, sagte Bracegirdle, »Gott sei's geklagt. Ich wüßte mir jedenfalls einen bequemeren Posten. Glauben Sie mir, das Kommando über eine Pulverhulk mitten im höllischen Feuer wäre mir immer noch zehnmal lieber als dieser Betrieb hier. Aber ich brauche schließlich nur abzuwarten. Wenn ich die Sklaverei bei Jervie überstanden habe, wird das ohnehin das einzige sein, was für mich noch in Frage kommt.«
»Dann kann ich meiner Uhr wohl Lebewohl sagen«, bemerkte Hornblower.
»Ja, sogar ohne Abschiedskuß«, sagte Bracegirdle. »Aber wenn Sie in späteren Jahren einmal die Krypta von St. Paul besuchen und dort vor dem Grabmal unseres Helden stehen, dann werden Sie sich bestimmt mit freudiger Genugtuung daran erinnern, daß Ihre Uhr dort bei ihm ruht.«
»Ihre witzige Bemerkung scheint mir recht unangebracht«, gab Hornblower wütend zurück. »Sie haben wohl vergessen, daß zwischen uns ein Rangunterschied besteht, der Ihnen als dem Jüngeren doch ein gewisses Mindestmaß an Ehrerbietung abnötigen sollte.«
Hornblower war müde und gereizt. Kaum waren ihm die bösen Worte entfahren, da ärgerte er sich heftig über sich selbst und seine Unbeherrschtheit. Er mochte nämlich Bracegirdle gern leiden. Gemeinsam durchgestandene Gefahren und die Erinnerung an manches lustige Geplänkel in fernen

Fähnrichstagen waren ein Band, das nicht so leicht zerriß. Es gehörte sich ganz einfach nicht, seinen höheren Dienstgrad, den er letzten Endes nur dem Glück zu verdanken hatte, auf so verletzende Art gegen Bracegirdle auszuspielen, wie er das eben getan hatte, nur weil er das Bedürfnis fühlte, seinen Ärger abzureagieren. Bracegirdle nahm sofort Haltung an.
»Ich bitte Sie sehr um Verzeihung, Sir«, sagte er, »daß ich mich so gehenließ, und hoffe, daß Sie mir meine Respektlosigkeit nicht nachtragen.«
Die beiden Offiziere blickten einander sekundenlang stumm in die Augen, ehe Bracegirdles Haltung sich wieder lockerte.
»Ich habe bis jetzt noch nicht zum Ausdruck gebracht, wie sehr ich den Verlust Ihrer Uhr bedaure, Sir«, sagte er. »Am schlimmsten ist, daß ich Ihnen nicht helfen konnte, das tut mir wirklich aufrichtig leid, Sir.«
Hornblower war grade im Begriff, ein paar versöhnliche Worte zu sagen, als hinter Bracegirdle eine zweite Gestalt auftauchte. Der ungeschlachte Mann trug noch seine goldgestickte Galauniform und musterte die beiden Offiziere unter seinen buschigen weißen Brauen hervor mit einem durchdringenden Blick. Es war St. Vincent. Hornblower fuhr grüßend mit der Hand an den Hut und tat damit Bracegirdle kund, daß sein Chef hinter ihm stand.
»Was tut dem jungen Mann hier so leid, Hornblower?« fragte St. Vincent. Hornblower legte ihm so kurz wie möglich sein Anliegen dar und stolperte dabei nicht einmal über die Anrede Mylord.
»Ich freue mich, daß Mr. Bracegirdle meinen Befehl gewissenhaft befolgt hat«, sagte St. Vincent, »denn sonst könnten wir uns in der Admiralität vor Neugierigen nicht retten. Aber Sie, Kapitän Hornblower, haben hiermit meine persönliche Erlaubnis, die Wachen zu passieren.«
»Besten Dank, Mylord. Ich bin Ihnen dafür sehr verbunden.«
St. Vincent war schon im Begriff, seinen Weg mit humpelnden Schritten fortzusetzen, als ihm plötzlich noch etwas einfiel. Er musterte Hornblower mit besonders durchdringendem Blick.

»Sind Sie eigentlich schon einmal Seiner Majestät vorgestellt worden, junger Hornblower?«
»Nein, Sir – Mylord.«
»Dann wäre es an der Zeit. Jeder Offizier sollte dem König seine Reverenz erweisen. Ich werde Sie mitnehmen.«
Hornblower dachte an seine Frau, an sein Neugeborenes, an sein Schiff in Deptford und an seine nasse Uniform, die noch tadellos auf Glanz gebracht werden mußte, bevor er bei Hofe erscheinen konnte. Er dachte an die Reichen, die Großen, die Mächtigen, die an Höfen zu verkehren pflegten, und wußte von vornherein, daß er dort fehl am Platze war und daß ihm jede Minute eine Qual sein würde, die er in diesen Kreisen zubringen mußte. Vielleicht gab es eine Ausrede, die ihm erlaubte, sich darum zu drücken. Und doch, es war einmal etwas ganz Neues, ein nie erlebtes Abenteuer. Die unguten Vorstellungen, denen er sich hingegeben hatte, forderten ihn jetzt erst recht dazu heraus, sich in dieses Erlebnis hineinzustürzen. Nun grade! Er wollte auch in dieser Lage bestehen.
»Gehorsamsten Dank, Mylord«, sagte er und suchte krampfhaft nach Worten, um diese Einladung gebührend zu würdigen. »Es wird mir eine hohe Ehre sein, ich fühle mich Ihnen tief dafür verbunden.«
»Also abgemacht. Heute haben wir Montag, nicht wahr? Das Lever ist am Mittwoch, ich nehme Sie in meinem Wagen mit. Finden Sie sich also um neun Uhr hier ein.«
»Aye, aye, Sir – Mylord.«
»Mr. Bracegirdle, lassen Sie Kapitän Hornblower passieren«, sagte St. Vincent und stelzte davon.
Bracegirdle führte Hornblower in den Raum, wo Nelsons Sarg auf seinem Schragen stand, und richtig, am Fußende hing noch immer seine Uhr. Aufatmend hakte Hornblower sie los und folgte Bracegirdle zum Ausgang. Dort blieb er stehen und reichte dem Flaggleutnant zum Abschied die Hand. Bracegirdle schien einen Augenblick zu zögern und sah ihn mit fragendem Ausdruck an.
»Also nicht wahr, übermorgen, Sir«, sagte er, »um zwei Glasen auf der Vormittagswache.« Dabei hatte er das ›Vormittag‹ kaum merklich betont.

»Ja, ich freue mich, Sie dann wiederzusehen«, antwortete Hornblower.
Seine Pflichten warteten auf ihn; er wandte sich zum Gehen und eilte zur Whitehall-Treppe zurück. Unterwegs überlegte er schon, was an den nächsten beiden Tagen noch alles zu tun war, und dabei überkam ihn wieder das leise Unbehagen von vorhin. Bracegirdle hatte ihm eben noch eine kleine Extrasorge erspart – spätestens morgen hätte er sich mit bösen Zweifeln abgequält, ob seine Verabredung mit St. Vincent für den Morgen oder den Abend galt.
An der Treppe lief schon volle Ebbe, an beiden Ufern des Stroms zeigten sich breite Streifen Schlick. Drüben an der Lambeth-Brücke lag das Leichenschiff. Horrocks und seine Leute waren dabei, eine Persenning über das Leck zu holen. (Vgl. ⑤ Karte S. 59)
Die anderen Boote, die an dem Zug teilgenommen hatten, lagen einzeln und zu mehreren hier und dort verstreut, und Hornblower entdeckte zu seiner Freude seine Gig, die grade unter ihm längsseit am Fuß der Treppe lag. Er kletterte sofort hinein, griff nach seinem Megaphon und begann nun mit der Auflösung des Zuges entsprechend dem in seinen Befehlen niedergelegten Plan. Es wehte noch genauso frisch wie zuvor, da aber der Strom inzwischen gekentert war, hatte der Seegang wesentlich nachgelassen. Die einzige Schwierigkeit boten jetzt die vielen kleinen Fahrzeuge mit Neugierigen, die nun den Fluß bevölkerten, um die geschmückten Staatsbarkassen aus nächster Nähe zu besichtigen.
Ratsherren und Innungsmeister, Herolde und Admirale waren längst an Land und saßen nun in ihren Heimen beim Dinner, der frühe Januarabend war bereits der Nacht gewichen, als Hornblower in Greenwich seine letzten Schützlinge entließ. Endlich saß er aufatmend in seiner Gig und befahl dem Bootssteurer, ihn am Deptford Hard abzusetzen. Frierend, müde und hungrig strebte er zum George hinauf. Eine Woche und mehr schien ihm vergangen zu sein, seit dieser eine Tag voll Mühe und Aufregung begonnen hatte – dabei hatte er seine Maria erst heute morgen in ihren Schmerzen zurückgelassen.
Er öffnete die Haustür des George und trat ein. Der erste

Mensch, dessen er ansichtig wurde, war der Wirt – eine Schattengestalt, die er noch kaum kannte, da hier die Frau allein das Regiment führte.
»Wie geht es meiner Frau?« war seine erste Frage.
Der Wirt kniff unsicher die Augen zu.
»Ich, ich weiß es nicht genau«, gab er zur Antwort. Hornblower kehrte ihm ungeduldig den Rücken und rannte die Treppe hinauf. Die Hand an der Klinke, machte er an der Zimmertür unschlüssig halt; er hatte plötzlich starkes Herzklopfen. Dann hörte er drinnen Stimmengemurmel und trat ein. Maria lag tief in den Kissen, die Hebamme hantierte in der Nähe des Fensters, eine Kerze warf ihren schwachen Schein auf Marias Gesicht.
»Horry!« sagte sie. Aus ihrer Stimme klang freudige Überraschung, die sich auch darin verriet, daß sie seinen Kosenamen gebrauchte.
Hornblower nahm ihre Hände in die seinen.
»Nun, Schatz, ist alles in Ordnung?« fragte er.
»Ja«, sagte Maria.
Sie hielt ihm den Mund entgegen, daß er sie küsse, aber ehe noch der Kuß empfangen war, wanderte ihr Blick schon nach dem Flechtkorb, der auf einem Tischchen neben dem Bett stand.
»Ein Mädchen, Liebling«, sagte sie, »unser Töchterchen.«
»Und was für ein hübsches Kind!« fügte die Hebamme hinzu.
Hornblower ging um das Bett herum und spähte in den Korb hinein. Das kleine Wesen darin war unter dem Federbett kaum zu sehen – Hornblower, gewohnt, mit dem kleinen Horatio zu spielen, hatte schon ganz vergessen, wie klein so ein Neugeborenes war. Auf dem kleinen Kissen sah man nur ein winziges rotes Gesichtchen, das wie die Karikatur eines Menschen wirkte. Er starrte wortlos in das Körbchen, da öffnete sich der kleine Mund und ließ einen hohen, dünnen Schrei vernehmen, der mit dem gewohnten kräftigen Gebrüll des kleinen Horatio überhaupt nicht zu vergleichen war.
»Ein nettes kleines Ding«, sagte Hornblower galant, während das Schreien weiterging und zwei winzige geballte Fäustchen über der Kante des Federbetts erschienen.

»Unsere kleine Maria«, sagte Maria, »ich weiß ganz bestimmt, daß sie lockiges Haar bekommt.«
»Aber, aber!« mahnte die Hebamme, nicht um ihr diese gewagte Prophezeiung zu verweisen, sondern weil sich Maria im Bett aufrichten wollte, um einen Blick auf ihr Kind zu werfen.
»Sie braucht nur zu werden wie ihre Mutter«, meinte Hornblower, »dann ist sie die beste Tochter, die ich mir wünschen könnte.«
Maria belohnte ihn für dieses Wort mit einem glücklichen Lächeln, als sie wieder auf ihr Kissen zurücksank.
»Der kleine Horatio ist unten«, sagte sie, »er hat sein Schwesterchen schon gesehen.«
»Und was meint er zu ihr?«
»Er schrie mit ihr um die Wette«, sagte Maria.
»Es wird gut sein, wenn ich mich einmal nach ihm umsehe«, schlug Hornblower vor.
»Ja, bitte, tu das«, sagte Maria, zugleich streckte sie wieder die Hände nach ihm aus. Hornblower beugte sich über sie und küßte sie.
Im Zimmer war es sehr warm, da im Kamin ein lustiges Feuer brannte. Es roch nach Krankheit, und diese Stickluft legte sich Hornblower besonders schwer auf die Lunge, die er sich den ganzen Tag über mit der frischen Januarbrise vollgepumpt hatte.
»Ich bin über die Maßen froh und glücklich, dich so wohl zu sehen, mein Schatz«, sagte er zum Abschied.
Als er unten im Erdgeschoß unschlüssig in der Halle stand, steckte die Wirtin ihren Kopf aus der Küchentür.
»Der junge Herr ist hier bei mir«, sagte sie. »Wenn es Ihnen nichts ausmacht, dann kommen Sie doch herein.«
Der junge Horatio thronte auf einem hohen Kinderstuhl. Als er seines Vaters ansichtig wurde, lachte er über das ganze Gesicht, begann vor Freude auf seinem Stuhl zu hüpfen und schwenkte ihm die Brotkruste entgegen, die er mit seiner kleinen Faust umklammert hielt. Das war für Hornblower die schmeichelhafteste Anerkennung, die ihm je zuteil geworden war.
»Da, wie er lacht, weil sein Daddy wieder da ist«, rief die

Wirtin, dann rückte sie zögernd mit einem Wunsch heraus, der ihr wohl fast etwas zu gewagt dünkte.
»Er muß jetzt bald zu Bett, Sir. Möchten Sie noch etwas mit ihm spielen, bis es soweit ist, Sir?«
»Gern«, sagte Hornblower.
»So, mein Kleiner«, sagte die Wirtin. »Dein Daddy spielt jetzt mit dir. Hopp, mein Schätzchen, so. Das Nebenzimmer ist frei, Sir. Emily, bring eine Kerze für Herrn Kapitän.«
Als der kleine Horatio auf dem Fußboden des Zimmers gelandet war, konnte er sich nicht gleich entscheiden, welche Fortbewegungsart einem jungen Mann im Alter von einem Jahr am besten anstand. Auf allen vieren ging es zweifellos am schnellsten und in jeder Richtung, die ihm beliebte; er hatte aber außerdem schon gelernt, sich an einem Stuhlbein emporzuziehen, bis er auf den kleinen Beinen stand, und als er das nun unternahm, verriet seine strahlende Miene, wie sehr ihn der Erfolg beglückte. Jetzt wagte er sogar sich umzudrehen, das war sehr schwer, aber es gelang, am Ende ließ er die Händchen los und trippelte ein paar Schritte auf den Vater zu. Aber schon mußte er einen Halt einlegen und stand eine Weile schwankend auf gespreizten Beinen, ehe er ein weiteres Schrittchen wagte. Das Ende war dann immer, daß er mit einem Bums auf dem Boden landete. Und die Silbe, die er dabei jedesmal ausstieß? Sie klang wie »Da«, sollte das etwa gar Daddy bedeuten? Sein kleiner Junge trippelte mit den ersten Schritten ihm, dem Vater, entgegen. Da war es wieder, dieses schwebende, allzu flüchtige Glücksgefühl.
»Komm zu Daddy«, sagte Hornblower und streckte seinem Kleinen die Hände entgegen.
Da wandelte sich dessen fröhliches Gelächter plötzlich zu einem spitzbübischen Grinsen, Horatio junior fiel auf alle viere und galoppierte auf Händen und Knien blitzschnell durchs Zimmer. Als ihn der Vater mit raschen Schritten einholte, aufnahm und hoch in die Luft schwang, jauchzte er in einem wahren Freudentaumel auf. Das war ein einfaches und doch köstliches Spiel. Als Hornblower den strampelnden, jubelnden Kleinen mit gestreckten Armen über sich hielt, schoß ihm plötzlich die Erinnerung an ein gefährliches

Erlebnis durch den Kopf. Er hatte wieder vor Augen, wie er auf der Indefatigable in der Takelage hing, als der Kreuztopp, den er kommandierte, über Bord ging. Auch seinem Jungen blieb es gewiß nicht erspart, eines Tages Bekanntschaft mit der Gefahr – und mit der Angst – zu machen; aber er wollte nicht, daß solche Gedanken jetzt sein Glück überschatteten. Abwechselnd setzte er den Kleinen nieder und hob ihn dann wieder, so hoch er reichen konnte. Nach dem Jubel zu urteilen, den er damit weckte, mußte das ein wunderbares Vergnügen sein.
Die Wirtin klopfte und trat ein.
»Auch Männer spielen gern einmal«, sagte sie, und Hornblower hätte sich beinahe ein bißchen geschämt, daß er sich mit seinem Jungen so gut unterhalten hatte.
»Wo habe ich nur meinen Kopf, Sir«, fuhr die Wirtin fort. »Da habe ich doch rein vergessen, Sie zu fragen, ob Sie kein Abendbrot wünschen.«
»Abendbrot?« sagte Hornblower. Seine letzte Mahlzeit war der Imbiß in der Painted Hall in Greenwich gewesen.
»Vielleicht Eier mit Schinken?« fragte die Wirtin. »Oder lieber ein Stückchen kalten Braten?«
»Beides, wenn ich bitten darf.«
»Ehe eine Ente dreimal mit dem Schwanz wackelt, sind Sie bedient«, sagte die Wirtin. »Vielleicht können Sie den Kleinen noch so lange beschäftigen, bis ich damit fertig bin.«
»Aber ich wollte mich wieder um meine Frau kümmern.«
»Die wird es auch noch zehn Minuten ohne Sie aushalten können«, meinte die Wirtin resolut.
Die Eier mit Schinken dufteten köstlich, als sie aufgetragen wurden, und Hornblower konnte sich mit bestem Appetit zu Tisch setzen, während Emily den kleinen Horatio zu Bett brachte. Und auf die Eier folgte dann der kalte Braten mit eingemachten Zwiebeln und dazu ein Fläschchen Bier – sich einmal richtig toll und voll zu essen, auch das gehörte zu den einfachen Genüssen, die das Leben bot; das Bewußtsein, des Guten zuviel zu tun, gab dem Exzeß für ihn noch eine besondere Würze, da er sonst fast immer ausgesprochen mäßig war und für alle Völlerei nur verächtliches Kopfschütteln übrig hatte. Seine heutige Aufgabe war glücklich

gelöst, und über das Morgen regte er sich einstweilen noch
nicht auf, obwohl er mit leisem Schaudern daran dachte, daß
ihm schon übermorgen die Teilnahme am königlichen Lever
bevorstand. Vor allem hatte Maria ihre schwere Zeit gut
hinter sich gebracht, und er besaß nun eine kleine Tochter,
die seinem über alles geliebten Sohn sicherlich in nichts nachstand. Als er in seinen Gedanken so weit gediehen war,
mußte er dreimal hintereinander heftig niesen.

6   AUDIENZ BEIM KÖNIG

»Whitehall-Treppe!« befahl Hornblower, als er am Deptford Hard seine Gig bestieg. Es war angenehm, eine Gig zur
Verfügung zu haben, sie war erstens schneller als alle Mietsboote, und zweitens fuhr er damit umsonst.
»Absetzen!« kommandierte der Bootssteurer.
Natürlich mußte es regnen. Der Westwind hatte immer noch
nicht nachgelassen, er führte heute schwere Regenböen
heran, die zischend über das Wasser fegten. Die jagenden Tropfen trommelten auf den Hüten der armen Bootsgäste und prasselten laut auf dem Südwester, den Hornblower
auf dem Kopf trug, während er seinen Galahut schützend unter dem Umhang geborgen hielt. Seine Nase lief, er
mußte immer wieder aufschnupfen und konnte sich überhaupt nicht erinnern, jemals so heftig erkältet gewesen zu
sein. Dringend hätte er sein Taschentuch gebraucht, aber um
es zu benutzen, mußte er mit der Hand aus dem schützenden
Umhang heraus, und das wollte er auf keinen Fall. Dieser
Umhang war fast wie ein Zelt um ihn gebreitet, aus dem er
mit dem Kopf heraussah, und der Südwester schützte ihn
dazu von oben. So saß er in der Achterpiek seines Bootes
und durfte hoffen, einigermaßen trocken bis Whitehall zu
gelangen, wenn er die schützende Wirkung dieser Adjustierung nicht beeinträchtigte. Darum zog er es auch vor, recht
unfein aufzuschnupfen, statt sich zu schneuzen, wie es sich
gehörte.

Wieder ging es in Wind und Regen flußaufwärts, unter der London Bridge hindurch und um alle Krümmungen des Themsestroms, die ihm in den paar kurzen Tagen so vertraut geworden waren. Wie ein Häufchen Elend hockte er unter seinem Umhang und klapperte vor Kälte mit den Zähnen. Nie im Leben hatte er sich so krank gefühlt. Ins Bett hätte er gehört, mit heißen Ziegelsteinen an den Füßen und einem dampfenden Grog auf dem Nachttisch – aber was sollte man schon tun, wenn einen der Erste Lord zum Hof von St. James mitnehmen wollte. Da war es ganz unmöglich, sich im letzten Augenblick krank zu melden, auch wenn einem ein kalter Schauer nach dem anderen über den Rücken lief, auch wenn man sich kaum noch auf den Beinen halten konnte.
Die Treppe war schlüpfrig, soweit die Ebbe sie freigegeben hatte. In seinem geschwächten Zustand konnte er sich kaum vor dem Ausgleiten bewahren, als er sie hinaufstieg. Oben angelangt machte er sich, immer noch im strömenden Regen, so weit zurecht, wie das überhaupt möglich war. Er rollte den Südwester zusammen und steckte ihn in die Tasche seines Umhangs, stülpte sich den Zweispitz auf den Kopf und durcheilte vorgebeugt, so schnell ihn die Beine trugen, die hundertfünfzig Meter bis zur Admiralität. Und doch waren nach dieser kurzen Strecke seine Strümpfe bis oben bespritzt und die Krempe seines Hutes voll Wasser. Er war froh, als er endlich im Kapitänszimmer vor dem prasselnden Feuer stand und wartete, bis Bracegirdle mit der Meldung kam, daß Seine Lordschaft bereit sei.
»Morgen, Hornblower«, sagte St. Vincent, als er ihm im Torweg begegnete.
»Guten Morgen, Mylord.«
»Hat keinen Sinn zu warten, bis es aufhört«, brummte St. Vincent, blinzelte in den Regen und maß die Entfernung bis zu seiner Kutsche. »Los, gehen wir.« Er humpelte tapfer in die Nässe hinaus, Hornblower und Bracegirdle hielten mit ihm Schritt. Sie waren jetzt ohne schützenden Umhang – Hornblower hatte den seinen in der Admiralität gelassen – und mußten sich im Regen gedulden, bis St. Vincent glücklich den Schlag erreicht hatte und endlich mühsam hineinge-

klettert war. Hornblower war ihm rasch gefolgt, Bracegirdle quetschte sich als letzter hinein und nahm den Klappsitz an der Vorderwand. Die Kutsche ratterte über die Kopfsteine, ihre eisenbeschlagenen Räder ließen das Gefährt erzittern, daß es den Insassen durch Mark und Bein ging. Die Schauer, die Hornblower immer noch über den Rücken liefen, wirkten wie ein leises Echo auf diese Tortur.
»Aufgelegter Unsinn, daß man von der Admiralität nach St. James eine Kutsche benutzt«, brummte St. Vincent. »Damals auf der alten Orion habe ich jeden Tag meine drei Meilen auf dem Achterdeck zurückgelegt.«
Hornblower schnupfte wieder auf, er fühlte sich hundeelend. Nicht einmal darüber konnte er sich richtig freuen, daß ihn bei seinem augenblicklichen Zustand sogar das bevorstehende große Ereignis vollkommen kalt ließ, denn sein Kopf war so benommen, daß ihm selbst die sonst immer sprungbereite Selbstbeobachtung den Dienst versagte.
»Ich habe gestern abend ihren Bericht gelesen, Hornblower«, fuhr St. Vincent fort. »Einverstanden. Ihre Maßnahmen waren richtig.«
»Gehorsamsten Dank, Mylord.« Hornblower gab sich Mühe, nicht allzu teilnahmslos zu erscheinen. »Ist die Beerdigung in der St.-Pauls-Kathedrale gestern gut verlaufen?«
»O ja.«
Die Kutsche ratterte die Mall entlang.
»Da sind wir«, sagte St. Vincent, »wir wollen doch wieder zusammen weggehen, Hornblower, wie? Lange möchte ich nämlich nicht gern bleiben. Jetzt ist es neun Uhr, und ich habe noch nicht ein Drittel meiner Arbeit erledigt.«
»Jawohl, besten Dank, Mylord. Ich werde jedenfalls in Ihrem Kielwasser bleiben.«
Der Schlag wurde aufgerissen, Bracegirdle sprang gewandt heraus, um seinem Chef zu helfen, Hornblower folgte. Jetzt endlich schlug sein Herz ein bißchen rascher. Es wimmelte von Uniformen, roten, blau-goldenen, blau-silbernen, viele der Herren trugen das Haar gepudert. Einer dieser Herren in gepuderter Perücke, die seltsam gegen seine dunklen Augen abstach, löste sich von den übrigen und kam St. Vincent entgegen. Er trug eine schwarze, silberbestickte Uni-

form, auf den blanken Facetten am silbernen Griff seines Degens spielten tausend glitzernde Lichter.
»Guten Morgen, Mylord.«
»Morgen, Catterick. Das hier ist meine Protegé, Kapitän Horatio Hornblower.«
Cattericks stechende, schwarze Augen erfaßten Hornblowers ganze Erscheinung, Rock, Hose, Strümpfe, Säbel mit einem einzigen Blick, aber seine Miene verriet nicht, was er dachte. Wahrscheinlich war er schon daran gewöhnt, daß schäbig uniformierte Seeoffiziere die Levers des Königs bevölkerten.
»Wie ich höre, gedenkt Sie Lord St. Vincent vorzustellen, Kapitän Hornblower. Sie werden Seine Lordschaft daher in den Audienzsaal begleiten.«
Hornblower nickte. Er hätte zu gern gewußt, welche Bedeutung dem Wort ›Protegé‹ beizumessen war. Bis jetzt hatte er den Hut in der Hand getragen, nun klemmte er ihn, dem Beispiel der anderen folgend, hastig unter den Arm.
»Also los, kommen Sie«, sagte St. Vincent.
Er ging eine Treppe hinauf, auf deren Absätzen überall uniformierte Wachen standen. Oben erwartete sie wieder eine Hofcharge in Schwarz und Silber, aufs neue wurden kurze Worte ausgetauscht. Um die Türen drängten sich gepuderte Lakaien, eine gedämpfte und doch durchdringende Stimme rief in höfisch gezierter Ausdrucksweise einen Namen nach dem anderen auf:
»Admiral the Right Honourable Earl St. Vincent, Kapitän Horatio Hornblower, Leutnant Anthony Bracegirdle!«
Der Audienzsaal war ein einziges Meer von Farben, jede denkbare Uniform war vertreten: das Scharlachrot der Infanterie, leichte Kavallerie in allen Farben des Regenbogens, verschnürte und pelzbesetzte Waffenröcke, schwingende Umhänge, schleppende Säbel, schwere Kavallerie in Schaftstiefeln, die bis zu den Schenkeln reichten, ausländische Uniformen in Weiß und Grün. St. Vincent zwängte sich mit seiner Riesengestalt durch das Gedränge wie ein Schlachtschiff durch eine ganze Flotte kleiner Yachten. Vor der Längswand auf einem Thronsessel mit hoher Rückenlehne saß der König; man war unwillkürlich überrascht, wie sehr

er mit seiner kleinen Knotenperücke den Bildern glich, die es von ihm gab. Hinter ihm, im Halbkreis, stand eine Anzahl würdiger Herren mit Ordenssternen auf der Brust und breiten Ordensbändern, blauen, roten oder grünen, teils über die rechte, teils über die linke Schulter getragen. Das waren gewiß die Ritter des Hosenband-, des Bath- und des Patricksordens, die Großen der Vereinigten Königreiche.
St. Vincent verbeugte sich in schwerfälliger Ehrerbietung vor seinem König.
»Freue mich Sie zu sehen, Mylord, freue mich Sie zu sehen«, sagte dieser. »Hatte seit Montag leider noch keine Gelegenheit, bin sehr zufrieden, daß alles so gut verlief.«
»Gehorsamsten Dank, Sir. Darf ich Ihnen den Offizier vorstellen, der für den Zug zu Schiff die Verantwortung trug?«
»Ich bitte darum.«
Der König wandte sich Hornblower zu und maß ihn mit einem freundlichen Blick aus etwas vorstehenden, blaßblauen, aber gütigen Augen.
»Kapitän Horatio Hornblower«, sagte St. Vincent, und Hornblower bemühte sich, eine formvollendete Verbeugung auszuführen, wie sie ihm zehn Jahre zuvor von seinem emigrierten französischen Tanzlehrer beigebracht worden war: den linken Fuß leicht vorgesetzt, die linke Hand über dem Herzen. Er wußte nicht, wie tief er sich verbeugen mußte, er hatte ebensowenig Ahnung, wie lange er in gebeugter Stellung zu verweilen hatte. Als er endlich wieder hochkam, war ihm fast zumute wie einem Taucher, der aus der Tiefe aufsteigend die Wasseroberfläche durchbricht.
»Und Ihr Schiff, Sir, Ihr Schiff?« fragte der König.
»Atropos, zweiundzwanzig Geschütze, Eure Majestät.«
In den schlaflosen Stunden der vergangenen Nacht hatte sich Hornblower schon vorgestellt, daß diese Frage wohl an ihn gerichtet würde, darum war er jetzt auch mit der Antwort rasch bei der Hand.
»Wo liegt Ihr Schiff zur Zeit?«
»In Deptford, Eure Majestät.«
»Aber Sie gehen wohl bald in See?«
»Ich – ich –« Hornblower konnte diese Frage nicht beantworten, aber St. Vincent sprang sofort für ihn ein.

»In allernächster Zeit, Sir«, sagte er.
»So«, sagte der König, »hm...«
Er hob wie abwesend die Hand und fuhr sich mit einer unendlich müden Gebärde über die Stirn. Dann schien er wieder in die Wirklichkeit zurückzufinden.
»Was ich sagen wollte: es handelt sich um meinen Großneffen, Fürst Ernst – habe ich diese Angelegenheit nicht schon mit Ihnen besprochen, Mylord?«
»Gewiß, Sir«, antwortete St. Vincent.
»Würden Sie Kapitän Hornblower für geeignet halten, die in Frage stehende Aufgabe zu übernehmen?«
»Durchaus, Sir, er ist der richtige Mann dafür.«
»Hm, Dienstalter unter drei Jahren«, sinnierte der König und ließ dabei seinen Blick auf Hornblowers einer Epaulette ruhen. »Reichlich jung noch – aber wenn Sie meinen... Harmond!«
Eine schimmernde Gestalt mit Ordensband und Stern glitt aus dem Halbkreis nach vorn.
»Stellen Sie Kapitän Hornblower Seiner Durchlaucht vor.«
»Jawohl, Eure Majestät.«
Um die blaßblauen Augen spielte ein Lächeln.
»Ich danke Ihnen, Kapitän«, sagte der König. »Tun Sie Ihre Pflicht so weiter wie bisher, dann können Sie sich stets eines ruhigen Gewissens erfreuen.«
»Zu Befehl, Eure Majestät«, sagte Hornblower.
St. Vincent verbeugte sich zum Abschied ein zweites Mal, und Hornblower folgte seinem Beispiel. Er rief sich ins Gedächtnis, daß er dem König jetzt auf keinen Fall den Rücken kehren durfte – das war so ungefähr alles, was er vom Hofzeremoniell wußte. Aber dieser Rückzug war leichter zu bewerkstelligen, als er dachte, denn inzwischen hatten sich die anderen Teilnehmer an dem Lever nach Rang und Würden aufgereiht, um zu warten, bis sie vorgelassen wurden. Gedeckt von dieser Menschenmauer war es für ihn ein leichtes, im Kielwasser von St. Vincent seitwärts zu verschwinden.
»Darf ich Sie bitten, mir zu folgen«, sagte Harmond und steuerte sie an das entgegengesetzte Ende des Saales. »Wollen Sie die Güte haben, hier einen Augenblick zu warten?«

»Ja, ja«, meinte St. Vincent, während sie warteten. »Im Dienst Seiner Majestät gehen einem manchmal die seltsamsten Vögel ins Garn. Aber glauben Sie mir, Hornblower, ich hatte nicht im Traum daran gedacht, daß man Ihnen diese Geschichte aufhalsen würde.«
»Ich – ich habe noch nicht begriffen . . .« sagte Hornblower.
»Ganz einfach, der Fürst ist . . .«
»Darf ich bitten, mir weiter zu folgen«, sagte Harmond, der eben wieder aufgetaucht war.
Er führte sie zu einem auffallend kleinen jungen Mann, der sie in vollendeter Haltung erwartete. Einem Mann? Nein, das war ja noch ein Junge. Er trug eine fremdländische grüne Uniform mit viel Goldstickerei, einen kurzen Degen mit goldenem Griff, Orden auf der Brust und sogar zwei Sterne am Hals. Hinter ihm wuchtete ein ungeschlachter dunkelhaariger Riese mit fetten Hängebacken, der eine etwas bescheidener ausgestattete Abart der gleichen Uniform trug. Der Junge selbst war auffallend hübsch, sein blondes Haar ringelte sich in Locken um die Ohren, er hatte eine kecke Stupsnase und blickte aus blauen Augen frank und offen in die Welt. Der Riese trat vor und stellte sich den Ankommenden in den Weg, so daß sie nicht bis zu dem Jungen hingelangten. Er tauschte mit Harmond einen bösen Blick.
»Die Herren müssen zuerst mir vorgestellt werden«, sagte der schwere Mann in einer Aussprache, aus der Hornblower schloß, daß er deutscher Herkunft war.
»Und warum, Sir, wenn ich fragen darf?« entgegnete Harmond.
»Weil nach dem Hausgesetz von Seitz-Bunau allein der Hofmarschall das Recht besitzt, Seiner Durchlaucht fremde Persönlichkeiten vorzustellen.«
»Ja, und?«
»Ich, Sir, bin dieser Hofmarschall – was Ihnen doch wohl bekannt sein dürfte.«
»Also schön«, sagte Harmond mit einem Seufzer der Ergebung. »Ich habe die Ehre Ihnen vorzustellen: Admiral the Right Honourable Earl St. Vincent – Kapitän Horatio Hornblower – Leutnant Anthony Bracegirdle.«
Hornblower war schon im Begriff sich zu verbeugen, da zeig-

te ihm ein Seitenblick, daß St. Vincent steif aufgerichtet stehenblieb, worauf er sich ebenfalls Einhalt gebot.
»Wem hatte ich denn die Ehre, vorgestellt zu werden?« fragte St. Vincent in eisigem Ton. Er schien gegenüber Deutschen nicht frei von Vorurteilen zu sein.
»Doktor Eisenbeiß«, sagte Harmond.
»Seiner Exzellenz dem Baron von Eisenbeiß, Hofmarschall und Staatssekretär Seiner Durchlaucht des Fürsten zu Seitz-Bunau«, fügte der Riese zur weiteren Belehrung hinzu. »Ich freue mich sehr, Ihre Bekanntschaft zu machen.«
Eine Sekunde lang begegnete er St. Vincents Blick, dann ließ er sich zu einer tiefen Verbeugung herbei, die St. Vincent erst erwiderte, nachdem der andere damit begonnen hatte; Hornblower und Bracegirdle folgten dem Beispiel ihres Admirals, am Ende kamen alle vier zu gleicher Zeit wieder hoch.
»Und nun«, sagte Eisenbeiß, »ist die Ehre bei mir, Sie vorzustellen . . .«
Er wandte sich an den jungen Fürsten und setzte seine Rede in deutscher Sprache fort, wobei er offenbar die einleitenden Worte wiederholte und dann der Reihe nach die Namen nannte. Bei jedem Namen machte der Fürst eine halbe Verbeugung. Als sich St. Vincent dennoch tief vor ihm verneigte, fast so tief wie vorhin vor dem König, da folgte auch Hornblower seinem Beispiel. Danach richtete der Fürst auf deutsch das Wort an Eisenbeiß.
»Seine Durchlaucht sagt«, übersetzte dieser, »es sei ihm eine außerordentliche Freude, die Bekanntschaft von Offizieren der Navy Seiner Majestät machen zu können, da es seiner Durchlaucht innigster Wunsch sei, in ihrer Gemeinschaft und mit Ihrer Hilfe am Kriege gegen den französischen Tyrannen teilzunehmen.«
»Sagen Sie Seiner Durchlaucht«, erwiderte St. Vincent, »daß auch wir uns glücklich schätzen werden, ihn in unserer Mitte zu haben.«
Als auch das übersetzt war, zeichnete der Fürst jeden mit einem gnädigen Lächeln aus. Dann folgte ein etwas peinlicher Augenblick, da niemand mehr etwas zu sagen hatte und alle einander stumm ansahen. Endlich sagte Eisenbeiß wieder et-

was zum Fürsten, erhielt eine Antwort und wandte sich an die Besucher:
»Seine Durchlaucht sagt«, dolmetschte er, »er wolle Ihre Zeit nicht länger in Anspruch nehmen.«
»Hm«, machte St. Vincent, aber er knickte doch noch einmal nach höfischer Manier in den Hüften ein, und die anderen taten desgleichen. Dann zogen sie sich rückwärts und seitwärts schreitend aus dem Gemach Seiner Durchlaucht zurück.
»Verdammt hochnäsiger Grünschnabel das«, brummte St. Vincent vor sich hin, dann fügte er laut hinzu: »Immerhin, wir haben jetzt unsere Pflicht getan und können gehen. Dort ist der Ausgang, folgen Sie mir.«
Unten im Vorhof rief ein Lakai mit lautem Gebrüll die Kutsche des Admirals herbei, und sie nahmen wieder Platz. Hornblower hatte einen völlig benommenen Kopf, schuld daran war einmal seine Erkältung, dann die aufregende Audienz beim König und zuletzt noch diese rätselhafte Begegnung mit dem Fürsten, an der er eben teilgenommen hatte.
»Das ist nun Ihr neuer Fähnrich, Hornblower«, sagte St. Vincent. Seine Stimme klang genau wie das Geratter der Räder auf dem Kopfsteinpflaster, so daß Hornblower nicht ganz sicher war, ob er auch richtig verstanden hatte, zumal ihm das Gehörte mehr als seltsam erschien.
»Wie bitte, Mylord?«
»Sie haben mich schon richtig verstanden. Ich sagte, das sei jetzt Ihr Fähnrich, der Fürst von Seitz-Bunau.«
»Der Fürst von Seitz-Bunau – wer ist das denn, Mylord?«
»Einer von den kleinen deutschen Souveränen. Boney hat ihn voriges Jahr aus seinem Land verjagt, als er nach Austerlitz marschierte. Ganz England ist ja voll von deutschen Fürsten, die Boney vertrieben hat. Aber dieser hier ist ein Großneffe des Königs, wie Sie ja hörten, und das ist das Entscheidende.«
»Und jetzt soll er bei mir Fähnrich werden?«
»Ja, er ist schließlich noch jung genug, um Vernunft anzunehmen, nicht so wie die meisten anderen hohen Herren. Die gehen am liebsten zur Armee und drücken sich in den Stäben herum – die Stäbe sind wirklich zu bedauern. Aber neu-

erdings ist die Marine große Mode geworden – seit den Kriegen gegen Holland eigentlich das erstemal. Wir haben eben Schlachten gewonnen, was man von den Landsoldaten, bei Gott, nicht sagen kann. Darum möchte jetzt plötzlich jeder junge Lord Tunichtgut zur Marine und nicht mehr zur leichten Kavallerie wie früher. Es war übrigens des Königs eigener Gedanke, daß der junge Seitz-Bunau diesem Beispiel folgen sollte.«
»Jetzt ist mir alles klar, Mylord.«
»Schaden wird es ihm auf keinen Fall – obwohl die Atropos alles andere ist als ein Schloß.«
»Eben das ging mir grade durch den Kopf, Mylord. Wenn ich an das Fähnrichsquartier auf der Atropos denke . . .«
»Ganz gleich, damit hat er sich abzufinden. Eine Glattdeckskorvette hat nun einmal nicht viel Raum unter Deck. Auf einem Linienschiff hätte man ihm vielleicht eine Kammer geben können, aber da die Wahl nun einmal auf die Atropos gefallen ist, muß er hinnehmen, was ihm geboten wird. Kaviar und Wildbret werden Sie ihm ja auch nicht vorsetzen. Im übrigen bekommen Sie noch einen schriftlichen Befehl über die ganze Angelegenheit von mir.«
»Aye, aye, Mylord.«
Die Kutsche hielt mit knirschenden Bremsen vor der Admiralität, der Schlag wurde aufgerissen, und St. Vincent erhob sich schwer und mühsam von seinem Platz. Hornblower folgte ihm bis unter den Torweg.
»Ich möchte mich von Ihnen verabschieden, Hornblower«, sagte St. Vincent und reichte ihm die Hand.
»Auf Wiedersehen, Mylord.«
St. Vincent blickte ihn unter seinen buschigen Augenbrauen hervor durchdringend an.
»Die Navy legt uns zwei große Verpflichtungen auf, Hornblower«, sagte er. »Die eine davon kennen wir alle genau: gegen die Franzosen zu kämpfen und Boney immer härtere Schläge zu versetzen.«
»Jawohl, Mylord.«
»Über die andere machen wir uns nicht so oft Gedanken. Wir haben nämlich auch dafür zu sorgen, daß wir bei unserem Abgang eine Navy hinterlassen, die ebensoviel taugt wie

die, in der wir dienten. Sie sind jetzt noch ein junger Mann, Hornblower, noch haben Sie keine drei Jahre als Kapitän, aber glauben Sie mir, ehe Sie sich's versehen, haben Sie Ihre dreiundvierzig Dienstjahre auf dem Buckel wie ich. Das geht verteufelt schnell, sage ich Ihnen. Vielleicht nehmen Sie dann auch einmal einen jungen Offizier mit zu Hofe, um ihn vorzustellen.«
»Jawohl, Mylord.«
»Ich sage Ihnen, schauen Sie sich Ihre Leute gründlich an, Hornblower, wenn Sie eines Tages dazu berufen sind. Dennoch kommt einmal ein Irrtum vor. Aber wenn Sie sich schon irren, dann wenigstens nach bestem Wissen und Gewissen.«
»Jawohl, Mylord.«
»Mehr ist dazu nicht zu sagen.«
Der Alte wandte sich ohne ein weiteres Wort zum Gehen und ließ Hornblower mit Bracegirdle im Torweg stehen.
»Jervie ist heute weich wie Wachs«, stellte Bracegirdle voller Erstaunen fest.
»Es scheint so.«
»Er wollte Ihnen wohl andeuten, daß er ein Auge auf Sie geworfen hat, Sir.«
»Ja, aber einen Luvanker ließ er vorsichtshalber immer noch im Grund«, sagte Hornblower und dachte an St. Vincents Wort, daß man sich trotz allem in einem Menschen irren könne. »Jervie vergißt eine Enttäuschung nie«, sagte Bracegirdle mit ernstem Gesicht.
»Nun ja...«
Zwölf Dienstjahre in der Navy hatten viel dazu beigetragen, Hornblower jeweils im rechten Augenblick zu einem Fatalisten zu machen, der über Gefahren solcher Art die Achseln zucken konnte, wenigstens so lange, bis sie überstanden waren.
»Wenn Sie gestatten, hole ich mir noch rasch meinen Umhang«, sagte er. »Leben Sie wohl – und besten Dank.«
»Etwas zu trinken? Eine Tasse Tee? Oder einen kleinen Imbiß, Sir?«
»Nein, besten Dank, es ist besser, ich mache mich gleich auf den Weg.«
Maria erwartete ihn in Deptford, sie brannte gewiß schon

vor Neugier, zu hören, wie sein Besuch bei Hof und seine Vorstellung beim König verlaufen war. Als ihr Hornblower erzählt hatte, was ihm bevorstand, war sie vor Aufregung ganz aus dem Häuschen geraten. Der Gedanke, daß er dem Gesalbten Gottes Auge in Auge gegenüberstehen sollte, raubte ihr die Fassung, so daß die Hebamme vor all der Aufregung warnen mußte, weil sie ein Fieber verursachen könne. Und nun war er nicht nur dem König vorgestellt worden, sondern der König hatte mit ihm gesprochen, hatte sich sogar über seine dienstlichen Aufgaben mit ihm unterhalten. Und obendrein bekam er nun einen richtigen Fürsten als Fähnrich an Bord – allerdings war der aus seinem Land vertrieben, aber dieser Umstand wurde durch die andere Tatsache reichlich aufgehoben, daß er ein Großneffe des Königs, ein Blutsverwandter der königlichen Familie war. Wenn Maria davon hörte, war sie darüber mindestens ebenso begeistert wie über seine Vorstellung bei Hofe.
Über diesen Empfang fragte sie ihn bestimmt bis zur letzten Kleinigkeit aus, wer alles da war (Hornblower wünschte, er hätte auch nur einen von den Männern gekannt, die hinter dem Thronsessel standen), wie jeder einzelne gekleidet war – das war einfacher, da bei dem Lever natürlich keine Damen zugegen waren und tatsächlich fast alle Uniform trugen. Dabei war er sich bewußt, daß er sich beim Erzählen vorsichtig und respektvoll ausdrücken mußte, um Marias dynastische Gefühle nicht zu verletzen. Er, Hornblower, focht für sein Vaterland oder vielleicht besser ausgedrückt für Freiheit und Gesittung gegen den prinzipienlosen Tyrannen, der jenseits des Kanals die Herrschaft an sich gerissen hatte. Die abgegriffene Phrase ›Für König und Vaterland‹ entsprach keineswegs seiner wahren inneren Haltung als Soldat. Wenn er bereit war, sein Leben für den König zu opfern, dann galt diese Todesbereitschaft nicht etwa dem gütigen alten Herrn mit den vorstehenden Augen, der sich heute morgen mit ihm unterhalten hatte, sondern ausschließlich jener großartigen Synthese von Freiheit und Ordnung, als deren lebendiges Sinnbild jener alte Herr auf seinem Thron saß. Maria dagegen sah in ihrem König nicht den Verfechter von Freiheit und Ordnung, sondern etwas ganz anderes, Höheres. Er war von

der Kirche gekrönt und gesegnet, er war ein Wesen, von dem es sich mit heiliger Scheu zu reden ziemte. Dem König den Rücken zu kehren war für Hornblower einfach ein Verstoß gegen die guten Sitten, in etwa geeignet, dem allgemeinen Übereinkommen Abbruch zu tun, das in diesen Zeiten drohender Gefahr die Kräfte des Landes zusammenhielt – Maria sah darin ein an Gotteslästerung grenzendes Verbrechen. Er mußte also wirklich achtgeben, daß er nicht zu unbekümmert von dem netten alten Herrn erzählte.

Dennoch (die Gig ruderte ihn grade durch den Pool und unter den Mauern des Tower vorüber) mußte sich Hornblower darüber Rechenschaft geben, daß Marias Auffassung von seinem Dienst in der Marine längst nicht an seine eigene heranreichte. Für Maria war dieser Dienst eine Art Beschäftigung für Herren der besseren Stände; er gab ihr eine soziale Stellung, die sie sonst niemals erreicht hätte; er gab ihr Brot für ihr geliebtes Kind – oder vielmehr ihre Kinder, denn nun war ja auch noch die kleine Maria da. Daß man sich andererseits als Seeoffizier um der gemeinsamen Sache willen bis zur Selbstentäußerung aufzuopfern hatte, daß man über das bloße Muß hinaus Gefahren auf sich nahm, daß man selbstverständlich nach Ruhm und Ehre strebte, dafür brachte Maria beim besten Willen kein Verständnis auf. Eher neigte sie dazu, die Nase darüber zu rümpfen und von kindlichen Mätzchen zu sprechen, die sich die Männer ausgedacht hätten. Auch das, meinte sie, gehöre mit zu jenem ausgeklügelten Spiel oder Ritual, mit dessen Hilfe sie sich immer wieder ihre turmhohe Überlegenheit über die Frau und ihre Sonderstellung zu beweisen suchten. Die Frau dagegen besitze von Natur aus ein so sicheres Gefühl für ihren Wert und ihren Vorrang, daß sie solcher lächerlichen Hilfsmittel zur Hebung ihres Selbstbewußtseins entraten könne.

Als Hornblower aus seinen Gedanken erwachte, sah er zu seiner Überraschung, daß seine Gig bereits die Atropos passierte, die am Rande des Fahrwassers lag. Er hätte längst die Augen anstrengen sollen, um schon von weitem zu erkennen, ob alles in Ordnung war, ob vor allem der Wachhabende auf dem Posten war und die Gig rechtzeitig entdeckte. So hatte er nur noch Zeit, den Gruß von Leutnant Jones zu erwidern, während das Boot vorüberschor. Dort lag das Deptford Dock und daneben das Proviantamt mit seiner wimmelnden Betriebsamkeit. An der Brücke davor lag eine Segelschute, und eine Anzahl Männer war grade im Begriff, eine ganze Herde Schweine von Bord und auf den Hof zu treiben. Sie sollten geschlachtet und eingesalzen werden, um der Navy als Nahrung zu dienen.

»Glotzt nicht in der Gegend herum da vorne!« schimpfte der Bootssteurer.

Einer der Gigsgäste hatte sich mit gedämpfter Stimme einen Scherz erlaubt, der offenbar diesen Schweinen galt. Auch wenn man hier den Beweis vor Augen hatte, fiel es schwer zu glauben, daß die steinharten, undefinierbaren Brocken, die auf See aus der Lake in den Fässern gefischt und an die Mannschaften ausgegeben wurden, wirklich von ehrlichen, achtbaren Schweinen wie jenen dort stammten. Hornblower hatte in diesem Punkt volles Verständnis für seine Männer.

Der Bootssteurer legte Ruder, um an Deptford Hard längsseit zu scheren. Hornblower kletterte an Land und machte sich auf den Weg zum George, wo ihn seine Familie erwartete. Er wollte sich an Marias Bett setzen und ihr von den Feierlichkeiten am Hof von St. James erzählen. Er wollte seine kleine Tochter in den Armen halten und wieder mit seinem Sohn spielen. Mein Gott, vielleicht war es heute schon zum letztenmal. Jeden Augenblick konnte der Einsatzbefehl für ihn eintreffen, dann ging er mit der Atropos in See, dann drohten ihm Stürme, Gefechte, Schiffbruch und Krankheit – wie leicht konnte es da geschehen, daß er überhaupt nicht mehr nach Hause kam. Und wenn er das Glück hatte, die Seinen wiederzusehen, dann war aus dem schreienden Säugling, den er jetzt verließ, ein schmuckes kleines Fräulein geworden, das mit seinen Puppen spielte, und aus dem kleinen Horatio mindestens ein Abc-Schütze, der seine Buchstaben und Männchen auf die Schiefertafel kritzelte, vielleicht aber sogar ein Lateinschüler, der ›Mensa‹ zu deklinieren begann und das griechische Alphabet lernen mußte. Und er selbst? Er hoffte, daß er auch dann noch mit ruhigem Gewissen sagen konnte, er habe seine Pflicht getan, wie es sich gehörte, er hoffte, daß ihm seine menschlichen Schwächen, die er so genau kannte, keinen Streich spielten, wenn es galt, Erfolge zu erringen, auf die seine Kinder später einmal stolz sein durften.

7 SEEKLAR

Es ging also ins Mittelmeer. Hornblower saß auf dem segeltuchbezogenen Sessel in seiner Kajüte auf der Atropos und überlas zum zweiten Male den Befehl, der eben für ihn angekommen war.
Sir, ...
Im Auftrage der Herren Lords Kommissare der Admiralität ...
Demnach sollte er sein Schiff mit größter Sorgfalt seeklar machen, um nach Gibraltar auszulaufen, wo ihn voraussichtlich eine weitere Order des Vizeadmirals und Befehlshabers der Mittelmeerstreitkräfte erwartete. Lag eine solche Order nicht vor, so hatte er sich nach Möglichkeit Gewißheit zu verschaffen, in welchen Gewässern der Admiral zu finden war, um alsbald mit gleicher Sorgfalt und Gewissenhaftigkeit dorthin zu segeln und sich seinem Befehl zu unterstellen.
Der Admiral, das war Cuthbert Collingwood – Lord Collingwood, seit er nach dem Sieg von Trafalgar zum Pair von England erhoben worden war. Die Flotte, die diesen Sieg errungen hatte, war inzwischen – natürlich ohne die beschädigten und nicht mehr seetüchtigen Schiffe – nach dem Mittelmeer verlegt worden. Seit der Vernichtung der französischen und spanischen Flotten vor Cadiz war ja die britische Herrschaft über den Atlantik endgültig gesichert, so konnte die Navy von nun an ihr Schwergewicht ins Mittelmeer verlagern, um allen Unternehmungen von vornherein die Spitze abzubrechen, die Bonaparte in diesem Raume planen mochte, seit er mit dem Sieg von Austerlitz der starke Mann des Kontinents geworden war. Austerlitz – Trafalgar: dort die französische Armee – hier die Royal Navy. Wie die Dinge

lagen, hielt die eine zur Zeit der anderen die Waage. Es gab keinen Winkel Europas, der vor französischen Truppen sicher war – solange es nur festen Boden gab, auf dem sie marschieren konnten; es gab keinen Winkel der Ozeane, wo britische Schiffe nicht ihren Einfluß geltend machen konnten – solange sie nur Wasser fanden, in dem sie schwimmen konnten. Und das von Landmassen umschlossene Mittelmeer mit seinen Halbinseln und Inseln war ein Gebiet, in dem es der Seemacht noch am ehesten gelang, der Landmacht wirksam entgegenzutreten. Dort mußte der blutige und anscheinend endlose Konflikt zwischen Tyrannei und Freiheit zum Austrag kommen, und er, Horatio Hornblower, war berufen, dabei mitzuwirken.

Der Sekretär der Lords Kommissare hatte zwar als ›Ihr gehorsam ergebener Diener‹ Soundso unterzeichnet, aber ehe er zu diesem Schluß kam, hatte er noch besonders betont, Ihre Lordschaften hielten sich versichert, daß die Atropos vollständig ausgerüstet und in jeder Hinsicht seeklar sei, so daß sie sofort nach Empfang des Auslaufbefehls und der letzten eiligen Depeschen in See gehen könne. Hornblower und sein Schiff befanden sich mit anderen Worten ab sofort im Zustand höchster Alarmbereitschaft.

Als er diese Worte las, überkam ihn plötzlich ein schrecklicher Argwohn, so daß ihm eine Gänsehaut über den Rücken lief. Er ahnte, daß sein Schiff nicht seeklar war.

Mit lauter Stimme rief er nach dem Posten vor seiner Tür: »Mr. Jones soll sofort zu mir kommen.«

Wie ein Echo klang die Wiederholung des Rufes durch das Zwischendeck, während er wartend mit dem Befehl in der Hand an seinem Tisch saß. Kurz darauf kam Mr. Jones auch schon eilig zur Tür herein, und jetzt, als er seiner ansichtig wurde, fiel es Hornblower erst ein, daß er sich überhaupt noch nicht zurechtgelegt hatte, wonach er ihn fragen mußte und was er ihm alles befehlen wollte. So kam es, daß er Jones wortlos und nur mit einem musternden Blick empfing. Da er vollauf damit beschäftigt war, seine Gedanken rasch zu ordnen, kam ihm überhaupt nicht zum Bewußtsein, was seine Augen wahrnahmen; dennoch brachte ihr starrer Ausdruck den armen Jones so aus der Fassung, daß er sich nervös mit der Hand ins Gesicht fuhr. Diese Bewegung brachte Hornblower wieder zu sich; er entdeckte an Jones' rechtem Ohr eine Flocke eingetrockneten Seifenschaums und bei näherem Zusehen noch etwas mehr: Das Nußknackergesicht seines Ersten Offiziers war auf der einen Seite glatt und sauber rasiert, während auf der anderen noch ein Wald von schwarzen Bartstoppeln sproß.

»Verzeihung, Sir«, sagte Jones. »Als Sie mich riefen, war ich eben halb rasiert, aber ich hielt es dennoch für geboten, sofort zu kommen.«

»Macht nichts, Mr. Jones«, sagte Hornblower und war im Grunde froh, daß Jones mit dieser Entschuldigung kam, weil er sich immer noch bemühte, seine Befehle so klar und bestimmt zu fassen, wie es von einem guten Offizier erwartet wurde.

Unter dem Zwang seiner starren Augen begann Jones von neuem: »Sie haben mich doch rufen lassen, Sir?«

»Ja«, sagte Hornblower. »Unser Seeklarbefehl ist eingetroffen, wir gehen ins Mittelmeer.«

»Wahrhaftig, Sir?« Mr. Jones' Bemerkung trug nicht eben dazu bei, ein Gespräch in Gang zu bringen.

»Ich möchte von Ihnen Meldung haben, wann wir seeklar sein können.«

»Ach, Sir ...«

Wieder fuhr sich Jones mit der Hand ins Gesicht, das vielleicht nur deshalb so lang war, weil er die Angewohnheit hatte, bei jeder passenden und unpassenden Gelegenheit an seinem Kinn zu ziehen.

»Sind Proviant und Wasser aufgefüllt?«

»Sie müssen verstehen, Sir ...«

»Das heißt also, daß wir nicht vollausgerüstet sind?«

»N-nein, Sir, nicht ganz.«

Hornblower war drauf und dran, eine Erklärung dafür zu fordern, aber er besann sich im letzten Augenblick eines Besseren. »Ich will jetzt nicht fragen, warum das so ist. Wie groß ist der Fehlbestand?«

»Das – sofort, Sir.« Der arme Jones begann hastig im Kopf zu überschlagen. Es fehlten 20 Tonnen Wasser, außerdem Brot, Schnaps, Fleisch ...

»Natürlich, das Proviantamt liegt ja gleich gegenüber. Da schien es Ihnen wohl überflüssig, die Bestände rechtzeitig aufzufüllen?«
»Das nicht, Sir . . .« Jones versuchte zu erklären, warum er es unterlassen hatte, den Proviant tatsächlich zu ergänzen. »Die Besatzung hatte mit anderen Ausrüstungsarbeiten vollauf zu tun, Sir.«
»Wie steht es mit den Rollen, Wachrolle? Klarschiffrolle?«
Das waren die Listen, nach denen die Besatzung auf ihre Stationen und Wachen verteilt war.
»Es fehlen uns 20 Toppgäste«, gab Jones kleinlaut zur Antwort.
»Um so wichtiger ist es, alles aus denen herauszuholen, die wir haben.«
»Jawohl, Sir, selbstverständlich, Sir.« Jones suchte verzweifelt nach einer Entschuldigung für seine Versäumnisse: »Ein Teil unseres Salzfleisches, Sir – ist – ist schlecht – nicht zu genießen.«
»So? Ist es schlechter als üblich?«
»Jawohl, Sir. Wahrscheinlich ist es ein alter Restbestand. Man kann es wirklich nicht mehr genießen – zum Teil.«
»Wie viele Fässer sind es? Liegen sie oben oder unten?«
»Ich werde gleich den Zahlmeister fragen, Sir.«
»Soll das heißen, daß Sie es nicht wissen?«
»Nein, Sir – jawohl, Sir.«
Hornblower versank erneut in stummes Grübeln, da er aber Jones dabei nicht aus den Augen ließ, kam der pflichtvergessene Erste Offizier auch in dieser Pause seines Verhörs nicht dazu, sein inneres Gleichgewicht wiederzufinden. Tatsächlich machte sich Hornblower selbst die schwersten Vorwürfe. Er war erst seit wenigen Tagen Kommandant der Atropos, und während dieser kurzen Zeit hatte ihn Nelsons Leichenbegängnis mit allen seinen Einzelheiten voll in Anspruch genommen; daneben hatte er sich nur noch ein wenig um seine Familie gekümmert. Aber das war alles keine Entschuldigung. Ein Kommandant sollte jeden Augenblick über Zustand und Ausrüstung seines Schiffes im Bilde sein. Er war wütend über sich selbst. Seine Offiziere kannte er kaum dem Namen nach, und über die Leistungen der Atropos in einem

Gefecht konnte er sich bis jetzt überhaupt kein Bild machen – dabei erlebte er womöglich schon den ersten Kampf, ehe er noch besonders weit stromab von London gesegelt war.
»Wie steht es um die Munitionsvorräte?« fragte er weiter. »Pulver, Kugeln, Pfropfen, Kartuschbeutel?«
»Ich werde den Feuerwerker holen lassen, Sir. Darf ich?« fragte Jones. Er war hell verzweifelt, daß nun seine ganze Unzulänglichkeit ans Licht kam.
»Ich werde gleich alle zusammen kommen lassen«, sagte Hornblower, »den Zahlmeister, den Feuerwerker, den Bootsmann, den Böttcher und den Steuermannsmaat.«
Das waren die Leiter der einzelnen Ressorts, die über den Ersten Offizier dem Kommandanten für den inneren Schiffsbetrieb verantwortlich waren.
»Aye, Aye, Sir.«
»Verdammt, was soll denn der Lärm da oben?« fragte Hornblower gereizt. Seit einigen Minuten war auf dem Achterdeck irgendeine Auseinandersetzung im Gange. Ungewohnte Laute drangen durch das Skylight nach unten.
»Soll ich einmal nachsehen, Sir?« fragte Jones voll Eifer, weil er auf irgendeine Ablenkung hoffte. Aber daraus wurde nichts. Noch hatte er nicht ausgeredet, da klopfte es an der Kajütentür.
»Nun werden wir gleich hören, was los ist«, sagte Hornblower. »Herein!« Fähnrich Horrocks stand in der Tür.
»Mr. Still läßt melden, es seien eben zwei Herren an Bord gekommen. Sie hätten einen Brief der Admiralität an Ihre Adresse, Sir.«
»Ich lasse die Herren bitten.«
Sicher wieder irgendeine Unannehmlichkeit, dachte Hornblower, während er auf die Besucher wartete. Zum mindesten sah er sich wieder einmal aufgehalten, und das gerade jetzt, wo er im Begriff stand, sich mit der Kraft der Verzweiflung in die Arbeit zu stürzen. Horrocks wies zwei Gestalten zur Tür herein, eine übergroße und eine ganz kleine, beide in schimmernden grüngoldenen Uniformen. Hornblower hatte sie erst gestern am Hofe von St. James gesehen: es war der kleine deutsche Fürst mit seinem Bärenführer.

Hornblower sprang auf, Eisenbeiß trat vor und vollführte eine formvollendete Verbeugung, die Hornblower mit einem kurzen Kopfnicken beantwortete.
»Was führt Sie zu mir, Sir?«
Eisenbeiß übergab ihm mit feierlicher Gebärde einen Brief. Hornblower überzeugte sich mit einem kurzen Blick, daß er an ihn gerichtet war, öffnete ihn sorgfältig und las:
›Sie werden hiermit ersucht und angewiesen, Seine Durchlaucht den Fürsten Ernst zu Seitz-Bunau an Bord Ihres Schiffes zu nehmen, der den Rang eines Fähnrichs Seiner Majestät Marine bekleidet. Es wird Ihnen zur besonderen Pflicht gemacht, Seine Durchlaucht den Fürsten nicht nur mit aller Sorgfalt für seinen neuen Beruf auszubilden, sondern auch seine allgemeine Erziehung im Hinblick auf den Tag zu fördern, an dem es ihm möglich sein wird, auf den Thron seiner Väter zurückzukehren, den uns eine gütige Vorsehung bald bescheren möge. Zugleich werden Sie angewiesen, Seine Exzellenz Herrn Baron Otto von Eisenbeiß, Hofmarschall und Erster Staatssekretär Seiner Durchlaucht, an Bord zu nehmen. Seine Exzellenz ist Arzt und war bis in jüngster Zeit als solcher tätig. Es wurde ihm aus diesem Grunde vom Marineamt ein Patent als Schiffsarzt ausgestellt, und Sie haben Seine Exzellenz in dieser Eigenschaft in die Besatzung Ihres Schiffes einzureihen. Soweit es die allgemeine Borddisziplin und die Kriegsartikel gestatten, soll es ihm erlaubt sein, weiterhin seinen Dienst als Hofmarschall Seiner Durchlaucht des Fürsten zu versehen.‹
»Gut«, sagte er, dann hob er den Blick zu dem seltsamen, prächtig uniformierten Paar: »Willkommen an Bord, Hoheit.«
Der junge Fürst nickte lächelnd mit dem Kopf, er hatte offenbar kein Wort verstanden.
Hornblower setzte sich wieder auf seinen Stuhl, und nun nahm Eisenbeiß sogleich das Wort. Sein harter deutscher Akzent verlieh seinen Klagen besonderen Nachdruck.
»Ich muß mich beschweren, Sir«, sagte er.
»Und warum?« fragte Hornblower in einem Ton, der ihn hätte warnen sollen.
»Seine Durchlaucht wird hier nicht mit der gebührenden Ehr-

erbietung behandelt. Als wir eben ankamen, schickte ich meinen Diener an Bord Ihres Schiffes, um uns anzukündigen, so daß es durchaus möglich gewesen wäre, Seine Durchlaucht mit fürstlichen Ehren zu empfangen. Ein solcher Empfang wurde uns rundheraus verweigert. Der Mann an Deck – ich nehme an, es war ein Offizier – erklärte kurzerhand, er habe dazu keine Befugnis. Ja, er ließ uns überhaupt erst an Bord, als ich ihm den Brief an Sie zeigte.«
»Ganz richtig, er hatte wirklich keine Befugnis.«
»Dann werden Sie ohne Zweifel selbst der Überzeugung sein, daß Sie sich wegen dieses Fauxpas entschuldigen müssen. Im übrigen darf ich Sie wohl darauf aufmerksam machen, daß es nicht gebräuchlich ist, in Gegenwart eines regierenden Fürsten zu sitzen.«
»Ich bin für Sie ›Sir‹, haben Sie mich verstanden?« schoß Hornblower los. »Sie sind mein Untergebener und haben mich dementsprechend anzureden.«
Eisenbeiß reckte sich voll Empörung hoch, so daß sein Kopf krachend gegen den Decksbalken stieß. Das stoppte seinen Redefluß, so daß Hornblower fortfahren konnte:
»Als Offizier in des Königs Diensten hätten Sie auch des Königs Rock anlegen sollen. Haben Sie Ihre Sachen mit?«
Eisenbeiß war noch zu benommen, um zu antworten, obwohl er die Frage verstanden hatte. Horrocks sprang für ihn ein:
»Darf ich melden, Sir, daß das Gepäck im Boot längsseit liegt. Eine Menge Koffer und Kisten, Sir.«
»Danke, Mr. Horrocks. Wie ich höre, Herr Doktor, erfüllen Sie alle Voraussetzungen, um hier an Bord als Schiffsarzt zu wirken. Stimmt das?«
Eisenbeiß versuchte immer noch krampfhaft, seine Würde zu wahren.
»Als Staatssekretär bin ich mit dem Titel ›Eure Exzellenz‹ anzureden.«
». . . und als Arzt dieses Schiffes heißen Sie Doktor. Im übrigen sage ich Ihnen jetzt zum letztenmal, daß ich ›Sir‹ genannt zu werden wünsche. Nun, wie steht es mit Ihrer Qualifikation als Arzt?«
»Ich bin Chirurg – Sir.« Das letzte Wörtchen spuckte er förmlich aus, als Hornblower die Augenbrauen hob.

»Haben Sie in letzter Zeit praktiziert?«
»Bis vor wenigen Monaten – Sir. Ich war Leibarzt am Hofe von Seitz-Bunau. Aber jetzt bin ich ...«
»Jetzt sind Sie Schiffsarzt auf HMS Atropos, und wir wollen das Theater mit dem ›Staatssekretär‹ ruhig beiseite lassen.«
»Sir ...!«
»Kein Wort weiter, Herr Doktor. Mr. Horrocks!«
»Sir!«
»Sagen Sie Mr. Still, er möge das Gepäck der beiden Herren an Bord hieven lassen. Die Herren sind gehalten, sich aus ihren Sachen sofort eine Ausrüstung zusammenzustellen, die in je einer Seekiste Platz findet. Sie, Mr. Horrocks, können ihnen bei der Auswahl der geeigneten Stücke behilflich sein. Der Rest geht in zehn Minuten von Bord, und zwar mit dem gleichen Boot, das die Herren gebracht hat. Ist das klar, Mr. Horrocks?«
»Aye, aye, Sir. Darf ich melden, Sir, daß außer dem Gepäck noch zwei Diener mitgekommen sind.«
»Diener?«
»Jawohl, Sir. Sie tragen ähnliche Uniformen wie diese.« Und dabei deutete Horrocks auf die grüngoldene Ausstattung der beiden Deutschen.
»Das gibt einen Zuwachs von zwei Mann für unsere Besatzung. Verpflichten Sie die beiden, und schicken Sie sie nach vorn.«
Die Navy konnte immer Leute brauchen, und zwei dicke, wohlgenährte Lakaien mochten in absehbarer Zeit ganz brauchbare Matrosen abgeben.
»Aber, Sir ...« begann Eisenbeiß.
»Reden Sie nur, wenn Sie gefragt werden, Herr Doktor. Sie, Mr. Horrocks, nehmen sich des Fürsten an und weisen ihn in der Fähnrichsmesse ein. Darf ich vorstellen: Fähnrich zur See Horrocks – Fähnrich zur See Fürst.«
Horrocks bot seinem Gegenüber ungezwungen die Hand, die der andere automatisch ergriff. Man konnte nicht einmal sagen, daß ihm diese erste Berührung mit einem gewöhnlichen Sterblichen besonderen Eindruck machte. Nach wie vor zeigte er nur sein scheues, verständnisloses Lächeln.

»Ferner lasse ich dem Steuermannsmaaten sagen, Mr. Horrocks, er möge so gut sein, Herrn Doktor sein Quartier im Vorschiff anzuweisen.«
»Aye, aye, Sir.«
»Und nun zu Ihnen, Herr Doktor. In einer halben Stunde wünsche ich Sie beide in Marineuniform zu sehen. Sie können dann sofort Ihren Dienst antreten. Es wird nämlich gleich eine dreiköpfige Untersuchungskommission zusammentreten, bestehend aus dem Ersten Offizier, dem Zahlmeister und Ihnen, um festzustellen, ob eine Anzahl Fässer mit Salzfleisch zum menschlichen Genuß geeignet sind oder nicht. Sie werden als Schriftführer dieser Kommission fungieren, und ich erwarte bis Mittag Ihren Bericht. Gehen Sie jetzt mit Mr. Horrocks.«
Eisenbeiß zögerte einen Augenblick, ehe er sich unter Hornblowers unerbittlichem Blick dazu entschloß, die Kajüte zu verlassen. Erst an der Tür übermannte ihn nochmals seine Entrüstung.
»Ich werde Ihrem Premierminister schreiben«, sagte er. »Er soll erfahren, wie die Verbündeten Seiner Majestät hier behandelt werden.«
»Gut, Herr Doktor. Aber ich warne Sie. Wenn Sie gegen die Meutereiakte verstoßen, dann hängen Sie an der Rah. Nun, Mr. Jones, wie steht es mit unseren Rollen?«
Als sich Hornblower nun erneut mit Jones in die Aufgabe vertiefte, die Atropos seeklar zu machen, kam er sich insgeheim recht verächtlich vor. Gewiß, er hatte diesem törichten Doktor eben den Schneid abgekauft, er hatte durch sein bestimmtes Auftreten ein Problem gemeistert, das zwar allerlei Schwierigkeiten in sich barg, aber doch nur von untergeordneter Bedeutung war. Konnte er mit gutem Gewissen auf solche Dinge stolz sein, wenn er sich zugleich sagen mußte, daß er bei der Lösung seiner wirklichen Aufgaben versagt hatte? Er hatte kostbare, unwiederbringliche Stunden nutzlos vertan. Während der letzten beiden Tage hatte er zweimal mit seinem kleinen Jungen gespielt, war er am Bett seiner Frau gesessen und hatte sein Töchterchen in den Armen gewiegt, statt daß er an Bord geblieben wäre und sich um sein Schiff gekümmert hätte, wie es die Pflicht von ihm ver-

langte. Er konnte sich nicht damit entschuldigen, daß die aufgedeckten Mängel in den Aufgabenbereich des Ersten Offiziers fielen, da er als Kommandant darüber zu wachen hatte, daß Jones seinen Obliegenheiten mit der gebührenden Sorgfalt nachkam. Ein Seeoffizier sollte eben nicht mit Frau und Kindern behaftet sein – seine gegenwärtige Verlegenheit war wieder einmal ein Beweis für die Richtigkeit dieser abgedroschenen Redensart.
Hornblowers Miene nahm unwillkürlich einen harten Ausdruck an, als er bei dieser Schlußfolgerung anlangte. Heute standen ihm noch acht Stunden Tageslicht zur Verfügung, und die begann er nun mit aller Sorgfalt und Umsicht einzuteilen. Es gab Aufgaben, die er nur persönlich erledigen konnte; dazu gehörte zum Beispiel ein Besuch beim Werftdirektor, um sich seiner Unterstützung zu versichern; andere konnte er dafür getrost seinen Untergebenen überlassen. Gewisse Arbeiten nahmen nur die eine Seite des Schiffes in Anspruch, während die andere frei blieb. Die eine Arbeit verlangte zu ihrer Durchführung gewandte Seeleute, eine andere konnte auch Nichtseeleuten übertragen werden. Man mußte berücksichtigen, daß diese oder jene Verrichtung nicht eher beginnen konnte, als eine andere beendet war. Wenn er nicht alles sorgfältig erwog, dann konnte es geschehen, daß ein Offizier an zwei getrennten Arbeitsstellen zugleich die Aufsicht zu führen hatte. Wirrwarr, Stockungen und lächerliche Unordnung wären die Folge gewesen. Und doch, wenn man nur sauber und fehlerlos plante, war alles heute noch zu schaffen. Zahlmeister, Feuerwerker, Bootsmann und Böttcher wurden der Reihe nach in die Kajüte gerufen. Jeder erhielt seine Aufgaben übertragen, jedem wurde widerstrebend ein Bruchteil der Arbeitskräfte zugemessen, die er zu ihrer Durchführung nötig zu haben glaubte. Gleich darauf schrillten die Pfeifen durchs Schiff.
»Barkaß klar!«
Binnen kurzer Zeit schon pullte die Barkaß zum erstenmal quer über den Strom, angefüllt mit leeren Wasserfässern, die der Böttcher und seine Maate rasch klar gemacht hatten. Ihr oblag die langwierige Aufgabe, die 20 Tonnen Trinkwasser rüberzuholen, die am vollen Bestand des Schiffes fehlten.

Angefeuert durch den Bootsmann, enterte ein Dutzend Männer in die Takelage und legte auf den Rahen aus, um die Rahtakel und Stagtakel anzuschlagen, die für die Arbeit des Tages nötig waren.
»Mr. Jones, ich gehe jetzt von Bord. Bis ich von der Werft zurückkomme, muß der Bericht über das verdorbene Fleisch vorliegen.«
Hornblowers Blick fiel auf zwei Gestalten, die auf dem Achterdeck standen und offensichtlich bestrebt waren, seine Aufmerksamkeit zu erregen. Es waren der Fürst und der Doktor. Er musterte rasch ihre Uniformen, die weißen Patten des Fähnrichs, den Rock ohne Abzeichen des Schiffsarztes.
»In Ordnung«, sagte er. »Doktor, Ihre Pflicht ruft. Mr. Horrocks, nehmen Sie Mr. Fürst für heute unter Ihre Obhut. Lassen Sie meine Gig klar pfeifen.«
Der Werftdirektor, ein älterer Kapitän, lauschte Hornblowers Antrag mit dem Gleichmut eines Mannes, der es gewohnt war, jahraus, jahrein eilige Offiziere mit dringenden Anliegen anzuhören.
»Meine Mannschaften stehen klar zum Abholen der Geschosse, Sir. Die Backbordseite ist klar zum Längsseitnehmen des Pulverprahms – in einer halben Stunde ist Stauwasser, Sir. Wenn nötig, kann ich eine Besatzung für den Pulverprahm zur Verfügung stellen. Ich brauche nur 4 Tonnen. Die Übernahme vom Prahm dauert höchstens eine halbe Stunde.«
»Sie können also mit dem Übernehmen sofort beginnen?«
»Jawohl, Sir.«
Der Werftdirektor warf einen Blick durchs Fenster auf die Atropos, die im Strom vor Anker lag.
»Also schön. Ich hoffe in Ihrem eigenen Interesse, daß Ihre Angaben wirklich stimmen. Sie können den Prahm sofort längsseit nehmen – aber denken Sie daran, Herr Kapitän, daß ich ihn in spätestens einer Stunde wieder hier an seiner Mooring haben muß.«
»Besten Dank, Sir«, sagte Hornblower.
Kaum war er wieder auf der Atropos angelangt, da scholl der Ruf durchs ganze Schiff: »Mann Spill! Alle Mann auf! Kuhlsgasten, Segelmacher, Sanitätsgäste!« Die verborgensten Schlupfwinkel des Schiffes wurden durchgekämmt, um die

Spaken des Gangspills zu besetzen – jedes Paar Arme, jeder kräftige Rücken diente jetzt diesem Zweck. Dazu rasselte die Trommel durch die Decks:
»Pfeifen und Lunten aus, löscht Feuer und Licht!«
Der Koch und seine Maate schütteten die Glut aus dem Kombüsenherd über Bord und gingen dann widerstrebend auf ihre Posten an den Stag- und Rahtakeln. Der Pulverprahm kam an der Warptroß langsam längsseit gekrochen. Er hatte kräftige Scherstöcke, große Luken und ausreichend Geschirr an Bord, um die rasche Übernahme seiner gefährlichen Ladung zu gewährleisten. Vier Tonnen Pulver oder 80 Fässer mit je einem Zentner Inhalt schwebten langsam aus dem Laderaum des Prahms in die Höhe, wurden eingeschwungen und versanken im Luk der Atropos, während unten im Raum der Feuerwerker und seine Maate, verstärkt durch ein schwitzendes Arbeitskommando, fast im Dunkeln und, um alle Gefahr der Funkenbildung auszuschließen, barfuß daran schufteten, die Fässer in den Magazinen aufzustellen. Eines Tages hatte die Atropos vielleicht einen Kampf auf Leben und Tod zu bestehen, dann kam es auf eine sorgfältig durchdachte Aufstellung der Pulverfässer an, damit die Geschütze oben an Deck immer genügend Munition erhielten.
Die Kommission zur Untersuchung der schlechten Salzfleischbestände hatte ihre Aufgabe beendet und erschien nun grade wieder an Deck.
»Mr. Jones, zeigen Sie dem Doktor, wie ein solcher Bericht vorschriftsmäßig abgefaßt wird.« Dann zum Zahlmeister: »Mr. Carslake, ich möchte Ihre Proviantlisten unterschreiben, sobald der Bericht fertig ist.«
Noch ein prüfender Blick über das Deck, und Hornblower konnte für eine Weile nach unten gehen. Dort griff er zu Tinte, Feder und Papier und machte sich mit aller Sorgfalt daran, für das Proviantamt einen wohlgesetzten Begleitbrief zu dem Protokoll über das schlechte Fleisch niederzuschreiben. (Man mußte den dringlichen Charakter der Angelegenheit gebührend hervorheben und auf das Verständnis dieser etwas schwierigen Behörde hinzuwirken suchen, ohne sie jedoch damit zu verärgern, daß man ihre Zustimmung gewissermaßen vorwegnahm.)

Er begann: ›Sir, ich habe die Ehre, Ihnen beigeschlossen ein Protokoll zu überreichen . . .‹ und schloß ›. . . im wohlverstandenen Interesse und zum Besten des Dienstes an Bord eines Seiner Majestät Schiffe, Ihr gehorsamer Diener . . .‹
Dann hatte er wieder Zeit, an Deck zu gehen und sich zu überzeugen, wie die Arbeit vonstatten ging. Eine Weile fuhr er hier und dort dazwischen, bis Jones und Carslake mit den Papieren erschienen, deren Ausfertigung ihnen übertragen worden war. Mitten in dem Lärm und Durcheinander mußte er sich nun wieder sammeln und das Geschriebene mit aller Sorgfalt lesen, ehe er seinen schwungvollen Namenszug Horatio Hornblower, Kapitän, darunter setzte.
»Mr. Carslake, Sie können sofort mit meiner Gig zum Proviantamt fahren. Mr. Jones, ich nehme an, daß das Proviantamt Leute zur Bemannung seines Leichters brauchen wird, geben Sie bitte sofort entsprechenden Befehl.«
Nun hatte er wieder einen Augenblick Zeit, seine Leute bei der Arbeit zu beobachten. Er rückte an seinem Hut, daß er richtig vierkant saß, verschränkte die Hände auf dem Rücken und schlenderte langsam nach vorn. Dabei gab er sich alle Mühe, den Eindruck einer unerschütterlichen Ruhe zu machen, als ob die wilde Hast und das Gerenne rings um ihn her für ihn der natürlichste Zustand von der Welt sei.
»Fest holen am Stagtakel dort! Belegen!«
Das Pulverfaß blieb über dem Deck in der Schwebe, Hornblower zwang sich dazu, ganz kühl und ohne jede Erregung zu sprechen. Eine Daube des Fasses klaffte ein bißchen, und an Deck sah man eine winzige Spur verstreuten Pulvers, das ganz langsam weiter aus dem Spalt herabrieselte.
»Ausschwingen das Faß und in den Prahm zurückfieren!« befahl Hornblower. »Der Bootsmannsmaat dort! Holen Sie sofort einen nassen Scheuerlappen und nehmen Sie das Pulver hier an Deck sorgfältig auf.«
Irgendein dummer Zufall konnte es entzünden, dann fand die Stichflamme gleich allenthalben Nahrung. Vier Tonnen Pulver waren schon auf der Atropos, mindestens 40 lagerten im Raum des Prahms – nicht auszudenken, wenn das alles hier im Pool, mitten unter den dicht an dicht liegenden Schiffen in die Luft flog.

»Dort liegt das Hospital von Greenwich, Jungs«, sagte Hornblower und wies stromabwärts auf den wunderbaren Bau des großen Architekten Wren. »Da kommen wir vielleicht noch mal als ausgediente Veteranen hin, aber heute wäre es denn doch noch zu früh dazu, und durch die Luft möchte ich schon gar nicht dort landen.«
Der Witz war schwach genug, dennoch wurde er von einigen mit Gelächter aufgenommen.
»Weitermachen!«
Hornblower setzte seinen Gang nach vorn fort, ganz der unerschütterliche Kommandant, dem doch so viel menschliches Fühlen innewohnte, daß er sich gelegentlich zu einem Scherz herbeiließ. Das gleiche Schauspiel bot er zuweilen auch seiner Maria, wenn sie einer ihrer schwierigen Launen die Zügel schießen lassen wollte.
Inzwischen kam der Leichter mit den Geschossen an Steuerbord längsseit, und Hornblower warf einen Blick in den Laderaum. Er brachte Neunpfünderkugeln für die vier langen Geschütze, von denen zwei vorne und zwei achtern standen, und Zwölfpfünderkugeln für die achtzehn Karronaden, die die Hauptbewaffnung des Schiffes bildeten. Insgesamt machte das 20 Tonnen, und doch, wie lächerlich klein sah dieses Häufchen Eisen da unten aus, wenn man, wie Hornblower, von einem Linienschiff kam. Die alte Renown hätte dieses bißchen in einem Gefecht von zwei Stunden verschossen. Aber für die Atropos stellten die Geschosse einen wesentlichen Teil des Gesamtgewichts der Ladung dar, die sie zu tragen hatte. Etwa die Hälfte davon wurde in den Kugelracks ziemlich gleichmäßig über die ganze Länge des Schiffs verteilt, wo er jedoch die restlichen zehn Tonnen unterbringen ließ, das war nachher für die Segeltüchtigkeit der Atropos entscheidend. Sie konnte allein dadurch um einen Knoten schneller oder langsamer werden, sie wurde je nachdem steif oder rank, wenn es wehte, handig oder schwerfällig bei allen Manövern unter Segel. Hornblower konnte diese Frage nicht entscheiden, bevor der Rest der Vorräte an Bord genommen war, weil er sich erst dann von der Trimmlage des Schiffes ein Bild machen konnte. Er sah sich genau die Netzbroken an, in denen die Geschosse an Bord gehievt werden sollten,

und suchte sich der Zahlen für die Bruchfestigkeit von Manilatauwerk zu erinnern, die er in irgendeinem Winkel seines Gedächtnisses verwahrt wußte. Diese hier, das sah er, waren sicher schon mehrere Jahre in Gebrauch gewesen.
»Sechzehn Schuß je Schlinge«, rief er in den Leichter hinunter, »auf keinen Fall mehr.«
»Aye, aye, Sir.«
Es war bezeichnend für Hornblowers Art, alle Probleme durchzudenken, daß er sich jetzt trotz seiner Inanspruchnahme die Zeit nahm, zu überlegen, was geschehen würde, wenn eines dieser Netze bräche. Die Kugeln fielen dann natürlich in den Leichter zurück. Geschah dies, wenn sie bereits unter der Rahnock hingen, dann schlugen sie dem Leichter glatt den Boden durch, und dieser sank mit all den schweren Gewichten an Bord natürlich sofort auf den Grund wie ein Stein. Die Folge war, daß er hier am Rand des Hauptfahrwassers ein untragbares Hindernis für die Schiffahrt von und nach London bildete, und das so lange, bis die Taucher mühsam alle Kugeln aus dem Wrack geborgen hatten und dieses endlich mit Hilfe von Schwimmkörpern gehoben und aus der Fahrrinne weggeschafft werden konnte. So konnte die Unachtsamkeit eines einzigen Augenblicks, die Überschätzung der Tragfähigkeit einer Netzbrook, zur Folge haben, daß der ganze riesige Schiffsverkehr des Hafens von London eine ernste, langandauernde Behinderung erlitt.
Jones kam über das Deck herangeeilt und fuhr mit der Hand grüßend an den Hut.
»Das letzte Pulverfaß kommt eben über, Sir.«
»Danke, Mr. Jones. Lassen Sie den Prahm sofort an seine Mooring zurückwarpen. Mr. Owen kann die Pulverjungen gleich hierher schicken, sie sollen die Geschosse in die Racks verteilen, sowie sie an Bord kommen.«
»Aye, aye, Sir.«
Die Gig kam mit Carslake in der Achterpiek von Land zurückgepullt.
»Nun, Mr. Carslake, wie stellt sich das Proviantamt zu unseren Anforderungen?«
»Wir bekommen alles, was wir bestellt haben. Der Proviant soll morgen früh am Kai bereitliegen.«

»Morgen? Haben Sie denn meinen Befehl nicht gehört, Mr. Carslake? Ich möchte mich nicht gezwungen sehen, Ihnen ein mangelhaftes Zeugnis auszustellen. Mr. Jones, ich fahre selbst zum Proviantamt hinüber, und Sie kommen mit, Mr. Carslake.«

Das Proviantamt unterstand nicht der Admiralität, sondern dem Marineamt; darum mußte man dort mit den Beamten ganz anders reden als etwa auf der Werft. Man hätte fast meinen können, die beiden großen Organisationen der Navy lägen in bitterer Fehde miteinander, statt daß sie zum Besten des Vaterlandes gegen den gemeinsamen Todfeind zusammengearbeitet hätten.

»Ich kann Ihnen für die Arbeit meine eigenen Leute stellen«, sagte Hornblower. »Sie brauchen also keine eigenen Arbeitskräfte dazu.«

»Mhm«, machte der Intendant.

»Ich werde den Proviant nicht nur in den Leichter stauen, sondern auch selbst an den Kai bringen.«

»Mhm«, ließ sich der Intendant wiederum vernehmen, diesmal schon um ein weniges zugänglicher.

»Ich wäre Ihnen für Ihr Entgegenkommen ganz besonders verbunden«, fuhr Hornblower fort. »Sie brauchen nur einen Ihrer Inspektoren zu beauftragen, dem Führer meines Arbeitskommandos die für uns bestimmten Proviantbestände zu zeigen, alles Weitere wird dann von uns selbst erledigt. Ich bitte Sie um Ihre Einwilligung, Sir.«

Für einen Beamten des Marineamtes war es eine Herzensfreude zu erleben, daß endlich einmal einer von diesen eingebildeten Kommandanten, bildlich gesprochen, vor ihm auf den Knien rutschte. Ebenso angenehm war die Aussicht, daß die Navy sich erboten hatte, alle Arbeiten selbst auszuführen, wodurch das Proviantamt eine Menge Arbeitsstunden sparen konnte. Man sah es dem fetten Burschen an, wie gut er sich in seiner Rolle gefiel, und Hornblower hätte ihm seine Überheblichkeit am liebsten mit der Faust ausgetrieben, aber er blieb bescheiden und zurückhaltend. Ihm tat es schließlich nicht weh, und er brachte den Kerl auf diese Art mindestens ebenso sicher dazu, seinen Willen zu tun, als wenn er ihm mit Drohungen kam.

»Da wäre außerdem noch das angeblich verdorbene Salzfleisch«, sagte der Intendant.
»Gegen den Befund meiner Untersuchungskommission ist wohl kaum etwas einzuwenden.«
»Nein«, sagte der Intendant nachdenklich.
»Die Fässer kann ich Ihnen selbstverständlich zurückgeben«, schlug Hornblower vor. »Das ist auch schon vorgesehen, ich wollte nur noch das verdorbene Fleisch über Bord kippen lassen.«
»Diese Mühe brauchen Sie sich nicht zu machen. Geben sie mir die Fässer ruhig voll zurück.«
Die Gedankengänge dieser Regierungsbürokraten waren für einen normalen Menschen nicht so ohne weiteres durchschaubar. Hornblower konnte nicht glauben – obwohl es immerhin im Bereich des Möglichen lag –, daß dieser Intendant an den von ihm beanstandeten Vorräten persönlich finanziell interessiert war. Wahrscheinlich brachte aber die Tatsache, daß sie überhaupt beanstandet worden waren, seine eigene Person oder sein ganzes Amt höheren Orts in Mißkredit – falls sie dort bekannt wurde. Bekam er nun die Fässer samt ihrem Inhalt unberührt zurück, dann brauchte er die unangenehme Geschichte überhaupt nicht weiterzumelden und konnte eines schönen Tages einfach ein anderes Schiff mit dem schlechten Zeug beglücken, womöglich eines, dem vor dem Auslaufen nicht mehr genügend Zeit zur Verfügung stand, dem Schwindel durch Stichproben auf die Spur zu kommen. Sollten die Seeleute, die draußen für England kämpften, ruhig einmal hungern, wenn nur der Ruf des Amts und seines Leiters an vorgesetzter Stelle keinen Schaden nahm.
»Gut«, sagte Hornblower, »ich gebe Ihnen die Fässer gern auch voll zurück, Sir, wenn Sie das wünschen. Der Leichter, der den anderen Proviant an Bord bringt, kann sie gleich mitnehmen.«
»Das ist wohl die einfachste Lösung«, meinte der Intendant.
»Ich weiß Ihr Entgegenkommen sehr zu schätzen, Sir, und bin Ihnen, wie gesagt, außerordentlich verbunden. Meine Barkaß mit dem Arbeitskommando wird in zehn Minuten hier sein.«

Hornblower verbeugte sich zum Abschied mit dem verbindlichsten Lächeln, das ihm zu Gebote stand; was bedeutete ihm schon dieses Opfer, wenn er nur bekam, was er wollte. Unter weiteren Bücklingen strebte er zur Tür. Der Intendant gab ihm noch zuletzt die Mahnung auf den Weg:
»Vergessen Sie auf keinen Fall, die Fässer zurückzuschicken.«
Der Pulverprahm war glücklich an seine Mooring zurückgewarpt, die Übernahme des sonstigen Zubehörs der Artillerie machte nicht mehr viel Kopfzerbrechen. Es bestand aus Bündeln von Pfropfen und Ballen von leeren Stoffbeuteln für die Kartuschen, ein paar Bündeln biegsamer Ladestöcke, Reservelafettenrädern und Rollen von Zündschnur – kurz all den mannigfachen Dingen, die zur Bedienung von 22 Geschützen im Gefecht gebraucht wurden. Hornblower sandte Fähnrich Smiley mit dem versprochenen Arbeitskommando zum Proviantamt.
»Mr. Carslake, jetzt möchte ich die beanstandeten Salzfleischfässer an Deck gehievt haben. Ich habe versprochen, sie zurückzugeben.«
»Aye, aye, Sir«, sagte Carslake.
Carslake war ein rundschädliger, noch jüngerer Mann mit ziemlich nichtssagenden, blaßblauen Augen, die in diesem Augenblick sogar noch ausdrucksloser dreinsahen als gewöhnlich. Er war Zeuge des Gesprächs zwischen Hornblower und dem Proviantamtsleiter gewesen und hütete sich jetzt zu verraten, was er dachte. Im Grunde genommen war er sich selbst nicht ganz klar. Sollte er es als Zahlmeister und Verwaltungsmensch billigen, daß man das schlechte Zeug nicht wegwarf, sondern lieber versuchte, es einem anderen Schiff anzudrehen? Oder sollte er sich auf den Standpunkt des Seemannes stellen, der draußen zu Hunger und schlechter Kost verurteilt war? Dann mußte ihm Hornblowers Nachgiebigkeit gegenüber den Wünschen des Intendanten als unverzeihliche Schwäche erscheinen.
»Ich will die Fässer kennzeichnen, ehe sie zurückgeschafft werden«, sagte Hornblower.
Das war ihm schon vorhin eingefallen, als er dem Wunsch des Intendanten nachgegeben hatte. Er hatte zuerst an Farbe gedacht, aber diese Methode wollte ihm dann doch nicht

recht gefallen. Mit Hilfe von Terpentin war jede Farbe leicht zu entfernen. Grade in diesem Augenblick fiel ihm wie ein Wunder die richtige Lösung ein.

»Der Koch soll sofort wieder Feuer in der Kombüse machen«, befahl er. »Ich möchte – warten Sie – ja, ich möchte ein paar eiserne Musketenladestöcke glühend gemacht haben. Lassen Sie sich die Ladestöcke gleich vom Waffenmeister geben.«

»Aye, aye, Sir. Darf ich bemerken, Sir, daß die Essenszeit für die Mannschaft längst vorüber ist.«

»Die Leute können essen, wenn ich selbst Zeit zum Essen habe«, sagte Hornblower.

Er war froh, daß so viele Leute in der Nähe herumstanden, die seine Worte hören konnten, weil er sich schon eine ganze Weile über das Essen der Mannschaft Gedanken machte; wenngleich er entschlossen war, wegen dieser Mahlzeit auch nicht eine Minute der kostbaren Zeit zu opfern.

Das erste der beanstandeten Salzfleischfässer schwebte knakkend und pendelnd aus dem Raum herauf und wurde an Deck gefiert. Hornblower sah sich um – ah, dort stand Horrocks mit dem jungen Fürsten, der ihm, ganz benommen von dem unausgesetzten Getriebe, auf Schritt und Tritt nachlief.

»Das ist gerade die rechte Aufgabe für Sie, Mr. Horrocks. Kommen Sie einmal her«, sagte Hornblower. Zugleich nahm er ein Stück Kreide aus dem Kästchen neben der Schiefertafel am Kompaß und schrieb mit großen Lettern schräg über das ganze Faß das Wort ›beanstandet‹. »In der Kombüse liegen zwei Eisen im Feuer. Sie und Mr. Fürst können sich jetzt die Zeit damit vertreiben, diese Fässer zu brandmarken. Fahren Sie mit dem glühenden Eisen auf jedem Faß, das heraufkommt, dieses Wort ›beanstandet‹ nach. Haben Sie verstanden?«

»Jawohl, Sir«, antwortete Horrocks etwas zögernd.

»Daß Sie mir die Buchstaben recht tief einbrennen, so daß sie auf keinen Fall weggehobelt werden können. Passen Sie mir da gut auf.«

»Aye, aye, Sir.«

Inzwischen war der nächste Leichter der Werft an Backbord längsseit gekommen, dort, wo noch eben der Pulverprahm gelegen hatte. Er war voll von Bootsmannsvorräten, Tauwerk, Segeltuch, Farbe und wurde von einem müden Arbeitskommando gelöscht. Die Arbeit, dieses Schiff voll zum Inseegehen auszurüsten, schien überhaupt kein Ende mehr zu nehmen. Hornblower selbst war schon fußmüde wie ein lahmer Droschkengaul und mußte sich zusammenreißen, daß man ihm nichts davon anmerkte. Dabei stand gleich wieder etwas Neues bevor. Als er nämlich zum Ufer hinübersah, konnte er feststellen, daß der Proviantleichter soeben aus einem kleinen Seitenarm auftauchte. Smiley feuerte seine Männer an, die das schwere, ungefüge Fahrzeug mit ihren langen Riemen quer durch den Ebbstrom näher brachten. Vom Achterdeck aus konnte er schon die Oxhofte, Fässer und Hartbrotsäcke unterscheiden, die den Leichter bis zur Reling füllten. Nicht mehr lange, und die Atropos war bis zur Grenze ihres Fassungsvermögens mit allem vollgestopft, was sie brauchte. Ein beißend scharfer Geruch zog über das Deck und drang an seine Nase, als vorne die glühenden Eisen in das salzdurchtränkte Holz der Fässer brannten. So war er wenigstens sicher, daß kein Schiff sie mehr abnehmen würde. Für eine fürstliche Durchlaucht war diese Beschäftigung ja nicht gerade standesgemäß. Wie hieß es doch in jenem Befehl? ›Sie haben Seine Durchlaucht mit aller Sorgfalt für seinen neuen Beruf auszubilden.‹ Nun, vielleicht war gerade dieser Fall keine schlechte Einführung in die Umgangsformen, die zwischen Frontsoldaten und Landbehörden geboten waren.

Nach längerer Zeit – sie schien ihm endlos – erschien Mr. Jones und trat, die Hand am Hut, vor ihn hin.

»Die letzten Vorräte sind an Bord, Sir«, meldete er, »Mr. Smiley bringt eben den Leichter des Proviantamts an Land.«

»Danke, Mr. Jones. Bitte, lassen Sie meine Gig klar pfeifen.«

Hornblower bestieg das Boot und war sich bewußt, daß ihn dabei manches Paar müder Augen verfolgte. Der winterliche Nachmittag hüllte sich in trostlose, naßkalte Düsternis, als nun ein leichter Nieselregen zu fallen begann. Hornblower ließ sich in angemessenem Abstand rund um sein Schiff rudern, um sich ein Bild von dessen Trimmlage zu machen. Er betrachtete die Atropos von vorn, von querab und

von achtern und vergegenwärtigte sich dabei den Verlauf ihrer Linien unter Wasser. Ein Blick auf die Auslage der unteren Rahen gab ihm einen schätzungsweisen Anhalt, wo der Schwerpunkt des Winddrucks auf die Segel liegen mußte, und erlaubte ihm zu überschlagen, wie es um das Gleichgewicht der beiden Kräfte, des Windes einerseits und des seitlichen Widerstandes des Unterwasserschiffs andererseits sowie um die Wirkung des Ruders gegen den Druck der Vorsegel bestellt war. Das Schiff sollte nicht nur seetüchtig, sondern auch so handig und so schnell wie möglich sein. Als er wieder an Bord kam, erwartete ihn Jones am Fallreep.
»Wir müssen vorn noch etwas tiefer kommen«, sagte er. »Stauen Sie die neuen Fleischfässer ganz an das vordere Schott der Proviantlast und die Kugeln vor die Pulverkammer.«
Wieder schrillten die Pfeifen durch das Schiff, und die Leute begannen, die noch an Deck liegenden Vorräte an den befohlenen Stellen unterzubringen. Dann erwarteten alle mit Spannung Hornblowers Rückkehr von seiner zweiten Fahrt um das Schiff.
»So kann es vorläufig bleiben«, sagte Hornblower.
Man darf beileibe nicht glauben, daß das nur Mache oder überflüssiges Theater war. Sobald die Atropos aus Sicht von Land kam, befand sie sich schon in der Zone der Gefahr und konnte unversehens in ein Gefecht verwickelt werden. Klein wie sie war, brauchte sie nur einem gutbestückten Kaperschiff zu begegnen, dann gab es gleich einen Kampf auf Leben und Tod. Gute Segeleigenschaften waren dabei ihre beste Waffe. Sie mußte imstande sein, einen gejagten Gegner einzuholen und einen stärkeren Verfolger abzuschütteln, durch rasche, sichere Manöver im Gefecht dem Gegner einen Vorteil abzuringen und notfalls von einer gefährlichen Leeküste freizukreuzen. Weil das alles so wichtig war, darum mußte Hornblower sofort, schon heute, jeder Gefahr eines Versagens begegnen, er durfte damit nicht einmal bis morgen warten, denn morgen war es vielleicht schon zu spät. Das Leben seiner Besatzung, sein eigenes Leben und sein Ruf als Kommandant hingen von der Entscheidung ab, die er eben getroffen hatte.

»Wenn alles fertig ist, können Sie wegtreten lassen, Mr. Jones.«
Langsam leerte sich das Deck, das noch allenthalben die schmutzigen Spuren der Arbeit trug, der Regen fiel immer stärker, und sinkende Nacht umfing das kleine Schiff. Unten im Raum lagen die großen Fässer über- und nebeneinander fest gegen die Außenhaut, man hatte sie mühsam an Ort und Stelle gewuchtet und festgekeilt, so daß die ganze Ladung an Vorräten ein unverrückbar starres Ganzes bildete. War man nämlich erst einmal in See, dann begann die Atropos sofort zu arbeiten, und wenn dabei irgendein schweres Stück ins Rutschen kam, dann gab es leicht einen Schaden an ihrem Rumpf. Trat gar der Fall ein, daß die ganze Ladung überging, dann war es nicht einmal ausgeschlossen, daß das Schiff zum Kentern kam. Die ganze Navy hatte dabei stets das abschreckende Beispiel des Kapitäns Sir Edward Berry vor Augen, der Nelsons eigenes Flaggschiff, die Vanguard, führte und mit dieser infolge nachlässig gestauter Ladung in einem harmlosen Sturm vor Sardinien so ins Rollen kam, daß ihm die Masten über Bord gingen.
Hornblower stand achtern an der Reling, der Regen strömte auf ihn herab und durchnäßte ihn bis auf die Haut. Trotzdem zögerte er, unter Deck zu gehen, als wollte er auch damit noch für seine mangelhafte Aufsicht über den Dienst an Bord seines Schiffes büßen.
»Die Mannschaften sind weggetreten, Sir«, meldete Jones, der wie ein Schatten aus der nassen Dunkelheit vor ihm auftauchte.
»Danke, Mr. Jones. Wenn die Decks aufgeklart sind, können Sie Essen ausgeben lassen.«
Unten in der kleinen Kajüte war es kalt und dunkel und ungemütlich. Zwei segeltuchbezogene Stühle und ein Tischchen bildeten die ganze Einrichtung des sogenannten Salons, die Schlafkammer war vollständig leer. Die Öllampe am Decksbalken warf ihren matten Schimmer auf die nackten Planken unter seinen Füßen. Hornblower hätte sich wieder seine Gig bestellen können, sie hätte ihn rasch genug die halbe Meile stromab zum Deptford Hard gebracht, wo im George seine Frau und seine Kinder auf ihn warteten. Dort

gab es ein prasselndes Kohlenfeuer im Kamin, ein brutzelndes Beefsteak mit Kohl und ein Federbett mit einer Wärmflasche, die die Laken so erhitzte, daß man es kaum darin aushielt. Er zitterte vor Kälte, und die müden Beine schmerzten, darum sehnte er sich doppelt nach der Fürsorge und der Wärme, die ihn dort bei den Seinen erwarteten. Dennoch wollte er in seiner augenblicklichen Stimmung nichts davon wissen. Lieber aß er frierend das Bordessen, das ihm hastig und lieblos auf seinem Tischchen vorgesetzt wurde. Er ließ sich eine Hängematte in die Schlafkammer bringen, kroch hinein und hüllte sich in ein paar klamme Decken. Seit seiner Fähnrichszeit hatte er nicht mehr in einer Hängematte gelegen, sein Rückgrat hatte es verlernt, sich ihrer Form anzupassen. Er war körperlich und geistig so erledigt, daß es ihm nicht einmal gelang, sich an seiner eigenen Haltung innerlich ein wenig aufzurichten.

8   IN DEN DOWNS

In den Downs herrschte Nebel, kalt und undurchdringlich lag er über der See, kein Lufthauch brachte ihn in Bewegung. Hornblower konnte grade noch das Wasser erkennen, wenn er einen Blick über die Seite warf. Es war spiegelglatt, eine schwarze, glasige Fläche. Nur dicht an der Bordwand zeigten sich kleine Kreisel und Wirbel, das machte der Gezeitenstrom, der das vor Anker liegende Schiff umspülte. Der Nebel schlug sich in den Riggen nieder und fiel in dicken Tropfen, die mit monotoner Regelmäßigkeit rings um Hornblower auf das Deck schlugen. Hie und da landete einer mit dumpfem Knall auf seinem Hut, und in seinem dicken, flauschigen Peajackett hing die Nässe wie Reif, obwohl von wirklichem Frost keine Rede war. Dennoch hatte Hornblower das Gefühl, als dränge ihm die Kälte durch alle Schichten seiner Kleidung bis ins Mark; verstimmt kehrte er dem weißen Nichts den Rücken. (Vgl. ① Karte S. 131)
»Mr. Jones«, sagte er, »wir wollen weitermachen. Stengen

und Rahmen streichen, alles Toppgeschirr an Deck nehmen und verstauen. Bitte Pfeifen und Lunten aus.«
Die Besatzung hatte schon den halben Vormittag mit Segelexerzieren hingebracht, Hornblower nutzte den Nebel und die Flaute aus, um seine Leute einmal gründlich in Schwung zu bringen. Er hatte so viele unbefahrene Männer an Bord, und seine Offiziere kannten ihre Divisionen noch so wenig, daß dieser Nebel im Grunde ein Geschenk des Himmels war, eine Gnadenfrist, die man dazu benutzen konnte, die Seefähigkeit und die Kampfkraft des Schiffes wesentlich zu steigern, ehe die Fahrt durch den Kanal und den Atlantik weiterging. Hornblower fuhr mit kalten Fingern in sein Jackett und zog die Uhr. Als hätte dieser Griff die Schläge ausgelöst, ertönten im gleichen Augenblick fünf Glasen von der Schiffsglocke neben dem Kompaßhaus, und aus dem dicken Nebel ringsum hörte man noch eine Menge anderer Glocken – so viele Schiffe lagen rings um sie her in den Downs vor Anker, daß es gute fünf Minuten dauerte, ehe der letzte Schlag verklungen war, weil die Sanduhren aller dieser Schiffe offenbar recht verschieden anzeigten.
Während die Glocken immer noch anschlugen, verfolgte Hornblower den Minutenzeiger seiner Uhr und gab Jones ein Zeichen. Mit einem Schlag setzte ein Gebrüll von Befehlen ein, die Männer, die nach ihrer kurzen Ruhepause bereits klargestanden hatten, strömten unter den anfeuernden Rufen ihrer Maate nach achtern. Hornblower stand, die Uhr in der Hand, an der Reling. Von seinem Standort aus konnte er nur den unteren Teil der Großriggen erkennen, der Fockmast verbarg sich bereits im Nebel. Die Leute stürmten die Wanten hinauf, und Hornblower folgte ihnen dabei gespannt mit den Blicken, um jene herauszufinden, die noch nicht recht wußten, wo sie hingehörten und was sie zu tun hatten. Hätte ihn nur der Nebel nicht daran gehindert, alles zu sehen, was vorging! Aber ohne den Nebel wäre ja dieses Exerzieren ausgefallen, und die Atropos steuerte statt dessen längst durch den Kanal.
Dort rannte der Fürst und hinter ihm Horrocks, der ihm mit der Hand auf seiner Schulter die Richtung wies.
»Mir nach«, rief Horrocks und sprang in die Webeleinen.

DIE DOWNS

1 Ankerplatz der Atropos
2 Ankerplatz der Amelia Jane
3 Ankerplatz der Vengeance
4 Andere, nicht erkannte Schiffe vor Anker

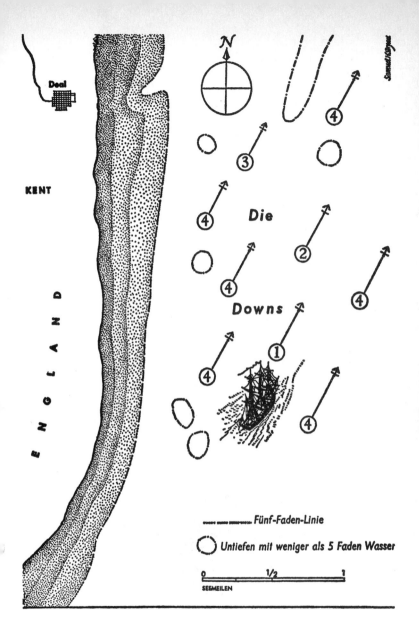

Der Fürst sprang neben ihm; Hornblower entging es nicht, wie verdattert der Junge dabei aussah. Kein Wunder, er hatte ja auch keine Ahnung, was mit ihm geschah.
Aber nur Geduld, er lernte es schon noch – lernte er nicht sogar in diesem Augenblick eine ganze Menge, allein aus der Erfahrung, daß er, des Königs Neffe, trotz seiner fürstlichen Herkunft von der plebejischen Hand eines Fähnrichs dorthin geschoben werden konnte, wo sein Platz war.
Als das Kreuzmarssegel an Deck gefiert wurde, sprang Hornblower beiseite. Ein Steuermannsmaat stürzte mit einer Schar von Decksgästen laut brüllend auf die schwere Rolle Segeltuch und zerrte sie zur Seite. Offenbar kam der Kreuztopp rascher mit der Arbeit voran als der Großtopp, denn das Großmarssegel war noch nicht an Deck. Jones hatte seinen Kopf so weit in den Nacken gelegt, daß sein Adamsapfel mindestens einen Zoll vorstand, und schrie nun die nächsten Befehle in den Topp hinauf. Ein Ruf von oben gab ihm Antwort, und alsbald strömte eine Flut von Menschen wieder die Wanten herab.
»Los! Hol weg! Langsam fieren!«
Die Kreuzmarsrah schlug einen majestätischen Bogen durch die Luft und sank dann langsam längs des Untermastes nieder. Nun trat eine ärgerliche Pause ein, bis das Großstagtakel angeschlagen war – offenbar klappte dieser Teil des Manövers noch höchst mangelhaft –, aber schließlich war die schwere Rah doch glatt an Deck gelandet und lag nun neben ihren Schwestern längs der Barring. Gleich darauf wurde die Stenge gestrichen, ein Manöver, das besonders verwickelt und schwierig war.
»Eine und eine Viertelstunde, Mr. Jones, fast eine Stunde zwanzig Minuten. Das ist viel zu lange. Eine halbe Stunde – eine halbe Stunde mit höchstens fünf Minuten Gnadenfrist, länger auf keinen Fall.«
»Jawohl, Sir«, sagte Jones. Etwas anderes war dazu auch nicht zu sagen. Während ihm Hornblower gegenüberstand und eben seine nächsten Befehle geben wollte, drang ein schwacher, dumpfer Knall an sein Ohr, der seltsam gedämpft von irgendwo aus dem Nebel kam. Was war das? Ein Musketenschuß? Oder ein Pistolenschuß? Gewiß, so hatte es ge-

klungen, aber sicher wußte er es darum noch lange nicht, denn im Nebel pflegten sich die Geräusche oft erstaunlich zu verändern. Auch wenn es wirklich ein Schuß war, den irgendwer auf einem der zahlreichen unsichtbaren Schiffe abgefeuert hatte, dann gab es dafür gewiß unzählige harmlose Erklärungen. Mußte es denn überhaupt ein Schuß gewesen sein? Vielleicht war nur ein Lukendeckel hart an Deck gefallen oder eine Gräting hastig zurechtgeschoben worden – man konnte sich alles mögliche als Ursache denken.
Die Leute standen in Gruppen an Deck herum und warteten auf die nächsten Kommandos, ihre Gestalten verschwammen schattenhaft im Nebel. Hornblower konnte sich denken, daß sie trotz der Kälte in Schweiß geraten waren. Wenn dies auch die beste Art und Weise war, das Londoner Bier, das sie noch in sich hatten, zum Verdunsten zu bringen, so wollte er doch nicht allzu hart mit ihnen ins Zeug gehen.
»Fünf Minuten Pause!« sagte er, dann: »Mr. Jones, ich würde Ihnen doch empfehlen, einen besseren Maat an das Großstagtakel zu stellen.«
»Aye, aye, Sir.«
Hornblower wandte sich ab, um Jones Gelegenheit zu geben, den Mann abzuteilen. Er ging ein wenig an Deck auf und ab, um wieder etwas Leben in seine kalten Gliedmaßen zu bringen. Seine Uhr trug er dabei immer noch in der Hand, weil er ganz vergessen hatte, sie wieder einzustecken. Nach einer Weile machte er an der Reling halt und warf einen Blick auf das schwarze Wasser hinunter. Was kam da dicht am Schiff vorbeigetrieben? Es war ein langer, dunkler Gegenstand, er war grade unter den Großrüsten mit einem Ende gegen die Bordwand gestoßen, als ihn Hornblower entdeckte, drehte sich, von der Strömung getrieben, langsam herum und glitt dann dicht unter seinem Standort vorüber. Aha, ein Bootsriemen! Jetzt überkam ihn die Neugier. Wo ringsum so viele Schiffe vor Anker lagen, war ein treibender Riemen gewiß nichts Besonderes. Und doch ...
»Hier, der Signalmaat!« rief Hornblower. »Springen Sie einmal rasch mit einer Leine in die Kreuzrüsten und fischen Sie den Riemen da.«
Ein gewöhnlicher Riemen. Hornblower sah ihn sich genau

an, als ihn der Signalmaat anbrachte. Die Belederung war reichlich abgenutzt, der Riemen war alles andere als neu. Das Leder hatte sich noch nicht vollgesogen, daraus war zu schließen, daß er noch nicht lange im Wasser treiben konnte. höchstens ein paar Minuten, auf keinen Fall schon seit Tagen. Der Schaft trug dicht am Griff eingebrannt die Nummer 27, und diese Zahl machte Hornblower plötzlich stutzig. Kein Engländer schrieb nämlich die Sieben mit einem Querstrich, dagegen war das auf dem Festland allgemein der Brauch. Nun gab es natürlich dort eine ganze Anzahl von Nationen, die entweder als Neutrale oder als Verbündete Englands zur See fuhren, so etwa die Dänen, die Schweden oder die Norweger, die Russen oder die Preußen, aber auch jeder Franzose und jeder Holländer versah seine Sieben mit dem bewußten Querstrich, und das waren Englands erbitterte Feinde.
Dazu kam der Schuß, oder vielmehr das, was so geklungen hatte. Ein treibender Riemen und ein Gewehrschuß, eins wie das andere war schwer zu erklären. Wie aber, wenn es da einen Zusammenhang gab? Hornblower hielt immer noch die Uhr in der Hand. Er hatte den Schuß – wenn es einer war – gehört, kurz ehe er die Pause befahl, das war vor sieben bis acht Minuten. Der Gezeitenstrom lief mit reichlich zwei Meilen Geschwindigkeit. War also der Schuß die Ursache, daß der Riemen ins Wasser fiel, dann war er etwa eine Viertelmeile oder zwei Kabellängen stromaufwärts abgefeuert worden. Der Signalmaat, der immer noch den Riemen in der Hand hielt, hätte nur zu gern gewußt, was Hornblower daran so Besonderes fand. Jones und die Besatzung warteten sprungbereit auf den nächsten Befehl. Hornblower fühlte sich ernstlich versucht, dem Vorfall keine weitere Beachtung zu schenken.
Aber er war ein Offizier im Dienst des Königs und hatte als solcher die Pflicht, jedem Rätsel auf den Grund zu gehen, das ihm auf See begegnen mochte. Gut, dann galt es aber zunächst genau zu überlegen, wie man die Sache anging. Der Nebel war dick wie eine Wand. Schickte man bei diesem Wetter ein Boot weg, um festzustellen, was da drüben geschehen war, dann mußte man gewärtigen, daß es das

Schiff nicht wiederfand. Gewiß, er selbst, Hornblower, wußte aus langer Erfahrung Bescheid, wie man sich im Nebel mit einem Boot zwischen ankernden Schiffen zurecht fand. Sollte er also selber fahren? Die Vorstellung, daß ihm dabei womöglich das Mißgeschick zustieß, sein eigenes Schiff zu verfehlen, verursachte ihm starkes Unbehagen – ein winziges Versehen, und schon war man vor der eigenen Besatzung unsterblich blamiert. Dennoch war es wahrscheinlich weniger aufregend, das Unternehmen selbst in die Hand zu nehmen, als ungeduldig wartend an Deck auf und ab zu rennen, bis sich das Boot dazu bequemte, zurückzukommen.

»Mr. Jones«, sagte er, »lassen Sie meine Gig aussetzen.«

»Aye, aye, Sir«, sagte Jones mit kaum verhohlenem fassungslosem Staunen. Hornblower trat an den Kompaß und las sorgfältig den Kurs ab, auf dem das Schiff lag. Dabei gab er sich die größte Mühe, peinlich genau zu sein, nicht etwa nur um einen glatten und sicheren Ablauf der geplanten Unternehmung sicherzustellen, sondern auch deshalb, weil sein persönliches Ansehen davon abhing, daß diese Ablesung unter allen Umständen stimmte.

Nord zu Ost ½ Ost. Da das Schiff an seinem Anker genau in der Stromrichtung lag, konnte er sicher sein, daß der Riemen auch genau aus dieser Richtung gekommen war.

»Mr. Jones, bitte sorgen Sie dafür, daß die Gig mit einem guten Bootskompaß ausgerüstet ist.«

»Aye, aye, Sir.«

Hornblower zögerte einen Augenblick, ehe er seinen nächsten und letzten Befehl erteilte, weil er damit für alle zu erkennen gab, daß er darauf gefaßt war, irgendwo mitten im Nebel einen ernsten Zusammenstoß zu erleben. Sollte er deshalb besser auf die Anordnung verzichten? Das hieße doch, eine Mücke seihen, aber ein Kamel verschlucken. War das, was er vorhin gehört hatte, wirklich ein Musketenschuß gewesen, dann bestand immerhin die Möglichkeit, daß es zu einer bewaffneten Auseinandersetzung kam, zum mindesten konnte es sich als nötig erweisen, den anderen zu zeigen, daß man gerüstet war.

»Bitte, geben Sie an die Gigsgäste Pistolen und Entermesser aus«, sagte er zu Jones.

»Aye, aye, Sir«, gab dieser in einem Tone zur Antwort, als ob er sich über nichts mehr wundern könnte.
Als Hornblower schon im Begriff war, das Boot zu besteigen, wandte er sich noch einmal um.
»Ich nehme wieder die Zeit, Mr. Jones. Versuchen Sie die Marsrahen von jetzt an gerechnet in einer halben Stunde wieder aufzubringen – ich bin schon vorher wieder zurück.«
»Aye, aye, Sir.«
Als Hornblower seinen Platz in der Gig einnahm, setzte sofort ein wildes Getümmel an Deck ein.
»Ich nehme selbst das Ruder«, sagte er zum Bootssteurer.
»Hol auf die Vorleine! Los!«
Er steuerte die Gig erst an der Atropos entlang nach vorn, mit einem letzten Blick achteraus faßte er ihren Bug, das Bugspriet mit dem Wasserstag, dann hatte sie der Nebel verschlungen, und die Gig bewegte sich in einer winzigen, von weißen Mauern umgebenen Welt für sich. Auch der Lärm des Manövers, der zuerst noch kräftig von Bord herüberdrang, verlor sich bald in der Ferne.
»Gleichmäßig holen«, fuhr Hornblower die Bootsgäste an. Der kleine Bootskompaß begann ja sofort zu kreiseln, wenn er dem Boot erlaubte zu gieren, statt einen pfeilgeraden Kurs zu steuern. Nord zu Ost ½ Ost lag an.
»Siebzehn«, zählte Hornblower leise vor sich hin, »achtzehn, neunzehn...« Er zählte die Schläge der Riemen, so wußte er wenigstens ungefähr, wie weit er war. Rechnete man sieben Fuß Weg auf einen Schlag, dann hatte man mit nicht ganz zweihundert Schlägen eine Viertelmeile zurückgelegt. Natürlich mußte man den entgegenstehenden Gezeitenstrom ebenfalls in Rechnung stellen, dann kam man insgesamt vielleicht auf fünfhundert Schläge – das war alles recht ungenau, aber bei einem verrückten Unternehmen wie diesem durfte man auch solche geschätzten Werte nicht außer acht lassen, wenn man sich gegen alle möglichen Zufälle wappnen wollte.
»Vierundsiebzig, fünfundsiebzig«, zählte Hornblower weiter und hielt dabei die Augen unverwandt auf den Kompaß gerichtet.
Trotz der starken Strömung war die See bei der herrschen-

den Totenflaute spiegelglatt, nur die Blätter der Riemen wühlten in der stillen Fläche kleine kreisende Wirbel auf, sooft sie nach einem Schlag aus dem Wasser tauchten.
»Zweihundert«, murmelte Hornblower und unterdrückte einen plötzlich aufsteigenden Zweifel, daß er falsch gezählt haben könnte und daß es in Wirklichkeit schon dreihundert Schläge waren. Die Riemen knarrten eintönig in ihren Dollen.
»Halten Sie gut Ausguck nach vorn«, sagte Hornblower zum Bootssteurer. »Melden Sie mir sofort, wenn Sie etwas sehen. Zweihundertvierundsechzig.«
War es nicht erst gestern gewesen, daß er in der Jolle der Indefatigable am Ruder saß und die Girondemündung hinaufpullte, um die Papillon zu fangen? Nein, das war nun schon über zehn Jahre her. Dreihundert, dreihundertfünfzig ...
»Sir –«, stieß der Bootssteurer hervor.
Hornblower blickte nach vorn. Dort, ganz wenig an Backbord, schien der Nebel um eine Schattierung dunkler zu sein, so daß es aussah, als zeichnete sich dort ein fester Kern in der weißen Unendlichkeit ab.
»Auf Riemen«, kommandierte Hornblower, und das Boot glitt nun lautlos über die stille Fläche. Zugleich gab er ein wenig Ruder, so daß sie näher an den Schatten herankamen, aber das Boot verlor die Fahrt, ehe es noch gelingen konnte, Einzelheiten auszumachen. Darum ruderten die Bootsgäste auf Hornblowers Kommando noch einmal an. Jetzt drang ein leiser Ruf durch den Nebel an sein Ohr, anscheinend war man auf das Boot erst durch den Lärm aufmerksam geworden, den die Riemen beim zweiten Anrudern verursachten.
»Boot ahoi!«
Immerhin, der Anruf war englisch. Nun kamen allmählich die Umrisse einer großen Brigg zum Vorschein, nach der Länge ihrer Spieren und den schlanken Linien ihres Rumpfes zu urteilen, handelte es sich um ein Schiff der Westindien-Paketfahrt.
»Wie heißt die Brigg?« rief Hornblower zurück.
»Amelia Jane von London, 37 Tage unterwegs von den Barbados.« (Vgl. ② Karte S. 131)

Das war eine Bestätigung von Hornblowers erstem Eindruck. Aber die Stimme, die da gerufen hatte? Ganz englisch hatte sie ihm nicht geklungen. Natürlich gab es in der britischen Handelsschiffahrt auch ausländische Kapitäne, es waren ihrer sogar eine ganze Menge, dennoch war es höchst unwahrscheinlich, daß ein solcher Mann ausgerechnet ein Postschiff nach Westindien führte.

»Auf Riemen«, befahl Hornblower seinen Bootsgästen, und die Gig glitt wieder lautlos über das Wasser. Hornblower konnte an der Brigg beim besten Willen nichts Verdächtiges entdecken.

»Kommen Sie nicht näher heran«, ließ sich die Stimme von Bord vernehmen. Auch das war durchaus verständlich und brauchte keinen Argwohn zu erregen. Wenn ein Schiff in weniger als zwanzig Meilen Entfernung von der französischen Küste vor Anker liegen mußte, dann war man dort mit Fug und Recht vor fremden Leuten auf der Hut, die sich im Nebel heranpirschten. Aber die Aufforderung hatte doch wieder verdächtig fremd geklungen. Hornblower legte Ruder, um das Heck der Brigg zu runden. Jetzt tauchten an ihrer Reling eine Anzahl Köpfe auf und bewegten sich zugleich mit der Gig um das Heck herum. Da stand groß und deutlich der Name: Amelia Jane, London. Aber dann entdeckte Hornblower etwas anderes: an den Großrüsten festgemacht lag Backbord achtern ein großes Boot. Auch dafür gab es sicher hundert plausible Gründe, aber es war eben doch zunächst einmal verdächtig.

»Brigg ahoi!« rief er. »Ich komme an Bord.«

»Bleiben Sie fern«, antwortete die Stimme.

Einige der Köpfe schoben sich bis über die Schultern über die Reling, und drei oder vier Musketen wurden auf die Gig gerichtet.

»Ich bin Offizier Seiner Majestät des Königs.«

Er stand auf und knöpfte sein Peajackett auf, so daß seine Uniform darunter sichtbar wurde. Einer, der auf der Brigg offenbar die Hauptrolle spielte und schon die ganze Zeit als Sprecher aufgetreten war, spähte eine ganze Weile scharf herüber und hob dann mit verzweifelter Geste beide Hände.

»Gut«, sagte er, »kommen Sie.«

Hornblower kletterte so rasch das Fallreep hinauf, wie es ihm seine vor Kälte steifen Beine gestatteten. Als er das Deck betrat, war ihm etwas merkwürdig zumute, weil er sich waffenlos, wie er war, einem Dutzend Kerlen gegenübersah, deren Haltung nichts Gutes ahnen ließ und von denen einige sogar Musketen trugen. Aber die Gigsgäste waren ihm auf dem Fuß gefolgt und deckten ihn mit ihren Entermessern und Pistolen.

»Sir, Sir!« rief von unten einer der beiden Leute, die als Wache in der Gig zurückgeblieben waren. »Bitte, Sir, in dem Boot hier liegt ein Toter!«

Hornblower wandte sich ab und warf einen Blick über die Reling. Richtig, da lag ein Toter zusammengeknickt unter den Duchten. Das war also die Erklärung für den treibenden Riemen und natürlich auch für den Schuß. Der Mann hatte vom Deck der Brigg aus in dem Augenblick eine Kugel bekommen, als das Boot längsseit kam. Folglich war die Brigg durch Entern gekapert worden. Hornblower wandte sich wieder zu der Gruppe an Deck.

»Franzosen?« fragte er.

»Jawohl, Sir.«

Der Bursche war wenigstens so vernünftig, keinen sinnlosen Widerstand zu leisten, nachdem sein Handstreich entdeckt war. Obwohl er fünfzehn Mann auf seiner Seite hatte und die Gigsbesatzung nur acht Köpfe zählte, sah er ein, daß die unmittelbare Nähe eines Kriegsschiffes am Ende doch zu seiner Gefangennahme führen mußte.

»Wo ist die Besatzung?« fragte Hornblower.

Der Franzose deutete nach vorn, und auf einen Wink von Hornblower rannte einer seiner Leute hin, um die Mannschaft der Brigg aus ihrer Gefangenschaft im Logis zu befreien. Sie bestand aus einem halben Dutzend farbiger Matrosen und ein paar Offizieren.

»Ich bin Ihnen sehr verbunden, Mister«, sagte der Kapitän zu Hornblower.

»Ich bin Kapitän Hornblower von Seiner Majestät Schiff Atropos«, antwortete Hornblower.

»Dann bitte ich sehr um Entschuldigung, Herr Kapitän.«

Der Kapitän der Amelia Jane war ein älterer Mann, dessen

weiße Haare und blaue Augen seltsam gegen seine sonnenbraune Haut abstachen. »Sie haben mein Schiff gerettet.«
»Ja«, sagte Hornblower, »aber ich würde Ihnen vor allem empfehlen, diese Leute hier zu entwaffnen.«
»Das werde ich gern tun, Sir. Mach du das, Jack.«
Der andere Offizier, wahrscheinlich der Steuermann, ging nach achtern, um den Franzosen, die nicht an Widerstand dachten, ihre Musketen und Säbel abzunehmen.
»Die Froschfresser tauchten plötzlich aus dem Nebel auf, Sir«, fuhr der Kapitän fort, »und kaum, daß ich sie gesehen hatte, waren sie auch schon längsseit. Nun ja, ein Kriegsschiff holte mir meine vier besten Leute von Bord, als ich Start Point querab hatte, sonst hätte ich ihnen einen anderen Empfang bereitet. So fiel leider nur ein einziger Schuß.«
»Und ausgerechnet dieser Schuß führte mich dann hierher«, sagte Hornblower lakonisch. »Wo sind die Kerle denn hergekommen?«
»Das habe ich mich selbst die ganze Zeit gefragt«, entgegnete der Kapitän. »Mit diesem Boot jedenfalls nicht aus Frankreich, das scheint mir doch wohl ausgeschlossen.«
Die beiden maßen ihre entmutigten Gegner mit fragenden Blicken. Hier ging es um eine wichtige Frage. Natürlich waren die Franzosen von einem Schiff gekommen, und dieses Schiff lag irgendwo unter den vielen anderen Fahrzeugen hier in den Downs vor Anker. In diesem Falle war es unter der Maske eines Briten oder Neutralen gemeinsam mit den anderen Schiffen aufgekommen, ehe der Wind nachließ und der Nebel einfiel. Im Laufe des Krieges hatten sich schon eine ganze Reihe ähnlicher Fälle zugetragen, da dies wohl die einfachste Art war, eine Prise zu kapern. Man konnte also annehmen, daß sich in allernächster Nähe ein richtiger Wolf im Schafspelz aufhielt, irgendein getarntes französisches Kaperschiff, wahrscheinlich vollgestopft mit Menschen – vielleicht war ihm schon mehr als eine Prise zum Opfer gefallen. In der Eile und Verwirrung, die das allgemeine Ankerlichten hervorrufen mußte, sobald die erste Brise einsetzte und jeder sich beeilte, möglichst rasch unter Segel zu kommen, konnte dieses Fahrzeug sicher damit rechnen, samt seinen Prisen unbemerkt zu entschlüpfen.

»Als der Nebel einfiel«, sagte der Kapitän, »lag nur ein einziger Fischkutter aus Ramsgate in unserer Nähe. Er ankerte zur gleichen Zeit wie wir. Ob der es war?«
Diese Frage war so wichtig, daß sie Hornblower nicht auf sich beruhen lassen konnte. Fieberhaft überlegend, rannte er eine Weile an Deck auf und ab. Dennoch war er noch nicht endgültig entschlossen, seine erst halbwegs durchdachte Absicht wirklich auszuführen, als er wieder zu seinen Leuten trat.
»Leadbitter«, sagte er zum Bootssteurer.
»Sir!«
»Fesseln Sie diesen Leuten die Hände auf dem Rücken.«
»Sir?«
»Sie haben doch gehört, tun Sie, was ich sagte.«
Gefangene zu binden galt fast als Verstoß gegen die allgemein gültigen Kriegsregeln. Als Leadbitter sich den Franzosen näherte, um den Befehl auszuführen, machten diese aus ihrem Unwillen keinen Hehl. Aufgeregtes Stimmengewirr gab davon Kunde.
»Das können Sie nicht tun, Sir«, sagte ihr Sprecher, »wir haben . . .«
»Halten Sie Ihren Mund!« schrie ihn Hornblower an.
Hornblower hatte den Befehl nur widerstrebend und übelgelaunt gegeben; daß ihn obendrein noch Zweifel über seine Handlungsweise quälten, machte die Sache nur noch schlimmer. Die Franzosen waren ohne Waffen und konnten angesichts der gezogenen britischen Pistolen keinen Widerstand leisten. So blieb ihnen nichts anderes übrig, als sich aufbegehrend in das Unvermeidliche zu fügen, als Leadbitter von Mann zu Mann ging und ihnen die Hände hinter dem Rücken fesselte. Hornblower kam sich in seiner augenblicklichen Rolle selber vor wie ein Schuft, obwohl er sich bei kühler Überlegung sagen mußte, daß er damit gute Aussicht hatte, das zu erreichen, was er wollte. Es half nichts, er mußte jetzt den wilden Mann spielen, der seinen Mitmenschen gnadenlos nach dem Leben trachtete und sich an ihren Todesqualen weidete. Männer dieser Art gab es mehr als genug, das wußte er. Sogar in des Königs Diensten fanden sich ein paar finstere Despotengestalten, und in den zehn Jahren, die der

Krieg zur See nun schon dauerte, waren auf beiden Seiten wiederholt Ausbrüche blutigen Wahnsinns vorgekommen. Weder die Franzosen noch die Besatzung des Westindienfahrers wußten über sein wirkliches Wesen Bescheid. Vorläufig kannten ihn ja nicht einmal seine eigenen Männer, jedenfalls reichten die paar Tage, die sie unter ihm gedient hatten, nicht dazu aus, sie die Echtheit seiner Mordlust anzweifeln zu lassen. Darum brauchte er auch nicht zu befürchten, daß sie durch ihr Verhalten den Eindruck abschwächen würden, den er zu erwecken trachtete. Er wählte sich einen von ihnen aus.

»Entere auf«, befahl er ihm, »und schere einen Tampen durch den Block dort an der Rahnock.«

Das war eine unmißverständliche Vorbereitung zum Hängen. Der Mann sah ihn eine Sekunde lang starr und ungläubig an, aber Hornblowers finstere Miene veranlaßte ihn schließlich doch, gehorsam die Wanten hinaufzueilen. Nun ging Hornblower auf die gefesselten Franzosen zu, die einen ganz gebrochenen Eindruck machten. Sie hatten mit besorgten Blicken den Mann auf der Rah verfolgt und starrten jetzt entsetzt in Hornblowers grimmiges Gesicht. Ihr ängstliches Geschnatter und Getuschel verstummte.

»Ihr seid Piraten«, verkündete Hornblower sehr langsam und deutlich, »darum werde ich euch jetzt hängen.«

Für den Fall, daß der Wortschatz des einen Englisch sprechenden Franzosen das Wort ›Hängen‹ nicht mit einbegriff, deutete er dabei auf den Matrosen, der oben auf der Rah soeben im Begriff war, die Jolle zu scheren. Das verstanden sie alle. Zunächst blieben sie ein paar Sekunden stumm, dann aber brachen mehrere von ihnen zugleich in einen solchen Schwall französischer Worte und Sätze aus, daß ihnen Hornblower unmöglich folgen konnte. Endlich riß sich ihr Führer mit aller Energie zusammen und legte auf englisch gegen Hornblowers Absicht Verwahrung ein.

»Wir sind keine Piraten«, sagte er.

»So? Ich denke doch«, sagte Hornblower.

»Nein, wir kommen von einem Kaperschiff«, sagte der Franzose.

»Ach was, Piraten seid ihr«, entgegnete Hornblower.

Das Stimmengewirr unter den Franzosen schwoll wieder an. Hornblower verstand grade genug Französisch, um herauszuhören, daß ihnen ihr Führer seine kurze Erklärung übersetzte und daß sie ihn daraufhin drängten, genauer zu erklären, wer sie seien.
»Ich versichere Ihnen, Sir«, begann der unglückliche Mann von neuem, »daß wir zur Besatzung eines Kaperschiffs gehören und keine Piraten sind.« Er wandte offenbar sein ganzes Können auf, um sich in der fremden Sprache so fließend und überzeugend wie möglich auszudrücken.
Hornblower betrachtete ihn eine Weile mit undurchdringlicher Miene, dann wandte er ihm wortlos den Rücken, um einen weiteren Befehl zu erteilen.
»Leadbitter«, sagte er, »in den Tamp der Jolle soll eine Henkerschlinge geknotet werden.«
Dann wandte er sich wieder an die Franzosen.
»Woher kommt ihr denn dann?« fragte er und gab sich Mühe, seinen Worten einen möglichst gleichgültigen Klang zu geben.
»Wir kommen von dem Kaperschiff Vengeance aus Dünkirchen, Sir. Ich selbst heiße Jacques Lebon und bin Prisenmeister.«
Die Kaperschiffe hatten in der Regel eine Anzahl überzähliger Offiziere mit an Bord, damit die Prisen besetzt und in einen französischen Hafen eingebracht werden konnten, ohne daß die Kampfkraft des Kaperschiffes selbst dadurch beeinträchtigt wurde, da dieses ja seine Kreuzfahrt fortsetsen sollte. Gute Kenntnis der englischen Sprache und des englischen Seewesens war für die Auswahl dieser Offiziere maßgebend, die dann den Titel ›Prisenmeister‹ führten.
Hornblower warf einen Blick über die Schulter, um sich zu überzeugen, daß die ominöse Schlinge allen sichtbar von der Rah herabhing, und wandte sich dann wieder an den Prisenmeister.
»Papiere haben Sie natürlich nicht«, sagte er.
Er zwang sich bei diesen Worten zu einem höhnischen Grinsen, das aber so unnatürlich ausfiel, daß die armen Teufel, die unablässig in seinen Mienen zu lesen suchten, wahrscheinlich nur eine häßliche Fratze zu sehen glaubten. Horn-

blower spielte ein wenig va banque, als er von den Papieren anfing. Konnte ihm der Prisenmeister irgendwelche Dokumente vorweisen, dann mußte er blitzschnell seine Taktik ändern; aber die Chancen, daß er das Spiel verlor, waren doch nur gering. Hätte Lebon nämlich Papiere bei sich getragen, dann hätte er sich bestimmt schon längst darauf berufen und irgend jemand ersucht, sie ihm aus der Tasche zu ziehen. Schleuderte man einem Franzosen ins Gesicht, daß man seinen Angaben keinen Glauben schenke, so war das doch die einzige denkbare Reaktion.
»Nein«, sagte Lebon aufs äußerste bestürzt. Auf einer gewöhnlichen Fahrt gegen den Feind war das wohl auch kaum zu erwarten.
»Dann werden Sie gehängt«, sagte Hornblower, »und Ihre ganze Bande mit. Einer nach dem anderen.«
Das Lachen, das er sich nach diesen Worten abzwang, klang so grausam und unmenschlich, daß jeder, der es hörte, meinen mußte, er weide sich schon jetzt in Gedanken an dem bevorstehenden Schauspiel des Todeskampfes seiner zwölf Opfer. Hornblowers Vorhaben ging sogar dem weißhaarigen Kapitän der Amelia Jane zu weit; er trat herzu und mischte sich in die Auseinandersetzung.
»Sir«, sagte er, »was haben Sie vor?«
»Ich gedenke, mich ausschließlich um meine eigenen Angelegenheiten zu kümmern«, entgegnete ihm Hornblower und bemühte sich, seinen Worten jene anmaßende Schärfe zu geben, die ihm im Laufe seiner Dienstzeit bei besonders eingebildeten und hochfahrenden Offizieren so oft aufgefallen war. »Es wäre mir lieb, wenn Sie die Güte hätten, meinem Beispiel zu folgen.«
»Sie können doch nicht im Ernst die Absicht haben, die armen Kerle hier zu hängen?«
»Genau das gedenke ich zu tun.«
»Aber nicht auf meinem Schiff, Sir – nicht jetzt sofort – nicht ohne Gerichtsverfahren.«
»Jawohl, Sir, auf Ihrem Schiff, das Sie sich immerhin wegnehmen ließen. Und zwar sofort. Wie Ihnen wohl bekannt sein dürfte, Sir, können Piraten, die man auf frischer Tat ertappt, sofort gehängt werden. Und das werde ich tun.«

Es war ein Glück, daß sich der Kapitän ins Mittel gelegt hatte. Seine Abscheu war so offenkundig und seine Verwahrung gegen die beabsichtigte Greueltat klang so echt, wie das niemals der Fall gewesen wäre, hätte ihn Hornblower vorher in sein Spiel eingeweiht. Wohl mußte der Arme jetzt eine brutale Behandlung erfahren, aber auch das diente am Ende der guten Sache.

»Sir«, ereiferte sich der Kapitän, »ich weiß es bestimmt, sie kommen wirklich von einem Kaperschiff.«

»Bitte, mischen Sie sich nicht in die dienstlichen Angelegenheiten eines königlichen Seeoffiziers. Ihr beide dort, kommt einmal her!«

Die beiden Gigsgäste, die er herangewinkt hatte, folgten gehorsam seinem Befehl. Wahrscheinlich hatten sie in ihrer rauhen Umgebung neben mancher anderen Roheit auch schon mit ansehen müssen, wie ein Mensch gehängt wurde. Aber die Gewißheit, selbst, und das sofort, an einer solchen Hinrichtung mitwirken zu müssen, brachte sie doch unverkennbar aus dem Gleichgewicht. Sie sahen drein, als ob sie nicht so recht wollten, aber die harte Disziplin der Navy brachte es eben doch zuwege, daß sie dem Befehl dieses einen unbewaffneten Mannes gehorchten.

Hornblowers Blick wanderte von einem seiner Opfer zum anderen. Es wollte ihm den Magen herumdrehen, als er daran dachte, wie ihm wohl zumute wäre, wenn er wirklich einen dieser Männer für die Schlachtbank bestimmen müßte.

»Der dort soll den Anfang machen.«

Der stiernackige, dunkelhaarige Mann, auf den sein Finger wies, erblaßte und schauderte zusammen. Entsetzt fuhr er zurück und suchte sich hinter seinen Unglücksgefährten zu verstecken. Jetzt schrien alle zu gleicher Zeit und zerrten verzweifelt an den Fesseln, die ihnen die Hände hinter dem Rücken zusammenschnürten.

»Sir!« sagte Lebon. »Hören Sie, ich flehe Sie an – ich . . .«

Hornblower ließ sich dazu herab, ihm einen kurzen Blick zu gönnen. Das ermutigte Lebon, weiter in ihn zu dringen, obwohl ihm die Schwierigkeiten der fremden Sprache sehr zu schaffen machten und obwohl ihm das Reden mit den Händen durch seine Fesseln verwehrt war.

»Wir kommen wirklich von einem Kaperschiff. Wir kämpfen für unser Kaiserreich, für Frankreich.« Jetzt lag er auf den Knien und blickte flehend zu Hornblower auf. Da er seine Hände nicht erheben konnte, schmiegte er seine Wange an den Saum von Hornblowers Peajackett. »Wir haben uns doch ergeben, wir haben nicht gekämpft. Wir haben keinen Menschen ums Leben gebracht!«
»Schaffen Sie diesen Mann weg«, sagte Hornblower und entzog sich seiner Reichweite.
Aber Lebon rutschte ihm flehend und jammernd auf den Knien nach.
»Sir«, sagte der englische Kapitän und suchte noch einmal zu vermitteln, »können Sie die Leute nicht an Land bringen und dort vor ein Gericht stellen? Wenn sie wirklich Seeräuber sind, wird es sich dort bald herausstellen.«
»Nein, ich will sie hängen sehen«, sagte Hornblower und suchte zugleich fieberhaft nach einem Ausdruck, der womöglich noch stärker wirkte. Die beiden englischen Matrosen hatten sich den allgemeinen Proteststurm zunutze gemacht, um die Ausführung ihres schauerlichen Auftrages noch etwas hinauszuzögern. Hornblower warf einen Blick nach der Schlinge, die geisterhaft und doch als grausige Wirklichkeit aus dem Nebel herabhing.
»Ich glaube diesen Burschen kein Wort«, sagte er. »Sie sind etwas ganz anderes, als sie angeben. Eine Bande Diebe und Piraten sind sie, sonst nichts. Leadbitter, teilen Sie vier Mann für die Jolle ab. Wenn ich das Zeichen gebe, laufen Sie damit längs Deck.«
»Sir«, sagte Lebon, »ich gebe Ihnen mein Ehrenwort, wir kommen vom Kaperschiff Vengeance.«
»Ach was«, entgegnete Hornblower, »wo sollte die denn liegen?«
»Dort«, sagte Lebon und wies mit seinem Kinn nach backbord vorn, weil er seine Hände nicht dazu gebrauchen konnte. Der Hinweis war natürlich nichts weniger als genau, aber er half auch so schon ein gutes Stück weiter.
»Haben Sie in dieser Richtung irgendein Fahrzeug gesehen, ehe der Nebel einfiel?« fragte Hornblower den englischen Kapitän.

»Nur einen Fischkutter aus Ramsgate«, gab dieser zögernd zur Antwort.
»Ja, das ist unser Schiff«, rief Lebon. »Das ist die Vengeance! Sie war ein Fischkutter aus Dünkirchen, und wir – wir haben sie in ihrem Äußeren etwas verändert.«
Nun war es endlich heraus. Ein Dünkirchener Fischkutter also. Den brauchte man nur ein klein wenig anders zu takeln, ihm ein R ins Großsegel und einen passenden Namen aufs Heck zu malen, dann konnte er ungehindert in diesen Küstengewässern kreuzen und sich sozusagen nach Belieben die fettesten Prisen herausfischen.
»Noch mal, wo, sagten Sie, liegt die Vengeance?« forschte Hornblower weiter.
»Dort – o Gott, nein!«
Lebon unterbrach sich, als er sich bewußt wurde, wieviel er schon preisgegeben hatte. (Vgl. ③ Karte S. 131)
»Ich glaube«, ergänzte der englische Kapitän, »ich kann ihre schätzungsweise Peilung von hier aus noch ziemlich einwandfrei angeben. Ich sah – ach!«
Genau wie Lebon hielt auch er plötzlich inne, aber nicht wie jener in einem Gewissenskonflikt, sondern weil ihm maßlose Verblüffung die Sprache raubte. Er starrte Hornblower wortlos an. Die ganze Szene erinnerte fast an die Lösung der Intrige in irgendeinem dummen Lustspiel, wenn der verlorengeglaubte Erbe endlich strahlend in Erscheinung tritt. Die bloße Vorstellung, daß er sich jetzt in der Bewunderung seiner unfreiwilligen Mitschauspieler sonnen und bescheiden zugeben könnte, er sei gar nicht das blutrünstige Ungeheuer, als das er sich auszugeben hatte, war ihm über alles erträgliche Maß hinaus zuwider. Alle seine Instinkte und sein guter Geschmack wehrten sich gegen einen ebenso abgedroschenen wie naheliegenden Abgang. Jetzt, da er wußte, was er wissen wollte, konnte er nur mit sich zufrieden sein, wenn er ohne den mindesten Zeitverlust diesem Wissen entsprechend handelte. Inmitten dieses Umschwungs der Gefühle fiel es ihm nicht einmal schwer, seine strenge Miene beizubehalten, wie er sich das vorgenommen hatte.
»Es wäre schade, wenn ich auf diese Exekution verzichten müßte«, sagte er halb zu sich selbst, und seine Blicke wander-

ten nochmals zu der baumelnden Schlinge und der schrekkensbleichen Schar Franzosen, die immer noch nicht ahnten, was eben geschehen war.

»Wenn man den dicken Hals dort ein wenig in die Länge recken könnte . . .«

Er hielt mitten im Satz inne und ging für eine kurze Weile an Deck auf und ab, wobei ihm alle mit gespannten Blicken folgten.

»Also schön«, sagte er und blieb plötzlich stehen, »ich will noch eine Weile warten, ehe ich die Kerle hängen lasse, obwohl das meiner besseren Einsicht zuwiderläuft. Herr Kapitän, können Sie mir sagen, wie der Fischkutter annähernd peilte, als Sie ankerten?«

»Wie war das doch«, erwiderte der Kapitän und überlegte. »Wir hatten so ziemlich Stauwasser, als wir ankerten, und begannen dann gleich herumzuschwojen. Ich möchte daher sagen . . .« Der Mann besaß offenbar gutes Urteilsvermögen und eine scharfe Beobachtungsgabe. Hornblower hörte sich mit Interesse an, was er sagte.

»Ausgezeichnet«, sagte er, als der Kapitän geendet hatte. »Leadbitter, Sie bleiben mit zwei Mann hier an Bord. Halten Sie die Gefangenen schärfstens unter Aufsicht, daß es ihnen nicht etwa einfällt, die Brigg wieder in ihren Besitz zu nehmen. Ich fahre jetzt zurück, Sie warten hier auf weitere Befehle.«

Damit stieg er in seine Gig, der Kapitän gab ihm bis zur Reling das Geleit und wußte nun zu Hornblowers größter Befriedigung offenbar überhaupt nicht mehr, was er von ihm denken sollte. Es schien ihm doch wohl ausgeschlossen, daß Hornblower wirklich der dämonische Bösewicht war, für den er sich ausgegeben hatte. War es aber anders, war er tatsächlich so, wie er sich gab, dann hatte er das sagenhafte Glück gehabt, ausgerechnet mit Hilfe seiner Eisenfresserei das in Erfahrung zu bringen, was er wissen wollte. Da es solche Zufälle nicht gab, blieb am Ende nur der Schluß, daß das Ganze eben doch nichts anderes gewesen war als eine fein ersonnene Kriegslist mit dem Zweck, die Gefangenen auszuholen. Wenn dem aber so war, dann mußte es dem alten Kapitän wiederum unbegreiflich erscheinen, daß Hornblower ganz darauf verzichtete, für seine schauspielerische Leistung den gebührenden Beifall des Publikums einzuheimsen und sich in dessen staunender Bewunderung zu sonnen. Auf jeden Fall gab er also dem Mann ein Rätsel auf. Ausgezeichnet! Sollte er sich nur den Kopf zerbrechen, sollten sich alle den Kopf über ihn zerbrechen, ihm konnte es nur recht sein. Die Bootsgäste allerdings, die nun wieder hinter ihren Riemen saßen, fanden ihn wahrscheinlich trotz allem recht wenig rätselhaft. Ihr einfacher Verstand hatte gar nicht begriffen, worum es ging, und darum stand es jetzt offenbar für sie fest, daß ihr neuer Kommandant bei diesem Anlaß zum erstenmal sein wahres Wesen verraten hatte. Fortan war er für sie ein Mann, dem der Todeskampf eines armen Teufels mehr Freude bereitete als die beste Mahlzeit. Mochten sie nur so von ihm denken, das schadete nichts. Hornblower hatte ohnehin keine Zeit, sich viel mit ihnen zu befassen, da er sein ganzes Augenmerk nun wieder auf die Kompaßrose richten mußte. Wie lächerlich – welcher schauderhafte Witz, wenn er jetzt, auf dem Rückweg, die Atropos verfehlte und womöglich Stunde um Stunde im Nebel herumtappen mußte, um sein eigenes Schiff zu finden? Die Umkehrung von Nord zu Ost ½ Ost gab Süd zu West ½ West, und er hielt die Gig genau auf diesem Kurs. Da der Rest des Ebbstroms mithalf, konnte es nur wenige Sekunden dauern, bis die Atropos in Sicht kam. Hornblower atmete erleichtert auf, als ihre Umrisse im Nebel auftauchten.

Mr. Jones empfing ihn am Fallreep. Er hatte auf den ersten Blick gesehen, daß der Bootssteurer und zwei Mann der Besatzung fehlten; aber es war natürlich nicht ganz einfach, eine Erklärung dafür zu finden, darum barst er jetzt vor Neugier. Kopfschüttelnd hatte er sich die ganze Zeit gefragt, was der Kommandant da draußen im Nebel trieb. Seine Neugier war sogar stärker als das Unbehagen, das in ihm aufstieg, als er die finstere Miene sah, die Hornblower immer noch zur Schau trug. Jetzt nachträglich, da er wieder die Planken seines Decks betrat, wurde sich Hornblower nämlich erst der Schwere der Verantwortung bewußt, die er da auf sich geladen hatte, und das Gewissen schlug ihm, wenn er daran dachte, was wohl die Lords der Admiralität von einem Kom-

mandanten hielten, der leichtfertig sein Schiff verließ. Jones erhielt auf seine gespannten Fragen keine Antwort.
»Wie ich sehe, haben Sie die Marsrahen wieder aufgebracht, Mr. Jones.«
»Jawohl, Sir. Da Sie nicht zurückkamen, habe ich die Besatzung zum Abendbrot geschickt. Ich dachte . . .«
»Ich gebe ihnen noch fünf Minuten zur Beendigung der Mahlzeit. Keine Minute länger. Mr. Jones, gesetzt den Fall, Sie hätten das Kommando über zwei Boote und bekämen den Auftrag, damit ein feindliches Fahrzeug zu kapern, das hier irgendwo im Nebel vor Anker liegt; wie würden Sie diese Aufgabe lösen? Welche Befehle würden Sie geben?«
»Nun, Sir, ich würde, ich würde . . .«
Mr. Jones gehörte eben nicht zu jenen Menschen, deren Gedanken blitzschnell arbeiten und die sich leicht in eine neue Lage finden. Darum begann er zunächst, sich hilflos zu räuspern und zu stottern. Aber es gab in der Navy nur wenige Offiziere, die nicht schon mindestens einmal an einem solchen Überfall mit Booten teilgenommen hatten. Auch Jones wußte darum recht gut, wie ein Handstreich geplant werden mußte, und das wurde allmählich auch aus seinen Worten deutlich.
»Schön, Mr. Jones. Bringen Sie jetzt sofort die Barkaß und den Kutter zu Wasser. Besetzen Sie die beiden Boote und sorgen Sie dafür, daß beide Bootsbesatzungen voll bewaffnet sind. Dann steuern Sie Nord zu Ost ½ Ost – behalten Sie den Kurs genau im Kopf, Mr. Jones, Nord zu Ost ½ Ost. Dort finden Sie einen Westindienfahrer, die Amelia Jane, die soeben einem französischen Prisenkommando wieder abgenommen wurde. Mein Bootssteurer und zwei Mann sind dort an Bord. Die Amelia Jane ist für Sie der Abgangspunkt. In ihrer Nähe liegt nämlich ein französisches Kaperschiff, die Vengeance. Sie ist ein Fischkutter aus Dünkirchen, dem man das Aussehen eines Kutters aus Ramsgate gegeben hat. Wahrscheinlich ist dieses Fahrzeug stark bemannt –, es werden sich mindestens fünfzig Mann Besatzung an Bord befinden; es liegt etwa drei Kabellängen in annähernd nordwestlicher Richtung von der Amelia Jane. Dieses Schiff nun sollen Sie möglichst durch überraschenden Überfall in Ihren Besitz bringen. Mr. Still bekommt den Befehl über das zweite Boot.

Ich will zuhören, wenn Sie ihm Ihre Anweisungen geben, damit ich mich nicht unnötig zu wiederholen brauche. Mr. Still!«

Die Depesche, die Hornblower noch am gleichen Abend schrieb und der Amelia Jane zur Weiterbeförderung an die Admiralität anvertraute, war in der üblichen Dienstsprache der Navy abgefaßt.
›Sir, Ich habe die Ehre, Ihnen zur Unterrichtung der Herren Lords folgenden Vorfall zu melden:
Als ich am heutigen Tage wegen dichten Nebels in den Downs vor Anker lag, glaubte ich aus gewissen Anzeichen darauf schließen zu können, daß in der Nähe meines Schiffes etwas Außergewöhnliches vorging. Im Zuge der daraufhin unternommenen Nachforschungen hatte ich das Glück, die Brigg Amelia Jane, auf der Heimreise von den Barbados, wieder in Besitz zu nehmen, die von einer französischen Prisenmannschaft besetzt war. Auf Grund der von den Gefangenen erlangten Aussagen war ich ferner in der Lage, meinen Ersten Offizier, Mr. Jones, mit den Booten des von mir befehligten Schiffes Seiner Majestät zum Angriff auf das unter französischer Flagge segelnde private Kriegsschiff Vengeance anzusetzen. Die Operation wurde von Mr. Jones und seinen Offizieren und Mannschaften, darunter dem Zweiten Offizier, Mr. Still, den Fähnrichen Horrocks und Smiley, sowie Seiner Durchlaucht dem Fürsten von Seitz-Bunau geschickt und umsichtig durchgeführt. Sie endete mit einem kurzen Handgemenge, bei dem auf unserer Seite zwei Mann leichte Verletzungen davontrugen, während der französische Kapitän, Monsieur Ducos, sehr schwer verwundet wurde, als er seine Besatzung zum Widerstand um sich sammeln wollte. Die Vengeance erwies sich als französischer Fischkutter, der als englisches Fischereifahrzeug getarnt war. Einschließlich des Prisenkommandos führte sie eine Besatzung von 71 Offizieren und Mannschaften an Bord und war mit einer unter ihrem Schleppnetz versteckten 4-Pfünder-Karronade bestückt.
Ich habe die Ehre zu zeichnen als Ihr ergebener Diener Horatio Hornblower, Kapitän.‹

Ehe Hornblower das Schreiben versiegelte, las er es noch einmal durch und verzog dabei den Mund zu einem schiefen Lächeln. Ob sich wohl ein Mensch die Mühe machte, auch einmal zwischen den Zeilen dieses schmucklosen Berichts zu lesen? Wieviel Ungesagtes mochte er darin erraten oder aus seinen dürren Worten folgern? Ahnte er denn etwas von dem Nebel, der Kälte, der Nässe oder gar von der widerwärtigen Szene an Bord der Amelia Jane und ihrem zermürbenden Nachspiel? Nein, nach dem, was hier zu lesen stand, konnte gewiß niemand ermessen, wie es wirklich gewesen war. Zu allem Überfluß verbreiteten seine Gigsgäste sicherlich schon in diesem Augenblick unter der ganzen Besatzung die schlimmsten Schauermären über den Blutdurst des Kommandanten. Seltsam, wie man dazu kam, auch daraus eine Art bitterer Genugtuung zu schöpfen. Es klopfte. Konnte man ihn wirklich keinen Augenblick in Ruhe lassen?
Es war Jones. Sein Blick fiel sogleich auf den Federhalter, den Hornblower in der Hand hielt, auf das Tintenfaß und die Papiere auf dem Tisch.
»Ich bitte um Entschuldigung, Sir«, sagte er, »hoffentlich komme ich nicht zu spät.«
»Worum handelt es sich?« fragte Hornblower. Er hatte für Jones nicht viel übrig, vor allem mißfiel ihm die unsichere Art seines Auftretens.
»Wenn Sie eine Meldung an die Admiralität senden, Sir – ich darf wohl annehmen, daß Sie das tun, Sir ...«
»Selbstverständlich tue ich das.«
»Ich weiß zwar nicht, ob Sie darin meinen Namen erwähnen, Sir ... es liegt mir fern, Sie danach zu fragen, Sir ... nicht als ob ich es für selbstverständlich hielte ...«
Falls Jones sich herausnehmen sollte, von ihm eine besondere Erwähnung in seinem Bericht an die Admiralität zu verlangen, dann würde er überhaupt keine bekommen.
»Was wollen Sie eigentlich von mir, Mr. Jones?«
»Ich möchte nur sagen, Sir, daß ich einen sehr verbreiteten Namen führe, John Jones, Sir. In der Leutnantsrangliste stehen zwölf John Jones, Sir. Ich wußte nicht, ob es Ihnen schon bekannt ist, Sir, darum wollte ich Ihnen sagen, daß ich John Jones der Neunte bin. Unter dieser Nummer werde ich in

der Admiralität geführt. Wenn Sie sie nicht hinzusetzen würden, dann wäre es möglich, daß ...«

»Schön, Mr. Jones, jetzt habe ich verstanden. Sie können sich darauf verlassen, daß ich Ihnen zu Ihrem Recht verhelfe.«

»Besten Dank, Sir.«

Als Jones verschwunden war, warf Hornblower nochmals einen Blick auf seine schön geschriebene Meldung und legte dann seufzend einen frischen Bogen zurecht. Es war nicht möglich, ›der Neunte‹ lesbar hinter Jones' Namen einzufügen, so blieb ihm nichts anderes übrig, als frisches Papier zu nehmen und das Ganze noch einmal abzuschreiben. Für einen blutrünstigen Despoten immerhin ein seltsames Tun.

9 ZUR MITTELMEERFLOTTE

Hornblower beobachtete seine Besatzung mit scharfen, kritischen Blicken, als sie beim Einlaufen der Atropos in die Bucht von Gibraltar die Segel barg. Er konnte jetzt mit gutem Gewissen behaupten, daß seine Leute gut ausgebildet waren. Die lange Kreuzfahrt durch den Kanal, die Kämpfe mit den Stürmen in der Biskaya hatten sie richtig zusammengeschweißt. Nirgends gab es ein Durcheinander, nirgends hörte man einen überflüssigen Befehl. Jetzt war das Manöver beendet, die Männer enterten nieder, so rasch sie konnten; da sah er, wie sich zwei Gestalten ganz hoch oben an die Großbackstagen schwangen und daran vom Topp bis an Deck herunterrutschten, ohne sich um Wanten und Webeleinen zu scheren. Sie langten gleichzeitig unten an und maßen einander grinsend mit den Blicken – man sah sofort, daß es hier um eine Wette ging. Der eine der beiden war Smiley, der Toppsfähnrich des Großtopps, der andere – seine Durchlaucht der Fürst von Seitz-Bunau. Der Junge hatte sich über alles Erwarten gut bewährt, er wußte bestimmt einmal tolle Dinge zu erzählen, wenn er eines Tages wieder auf seinem angestammten Fürstenthron in Deutschland saß.

DAS MITTELMEER

1 McCullum kommt an Bord
2 Erster Treffpunkt
3 Treffpunkt mit der Mittelmeerflotte
4 McCullum wird beim Duell verwundet
5 Ein Tag Flaute
6 Kap Kum in Sicht
7 Nächstes Zusammentreffen mit Collingwood
8 Der Schatz wird von Bord gegeben
9 Die Castilla verfolgt die Atropos
10 Mr. Fürst fällt über Bord
11 Gefecht mit der Castilla
12 Die Atropos wird vom König von Sizilien übernommen

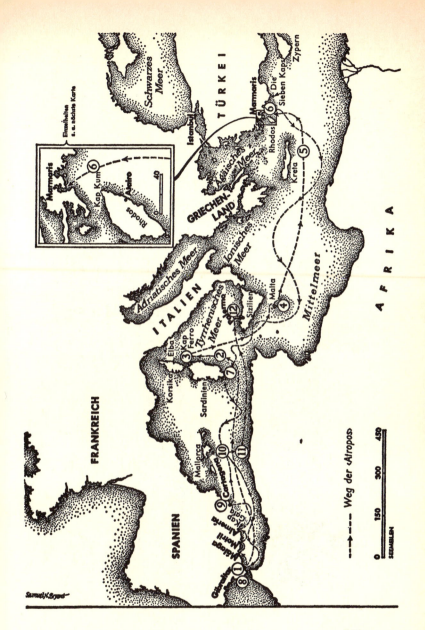

Aber einem Kommandanten stand es in diesem Augenblick nicht frei, seine Gedanken abschweifen zu lassen.
»Fallen Anker!« rief er Jones mit lauter Stimme zu. Der Anker klatschte ins Wasser und holte die Ankertroß polternd durch die Klüse. Hornblower verfolgte aufmerksam, wie die Atropos eintörnte und dann langsam achteraus sackte, bis sie der Anker hielt. Sie lag genau auf dem für sie bestimmten Liegeplatz. Hornblowers Blicke wanderten an dem steilen Felsen empor und dann hinüber zur spanischen Küste. Hier hatte sich nichts verändert, seit er das letztemal – mein Gott, wie lange war das nun schon her – in diese Bucht eingesegelt war. Die Sonne des Mittelmeers schien ihm auf den Rücken, es tat ihm wohl, sie zu fühlen, wenngleich sie in dieser frostigen Winterszeit noch wenig Wärme spendete.
»Bitte, lassen Sie meine Gig klarmachen, Mr. Jones.«
Hornblower eilte rasch noch unter Deck, um seinen Säbel umzuschnallen und den bessern seiner beiden Zweispitzhüte aus dem schützenden Zinkblechkoffer zu holen, damit er bei seinen bevorstehenden dienstlichen Besuchen an Land so adrett wie möglich aussah. Der Gedanke, daß er nun bald seinen neuen Befehl zu lesen bekam, erfüllte ihn mit Spannung und Neugier. Ob er ihn einem Abenteuer entgegenführte? Vielleicht, doch schien es ihm eher möglich, daß er ihn dazu bestimmte, im sterbenslangweiligen Blockadedienst endlos vor irgendeinem französischen Hafen ohne Unterbrechung auf und ab zu kreuzen.
Als er aber dann Collingwoods Schreiben erbrach, fiel sein Blick alsbald auf einen Absatz, den er mit verwundertem Kopfschütteln las, weil er nun erst recht nicht wußte, welche Aufgabe ihm bevorstand.
›Sie werden den in den Diensten der hochachtbaren Ostindienkompanie stehenden Mr. William McCullum sowie seine eingeborenen Hilfskräfte an Bord nehmen und als Passagiere befördern, wenn Sie gemäß Absatz I des vorliegenden Befehls in See gehen, um zu mir zu stoßen.‹
Mr. McCullum erwartete ihn im Vorzimmer des Gouverneurs. Er war ein Mann Mitte Dreißig, groß, stämmig, mit hellen blauen Augen und einem Wust schwarzer Haare auf dem Kopf.

»Kapitän Horatio Hornblower?« Die rollenden R verrieten sofort seine schottische Herkunft.
»Mr. McCullum?«
»Von der Ostindienkompanie.«
Die beiden Männer musterten einander mit prüfenden Blicken.
»Sie wollen also von mir mitgenommen werden?«
»Stimmt.«
Der Bursche benahm sich unglaublich selbstbewußt, obwohl er, nach den schmalen Silberlitzen auf seiner Uniform zu urteilen, bei der Ostindienkompanie einen recht bescheidenen Rang bekleidete.
»Und Ihre eingeborenen Hilfskräfte? Was sind denn das für Leute?«
»Drei singhalesische Taucher.«
»Singhalesen?«
Hornblower sprach das Wort ganz vorsichtig nach, weil er es bis dahin noch nie gehört hatte, wenigstens nicht in dieser Aussprache. Er vermutete zwar, daß diese Leute etwas mit Ceylon zu tun hatten, aber er wollte sich mit seiner Unwissenheit nicht bloßstellen.
»Es sind Perlentaucher aus Ceylon«, erklärte McCullum.
Also hatte er richtig geraten. Aber er konnte sich beim besten Willen nicht denken, wozu Collingwood, der hier im Mittelmeer den Franzosen im Nacken saß, ausgerechnet Perlentaucher von Ceylon brauchte.
»Welche offizielle Stellung bekleiden Sie selbst, Mr. McCullum?«
»Ich bin Wrackmeister und Bergungsleiter an der Koromandelküste.«
Damit erklärte sich das hochfahrende Wesen, das dieser Mann bei jedem Wort an den Tag legte. Er war offenbar einer jener Fachleute, deren Können ihren Auftraggebern so wertvoll war, daß es keinem einfiel, sie in ihre Schranken zu verweisen. Vielleicht war er einmal als Meßboy oder Offiziersanwärter auf einem Handelsschiff nach Indien verschlagen worden und hatte als junger Mensch allerlei schlechte Behandlung erfahren. Dann aber hatte er es wahrscheinlich in diesem besonders schwierigen Beruf zu solcher Meisterschaft

gebracht, daß er jetzt unentbehrlich war und seinen Mitmenschen endlich ungestraft alle Geringschätzung heimzahlen konnte, die ihm früher selbst zuteil geworden war. Wahrscheinlich wurde sein Benehmen um so barscher und ungehobelter, je mehr goldene Ärmelstreifen er vor sich hatte.
»Schön, Mr. McCullum. Ich laufe sofort aus und würde es begrüßen, wenn Sie mit Ihren Tauchern ehestens an Bord kämen. Sagen wir in einer Stunde. Haben Sie eine Ausrüstung mit, die an Bord geschafft werden müßte.«
»Abgesehen von meinen Kisten und den Bündeln der Taucher sehr wenig. Die drei Leute halten sich bereit, mit Verpflegung sind sie auch versehen.«
»Verpflegung sagten Sie?«
»Ja, die armen Teufel stecken nämlich noch im finsteren Heidentum. Sie sind Anhänger Buddhas. Auf der Reise hierher wären sie mir beinahe umgekommen, als sie zum erstenmal im Leben in die Lage kamen, sich den Bauch nach unserer Weise vollzuschlagen. Ein bißchen Gemüse, ein paar Tropfen Öl und als besonderen Leckerbissen hie und da ein Stückchen Fisch, daran sind sie gewöhnt und davon leben sie.«
Öl, Gemüse? Solche Dinge gab es an Bord eines Kriegsschiffs allerdings nicht.
»Ich habe ein Faß spanisches Olivenöl für sie besorgt«, erklärte McCullum, »das scheint ihnen ganz gut zu schmecken, obwohl es etwas ganz anderes ist als ihre heimische Büffelbutter. Außerdem einen Vorrat Linsen, Zwiebeln und Karotten. An Salzfleisch gehen sie unweigerlich ein, und das wäre doch eine dumme Sache, nachdem ich sie den ganzen weiten Weg ums Kap der Guten Hoffnung hergeschafft habe.«
Diese Feststellung klang recht gefühllos, aber Hornblower vermutete, daß sich dahinter doch menschliches Mitgefühl für seine armen Untergebenen verbarg. Dieser McCullum gefiel ihm nun schon etwas besser.
»Ich will dafür sorgen, daß sie gut verpflegt werden«, sagte er.
»Besten Dank.«
Das war das erste höfliche Wort, das sich in McCullums Äußerungen eingeschlichen hatte.
»Die armen Kerle sind hier auf dem Felsen vor Kälte halb

gestorben«, fuhr er fort. »Das macht sie krank vor Heimweh, und man kann ja wirklich sagen, daß sie recht weit von ihrer Heimat weg sind.«

»Warum hat man sie überhaupt hierhergeholt?« erkundigte sich Hornblower. Diese Frage hatte ihm schon eine ganze Weile auf der Zunge gelegen, er hatte sie nur noch nicht gestellt, weil sie McCullum die beste Gelegenheit bot, ihn abfahren zu lassen.

»Weil sie sechzehneinhalb Faden tauchen können«, sagte McCullum und starrte ihn dabei mit aufgerissenen Augen an.

Die Abfuhr war ziemlich gnädig ausgefallen, und Hornblower sagte sich, daß er diese Mäßigung McCullums seinem Versprechen verdankte, die Männer anständig zu behandeln. Aber er konnte sich trotz seiner brennenden Neugier nicht dazu entschließen, noch eine weitere Frage zu stellen. Nach wie vor blieb es ihm völlig rätselhaft, wozu die Mittelmeerflotte ausgerechnet Taucher brauchte, die eine Tiefe von über hundert Fuß ereichen konnten. Dennoch gab er sich mit dem zufrieden, was er bis jetzt erfahren hatte, und beendete die Unterhaltung, indem er McCullum ein Boot in Aussicht stellte, das ihn und seine Leute an Bord bringen sollte.

Die Ceylonesen boten einen bemitleidenswerten Anblick, als sie das Deck der Atropos betraten. Sie hatten sich ihre weißen Baumwollgewänder eng um den Leib geschlungen, um sich wenigstens einigermaßen gegen die Kälte zu schützen, aber der frische Wind, der von den schneebedeckten spanischen Bergen herabstieß, ließ sie dennoch immer wieder zusammenschauern. Alle drei waren unglaublich mager und von zartem, fast schwächlichem Körperbau. Als sie sich an Deck umsahen, verrieten ihre dunklen Augen keine Spur von Neugier, sondern nichts als dumpfe Ergebung in ein hartes Schicksal. Mit ihrer tiefdunklen Hautfarbe erregten sie sofort das lebhafte Interesse der Matrosen, die von allen Seiten zusammenströmten, um sie anzustarren. Sie selbst dagegen nahmen von den weißen Männern mit keinem Blick Notiz, sie beschränkten sich vielmehr darauf, einander mit hohen, angenehm flötenden Stimmen kurze Bemerkungen zuzuwerfen.

»Weisen Sie ihnen die wärmste Ecke im Zwischendeck an, Mr. Jones«, sagte Hornblower, »und sorgen Sie dafür, daß sich die Leute behaglich fühlen. Mr. McCullum wird Ihnen über ihre Lebensweise und ihre Bedürfnisse Auskunft geben. Gestatten Sie, daß ich Ihnen Mr. McCullum vorstelle. Ich wäre Ihnen besonders verbunden, Mr. Jones, wenn Sie Mr. McCullum in den Kreis der Messemitglieder einbeziehen würden.«

Hornblower mußte diesen Wunsch so formulieren, denn die Offiziersmesse wurde in der Theorie durch den freiwilligen Zusammenschluß von Offizieren gebildet, denen es freistand, die Mitglieder ihres Kreises nach eigenem Gutdünken auszuwählen. Es hätte aber den Gipfel der Kühnheit bedeutet, wenn es einem Offizierskorps eingefallen wäre, einen Mann als Messemitglied abzulehnen, der ihnen vom Kommandanten zur Aufnahme empfohlen war. Darüber war sich Jones genauso im klaren wie Hornblower selbst.

»Außerdem möchte ich Sie bitten, für Mr McCullum eine Koje frei zu machen. Ich überlasse es Ihnen, wo Sie ihn unterbringen wollen.«

Gut, daß er diese Sorge einem anderen überlassen konnte. Hornblower wußte nur zu genau – und Jones war, wie seine etwas betretene Miene verriet, ebenso darüber im Bilde –, daß auf einer Glattdeckskorvette mit 22 Geschützen jeder Quadratfuß Raum ausgenützt war. Auf einem solchen Schiffchen hausten die Menschen ohnehin in entsetzlicher Enge, und wenn jetzt auch noch für McCullum Platz geschaffen werden mußte, dann galt es natürlich, noch mehr zusammenzurücken. Nun mußte Jones eben sehen, wie er mit diesem Problem fertig wurde.

»Aye, aye, Sir«, sagte Jones. Die beträchtliche Zeit, die er bis zu dieser Antwort verstreichen ließ, verriet, daß ihm gleich allerlei Schwierigkeiten durch den Kopf geschossen waren.

»Ausgezeichnet«, sagte Hornblower, »aber das hat noch Zeit bis später, wenn wir in See sind. Jetzt dürfen wir keine Zeit mehr verlieren.« (Vgl. ① Karte S. 155)

Für ein Segelschiff ist jede Minute kostbar. Der Wind kann drehen oder abflauen. Eine einzige versäumte Stunde kann am Ende den Verlust einer ganzen Woche bedeuten. Horn-

blower fieberte darauf, die Meerenge rasch hinter sich zu bringen und das freie Mittelmeer zu erreichen. Dort hatte er genügend Seeraum, um gegenan zu kreuzen, wenn etwa ein Levanter aufkam und ihm vom Osten her in die Zähne blies. Vor seinem inneren Auge tauchte das Bild des westlichen Mittelmeers auf. Der Nordwestwind, der zur Zeit noch stand, würde ihn rasch an der Südküste Spaniens entlangführen, vorüber an den gefährlichen Untiefen um die Insel Alboran und bis zum Kap Gata, wo sich die spanische Küste in kühnem Bogen nordwärts schwang. Erst von dort an war er durch die Nähe des Landes nicht mehr so behindert, darum war ihm nicht wohl, ehe er Kap Gata achteraus hatte. Daneben drängte ihn unleugbar seine Lust zu handeln, der Wunsch zu entschleiern, was ihm die Zukunft beschied, und dorthin zu gelangen, wo ihm vielleicht ein Abenteuer winkte. Es war bestimmt ein Glück, daß Pflicht und Neigung bei ihm so schön in Einklang standen, eines der wenigen guten Dinge, dachte er mit lächelnder Bitternis, die ihm zugefallen waren, seit er sich für den Beruf eines Seeoffiziers entschieden hatte.
Eines stand fest: er war bei Hellwerden in Gibraltar eingelaufen und lief schon vor Dunkelwerden wieder aus. Da konnte bestimmt kein Mensch behaupten, er habe Zeit vergeudet. Der Felsen war gerundet, Hornblower warf einen Blick auf den Kompaß und den nächsten hinauf zum Topp, wo sein Kommandowimpel im Winde auswehte.
»Voll und bei«, befahl er.
»Voll und bei, Sir«, wiederholte der Rudergänger hinter dem Rad.
Ein scharfer Wind stieß von der Sierra de Ronda nieder und legte die Atropos hart auf die Seite, als er in ihre angebraßten Segel fiel. So blieb sie auch weiterhin liegen. Dabei lief recht von achtern eine kurze steile See, ein Überbleibsel der Atlantikroller, die sich durch die Meerenge preßten. Das Heck der Atropos wurde davon angehoben, und sie begann in der unnatürlichen Kreuzung von Wind und See mit heftigen Sprüngen zu stampfen. Gischt schäumte um ihr Heck, Gischt sprühte über ihren Bug, sooft sie einsetzte, ein ums andere Mal steckte sie vor einer besonders steilen See die Nase weg. Sie war ja auch nur ein winziges Schiffchen, das

kleinste dreimastige Fahrzeug der ganzen Marine, dem noch ein Kommandant in Kapitänsrang zustand. Alle die stolzen Fregatten, alle die massigen Linienschiffe mit ihren 74 Kanonen sahen lächelnd auf sie herab. Hornblower spähte auf das winterliche Mittelmeer hinaus und hob den Blick prüfend zum Himmel, wo eilende Wolken die sinkende Sonne verdeckten. Mochten die Seen sein Schiff umherwerfen, mochten es die Winde bis zur Reling überkrängen, hier, breitbeinig auf seinem Achterdeck verankert, blieb er ihr Herr und Meister. Jauchzendes Glück erfüllte ihn, während sein Schiff mit rauschender Fahrt ins Unbekannte stürmte.

Dieses Hochgefühl wich nicht einmal von ihm, als er schließlich das Deck verließ und seine Kajüte aufsuchte, obwohl es dort alles andere als hübsch und gemütlich aussah. Nachdem er an Bord übergesiedelt war, hatte er sein Fleisch bewußt gekreuzigt, die paar dürftigen Stunden, die er bei Frau und Kindern vertändelt hatte, lagen ihm auf dem Gewissen, darum hatte er keinen Schritt mehr von Bord getan, als sein Schiff seeklar gemeldet war. Ohne Abschied ließ er Maria in ihrem Kindbett zurück, trennte er sich von seinem Horatio und der kleinen Maria. Und für die Kajüte wurde kein Stück eingekauft. Was jetzt an Ausstattung darin war, hatte der Schiffszimmermann schlecht und recht zusammengenagelt, ein paar mit Segeltuch bezogene Stühle, ein grober Tisch, eine Koje, deren Rahmen mit kreuzweise gespanntem Tauwerk ausgeflochten war und in der eine strohgefüllte Matratze lag. Sein Kopf ruhte auf einem ebenfalls mit Stroh gestopften Kissen aus rauhem Segeltuch, die hageren Glieder barg er unter kratzenden Wolldecken aus den Beständen der Navy. Kein Teppich verbarg das Deck unter seinen Füßen, eine stinkende Schiffslaterne hing schwingend vom Decksbalken herab und spendete ihr trübes Licht. Ein ausgesägtes Wandbrett trug die Waschschüssel aus Zinkblech, und darüber hing der stählerne Taschenspiegel, der aus Hornblowers magerer Segeltuchrolle mit dem Waschzeug stammte. Die ansehnlichsten Einrichtungsstücke stellten noch die beiden Seekisten dar, die in je einer Ecke des Raumes standen. Von ihnen abgesehen, glich dieser Raum in seiner Kargheit fast der Zelle eines Mönchs.

Aber Hornblower dachte nicht daran, sich darum selbst zu bemitleiden, als er gebückt unter den niederen Decksbalken stand und seinen Kragen aufhakte, um zu Bett zu gehen. Er erwartete nicht viel von dieser Welt und war imstande, sich ganz in seine eigene Gedankenwelt zurückzuziehen, so daß er jede äußere Unbequemlichkeit vergaß. Indem er auf die Anschaffung eigener Möbel für die Kajüte verzichtete, hatte er überdies eine Menge Geld gespart, genug um die Hebamme, die hohe Rechnung des George und sogar den Fuhrmann zu bezahlen, der Maria mit den Kindern zu ihrer Mutter nach Southsea bringen sollte. Er dachte an sie – jetzt mochten sie gerade dort angekommen sein –, als er die klammen Decken hochzog und seine Wange auf das grobe Kissen legte. Dann schlug er sich Maria und die Kinder aus dem Kopf, weil ihm einfiel, daß das Eintreffen der Atropos bei der Mittelmeerflotte nun unmittelbar bevorstand. Da war es höchste Zeit, die Fähnriche und Signalgäste noch einmal gründlich im Signaldienst zu üben. Dieser Aufgabe mußte noch manche Stunde gewidmet werden, und die Zeit dazu wurde schon recht knapp, denn das Knacken der Verbände und das Arbeiten des Schiffes verrieten ihm, daß der günstige Wind in gleicher Stärke durchstand.
Der Wind blieb auch weiterhin günstig. Gegen Mittag des sechsten Tages meldete der Ausguckposten im Topp mit lauter Stimme: »Segel in Sicht zu luvward!«
Sie waren an dem zweiten der Treffpunkte angekommen, die Collingwood in seinem Befehl angegeben hatte. Gestern, auf dem ersten vor Kap Carbonara, hatten sie vergeblich gewartet. Seit dem Verlassen von Gibraltar war noch kein einziges Segel in Sicht gekommen, Collingwoods Fregatten hatten die Schiffe der Franzosen und Spanier von der See gefegt, und der englische Levanteconvoy war erst in einem Monat fällig. Was aber zur Zeit in Italien vorging, konnte niemand sagen. (Vgl. ② Karte S. 155)
»Sir! Es ist eine Fregatte, eine von den unseren.«
»Gut. Signalfähnrich! Gegensignal und Nummernwimpel der Atropos klar zum Heißen!«
Gott sei Dank hatte er in den letzten Tagen mit den jungen Burschen noch tüchtig Signaldienst gemacht.

»Sir! Hinter der Fregatte sind weitere Mastspitzen in Sicht! Anscheinend eine Flotte!«
»Schön. Mr. Jones, bitte, wollen Sie veranlassen, daß der Stückmeister die Geschütze für den Flaggensalut klar macht.«
»Aye, aye, Sir.«
Die Mittelmeerflotte war in Sicht. Ihre zwanzig mächtigen Linienschiffe pflügten unter blauem Himmel majestätisch langsam durch die blaue See. (Vgl. ③ Karte S. 155)
»Fregatte heißt Maenad, 28 Geschütze, Sir!«
»Danke sehr.«
Gleich den Fangarmen eines Seeungeheuers hatten die Aufklärungsfregatten ihren Platz weit vor dem Gros der Flotte. Es waren ihrer vier, zu ihnen kam noch eine fünfte hoch in Luv, weil man dort in erster Linie mit dem Insichtkommen befreundeter oder feindlicher Schiffe rechnen mußte. Die Luft war klar. Hornblower stand mit dem Kieker am Auge auf seinem Achterdeck und beobachtete die doppelte Reihe von Marssegeln der noch hinter dem Horizont verborgenen Linienschiffe. Sie lagen hart am Wind, jedes genau im gleichen Abstand von seinem Vordermann. Im Vortopp des Führerschiffs der Luvkolonne wehte die Flagge des Vizeadmirals.
»Mr. Carslake, machen Sie die Postsäcke klar zur Abgabe.«
»Aye, aye, Sir.«
Sein eigenes Paket mit Depeschen für Collingwood lag griffbereit in der Kajüte.
»Signalfähnrich! Können Sie nicht sehen, daß das Flaggschiff ein Signal geheißt hat?«
»Jawohl, Sir, aber die Flaggen wehen grade von uns weg, ich kann sie nicht ausmachen.«
»Und die Wiederholerfregatte? Wozu glauben Sie, daß die da ist? Machen Sie gefälligst die Augen auf.«
»An alle Schiffe, Sir, Nummer 41: Bedeutet ›Wenden‹, Sir.«
»Gut.«
Da die Atropos noch nicht offiziell zur Mittelmeerflotte gestoßen war, bezog sich der Anruf an alle nicht auf sie. Jetzt wurde das Signal von der Rahnock des Flaggschiffs niedergeholt, das war der Befehl zur Ausführung des Manövers. Im gleichen Augenblick schwenkten die Rahen des Flagg-

schiffs herum, zugleich mit ihm die der Aufklärungsfregatten, dann die des Führerschiffs der Leekolonne. Eines nach dem anderen, in genau den gleichen Zeitabständen, drehten die folgenden Schiffe der beiden Kolonnen der Reihe nach durch den Wind. Hornblower konnte deutlich sehen, wie die Kreuzmarssegel, mit deren Hilfe man so genau Abstand hielt, kurz backgepraßt wurden und sich gleich darauf wieder füllten. Es war bezeichnend für den hohen Ausbildungsstand der Flotte, daß man hier auch im Verband mit vollen Segeln exerzierte, während man sich dazu sonst der kleineren ›Gefechtsbesegelung‹ bediente. Diese vollendete Manöverdisziplin bot gewiß ein erhebendes Schauspiel, aber sie weckte doch in Hornblower zugleich ein leises Unbehagen. Er mußte sich etwas unsicher fragen, ob auch er imstande war, seine Atropos so genau auf Position zu halten, da ja seine Eingliederung in diesen herrlichen Verband nun unmittelbar bevorstand. Das Manöver war beendet, die Flotte lag über den anderen Bug und stampfte stetig weiter durch die blaue See. Wieder stiegen an der Rah des Flaggschiffs bunte Flaggen auf.
»Signal an alle, Sir: ›Backen und Banken‹.«
»Danke.«
Hornblower fühlte, wie ihn prickelnde Erregung packte, während er gespannt den weiteren Gang der Dinge verfolgte. Das nächste Signal, das wußte er, war für ihn.
»Unser Anruf, Sir! Admiral an Atropos: ›Setzen Sie sich zwei Kabellängen zu luvwärd neben mich.‹«
»Danke, geben Sie: ›Verstanden.‹«
Aller Augen an Deck ruhten auf ihm. Jetzt galt es für ihn zu zeigen, was er konnte. Er mußte mit raumem Kurs an den Aufklärungsschiffen vorbei den Verband ansteuern, den Kurs der neuen Luvkolonne vor deren Spitzenschiff kreuzen und dann im rechten Augenblick genau im befohlenen Abstand an den Wind gehen. Und dieses schwierige Manöver vollzog sich unter den Augen der ganzen Flotte. In erster Linie kam es darauf an, schätzungsweise festzustellen, wie weit das Flaggschiff nach steuerbord auswanderte, bis er heran war, damit er weit genug vorhielt; aber am Ende blieb eben doch nichts anderes übrig, als es praktisch zu versuchen. Der Entschluß dazu fiel einem auch dann nur

um weniges leichter, wenn man sich vor Augen hielt, daß man als Offizier einer kämpfenden Einheit jedem Befehl unbedingten Gehorsam zu leisten hatte.

»Rudergänger! Etwas steuerbord. Stütz, recht so wie's jetzt geht. Mr. Jones, brassen Sie für den neuen Kurs.«

»Aye, aye, Sir.«

Er hätte Jones nichts zu befehlen brauchen, denn der war – wenigstens dem äußeren Anschein nach – viel aufgeregter als Hornblower selbst. Er hatte die Männer schon an den Brassen stehen und trimmte die Rahen sofort nach der veränderten Windrichtung. Hornblower warf einen vergleichenden Blick auf Rahen und Kommandowimpel, um festzustellen, ob die neue Segelstellung genau stimmte. Die Maenad lag bereits achteraus, jetzt wurde die Amphion passiert, die zu den mittleren Schiffen des Aufklärungsschirmes gehörte. Hornblower sah ihr einen Augenblick zu, wie sie hart überliegend in die Seen stampfte und mit dem Bug ganze Wolken von Gischt aufwühlte. Dann aber galt seine Aufmerksamkeit gleich wieder dem Flaggschiff, das inzwischen fast ganz über der Kimm erschienen war. Mindestens zwei von seinen drei Reihen schachbrettartig angeordneter Stückpforten waren bereits auszumachen.

»Etwas steuerbord! Recht so!«

Er ärgerte sich, daß er diesen zweiten Befehl geben mußte, am liebsten hätte er die befohlene Station ohne Kursänderung angesteuert. Das Führerschiff der Luvkolonne – es führte die Flagge eines Konteradmirals – war jetzt beinahe backbord querab. Der Querabstand zwischen den beiden Kolonnen betrug vier Kabellängen, da sich seine eigene Station jedoch in Luv des Flaggschiffs, also vorlicher als steuerbord querab von ihm befand, so lag er dort auf keinen Fall zwischen den beiden Schiffen, noch auch in gleichem Abstand von ihnen. Er machte sich in Gedanken schon ein Bild von dem ungleichseitigen Dreieck, das sich ergab, wenn man die Atropos und die beiden Flaggschiffe durch Linien miteinander verband.

»Mr. Jones! Gei auf Kreuzmarssegel!« Damit hatte die Atropos eine Fahrtreserve, auf die er notfalls zurückgreifen konnte. Wie gut, daß er seine Besatzung seit dem Auslaufen von

Deptford durch unermüdliches Segelexerzieren so gründlich eingedrillt hatte.
»Klar bei Kreuzmarsschoten.«
Die Verkleinerung der achteren Segelfläche machte die Atropos beim Aufdrehen etwas träger, er durfte das nachher nicht außer acht lassen. Jetzt näherten sie sich rasch der befohlenen Position. Sein Auge schoß zwischen den beiden Linienschiffskolonnen hin und her, die eine zeigte ihm ihre Steuerbord-, die andere ihre Backbordseiten. Vielleicht wäre es nützlich gewesen, den Sextanten zur Hand zu haben und Winkel zu messen, allein er verließ sich zur Lösung dieser ziemlich einfachen trigonometrischen Aufgabe lieber auf seinen sicheren Blick. Jetzt war es soweit. Der Bug der Atropos zeigte auf die Klüverbaumnock des Flaggschiffs.
»Hart steuerbord!« befahl er. Vielleicht war es doch falsch, vielleicht kam das kleine Schiff nicht schnell genug. Vielleicht ... Er hatte Mühe, seiner Stimme einen festen Klang zu geben: »Beim Wind überall!«
Das Rad wirbelte herum, noch eine, zwei Sekunden unerträglicher Spannung, dann fühlte er, wie sich das Schiff unter seinen Füßen überlegte, der Rumpf des Flaggschiffs wanderte nach Backbord aus, nun wußte er, die Atropos kam, wie sie sollte.
»Recht so!«
Die Rahen wurden angebraßt, kräftige Arme holten an den Halsen. Es dauerte ein paar Augenblicke, bis die Atropos die beim Drehen verlorene Fahrt wiederaufgenommen hatte, aber Hornblower mußte sich trotz Berücksichtigung dieses Umstandes davon überzeugen, daß ihm das Flaggschiff langsam aufkam.
»Mr. Jones, schoten Sie das Kreuzmarssegel vor!«
Wenn das Kreuzmarssegel mitzog, lief er wahrscheinlich umgekehrt dem Flaggschiff davon.
»Kreuzmarsbrassen bleiben besetzt.«
Wenn man das Kreuzmarssegel hie und da lebend braßte, konnte man die Fahrt der Atropos auf die des Flaggschiffs abstimmen. Hornblower fühlte die Windrichtung im Gesicht, dann warf er einen Blick nach oben: sein wehender Kommandowimpel zeigte genau auf das Flaggschiff. Die Atropos stand

also wie befohlen in dessen Luv, und der Abstand zu ihm betrug genau zwei Kabellängen.
»Mr. Jones, Sie können mit dem Salut beginnen.«
Ein Vizeadmiral bekam fünfzehn Schuß, die in einer und einer Viertelminute zu feuern waren. Das war grade lange genug, daß er sein Gleichgewicht einigermaßen wiederfand und daß sich sein klopfendes Herz ein bißchen beruhigte. Jetzt waren sie in die stolze Mittelmeerflotte eingereiht, wenn auch als deren kleinste und unscheinbarste Einheit. Hornblowers Blicke wanderten die beiden mächtigen Reihen der Schiffe entlang, die hinter ihm die See durchpflügten. Die Flotte bestand aus Dreideckern und Zweideckern, Schiffen mit hundert oder 74 Geschützen. Sie hatten alle bei Trafalgar mitgekämpft und Bonaparte im Donner ihrer Kanonen den berauschenden Trunk der Weltherrschaft von den Lippen gerissen. Und wenn er auch rings an den Küsten des Mittelmeers, die diese Flotte jetzt unsichtbar fern umgaben, seine Armeen marschieren ließ, wenn er Könige einsetzte oder Könige entthronte, so waren es doch diese Schiffe allein, die über das Schicksal der Welt entschieden – solange die Männer, die sie segelten, ihr hohes Können bewahrten, solange sie allen Härten und Gefahren trotzten und solange ihre Regierung zu Hause Mut und Entschlußkraft zeigte.
»Unser Anruf, Sir! Admiral an Atropos: ›Willkommen‹.«
»Erwidern Sie: An Admiral: ›Gehorsamsten Gruß.‹«
Eifrige Hände arbeiteten rasch und mit Umsicht an den Signalleinen.
»Nächstes Signal: Atropos an Admiral: ›Habe Depeschen und Briefpost für die Flotte an Bord.‹«
»Flaggschiff zeigt verstanden, Sir.«
»Das Flaggschiff heißt gleich ein neues Signal«, verkündete Still. Obwohl das Flaggschiff nach Backbord überlag, konnte er durch sein Glas von einem günstigen Standort in Luv aus erkennen, was drüben auf dem Achterdeck vor sich ging. Er hatte gesehen, daß die Signalgäste wieder ein Signal ansteckten. Eine Kette dunkler Bündel kletterte zur Rahnock hoch und entfaltete sich nach dem Ausreißen zu einem farbenfrohen Signal.
»An alle Schiffe: ›Beidrehen mit Steuerbordhalsen.‹«

»Geben Sie: Verstanden. Mr. Jones, geien Sie Fock- und Großsegel auf.«
Hornblower verfolgte mit kritischen Blicken, wie Geitaue, Gordings, Schoten und Halsen bedient wurden.
»Signal nieder, Sir!«
Aber Hornblower hatte den ersten Ruck an der Flaggleine schon selbst gesehen.
»Kreuzmarssegel back! Rudergänger! Höher an den Wind.«
Als die vorwärtsdrängende Kraft des Windes wegfiel und weiches Nachgeben an ihre Stelle trat, ritt die Atropos schwerelos und nur mit dem Bug aus- und eintauchend über die anrollenden Seen, einem Mädchen vergleichbar, dessen letztes Widerstreben in den Armen des Liebhabers dahinschmilzt. Aber jetzt war keine Zeit zu solchen sentimentalen Vergleichen. Schon wieder wehte auf dem Flaggschiff ein langes Signal.
»An alle Schiffe. Boote senden an – unser Bezeichnungssignal, Sir – zum Postempfang.«
»Mr. Carslake, lassen Sie sofort die Postsäcke an Deck schaffen. Es kommt von jedem Schiff ein Boot zur Abholung längsseit.«
Es war mindestens einen Monat, womöglich aber schon die doppelte Zeit her, seit Post aus England bei der Flotte eingetroffen war. Keine Zeitung, kein Wort war zu ihr gelangt. Vielleicht hatte man auf den Schiffen noch nicht einmal die Presseberichte über den Sieg bei Trafalgar zu Gesicht bekommen, den sie vier Monate zuvor errungen hatte. Nun brachte die Atropos vorübergehend Erlösung aus der entsetzlichen Abgeschiedenheit, die eine Flotte in See jahraus, jahrein zu tragen hatte. Da kamen schon die Boote angehastet, so schnell sie Riemen oder Segel vorantreiben konnten, um die armen kleinen Säcke in Empfang zu nehmen, die ihnen Nachricht von zu Hause brachten.
Schon wieder ein Signal.
»Anruf an uns, Sir. Admiral an Atropos: ›Kommandant zur Meldung an Bord des Flaggschiffs kommen.‹«
»Lassen Sie meine Gig klarmachen.«
Hornblower hatte den schlechteren seiner beiden Röcke an. Wenn er sich beeilte, war grade noch Zeit genug, unten die

Pakete mit den Depeschen zu holen, in den guten Rock zu schlüpfen, sich mit dem Kamm durch die Haare zu fahren und rasch das Halstuch ein wenig zurechtzuziehen. Er kam grade wieder an Deck, als die Gig aufs Wasser setzte. Kräftige Arme an den Riemen brachten ihn zum Flaggschiff. Dort baumelte außenbords bereits ein Bootsmannsstuhl, der fast eintauchte, sooft eine See unter ihm durchlief, und gleich wieder hoch in der Luft schwebte, wenn sie weiterrollte. Da galt es, genau den richtigen Augenblick abzupassen, wenn man ihn vom Boot aus besteigen wollte. Eine peinliche Sekunde lang hing er an den Armen in der Luft, als die Gig schon wieder unter ihm wegsackte, dann brachte er es aber irgendwie fertig, sich auf das Sitzbrett zu ziehen, und sogleich schwebte er rasch nach oben. Die Pfeifen der Bootsmannsmaate schrillten, als er mit dem Kopf über der Reling auftauchte und der Stuhl eingeschwungen wurde. Die Rechte grüßend zum Hut erhoben, betrat er das Deck.
Dieses Deck war weiß wie Schnee, weiß wie die Handschuhe und die Hemden der Fallreepsgäste. Blattgold funkelte in der Sonne, die kunstvollsten Türkenbunde schmückten jedes Strecktau, so daß man sich fragte, ob wohl die Yacht des Königs ebenso blitzte und schimmerte wie dieses Achterdeck der Ocean – ein siegreicher Admiral konnte eben auf seinem Flaggschiff solchen Aufwand treiben. Unwillkürlich erinnerte man sich bei diesem Anblick daran, wie Collingwoods früheres Flaggschiff, die Royal Sovereign, ausgesehen hatte, als sie bei Trafalgar zu einer mastlosen Hulk zusammengeschossen war und 400 Tote und Verwundete auf ihren Planken lagen. Hier trug der Leutnant der Wache eine makellose, glattgebügelte weiße Hose, die Knöpfe an seinem gut sitzenden Rock funkelten im Sonnenschein, und der Kieker, den er unter dem Arm trug, war ein strahlendes Wunder aus poliertem, mit geweißtem Kabelgarn kunstvoll umwundenem Messing. Hornblower sagte sich, daß es bestimmt für einen Leutnant alles andere als einfach war, auf so einem, durch den Admiral und seinen Stab besonders beengten Schiff immer in so tadellosem Anzug aufzutreten. Eine Stellung an Bord eines Flaggschiffs mochte ein Sprungbrett zu rascher Beförderung sein, aber zwischen den Rosen, auf denen man

hier gebettet lag, stak eben doch so mancher spitze Dorn. Flaggkapitän Rotherham – Hornblower kannte seinen Namen aus hundert Zeitungsberichten über die Schlacht bei Trafalgar – und der Flaggleutnant kamen ihm beide in ebenso eleganter Uniform entgegen.

»Seine Lordschaft erwartet Sie unter Deck, Sir«, sagte der Flaggleutnant, »wollen Sie mir, bitte, folgen.«

In der großen Kajüte schüttelte ihm Collingwood zur Begrüßung die Hand. Er war hochgewachsen und hielt sich etwas gebeugt; um seine Lippen spielte ein freundliches Lächeln. Voll Spannung griff er sogleich nach den Paketen, die ihm Hornblower reichte, und las mit einem raschen Blick die Überschriften. Eins behielt er in der Hand, die anderen gab er seinem Schreiber. Erst als er im Begriff war, das Siegel zu erbrechen, erinnerte er sich seiner Pflicht gegen den Gast.

»Nehmen Sie doch, bitte, Platz, Kapitän. Harkness, ein Glas Madeira für Kapitän Hornblower, sonst hätte ich noch einen Marsala, der wirklich zu empfehlen ist. Und jetzt wollen Sie mich, bitte, einen Augenblick entschuldigen. Ich kann wohl auf Ihr Verständnis rechnen, wenn ich Ihnen sage, daß diese Briefe von meiner Frau kommen.«

Hornblower sank in einen weichen Polstersessel, unter seinen Füßen lag ein dicker Teppich. An den Schotten hingen ein paar Bilder in silbernen Rahmen, silberne Lampen pendelten an silbernen Ketten unter den Decksbalken. Während Collingwood eifrig seine Briefe las, sah Hornblower sich ein wenig um und malte sich im stillen aus, wie all dieses Zeug in größter Hast weggestaut wurde, wenn die Ocean zum Gefecht klarmachte. Am meisten aber fesselten ihn zwei lange hölzerne Kästen, die ihren Platz vor den großen Heckfenstern hatten. Sie waren mit Erde gefüllt, und darin blühten eine Menge wunderbarer Hyazinthen und Narzissen, deren Duft so stark war, daß ihn Hornblower auf seinem Platz noch wahrnehmen konnte. Hier auf See ging von diesen Blumen ein besonderer Zauber aus.

»Ja, dieses Jahr sind meine Zwiebeln schön aufgegangen«, sagte Collingwood, der inzwischen seine Briefe in die Tasche gesteckt hatte und Hornblowers Blick gefolgt war. Jetzt ging er hin, hob mit behutsamer Hand eine Narzissenblüte und blickte in ihren offenen Kelch. »Sie sind schön, nicht wahr? Bald blühen die Narzissen auch in England – vielleicht ist es mir vergönnt, eines Tages einmal wieder dabei zu sein. Einstweilen muß ich mit diesen hier vorliebnehmen – seit drei Jahren habe ich keinen Fuß mehr an Land gesetzt.«

Ja, Flottenchefs mochten zu Adelstiteln und hohen Pensionen kommen, aber ihre Kinder wuchsen heran, ohne den Vater zu kennen. Collingwood hatte in hundert Schlachten auf seinem von Kugeln zersplitterten Deck dem Feinde standgehalten, aber das war es nicht, was Hornblower durch den Kopf ging, als er ihn so gedankenvoll lächeln sah – er mußte an die übermenschliche Aufgabe denken, dreißigtausend ungebärdige Seeleute in Zucht und guter Verfassung zu halten, an die Kriegsgerichtsurteile, die zu bestätigen waren, an den nie endenden Kampf um Wasser und Proviant und die ewige Sorge um die Konvois und alles, was die Blockade anging.

»Wollen Sie mir die Freude machen, beim Dinner mein Gast zu sein?« fragte Collingwood.

»Es wird mir eine besondere Ehre sein, Mylord.«

Hornblower tat sich etwas darauf zugute, daß ihm diese Floskel so glatt über die Lippen gekommen war, ohne daß er erst verlegen nach Worten suchen mußte.

»Das ist ausgezeichnet. Dann können Sie mir gleich allen möglichen Klatsch aus der Heimat erzählen. Ich fürchte nämlich, daß sich nicht so bald wieder Gelegenheit dazu bieten wird, weil die Atropos die Flotte gleich wieder verlassen soll.«

»Wirklich, Mylord?«

Hornblowers Spannung erreichte ihren Höhepunkt, denn nun mußte sich die Zukunft endlich entschleiern. Aber er durfte sich seine Erregung natürlich nicht anmerken lassen. Mehr zu zeigen als das temperierte Interesse eines Mannes, der tatkräftig an jede gestellte Aufgabe herangeht, hätte sich für einen selbstbeherrschten Kommandanten kaum geziemt.

»Ja, leider ist es so – aber ihr jungen Kommandanten mit euren frechen kleinen Schiffen seid ja bestimmt nicht darauf erpicht, immerzu am Rockschoß einer Flotte zu hängen.«

Collingwood zeigte ihm wieder sein gutes Lächeln, seine Wor-

te aber gaben Hornblower neuen Stoff zum Nachdenken. Natürlich hatte der Admiral die Ankunft des jüngsten Mitgliedes seiner Flotte mit kritischen Augen verfolgt. Hornblower gab sich plötzlich Rechenschaft, daß sich sein Empfang hier wohl kaum in so angenehmen Formen abgespielt hätte, wenn die Atropos durch Ungeschick beim Einnehmen der befohlenen Position oder durch Langsamkeit im Signaldienst aufgefallen wäre. Dann stünde er jetzt vielleicht in militärischer Haltung vor seinem hohen Vorgesetzten, um mit zusammengebissenen Zähnen eine Zurechtweisung hinunterzuwürgen, die an Deutlichkeit nichts zu wünschen übrigließ. Der bloße Gedanke an eine solche Szene jagte ihm eine Gänsehaut über den Rücken und bewirkte, daß seine ganze Antwort aus einem nicht eben sinnvollen Gemurmel bestand.
»Sie haben doch diesen McCullum und seine Leute an Bord, nicht wahr?«
»Jawohl, Mylord.«
Jetzt fiel es ihm nicht mehr schwer, seine Neugier zu zügeln, denn Collingwood war offenbar im Begriff, ihm seinen Auftrag mitzuteilen.
»Kennen Sie die Levante?«
»Nein, Mylord.«
Die Levante, Heimat der Türken, Griechen und Syrer, war also als Ziel für ihn bestimmt.
»Nun, dann werden Sie bald einen Eindruck davon bekommen. Sie liefern zunächst meine Depeschen in Malta ab, dann bringen Sie Mr. McCullum in die Bucht von Marmaris und unterstützen ihn dort bei seiner Bergungsarbeit.«
Die Bucht von Marmaris lag an der Küste von Kleinasien. Die Flotte, die vor einigen Jahren Ägypten angriff, hatte sich dort mit ihren Nachschubtransportern getroffen. Von Deptford her war das ein weiter Weg.
»Aye, aye, Mylord«, sagte Hornblower.
»Soviel ich weiß, haben Sie auf der Atropos keinen Steuermann an Bord.«
»Nein, Mylord, nur zwei Steuermannsmaate.«
»Dann werde ich Ihnen von Malta aus einen an Bord kommandieren, er heißt George Turner und kennt sich in den türkischen Gewässern gut aus. Damals war er mit der Flotte

in der Bucht von Marmaris und machte die Peilungen, als die Speedwell unterging.«
Die Speedwell? Hornblower suchte sich rasch zu erinnern. Richtig, so hieß das Transportschiff, das in jener Bucht bei einer plötzlichen Bö vor Anker kenterte und sank.
»Jawohl, Mylord.«
»Es dürfte Ihnen kaum bekannt sein, daß diese Speedwell die Kriegskasse des Landungskorps an Bord hatte.«
»Nein, das wußte ich nicht, Mylord.«
»Sie enthielt eine erhebliche Summe gemünzten Goldes und Silbers für die Besoldung und Verpflegung der Truppe – nicht weniger als eine Viertelmillion Pfund Sterling. An der Stelle, wo sie sank, war die Wassertiefe sogar für die besten Taucher der Navy viel zu groß. Da man aber nicht wissen konnte, was unsere tapferen Verbündeten, die Türken, in der unbeschränkten Zeit, die ihnen zu Gebote stand, noch alles zustande bringen mochten, um einen solchen Schatz dennoch zu bergen, wurde beschlossen, den Verlust geheimzuhalten. Es sieht so aus, als wäre dieses Geheimnis ausnahmsweise einmal wirklich gewahrt worden.«
»Jawohl, Mylord.«
Eine Viertelmillion in Münzen auf dem Grund der Marmarisbucht! Davon hatte bestimmt noch niemand etwas gehört.
»Die Regierung richtete schließlich eine Anfrage nach Indien, um dort Taucher aufzutreiben, die so große Tiefen erreichen können.«
»Ich verstehe, Mylord.«
»Nun wird es Ihre Aufgabe sein, die Marmarisbucht anzulaufen und dort den Schatz mit Hilfe McCullums und Turners zu heben.«
»Aye, aye, Mylord.«
Keine noch so lebhafte Phantasie hätte sich auszumalen vermocht, welche ausgefallenen Aufgaben in den Pflichtenkreis eines Seeoffiziers fallen konnten. Dennoch gab es für den Beauftragten in jedem Fall nur die eine Antwort, die Hornblower eben ausgesprochen hatte: Jawohl!
»Ich empfehle Ihnen größte Vorsicht in Ihrem Verhalten gegenüber unseren Freunden, den Türken. Die werden natürlich wissen wollen, was Sie in Marmaris treiben, und sicher

Einwendungen erheben, wenn sie den Zweck ihres Besuches erfahren. Ihre Handlungsweise wird sich dann einfach nach der jeweiligen Lage richten müssen.«
»Aye, aye, Mylord.«
»In Ihrem schriftlichen Befehl werden Sie nicht viel von dem finden, was ich Ihnen hier sage, denn das Kabinett wünscht sich verständlicherweise alles andere als einen Konflikt mit den Türken. Andererseits ist aber eine Viertelmillion in hartem Gelde auch keine Kleinigkeit. Eine solche Summe ist nicht nur heute, sondern jederzeit ein wahrer Segen für unsere Regierung. Das Geld wird dringend gebraucht, aber die Türken dürfen unter keinen Umständen verärgert werden.«
Hornblower zog aus diesen Worten den Schluß, daß er von der Szylla klar steuern mußte, aber dabei auf keinen Fall in die Charybdis geraten durfte.
»Ich glaube richtig verstanden zu haben, Mylord.«
»Zum Glück ist die Küste dort sehr wenig befahren. Die Türken unterhalten in der näheren Umgebung nur ganz schwache See- und Landstreitkräfte. Das soll aber nicht heißen, daß Sie daraufhin versuchen, den starken Mann zu spielen.«
Den starken Mann spielen? dachte Hornblower, ausgerechnet die Atropos mit ihren zwölf Knallbüchsen auf jeder Seite! Aber er ließ diese spöttische Regung nicht aufkommen, weil er sehr wohl begriff, was Collingwood meinte.
»Das werde ich bestimmt nicht tun, Mylord.«
»Dann haben wir uns richtig verstanden. Ich danke Ihnen, Kapitän.«
Der Stabsschreiber war mit einem Stoß geöffneter Post neben Collingwood getreten; er wartete offensichtlich auf eine Unterbrechung des Gesprächs, um sich sogleich bemerkbar zu machen. Auch der Flaggleutnant stand bereits wartend im Hintergrund. Beide wandten sich nun gleichzeitig an den Admiral.
»Das Dinner wird in einer halben Stunde serviert«, sagte der Flaggleutnant.
»Die dringende Post, Mylord«, meldete der Schreiber.
Hornblower erhob sich in einiger Verlegenheit von seinem Stuhl.

»Wie wäre es, wenn Sie sich eine Weile auf dem Achterdeck die Zeit vertrieben?« fragte ihn Collingwood, »mein Flaggleutnant wird Ihnen sicher gern Gesellschaft leisten.«
Wenn der Admiral einem Kommandanten und seinem Flaggleutnant etwas vorschlug, dann konnte er sicher sein, daß sie sofort darauf eingingen. Die beiden schritten also gleich darauf oben in höflicher Unterhaltung auf und ab. Dabei hätte Hornblower nur zu gern auf den Begleiter verzichtet, den er Collingwoods Aufmerksamkeit verdankte. Denn es ging ihm so vieles durch den Kopf.

10   BARON VON EISENBEISS

Malta: Kap Ricasoli lag auf der einen Seite, Fort St. Elmo mit seinen donnernden Salutgeschützen auf der anderen, und dazwischen tat sich der Blick in die Bucht des Hafens auf. Auf der vorspringenden Halbinsel dehnte sich La Valetta mit seinen Palästen, Boote in leuchtend bunten Farben wimmelten überall umher. Ein frischer Nordost warf weiße Schaumköpfe auf. Dieser Wind – Gregale nannte ihn das Segelhandbuch – ließ Hornblower keine Zeit, das schöne Bild in Ruhe zu genießen. Segelte man vor dem Wind in ein enges Fahrwasser ein, dann schien es jedesmal, als wollte sich das Schiff durchaus nicht zu einer Verminderung seiner Fahrt bequemen, ganz gleich ob man die Segel kürzte oder sogar vor Topp und Takel lief. In solchen Fällen kam alles darauf an, daß man den richtigen Zeitpunkt zum Aufdrehen wählte, das Schiff auf diese Art zum Stehen brachte, die Segel wegnahm und im entscheidenden Augenblick den Anker fallen ließ.
Auch in den kurzen Stunden, die das Schiff nach diesem schwierigen Manöver hier vor Anker liegen würde, bestand für Hornblower wenig Aussicht auf Muße. Zwar hatte er vor, seine dienstlichen Besuche gleich mit der Ablieferung der ihm persönlich anvertrauten Depeschen zu verbinden, weil er dadurch viel Zeit sparen konnte; aber so wie die ma-

geren Kühe in Pharaos Traum die fetten verzehrten, machten andere Verpflichtungen das Gewonnene alsbald wieder wett. Und ebenso wie jene mageren Kühe nach ihrer Mahlzeit um nichts fetter waren, wurde auch Hornblowers Arbeit trotz aller Planung und Einteilung um keinen Deut weniger. Bis die Post von Malta England erreichte, war auch der erste der vierteljährlichen Zahltage für sein Gehalt herangekommen, zum mindesten stand er dann so nahe bevor, daß die kurze Spanne keine Rolle mehr spielte. Er konnte also hier schon etwas Geld abheben, nicht viel natürlich, da er ja an Maria und die Kinder denken mußte, aber immerhin einen Betrag, der ihm erlaubte, sich mit einigen jener guten Dinge zu versorgen, die hier im Gegensatz zum Brot so lächerlich billig waren. Es gab Orangen, Oliven und frisches Gemüse in Fülle, die Bumboote mit den Händlern warteten nur noch auf die Erlaubnis zum Längsseitkommen.
McCullum, der natürlich sein Bergungsvorhaben im Kopf hatte, wollte eine Anforderungsliste mit all den Dingen aufgestellt haben, die er dazu für nötig hielt. Darunter befand sich eine ganze Meile halbzölliger Leine und nicht weniger als eine halbe Meile Zündschnur, ein Bedarf, zu dem Hornblower nur den Kopf schütteln konnte – aber McCullum mußte schließlich wissen, was er brauchte. Dazu kamen fünfhundert Fuß lederne sogenannte Luntenschläuche, die für Hornblower etwas ganz Neues waren. Während er die Liste unterschrieb, erwog er die unerfreuliche Möglichkeit, daß sich das Navy Office eines Tages von ihm den ganzen Kram bezahlen lassen würde. Kaum war das erledigt, sah er sich vor die anscheinend unvermeidliche Tatsache gestellt, daß alle seine Offiziere an Land wollten und ihn durch Jones mit hieb- und stichfester Begründung um seine Erlaubnis bestürmten. Hätte die Atropos in hellen Flammen gestanden, dann konnte ihr Drang, von Bord zu stürzen, auch nicht ärger sein.
Dazu kam aber noch ein neues Problem. Seine Exzellenz der Herr Gouverneur sandte ein Billet an Bord und fragte an, ob ihm Kapitän Hornblower und einer seiner Offiziere das Vergnügen machen würde, heute abend in seinem Palais mit ihm zu dinieren. Eine solche Einladung abzulehnen war völlig ausgeschlossen, darum brauchte man auch mit Über-

legungen darüber keine Zeit zu verlieren. – Seine Exzellenz war natürlich genauso versessen darauf, den neuesten Klatsch aus London zu hören und wieder einmal ein neues Gesicht zu sehen, wie jeder andere Mensch auch. Und wen er mitnehmen mußte, stand ebenfalls fest. Seine Exzellenz brauchte nur zu erfahren, wer an Bord der Atropos eingeschifft war; er würde es Hornblower gründlich verübeln, wenn er ihm keine Gelegenheit bot, diesen Sproß aus königlichem Geblüt an seinem Tisch zu bewirten.
»Mr. Fürst soll zu mir kommen«, sagte Hornblower, »und der Doktor ebenfalls.«
Der Doktor sollte helfen, dem Fürsten genau zu verdolmetschen, was ihm bevorstand. Der Junge hatte zwar während dieses Monats an Bord eine Menge Englisch gelernt, aber der Wortschatz einer Fähnrichsmesse reichte zu einer Verständigung über Fragen vizeköniglicher Etikette eben doch nicht ganz aus. Der Fürst kam etwas atemlos herangestürzt und zog sich dabei noch rasch seine Uniform zurecht, Eisenbeiß keuchte ebenfalls – er hatte ja über das ganze Oberdeck rennen und den engen Niedergang herunterklettern müssen.
»Bitte erklären Sie seiner Durchlaucht«, sagte Hornblower, »daß er mit mir zum Dinner beim Gouverneur an Land fahren soll.«
Eisenbeiß sagte etwas auf deutsch, und der Junge gab mit einer knappen Verbeugung kund, daß er verstanden hatte. Die deutschen Worte allein bewirkten offenbar, daß unter der Tünche britischer Fähnrichsallüren wieder die alte Hoferziehung sichtbar wurde.
»Soll Seine Durchlaucht dazu in Hofkleidung erscheinen?« fragte Eisenbeiß.
»Nein«, sagte Hornblower, »in Uniform. Und wenn ich ihn noch einmal mit so schmutzigen Schuhen erwische wie eben, dann macht er mit dem Stock Bekanntschaft.«
»Sir...« fuhr Eisenbeiß auf, aber dann verschlug es ihm die Sprache. Den Stock – seinem Fürsten, das war zuviel. Wahrscheinlich war es ganz gut, daß er keine Worte mehr fand.
»Soll ich ebenfalls in Uniform erscheinen?« fragte Eisenbeiß.
»Leider sind Sie nicht eingeladen, Herr Doktor«, gab ihm Hornblower zur Antwort.

»Aber ich bin doch Hofmarschall Seiner Durchlaucht, Sir«, platzte Eisenbeiß los, »und der bevorstehende Besuch trägt durchaus offiziellen Charakter. Für solche Fälle sieht das Hausgesetz von Seitz-Bunau vor, daß ich allein zur Vorstellung bei seiner Durchlaucht berechtigt bin.«
Hornblower ließ sich nicht aus der Ruhe bringen.
»Ich vertrete immerhin Seine Britannische Majestät«, sagte er. »Seine Britannische Majestät wird es unter keinen Umständen billigen, daß seinem Verbündeten der Ehrendienst verweigert wird, der ihm als souveränem Fürsten zukommt. Ich erfülle meine Pflicht als Staatssekretär, indem ich gegen diese Unterlassung feierlich Protest erhebe.«
»Tun Sie das«, sagte Hornblower, griff mit der Hand nach dem Kopf des jungen Fürsten und beugte ihn nach vorn: »Sie würden sich bestimmt nützlicher machen, wenn Sie Ihr Augenmerk darauf richteten, daß sich Seine Durchlaucht auch hinter den Ohren wäscht.«
»Aber Sir!« entsetzte sich Eisenbeiß.
»Also Mr. Fürst, melden Sie sich in einer halben Stunde in tadellosem Anzug klar zum Anlandgehen.«
Wie vorauszusehen, war das Dinner beim Gouverneur eine ziemlich langweilige Angelegenheit. Glücklicherweise fand Hornblower beim Empfang durch den Adjutanten wenigstens Gelegenheit, das schwierige Problem der Vorstellung auf dessen Schultern abzuwälzen – er selbst kam nämlich beim besten Willen nicht mit der Frage klar, ob Seine Durchlaucht Seiner Exzellenz oder Seine Exzellenz seiner Durchlaucht vorzustellen war. Er belustigte sich im stillen über das erregte Geflüster Ihrer Exzellenz, als diese den Rang des zweiten Gastes erfuhr. Die Ärmste mußte in aller Eile eine neue Tischordnung machen. Schließlich saß Hornblower zwischen zwei nicht eben sehr unterhaltsamen Damen, von denen die eine rote Hände hatte, die andere an einer chronisch rinnenden Nase litt. Er gab sich alle Mühe, ein höfliches Gespräch in Gang zu halten, mit den Getränken ging er dabei so vorsichtig um, daß er jedesmal nur die Lippen netzte, wenn die anderen kräftige Schlucke nahmen.
Der Gouverneur trank auf Seine Durchlaucht, den Fürsten von Seitz-Bunau, der junge Fürst brachte mit vollendeter

Sicherheit sein Hoch auf den König von Großbritannien aus; wahrscheinlich hatte er die englischen Worte dieses Trinkspruchs zu allererst gelernt, lange ehe er etwas von ›Fest hieven‹ oder ›Los, ihr müde Bande‹ wußte. Als sich die Damen zurückgezogen hatten, hörte sich Hornblower aufmerksam an, was Seine Exzellenz zu dem drohenden Einfall Napoleons in Süditalien zu bemerken hatte und wieviel Aussicht seiner Meinung nach bestand, wenigstens Sizilien vor dem Zugriff des Eroberers zu retten. Nach der Rückkehr in den Salon machte er noch so lange Konversation, wie es die Schicklichkeit gebot, und gab dann dem Fürsten verstohlen das Zeichen zum Aufbruch. Dieser zeigte ihm mit einem lächelnden Blick, daß er verstanden hatte, und erhob sich sogleich von seinem Platz. Es war erstaunlich zu sehen, mit welcher selbstverständlichen Würde dieser Junge beim Abschied die Verbeugungen der Herren und die Hofknickse der Damen entgegennahm – und morgen saß er dann wieder unter seinen Kameraden in der Fähnrichsmesse... Ob er wohl Manns genug war, sich dort durchzusetzen? Wehrte er sich auch tüchtig seiner Haut, wenn er etwa bei der Fleischausgabe mehr Knochen zugeteilt bekam, als recht und billig war?

Die Gig brachte sie im Nu von der Anlegestelle des Gouverneurs zur Atropos zurück. Als Hornblower das Deck betrat, schrillten ihm die Bootsmannsmaatenpfeifen ihren Willkommengruß entgegen; aber ehe er noch die Hand vom Hutrand sinken ließ, sagte ihm schon sein Gefühl, daß hier an Bord inzwischen irgend etwas vorgefallen war. Er warf einen ersten forschenden Blick nach vorn – das ganze Deck leuchtete grade in den wilden gelben und roten Farben, die der Gregale bei Sonnenuntergang an den Himmel zu zaubern pflegte. Nein, mit den Leuten hatte es nichts gegeben, die standen ruhig und friedlich wie immer beieinander. Auch die drei Ceylontaucher kauerten zusammen an der Beting und wahrten den gewohnten Abstand von den anderen. Nur die Offiziere standen mit auffallend bedrückten Mienen zusammen auf dem Achterdeck. Hornblower faßte einen nach dem anderen scharf und prüfend ins Auge, erst Jones, dann Still, die beiden Leutnants, den Zahlmeister Carslake und endlich

Silver, den Steuermannsmaat der Wache. Schließlich trat Jones als der Älteste vor und machte seine Meldung:
»Ich muß melden, Sir, daß ...«
»Nun, was denn, Mr. Jones?«
»Daß ein Duell stattgefunden hat.«
Es war toll, was ein Kommandant an bösen Überraschungen zu gewärtigen hatte. Ob unter seinen Leuten eine Seuche ausbrach, ob sich herausstellte, daß die Verbände seines Schiffes von Trockenfäule befallen waren, er mußte auf alles gefaßt sein. Man konnte Jones vom Gesicht ablesen, daß bei diesem Zweikampf jemand ernstlich zu Schaden gekommen war.
»Wer war daran beteiligt?« fragte Hornblower.
»Der Doktor und Mr. McCullum, Sir.«
Immerhin, ein Arzt ließ sich irgendwo auftreiben, schlimmstenfalls kam man sogar ohne seine Dienste aus.
»Wie war der Ausgang?«
»Mr. McCullum bekam einen Lungenschuß, Sir.«
Gott im Himmel! Das durfte nicht kommen, damit stand sein ganzes Unternehmen auf dem Spiel. Ein Schuß durch die Lunge bedeutete fast mit Sicherheit den Tod des Getroffenen. Was fing er aber an, wenn ihm McCullum starb, den man eigens für diese Aufgabe von Indien hergeholt hatte? Ehe von dort ein Ersatzmann zur Stelle war, vergingen gut und gern eineinhalb Jahre. Irgendeinen anderen, greifbaren Bergungsfachmann zuzuziehen, hatte in diesem Fall keinen Zweck, es mußte unbedingt jemand sein, der mit den eingeborenen Tauchern aus Ceylon zu arbeiten verstand. Ganz elend vor Verzweiflung fragte sich Hornblower, warum das Schicksal ausgerechnet ihn mit so teuflischer Bosheit heimsuchte. Er mußte gewaltsam schlucken, ehe er die nächsten Worte herausbrachte. (Vgl. ④ Karte S. 155)
»Wo ist er jetzt?«
»Mr. McCullum, Sir? Er wird vom Garnisonsarzt betreut und liegt im Lazarett an Land.«
»Lebt er noch?«
Jones breitete mit hoffnungsloser Geste die Hände.
»Jawohl, Sir, vor einer halben Stunde lebte er noch.«
»Wo ist der Doktor?«
»Unter Deck, in seiner Kammer, Sir.«

»Ich möchte ihn sprechen. Nein, warten Sie, ich werde ihn holen lassen, wenn ich ihn brauche.«
Er mußte zuerst noch gründlich überlegen, er brauchte Zeit und Muße, um zu entscheiden, was zu tun war. Unwillkürlich begann er an Deck auf und ab zu gehen, um der stürmischen Erregung Luft zu schaffen, die ihn fast zu sprengen drohte. Aber auch im Gleichtakt der Schritte gelang es ihm nur ganz allmählich, seine Gedanken wieder in geordnete Bahnen zu lenken. Es störte ihn, daß die Offiziere untätig herumstanden – aber unten in der Kajüte fand er natürlich erst recht keine Sammlung. Zu allem Überfluß kam jetzt Jones vom Vorschiff und riß ihn aus seinen Überlegungen:
»Mr. Turner ist an Bord gekommen, Sir.«
Mr. Turner? Turner? Richtig, das war der Steuermann, den ihm Collingwood eigens zur Verfügung gestellt hatte, weil er in den türkischen Gewässern Bescheid wußte. Während Jones noch sprach, kam hinter ihm ein hagerer alter Mann zum Vorschein, der einen Brief in der Hand hielt – offenbar den Befehl, der ihn an Bord geführt hatte.
Hornblower gab sich alle Mühe, daß seine Begrüßung einigermaßen herzlich klang:
»Willkommen an Bord, Mr. Turner«, sagte er und fragte sich zugleich, ob er je in die Lage kommen würde, die Dienste dieses Mannes in Anspruch zu nehmen.
»Ihr gehorsamer Diener, Sir«, sagte Turner mit altmodischer Höflichkeit.
»Mr. Jones, sehen Sie bitte zu, daß Mr. Turner ein gutes Quartier bekommt.«
»Aye, aye, Sir.«
Das war die einzige Antwort, die Jones geben konnte, so schwer es ihm auch fallen mochte, den Befehl auszuführen. Aber Jones stand augenscheinlich im Begriff, seinen Worten noch etwas hinzuzusetzen, vielleicht kam er gar mit dem Vorschlag heraus, Turner in McCullums Kammer unterzubringen. Hornblower hätte es nicht über sich gebracht, sich so etwas in Ruhe anzuhören, solange er noch mit seinem Entschluß rang. Der bloße Gedanke daran reizte ihn bis zur Weißglut und veranlaßte ihn zu einem Willkürakt, der eines Kommandanten der alten Schule würdig gewesen wäre.

»Alles unter Deck!« stieß er hervor. »Ich möchte das Achterdeck für mich allein haben.«
Die Offiziere sahen ihn an, als ob sie nicht richtig verstanden hätten, obwohl sie wußten, daß sie sich nicht verhört haben konnten. »Bitte, gehen Sie unter Deck«, wiederholte er, aber auch dieses ›Bitte‹ nahm seinem Befehl nichts an Schärfe und Bestimmtheit. »Steuermannsmaat der Wache, Sie achten mir darauf, daß niemand das Achterdeck betritt, und bleiben mir gefälligst selbst aus dem Wege.«
Nun begaben sie sich alle folgsam unter Deck. Der unerhörte Befehl kam immerhin von einem Kommandanten, der sich (nach den Erzählungen der Gigsgäste) nur mit Mühe davon abbringen ließ, ein Dutzend französische Gefangene zu hängen, weil es ihm Freude machte, sich an ihren Todesqualen zu weiden. Jetzt hatte er endlich das Achterdeck für sich allein und wanderte dort im schwindenden Zwielicht zwischen Kreuzmast und Heckreling auf und ab. Er ging rasch, am Ende der kurzen Bahn riß er sich jedesmal mit einem Ruck herum, Zorn und Besorgnis spornten seine Schritte an.
Es war höchste Zeit, daß er zu einem Entschluß kam. Das Nächstliegende wäre gewesen, Collingwood von dem Vorfall Meldung zu machen und weitere Befehle abzuwarten. Aber wie lange dauerte es, bis ein Fahrzeug mit Post für Collingwood Malta verließ, und wie lange, bis ein anderes die Antwort brachte? Wahrscheinlich verging darüber ein voller Monat. Wenn er mit der Atropos einfach so lange im Hafen wartete, dann war er als Kommandant, weiß Gott, keinen Schuß Pulver wert. Er konnte sich denken, was Collingwood von einem Manne hielt, der der Verantwortung so scheu aus dem Wege ging. Eine zweite Möglichkeit bestand darin, sofort auszulaufen und Collingwood selbst aufzusuchen, aber dem standen die gleichen Einwände entgegen. Wie konnte er Collingwood unter die Augen treten, wenn er eines Tages vor Toulon oder Livorno oder wo immer Collingwood sich im Wechselspiel des Krieges gerade befand, bei der Flotte auftauchte, während man ihn doch zweitausend Meilen weiter östlich vermutete? Nein, nein, so ging es auf keinen Fall. Er mußte sich diese beiden ›Lösungen‹ seines Problems aus dem Kopf schlagen, denn es waren keine.

So blieb ihm denn nichts anderes übrig, als die Reise befehlsgemäß fortzusetzen – so, als wäre McCullum nichts zugestoßen. Das hieß, daß er die Leitung der Bergungsarbeiten selbst übernehmen mußte, obwohl er so gut wie gar keine Erfahrung darin besaß. Wieder stieg kalte Wut in ihm auf, als er die Nachteile und Schwierigkeiten überdachte, die dieses hirnverbrannte Duell im Gefolge hatte. Ausgerechnet diese beiden, der Dummkopf Eisenbeiß und der eingebildete Polterer McCullum! Wie konnten sie sich herausnehmen, England in seinem weltweiten Kampf gegen Bonaparte Schaden zuzufügen, nur weil ihnen ihre persönlichen Händel so maßlos wichtig schienen. Er selbst hatte doch diesen Eisenbeiß mit seiner unvorstellbaren Querköpfigkeit ertragen gelernt, warum brachte es McCullum nicht ebenso fertig? Und wenn es schon zum Konflikt kommen mußte, warum konnte er dann nicht wenigstens so gut zielen, daß der lächerliche Doktor getroffen wurde, statt daß er sich selbst über den Haufen schießen ließ? Aber diese rhetorischen Fragen brachten ihn der Lösung der dringenden Probleme um keinen Schritt näher, er mußte seinen Gedanken eine andere Richtung geben, zumal sich jetzt noch eine weitere Überlegung einschlich, die sofort ein quälendes Schuldgefühl in ihm weckte. Hätte er nicht merken müssen, daß es an Bord seines Schiffes zwischen zwei Messemitgliedern böses Blut gab? Er dachte daran, wie leichtfertig er Jones für die Unterbringung McCullums auf dem kleinen, überbemannten Schiff verantwortlich gemacht hatte. Wahrscheinlich waren der Doktor und McCullum einander schon in der Messe auf die Nerven gefallen, daran war kaum zu zweifeln – an Land, beim Wein in irgendeiner Kneipe war dann die versteckte Feindschaft offen aufgeflammt, so daß es am Ende zum Duell kam. Seine Sache wäre es gewesen, diese Gefahr rechtzeitig zu erkennen und im Keim zu ersticken. Hornblower züchtigte sich im Geist erbarmungslos für diese Nachlässigkeit und wurde im gleichen Augenblick von einem bitteren Gefühl der Selbstverachtung heimgesucht. War er überhaupt fähig, das Kommando über ein Schiff Seiner Majestät zu führen?
Diese Frage wühlte ihn noch mehr auf. Die innere Unsicherheit war nicht länger zu ertragen; er mußte sich selbst den

Beweis liefern, daß er wirklich der Mann war, der er sein wollte, und wenn er darüber zerbrach. Darum mußte er das Bergungsunternehmen durchführen, koste es, was es wolle, wenn es nicht anders ging, dann ganz aus eigener Kraft. Er hatte keine Wahl, er mußte.
Das war die Entscheidung. Als sie gefallen war, legte sich alsbald seine Erregung, und er begann fieberhaft, aber dennoch klar zu denken. Natürlich mußte er jetzt jede nur denkbare Maßnahme ergreifen, um den Erfolg zu sichern, nicht die geringste Kleinigkeit durfte dabei vernachlässigt werden. McCullum hatte lederne Luntenschläuche angefordert, das gab ihm einen Anhalt, wie diese Bergung angegangen werden mußte. Vor allem war McCullum, soviel er wußte, noch nicht tot. Vielleicht wurde er gar wieder – nein, das war wohl doch nicht möglich. Niemand hatte je einen Lungenschuß überlebt. Und doch ...
»Mr. Nash!«
»Sir!« antwortete der Steuermannsmaat der Wache und kam auch schon angerannt.
»Sofort meine Gig. Ich fahre zum Lazarett.«
Der Himmel zeigte noch eine letzte Spur von Helligkeit, aber das Wasser rings um das Boot war schwarz wie Tinte und spiegelte in langen Zickzackreihen die Lichter von La Valetta. Die Riemen knarrten im gemessenen Takt der Schläge in den Dollen. Hornblower widerstand seinem Verlangen, die Männer zu größerer Kraftleistung anzuspornen, sie hätten doch nicht schnell genug rudern können, um seinen unbändigen Drang zum sofortigen Handeln zu befriedigen.
Die Offiziere der Garnison saßen noch in ihrer Messe beim Wein. Der Messeunteroffizier ging auf Hornblowers Verlangen hinein und holte ihm den Wundarzt heraus, einen jüngeren Mann, der glücklicherweise noch nüchtern war. Beim Licht einer Kerze lauschte er aufmerksam auf Hornblowers Fragen.
»Die Kugel traf ihn in die rechte Achselhöhle«, erklärte der Arzt. »Das war zu erwarten, da er dem Gegner die Schulter zukehrte und den Arm erhoben hatte. Der Einschuß sitzt näher am hinteren Ende der Achselhöhle, also mehr nach dem Rücken zu und in Höhe der fünften Rippe.«

Hornblower wußte, daß auch das Herz in Höhe der fünften Rippe saß, darum verhieß ihm diese Angabe nichts Gutes.
»Wahrscheinlich hat die Kugel seinen Körper nicht ganz durchschlagen?«
»Nein«, antwortete der Arzt, »es kommt sehr selten vor, daß eine Pistolenkugel den menschlichen Körper durchschlägt, wenn sie auf einen Knochen trifft. Auch auf zwölf Schritt Abstand ist das kaum möglich. Die Pulverladung wiegt ja nicht einmal vier Gramm. Natürlich sitzt die Kugel noch in der Wunde, wahrscheinlich in der Brusthöhle.«
»So ist also kaum zu erwarten, daß der Mann davonkommt.«
»Das ist sehr unwahrscheinlich, Sir. Es ist schon ein Wunder, daß er überhaupt noch lebt. Die Hämoptyse – ich meine das Blutspucken, Sir – ist allerdings nur in ganz leichter Form aufgetreten. Die meisten Brustverletzten sterben innerhalb weniger Stunden an innerer Verblutung, aber in diesem Fall scheint die Lunge selbst nicht verletzt zu sein. Unter der rechten Scapula – dem Schulterblatt – ist eine erhebliche Kontusion festzustellen, ein Zeichen, daß die Kugel dort ihren Weg beendet hat.«
»Also dicht am Herzen, nicht wahr?«
»Jawohl, Sir, dicht am Herzen. Aber sie hat erstaunlicherweise keines der dort liegenden großen Blutgefäße verletzt, sonst wäre der Mann innerhalb weniger Sekunden gestorben.«
»Warum geben Sie ihm dennoch so wenig Aussicht durchzukommen?«
Der Doktor schüttelte den Kopf. »Sobald die Brusthöhle durchlöchert ist, kann man nur wenig Hoffnung auf eine Heilung geben, und wenn gar die Kugel noch in der Wunde sitzt, ist ein tödlicher Ausgang so gut wie sicher. Die Kugel hat auf alle Fälle Fetzen der Kleidung mit in die Wunde gerissen, die einen Wundbrand im Inneren des Körpers verursachen. Die Folge ist eine allgemeine Vergiftung durch bösartige Säfte, die in wenigen Tagen zum Tode führt.«
»Könnten Sie nicht mit einer Sonde nach der Kugel suchen?«
»In der Brusthöhle? Wo denken Sie hin, Sir.«
»Wie haben Sie den Mann denn bis jetzt behandelt?«
»Ich habe die Einschußöffnung verbunden, um die Blutung

zum Stehen zu bringen. Dann habe ich einen festen Verband um den Brustkorb gelegt, damit die spitzen Enden der gebrochenen Rippen die Lunge nicht mehr verletzen können; endlich habe ich aus der linken Basilarvene zwei Unzen Blut entnommen und dem Patienten ein Betäubungsmittel verabreicht.«
»Ein Betäubungsmittel? So ist er also jetzt nicht bei Bewußtsein?«
»Nein, bestimmt nicht.«
Hornblower mußte sich sagen, daß er immer noch so klug war wie ganz zu Beginn, als ihm Jones die Katastrophe meldete.
»Sie sagten doch, er könne noch einige Tage leben. Wie viele Tage geben Sie ihm noch?«
»Ich kenne die Konstitution des Patienten nicht, Sir, jedenfalls ist er aber ein kräftiger Mann, der in den besten Jahren steht. Darum könnte es sein, daß er noch eine Woche durchhält, vielleicht sogar noch länger. Tritt aber eine Wendung ein, dann ist er womöglich morgen schon tot.«
»Gesetzt, er bliebe noch mehrere Tage am Leben, kann man da annehmen, daß er während dieser Zeit bei Bewußtsein ist?«
»Das ist wahrscheinlich. Wenn erst das Bewußtsein schwindet, dann naht auch das Ende. Der Patient bekommt Fieber, wird unruhig, fällt in Delirien und stirbt.«
Es war also möglich, daß McCullum noch mehrere Tage bei Bewußtsein war, und es bestand trotz allem sogar noch eine winzige Spur von Hoffnung, daß er ganz durchkam.
»Und wenn ich ihn auf See mitnehme? Würde ihm das helfen? Oder würde es ihm schaden?«
»Dann müssen Sie in erster Linie dafür sorgen, daß er wegen der gebrochenen Rippen unbeweglich liegt. Im übrigen könnte es sein, daß er auf See sogar länger am Leben bleibt. Hier auf der Insel haben wir nämlich auch die üblichen Mittelmeerfieber zu fürchten, dazu kommt noch ein endemisches schleichendes Fieber, das zur Zeit so verbreitet ist, daß mein ganzes Lazarett voll solcher Fälle liegt.«
Das war endlich eine Auskunft, die ihm auf dem Weg zu einer Entscheidung weiterhalf.

»Ich danke Ihnen, Herr Doktor«, sagte Hornblower. Sein Entschluß war gefaßt. Die sachlichen Vereinbarungen mit dem Arzt und der Abschied nahmen nur noch ein paar Minuten in Anspruch, dann brachte ihn die Gig durch die Dunkelheit über das nachtschwarze Wasser zurück, dorthin, wo die Ankerlaterne der Atropos von weitem ihren schwachen Schimmer zeigte.

»Der Doktor soll sofort zu mir kommen«, war Hornblowers Antwort auf den Gruß des Wachhabenden Offiziers.

Eisenbeiß schob sich langsam in die Kajüte. Seine Haltung hatte zwar etwas Herausforderndes, dennoch konnte er nicht verbergen, daß ihm nicht ganz wohl zumute war. Er war darauf gefaßt, sich gegen ein Unwetter zur Wehr zu setzen, das sich jetzt nach menschlichem Ermessen über sein Haupt entladen mußte. Um so mehr mußte ihn der Empfang überraschen, der ihm nun zuteil wurde. Mit feindselig verkniffener Miene trat er an den Tisch, hinter dem Hornblower saß, und begegnete dessen Blick mit dem schuldbewußten Trotz eines Menschen, der eben einem anderen das Leben genommen hat.

»Mr. McCullum«, begann Hornblower, und die dicken Lippen des Doktors wollten sich gleich zu einem höhnischen Grinsen verziehen, »wird heute abend an Bord gebracht. Er ist noch am Leben.«

»Hier an Bord? Auf dieses Schiff?« fragte der Doktor. Er war so überrascht, daß er ganz vergaß, seine widerspenstige Haltung aufrechtzuerhalten.

»Sie haben mich mit ›Sir‹ anzureden, verstanden? Ja, ich lasse ihn vom Lazarett herüberbringen. Mein Befehl an Sie geht dahin, alle Vorbereitungen für den Empfang des Verletzten zu treffen.«

Die Antwort des Doktors bestand aus ein paar unverständlichen deutschen Worten, aber man konnte unschwer erraten, daß er damit seiner hilflosen Bestürzung Ausdruck gab.

»Ihre Antwort ist ›aye, aye, Sir‹ und nichts anderes«, fuhr ihn Hornblower an. Es kostete ihn solche Mühe, die aufsteigende Erregung zu meistern und seine Nerven zu zügeln, daß er auf seinem Platz hinter dem Tisch am ganzen Körper zu zittern begann. Gegen seinen Willen krampfte sich seine

Rechte zur Faust zusammen und wäre auch noch krachend auf den Tisch geknallt, hätte er sich nicht in letzter Sekunde Einhalt geboten. Aber die Erregung, die in seinem Inneren verborgen tobte, mußte seinem Gegenüber doch auf telepathischem Wege spürbar geworden sein.
»Aye, aye, Sir«, sagte der Doktor widerwillig.
»Mr. McCullums Leben ist für mich äußerst wertvoll, Doktor, viel wertvoller als das Ihre.«
Der Doktor brachte als Antwort nur ein Gemurmel hervor.
»Es ist Ihre Pflicht, ihn am Leben zu erhalten.«
Hornblowers Faust lockerte sich, seine Erregung hatte sich so weit gelegt, daß er Eisenbeiß langsam, Punkt für Punkt klarmachen konnte, was er von ihm erwartete.
»Sie haben im Rahmen des Menschenmöglichen für den Verwundeten zu sorgen. Wenn Sie dazu irgend etwas brauchen, dann melden Sie es mir, und ich werde Ihnen das Gewünschte beschaffen. Es gilt für Sie, ihn wieder gesund zu machen oder wenigstens so lange wie möglich am Leben zu erhalten. Ich empfehle Ihnen, ihm hinter der sechsten Karronade an Steuerbord ein Krankenrevier einzurichten, weil dort die Schiffsbewegungen am wenigsten zu spüren sind. Dort kann ihm auch ein Zeltdach zugetakelt werden, das ihn gegen die Unbilden der Witterung schützt. Wenden Sie sich deshalb an Mr. Jones. Der Schweinestall wird nach vorne gebracht, damit ihn die Tiere nicht belästigen können.«
Hornblower hielt inne und fixierte ihn so lange, bis das ›Aye, aye, Sir‹ von seinen Lippen kam, wie ein Korken, der aus einer Flasche springt. Dann fuhr Hornblower fort:
»Wir gehen morgen bei Hellwerden in See. Mr. McCullum muß am Leben bleiben, bis wir unseren Bestimmungsort erreicht haben und noch eine ganze Zeit länger, so lange nämlich, bis er die Aufgabe erfüllt hat, deretwegen er von Indien hierhergerufen wurde. Ist Ihnen das klar?«
»Jawohl, Sir«, antwortete der Doktor. Zugleich verriet allerdings sein fragender Blick, daß er noch keineswegs begriffen hatte, was das alles sollte.
»Ich sage Ihnen, bringen Sie ihn durch«, fuhr Hornblower fort. »Es liegt in Ihrem eigenen Interesse. Wenn er nämlich stirbt, dann kann ich Sie nach englischem Recht wegen Mor-

des unter Anklage stellen. Schauen Sie mich nicht so an, ich mache Ihnen nichts vor. Unser Strafrecht kennt das Duell nicht. Ich kann Sie hängen lassen, Doktor.«
Der Doktor verfärbte sich und versuchte, mit einer Geste seiner großen Hand Verwahrung einzulegen, weil ihm die Zunge den Dienst versagte.
»Aber der Strick allein wäre für Sie zu schade, Doktor«, fügte Hornblower hinzu. »Ich kann und werde Ihnen noch etwas mehr zu kosten geben. Sie haben einen feisten, gut durchwachsenen Rücken, wie geschaffen für die neunschwänzige Katze. Wie das Auspeitschen vor sich geht, haben Sie ja schon gesehen – denken Sie nur an die beiden, die in der vergangenen Woche ihre Hiebe bekamen. Haben Sie gehört, wie sie schrien? Sie werden mindestens ebenso laut brüllen, wenn Sie an der Gräting stehen, das verspreche ich Ihnen.«
»Nein«, stieß der Doktor hervor, »das können Sie nicht...«
»Nennen Sie mich gefälligst ›Sir‹ und widersprechen Sie mir nicht. Sie haben gehört, was Ihnen bevorsteht. Bilden Sie sich ja nicht ein, daß ich leere Worte mache. Ich habe das Recht, so mit Ihnen zu verfahren, und ich bin entschlossen, von diesem Recht Gebrauch zu machen.«
Der Kommandant eines Schiffes, das fern von jeder Obrigkeit die Meere befuhr, besaß in der Tat eine unbeschränkte Machtfülle. Das wußte der Doktor ganz genau, außerdem aber verriet ihm Hornblowers grimmige Miene und sein erbarmungsloser Blick, mit dem er ihn förmlich durchbohrte, daß dieser Mann wirklich zu allem imstande war. Unterdes mußte sich Hornblower alle Mühe geben, den Ausdruck unerbittlicher Härte beizubehalten und den Überlegungen Einhalt zu gebieten, die sich alsbald hartnäckig in sein Bewußtsein drängten. Es gab womöglich den schlimmsten Skandal, wenn der Admiralität zu Ohren kam, daß er einen Schiffsarzt mit Patent auspeitschen ließ. Andererseits durfte man wohl zweifeln, ob die Kunde von einem solchen Vorfall in der fernen Levante je bis nach London drang. Aber das war nicht die einzige Vorstellung, die ihn unsicher machte. War McCullum erst unwiderruflich tot, dann machte ihn auch eine Züchtigung des Doktors nicht mehr lebendig, und Hornblower kannte sich gut genug, um zu wissen, daß er es

kaum über sich bringen würde, einen Menschen ohne handgreiflichen Sinn und Zweck zu foltern. Aber das machte schließlich nichts, solange Eisenbeiß nicht dahinterkam.
»Ist Ihnen jetzt alles klar, Doktor?«
»Jawohl, Sir.«
»Dann befehle ich Ihnen, die nötigen Vorbereitungen sofort in Angriff zu nehmen.«
Hornblower war ehrlich überrascht, als Eisenbeiß immer noch zögerte, sich zurückzuziehen. Schon wollte er den fieberhaften Gesten der großen Hände des Doktors mit scharfen Worten ein Ende machen, da kam jener endlich mit seinem Anliegen heraus.
»Sie haben eines vergessen, Sir . . .«
»Was soll ich denn vergessen haben?« fragte Hornblower. Statt sich kurzerhand alle weiteren Bemerkungen zu verbitten, stellte er diese Frage, um Zeit zu gewinnen – ein Beweis, daß es Eisenbeiß mit seiner Hartnäckigkeit gelungen war, ihn aus dem Konzept zu bringen.
»Mr. McCullum und ich – sind verfeindet.«
Hornblower hatte das in der Tat vergessen. Sein Schachspiel mit lebenden Figuren hatte ihn so im Bann gehalten, daß ihm darüber dieser entscheidende Umstand ganz entfallen war. Aber das durfte er jetzt natürlich nicht eingestehen.
»Was tut das zur Sache?« fragte er in eisigem Ton und hoffte, daß ihm seine Bestürzung nicht allzu deutlich anzumerken war.
»Ich habe auf ihn geschossen«, sagte Eisenbeiß und begleitete seine Worte mit einer so bildhaften Gebärde seiner Rechten, die die Pistole gehalten hatte, daß Hornblower den ganzen Hergang des Duells vor sich sah. »Was wird er dazu sagen, wenn ich ihn jetzt pflege?«
»Wer von euch beiden hat denn den anderen gefordert?« fragte Hornblower, weil ihm immer noch daran gelegen war, Zeit zu gewinnen.
»Er forderte mich«, sagte Eisenbeiß. »Er meinte, ich sei kein richtiger Baron, worauf ich ihm sagte, er sei kein Gentleman. Dafür knalle ich Sie zusammen, gab er mir zur Antwort, und so kam es zum Duell.«
Dieser Eisenbeiß hatte McCullum ausgerechnet an seiner emp-

findlichsten Stelle getroffen, kein Wunder, daß er darüber in blinde Raserei geraten war.
»Sie können sich also mit Fug und Recht als Baron bezeichnen?« fragte Hornblower teils aus Neugierde, teils weil er noch Zeit brauchte, seine Gedanken zu sammeln.
Der Baron richtete sich so hoch auf, wie es die Decksbalken erlaubten.
»Ich weiß, daß ich es bin, Sir. Seine Durchlaucht hat mein Adelspatent mit eigener Hand unterzeichnet.«
»Und wann geschah das?«
»Als – als wir ganz allein auf uns gestellt waren; nur Seiner Durchlaucht und mir gelang es über die Grenze zu entkommen, als Bonapartes Truppen Seitz-Bunau besetzten. Alle anderen traten in den Dienst des Tyrannen. Nun war es mit den höfischen Sitten unvereinbar, daß Seine Durchlaucht nur von einem Angehörigen des Bürgerstandes betreut wurde. Nur ein Adliger durfte ihm beim Entkleiden behilflich sein oder die Mahlzeiten servieren. Er brauchte einen Hofmarschall zur Ordnung des Zeremoniells und einen Staatssekretär zur Behandlung der auswärtigen Angelegenheiten. So kam es, daß mir Seine Durchlaucht diese beiden hohen Staatsämter übertrug und mich zu ihrer Wahrnehmung in den Adelsstand erhob – und darum trage ich mit Fug und Recht den Titel eines Barons.«
»Sie haben ihm wohl dazu geraten, wie?«
»Ich war der einzige Ratgeber, der ihm geblieben war.«
Das war alles recht interessant und ungefähr so, wie Hornblower es sich gedacht hatte; aber es gehörte eigentlich nicht zur Sache. Immerhin war Hornblower jetzt so weit mit sich im reinen, daß er wieder auf den Kernpunkt zurückkommen konnte.
»Wie war das bei dem Duell?« fragte er. »Haben Sie beide geschossen?«
»Jawohl, Sir. Seine Kugel flog dicht an meinem Ohr vorbei«, antwortete Eisenbeiß.
»Dann ist der Ehre also beiderseits Genüge geschehen«, sagte Hornblower mehr zu sich selbst als zu dem Doktor.
Nach den geltenden Regeln war das durchaus richtig. Durch einen Kugelwechsel, erst recht, wenn dabei Blut vergossen

wurde, galt jeder Ehrenhandel als beigelegt, und die Kontrahenten konnten wieder miteinander verkehren, als ob nichts zwischen ihnen gewesen wäre. Aber der Fall mochte immerhin anders liegen, wenn sie nun als Arzt und Patient zueinander in Beziehung traten. Sollte sich daraus eine besondere Schwierigkeit ergeben, dann mußte er eben sehen, wie er damit fertig wurde.

»Sie hatten durchaus recht, mich auf diese Schwierigkeit hinzuweisen«, sagte er und gab sich dabei die größte Mühe, den Eindruck überlegener Ruhe zu erwecken. »Ich werde ihr gegebenenfalls Rechnung tragen.«

Als ihn Eisenbeiß daraufhin etwas betroffen ansah, setzte er sofort wieder seine unerbittliche Miene auf.

»Mag kommen, was will«, fuhr er fort, »Sie wissen, was Sie zu gewärtigen haben. Ich sehe keinen Anlaß, daran das geringste zu ändern, lassen Sie sich das gesagt sein. Meine Befehle bleiben in Kraft. Nach – wie – vor. Haben Sie verstanden?«

Es dauerte Sekunden, bis ein zögerndes ›Aye, aye, Sir‹ als Antwort kam.

»Würden Sie die Güte haben, auf Ihrem Rückweg den neuen Steuermann, Mr. Turner, zu mir zu rufen?«

»Aye, aye, Sir.«

Der ganze Unterschied zwischen einem Befehl und einem Wunsch lag in der Tonart – gehorchen mußte man dem einen wie dem anderen.

»Hören Sie, Mr. Turner«, sagte Hornblower, als dieser in die Kajüte trat, »unser Ziel ist die Marmaris-Bucht, und wir gehen morgen bei Hellwerden in See. Ich möchte von Ihnen wissen, welche Winde wir um diese Jahreszeit zu erwarten haben. Es kommt mir darauf an, meinen Bestimmungsort ohne jeden Zeitverlust zu erreichen. Jede Stunde – ja, ich möchte sogar sagen: jede Minute ist kostbar.«

Wenn man aus den letzten Stunden eines Sterbenden noch möglichst großen Nutzen ziehen wollte, dann galt es vor allem, schnell zu sein.

DIE MARMARIS-BUCHT

Diese blauen Gewässer waren von jeher Schauplatz der Geschichte gewesen, mehr als einmal war hier die Entscheidung über das Schicksal unserer Kultur gefallen. Hier kämpften einst Griechen gegen Perser, Athener gegen Spartaner, Kreuzfahrer gegen Sarazenen, Malteser gegen Türken. Die Trieren von Byzanz, die Karaken von Pisa hatten vor Zeiten diese Wogen durchfurcht; an diesen Küsten waren große Städte zu unerhörtem Reichtum aufgeblüht. Backbord querab, dicht hinter dem Horizont, lag Rhodos. Dort hatte eine verhältnismäßig kleine Stadt eines der sieben Wunder der Welt errichtet, dessen Name in dem Beiwort kolossal noch zweitausend Jahre später zum Wortschatz von Menschen gehörte, deren Ahnen sich noch in Felle kleideten und ihre Gesichter mit dem Saft der Waidpflanze bemalten, als die Rhodenser über das Wesen der Unendlichkeit debattierten. Heute lagen die Verhältnisse genau umgekehrt. Hier segelte die Atropos, geleitet durch Sextant und Kompaß, angetrieben durch die Kraft des Windes, der ihre scharfsinnig angeordneten Segel füllte, bewaffnet mit ihren langen Geschützen und Karronaden – alles in allem ein Meisterwerk modernen Erfindergeistes. Und dieses Wunder erschien jetzt als Bote aus den reichsten Gefilden der Welt hier in dem alten Kulturland, das unter Mißwirtschaft und Seuchen, Anarchie und ewigen Kriegen so gelitten hatte, daß man statt der reichen Felder, der großen Städte und prunkvollen Paläste von einst nur noch dürre Wüsten, schmutzige Dörfer und elende Hütten fand. Aber jetzt war nicht die Zeit, sich in tiefgründigen geschichtsphilosophischen Betrachtungen zu ergehen. Der Sand im Stundenglas neben dem Kompaßhaus war beinahe durchgelaufen, bald war es Zeit, den Kurs zu ändern.
»Mr. Turner!«
»Sir!«
»Bei Wachwechsel wollen wir Kurs ändern.«
»Aye, Aye, Sir.
»Doktor!«
»Sir?«

»Geben Sie acht, wir ändern gleich Kurs.«
»Aye, aye, Sir.«
Das Krankenbett McCullums stand querschiffs zwischen der sechsten und siebenten Steuerbordkarronade, eine einfache Talje am Kopfende erlaubte es, das Bett in einem beliebigen Winkel zum Deck einzustellen, so daß der Patient wenigstens annähernd waagerecht lag, ganz gleich nach welcher Seite das Schiff sich neigte. Es war Aufgabe des Doktors, die Vorrichtung zu bedienen.
Die Wache wurde herausgepfiffen. »Bitte, Mr. Turner.«
»Klar bei den Vorschoten! An die Brassen!«
Turner war trotz seines Alters ein tüchtiger Seemann, davon hatte sich Hornblower schon überzeugen können. Auch jetzt stand er nur beobachtend im Hintergrund und sah zu, wie jener das Schiff an den Wind brachte. Still kam an Deck und ging grüßend auf Turner zu, um die Wache zu übernehmen.
»Wir dürften auf diesem Kurs die Sieben Kaps in Sicht bekommen, Sir«, sagte Turner, der wieder zu Hornblower getreten war. (Vgl. ⑤ Karte S. 155)
»Das denke ich auch«, sagte Hornblower.
Die Reise von Malta bis hierher war gut und schnell verlaufen. Nur eine einzige Nacht hatten sie südlich von Kreta in Flaute gelegen, aber schon am Morgen war wieder Wind aus westlicher Richtung aufgekommen. Von dem berüchtigten Levanter hatten sie noch keinen Hauch gespürt – dazu stand die Tagundnachtgleiche wohl noch nicht nahe genug bevor –, so hatten sie in 24 Stunden ein Etmal von mindestens hundert Seemeilen zurückgelegt. Und McCullum war immer noch am Leben. Hornblower ging nach vorn, um ihn zu besuchen. Eisenbeiß stand über ihn gebeugt und hatte die Hand an seinem Puls. Als der Trubel des Manövers verebbte, kamen auch die drei Ceylonesen wieder heran, hockten sich am Fußende des Krankenlagers an Deck und hielten ihre Blicke unverwandt auf ihren Meister gerichtet. Hornblower dachte, es müsse ein niederdrückendes Gefühl für den Patienten sein, diese drei melancholischen Augenpaare ständig auf sich gerichtet zu wissen, aber McCullum hatte offenbar nichts dagegen einzuwenden.
»Wie geht es, Mr. McCullum?« fragte Hornblower.

»Nicht ganz so gut, wie ich wohl möchte.«
Es war traurig, sehen zu müssen, welche Anstrengung es McCullum kostete, seinen Kopf auf dem Kissen herumzudrehen, und wie lange er zu dieser kleinen Bewegung brauchte. Auch der dichte Vollbart, der jetzt sein ganzes Gesicht bedeckte, konnte nicht verbergen, daß McCullums Wangen eingefallener waren und seine Augen fiebriger glänzten als gestern. Offenbar hatte sich sein Befinden wesentlich verschlechtert. Als das Schiff in See ging, konnte er noch fast als leichtverwundet gelten, am zweiten Tage schien es ihm sogar noch besser zu gehen – so gut, daß er kaum im Bett zu halten war, aber in der Nacht darauf war dann die Wendung zum Schlimmeren eingetreten, und von da an ging es stetig abwärts, genau wie es der Garnisonsarzt und Eisenbeiß im voraus angekündigt hatten.
Natürlich hatte sich McCullum nicht nur dagegen aufgelehnt, daß er im Bett bleiben mußte. Er wurde so zornig, wie es sein trauriger Zustand überhaupt zuließ, als er beim Erwachen aus der Narkose entdecken mußte, daß ihn ausgerechnet jener Mann behandelte, mit dem er sich kurz zuvor geschossen hatte. In wütendem Protest hatte er sich trotz seiner Schwäche und trotz der hindernden Verbände dagegen zur Wehr gesetzt, so daß Hornblower zuletzt persönlich eingreifen mußte, um ihn zu beruhigen. Es war ein Glück, daß die Atropos die Hafeneinfahrt schon hinter sich hatte, als McCullum zu sich kam.
»Es ist schuftig, einen ausgetragenen Ehrenhandel weiter zu verfolgen«, hatte ihm Hornblower erklärt, »außerdem pflegt Sie jetzt der Doktor und nicht der Baron.« Zuletzt kam noch das unwiderleglichste aller Argumente: »Seien Sie doch nicht töricht, Mann! In fünfzig Meilen Umkreis gibt es keinen Arzt, der Sie behandeln könnte. Wollen Sie denn durchaus zugrunde gehen?«
Daraufhin hatte McCullum endlich nachgegeben und seinen gequälten Körper der Pflege des Herrn von Eisenbeiß überantwortet. Vielleicht dachte er dabei sogar mit einiger Genugtuung an die eines Edelmanns unwürdigen Dienste, die der Doktor auf sich nehmen mußte.
Jetzt aber waren alle seine Lebensgeister erloschen; Mr. Mc-

Cullum war ein schwerkranker Mann. Als ihm Eisenbeiß die Hand auf die Stirn legte, schloß er die Augen. Dann begann er mit blassen Lippen etwas zu stammeln; Hornblower beugte sich über ihn, verstand aber nur einzelne Worte ohne Zusammenhang. Er hörte etwas von ›Lunten unter Wasser‹ und entnahm daraus, daß McCullum in Gedanken bei der bevorstehenden Bergungsarbeit war. Als Hornblower wieder aufsah, begegnete er Eisenbeiß' Blick. Sein Ausdruck und ein kaum erkennbares Kopfschütteln verrieten ihm, wie ernst der Arzt den Zustand seines Patienten beurteilte. Eisenbeiß war offenbar der Meinung, daß es mit McCullum zu Ende ging.
»Der Schmerz – oh, der Schmerz!« stieß McCullum stöhnend hervor.
Er hielt keinen Augenblick Ruhe, bis ihn Eisenbeiß mit seinen großen, kräftigen Händen behutsam auf die linke Seite drehte, was ihm einige Erleichterung verschaffte. Hornblower bemerkte, daß Eisenbeiß seine Hand wie suchend erst über McCullums rechtes Schulterblatt und dann tiefer in die Gegend der kurzen Rippen gleiten ließ. Als er dort verhielt, stöhnte McCullum von neuem auf. Eisenbeiß' Miene verriet noch immer den gleichen tödlichen Ernst.
Ein grausiges Schauspiel! Es war schrecklich mit anzusehen, wie dieser starke, blühende Mann hier elend zugrunde ging. Und für Hornblower war es doppelt schrecklich, sich sagen zu müssen, daß sein menschliches Mitleid untrennbar mit der Sorge um die eigenen Belange verbunden war. Er sah keine Möglichkeit, die Bergung mit Erfolg durchzuführen, wenn McCullum nicht mehr am Leben war, oder wenn er sich auch nur in einem so hilflosen Zustand befand wie jetzt. Er kehrte dann mit leeren Händen von diesem Unternehmen zurück und konnte sicher sein, daß sich der ganze Zorn und die Verachtung Collingwoods über ihn entlud. Was hatte ihm dann all sein ehrgeiziges Streben genutzt? Urplötzlich packte ihn rasende Erbitterung über diese unsinnige Sitte des Duells, die hier wiederum ein wertvolles Menschenleben forderte und obendrein daran schuld war, wenn sein eigener Ruf als Seeoffizier in ernste Gefahr geriet. Ein Wirbel widerstreitender Gefühle wühlte das Innerste seines Wesens auf.
»Land – steuerbord voraus Land in Sicht!«

Der Ruf kam schallend aus dem Vortopp und ließ auch den Gleichgültigsten mit einiger Spannung aufhorchen. McCullum öffnete die Augen und versuchte wieder den Kopf zu drehen, aber Eisenbeiß beugte sich sofort über ihn und bemühte sich, ihn zu beruhigen. Hornblowers Platz war jetzt auf dem Achterdeck, darum kehrte er dem Krankenbett den Rücken und ging achteraus, immer darauf bedacht, sich seine Erregung nicht allzusehr anmerken zu lassen. Turner war schon dort, der Schrei hatte ihn aus seiner Ruhe als Freiwächter aufgescheucht. An der Leereling sammelten sich alsbald auch die anderen Offiziere.
»Eine gute Ansteuerung, Sir«, sagte Turner.
»Ja, aber eine Stunde früher, als ich annahm«, gab ihm Hornblower zur Antwort.
»Bei stetigen westlichen Winden setzt hier der Strom nach Norden«, sagte Turner. »Wir bekommen an Backbord bald Atairo auf Rhodos in Sicht, dann haben wir eine Kreuzpeilung.«
»Ja«, antwortete Hornblower kurz und fühlte dabei selbst, daß sein Benehmen zu wünschen übrigließ, ohne allerdings so recht zu wissen, wie er zu solcher Unkorrektheit kam. Dabei war der tiefere Grund dafür nicht schwer zu entdecken: es war ihm einfach unangenehm, einen Steuermann an Bord zu haben, der in diesen Gewässern besser zu Hause war als er selbst, obwohl der Mann doch nur an Bord kommandiert worden war, um ihm unangenehme Situationen zu ersparen.
Die Atropos kämpfte sich tapfer durch die kurzen, steilen Seen voran, die unermüdlich gegen ihren Backbordbug anstürmten. Ihre Bewegungen waren weich und angenehm, da sie genau die der Windstärke angepaßten Segel führte. Turner steckte seinen Kieker in die Tasche und begab sich nach vorn, um in die Großwanten zu entern; Hornblower stand an der Luvreling und ließ sich den Wind um die braungebrannten Wangen wehen. Nach einer Weile kam Turner wieder nach achtern, um seine Lippen spielte ein selbstzufriedenes Lächeln.
»Es sind die Sieben Kaps, Sir«, sagte er. »Zwei Strich an Steuerbord.«

»Der Strom setzt hier nach Norden, sagen Sie?« fragte Hornblower.
»Jawohl, Sir.«
Hornblower warf einen Blick auf den Kompaß und sah dann nach dem Stand der Segel. Die nördliche Stromversetzung war eine gute Unterstützung, und der Wind stand sogar etwas südlich von West. Aber es hatte dennoch keinen Sinn, unnötig Luv zu verschenken.
»Mr. Still, Sie können leicht noch höher an den Wind, als Sie jetzt liegen. Brassen Sie härter an.«
Er wollte nicht das letzte Stück des Wegs noch aufzukreuzen haben, außerdem hielt er deshalb vor, weil man damit rechnen mußte, daß der Strom weiter unter Land in Richtung auf Kap Kum setzte. (Vgl. ⑥ Karte S. 155)
Jetzt erschien der Doktor und hob grüßend die Hand, um Hornblowers Aufmerksamkeit zu erregen.
»Was ist los, Doktor?« fragte dieser.
Die Männer holten eben den Großhals.
»Darf ich Sie einen Augenblick sprechen, Sir?«
Genau das tat er im Augenblick bereits und kam damit höchst ungelegen. Aber seine Frage hieß natürlich, daß er eine Unterredung unter vier Augen wünschte, also anderswo als hier mitten in dem lauten Getriebe an Deck.
»Es betrifft den Patienten«, fügte Eisenbeiß hinzu. »Die Sache scheint mir äußerst dringend und wichtig.«
»Also schön«, gab Hornblower nach und mußte sich Gewalt antun, um nicht laut loszuwettern. »Kommen Sie mit.« Gefolgt von dem Doktor begab er sich in seine Kajüte und setzte sich auf seinen Stuhl. »Nun, was gibt es?«
Eisenbeiß war sichtlich erregt.
»Ich habe mir eine Theorie gebildet, Sir.«
Wie stets wurde er mit dem englischen th nicht fertig, darum klang das Wort in seinem Munde so ungewöhnlich, daß Hornblower erst überlegen mußte, ehe er darauf kam, was Eisenbeiß eigentlich meinte.
»Ach so, eine Theorie! Und worüber?«
»Über die Lage des Geschosses, Sir«, antwortete Eisenbeiß. Auch er hatte sich eine Sekunde besinnen müssen, bis er das Wort Theorie in englischer Aussprache wiedererkannte.

»Der Garnisonsarzt in Malta sagte mir, sie stecke irgendwo in der Brusthöhle. Wissen Sie etwas Genaueres darüber?«
Der Ausdruck Brusthöhle war seltsam, aber der Garnisonsarzt hatte ihn gebraucht. Insofern man unter einer Höhle einen leeren Raum verstand, war er geradezu irreführend, denn Herz, Lunge und die großen Blutgefäße füllten diesen Raum doch vollständig aus.
Eisenbeiß gab sich sichtlich einen Ruck:
»Ich behaupte, daß sie sich nicht dort befindet, Sir«, sagte er.
»Tatsächlich?« Wenn das stimmte, war es vielleicht von entscheidender Bedeutung. »Aber wie kommt es dann, daß es ihm trotzdem so schlecht geht?«
Nachdem Eisenbeiß mit seiner Diagnose herausgerückt war, wurde er plötzlich gesprächig. Gelehrte Ausführungen, begleitet von heftigen Gesten, strömten ihm nur so von den Lippen. Aber es war schwer, seinen Worten zu folgen, denn Eisenbeiß dachte bei der Darlegung dieser medizinischen Probleme noch mehr als sonst in seiner Muttersprache und suchte für jeden Fachausdruck erst nach dem passenden englischen Wort, das ihm natürlich nicht geläufig war und mit dem Hornblower erst recht nichts anzufangen wußte. Der griff sich zuletzt verzweifelt aus dem ganzen Wirrwarr einen Satz heraus, den er halbwegs begriffen zu haben glaubte.
»Sie nehmen also an, die Kugel sei, nachdem sie die Rippen durchschlagen hat, wieder zurückgeprallt?« Er hatte im letzten Augenblick das Wort ›zurückprallen‹ statt des Fachausdrucks ›rikochettieren‹ gewählt, weil er jedes Mißverständnis vermeiden wollte.
»Jawohl, Sir, das kommt in solchen Fällen häufig vor.«
»Und welchen Weg hat das Geschoß nach Ihrer Meinung dann genommen?«
Eisenbeiß versuchte mit der linken Hand unter der rechten Achselhöhle hindurch bis an eine bestimmte Stelle an seinem Rücken zu gelangen. Wegen seines Körperumfangs reichte er jedoch nicht weit genug herum, so daß sein Anschauungsunterricht zu wünschen übrigließ.
»Die Kugel sitzt unterhalb der Scapula, Sir, ich meine unterhalb des Schulterblatts.«
»Land! Backbord voraus Land in Sicht!«

Hornblower hörte den Ruf, der durch das offene Skylight zu ihm herunterdrang. Das mußte die Insel Rhodos sein. Jetzt steuerte das Schiff in die Straße von Rhodos ein, und er saß hier unten und unterhielt sich über Rippen und Schulterblätter. Und doch war das eine so wichtig wie das andere.
»Ich kann nicht mehr lange hier unten bleiben, Doktor. Sagen Sie mir rasch, womit Sie diese Annahme begründen.«
Eisenbeiß begann von neuem mit einer wortreichen Erklärung. Er sprach vom Fieber des Patienten, von seinem erstaunlichen Wohlbefinden am Tag nach der Verwundung, von der geringen Menge Blut, die er verloren hatte. Als er gerade im besten Zuge war, wurde er durch ein Klopfen an der Tür unterbrochen.
»Herein!« rief Hornblower.
Herein trat Seine Durchlaucht, der Fürst von Seitz-Bunau, und ließ eine Meldung vom Stapel, die er sich offenbar unterwegs sorgfältig eingeprägt hatte.
»Mr. Still läßt melden, Sir«, sagte er, »Land in Sicht backbord voraus.«
»Schön, Mr. Fürst, ich danke Ihnen.«
Schade, daß jetzt keine Zeit war, dem Jungen für seine Fortschritte in der englischen Sprache ein paar lobende Worte zu sagen. Hornblower hörte sich weiter an, was ihm Eisenbeiß zu berichten hatte.
»Das alles führte mich zu dem Schluß, daß die Kugel ihren Weg um seinen Rücken herum genommen hat, Sir. Die Haut ist – wie soll ich sagen – ist zäh, Sir, und die Rippen sind – sind elastisch.«
»Meinen Sie?« Hornblower hatte schon öfter davon gehört, daß Geschosse den Körper nicht durchschlugen, sondern um ihn herumliefen.
»Und der Patient hat außerdem besonders starke Muskeln. Sie sind sehr kräftig.«
»Sie vermuten also, daß die Kugel in seinen Rückenmuskeln steckt?«
»Ja, tief drinnen, dicht an den Rippen und etwas unterhalb der unteren Spitze des Schulterblatts.«
»Wie erklären Sie dann aber das starke Fieber und sein schlechtes Allgemeinbefinden?«

Beides ließ sich nach Eisenbeiß' ausführlichen Erklärungen darauf zurückführen, daß ein Fremdkörper in die Gewebe des Patienten eingebettet war, zumal wenn die Kugel, wie es wahrscheinlich der Fall war, Fetzen der Kleidung mitgerissen hatte. Man konnte nicht in Abrede stellen, daß die vorgebrachten Argumente einleuchtend waren.
»Wenn ich Sie recht verstehe, wollen Sie mir sagen, daß Sie die Kugel entfernen können, wenn sie nicht in der Brusthöhle sitzt, sondern dort, wo Sie annehmen.«
»Jawohl, Sir.«
Damit hatte er sich unwiderruflich festgelegt. Seine Miene verriet, daß er sich dessen wohl bewußt war.
»Sie meinen wirklich, daß Sie das schaffen können? Es hieße doch, daß Sie den Patienten schneiden müssen?«
Während Hornblower noch seine zweite Frage stellte, fiel ihm ein, daß es kaum angebracht war, den Mann so zu bestürmen, da ihm schon eine Antwort genug zu schaffen machte. Eisenbeiß mußte denn auch lange überlegen, bis er die richtigen Worte fand.
»Jawohl, ich muß ihn schneiden«, sagte er endlich. »Es handelt sich um eine schwierige Operation. Ich weiß noch nicht, ob sie mir gelingen wird.«
»Aber Sie hoffen es?«
»Ja, ich habe diese Hoffnung.«
»Sie nehmen also an, daß Sie Erfolg haben werden.«
»Ich nehme nichts an, ich hoffe es nur.«
»Und wenn Ihnen die Operation mißlingt?«
»Dann wird der Patient sterben.«
»Sind Sie davon überzeugt, daß der Patient auch dann stirbt, wenn Sie die Operation nicht versuchen?«
Das war der springende Punkt. Eisenbeiß öffnete zweimal den Mund und schloß ihn wieder, ehe er die Antwort fand: »Jawohl.«
Während Hornblower stumm an seinem Tisch saß und Eisenbeiß forschend ansah, drang durch das Skylight ein dünner Ruf von den Großrüsten zu ihm. »Keinen Grund! Fünfzig Faden und keinen Grund!«
Turner und Still hatten sich also richtigerweise dazu entschlossen, loten zu lassen. Wie zu erwarten, ergab das aller-

dings hier, so weit von Land, noch keine Resultate. Hornblowers Gedanken kehrten von der Navigation sogleich wieder zu McCullum zurück. Konnte der nicht beanspruchen, daß man ihn vor einem so schweren Eingriff um sein Einverständnis fragte? Nein, hier hatte das Recht auf die eigene Person ein Ende. Sein Leben gehörte dem Vaterland. Auch ein Matrose wurde ja nicht lange gefragt, ehe man ihn dem Gottesurteil eines Kampfes auf Leben und Tod unterwarf.

»Ich fasse Ihre Ansicht dahin zusammen, Doktor, daß ein Mißlingen der vorgeschlagenen Operation das Leben des Patienten nur um einige Stunden verkürzen würde.«

»Jawohl, um ein paar Stunden. Vielleicht um ein paar Tage.«

Ein paar Tage konnten zur Durchführung der Bergungsaufgabe genügen, aber in seinem gegenwärtigen Zustand konnte McCullum auch während dieser paar Tage kaum zum Erfolg beitragen, und kein Mensch konnte sagen, ob er sich ohne Operation im Laufe dieser Zeit noch einmal erholte oder nicht.

»Warum ist der Eingriff so schwierig?« fragte Hornblower.

»Dort, wo die Kugel steckt«, erklärte Eisenbeiß, »liegen mehrere Muskelschichten übereinander, der Infraspinatus, der Subscapularis und viele andere. Und in jeder Schicht laufen die – die Fasern anders. Aus diesem Grund ist es nicht ganz einfach, so rasch zu arbeiten, wie es die Lage erfordert, ohne dabei größeren Schaden anzurichten. Außerdem liegt an jener Stelle noch ein großes Blutgefäß, die Subscapulararterie. Und endlich ist der Zustand des Patienten so, daß man ihm keinen stärkeren Schock mehr zumuten kann.«

»Haben Sie für die Durchführung der Operation alles, was Sie brauchen?«

Eisenbeiß zuckte seine mächtigen Achseln.

»Die beiden Krankenwärter – hier heißen sie Sanitätsgäste – haben einige Erfahrung. Sie haben auf anderen Schiffen schon im Gefecht ihren Dienst getan. Die nötigen Instrumente besitze ich selbst. Aber etwas anderes hätte ich mir noch gewünscht...«

Es handelte sich offenbar um ein Anliegen, dessen Erfüllung ihm nicht ganz einfach schien.

»Nun, was denn?« fragte Hornblower.

»Daß das Schiff ruhig liegt. Vor Anker. Wichtig ist natürlich auch gutes Licht.«
Das gab für die Entscheidung den Ausschlag.
»Noch vor Dunkelwerden liegt dieses Schiff in einem geschützten Hafen vor Anker. Sie können sofort mit den Vorbereitungen für die Operation beginnen.«
»Jawohl, Sir.« Nach einigem Zögern kam Eisenbeiß mit einer weiteren bedeutsamen Frage: »Und Ihre Strafandrohung, Sir? Wollen Sie sie aufrechterhalten?«
Hornblower brauchte nicht lange zu überlegen, ob Eisenbeiß etwa sorgfältiger arbeiten würde, wenn er im Falle eines Mißerfolgs damit rechnen mußte, ausgepeitscht und gehängt zu werden. Dieser Mann setzte schon aus beruflichem Ehrgeiz sein ganzes Können ein. Außerdem mochte ihm der Gedanke, daß sein Leben auf dem Spiel stand, die nötige Ruhe nehmen.
»Ich nehme meine Drohung zurück«, sagte Hornblower. »Es soll Ihnen nichts geschehen, ganz gleich, ob Sie Erfolg haben oder nicht.«
»Meinen besten Dank, Sir.«
»Keinen Grund!« sang der Bootsgast in den Rüsten aus.
»Also gut. Sie haben bis heute abend Zeit, um die Operation vorzubereiten.«
»Jawohl, Sir, besten Dank, Sir.«
Als Eisenbeiß die Kajüte verlassen hatte, fand Hornblower keine Minute Zeit, um die Gründe für seine Entscheidung noch einmal zu überdenken. Das Schiff lief in die Straße von Rhodos ein, der Dienst verlangte, daß er sich an Deck begab.
»Der Wind hat einen Strich südlicher gedreht, Sir«, meldete Still mit der Hand am Hut. Als Hornblower aus dem Niedergang trat, sah er sofort, daß die Atropos noch immer mit hart angebraßten Rahen so hoch wie möglich am Wind lag. Still und Turner hatten richtig gehandelt, ohne ihn mit Fragen zu belästigen.
»Danke, Mr. Still.«
Hornblower setzte das Glas ans Auge und warf einen Blick in die Runde. Auf der einen Seite war eine steile, wildzerklüftete Felsenküste in Sicht, auf der anderen lag ein flacher

Sandstrand. Dann beugte er sich über die Karte und studierte die Angaben.

»An Steuerbord liegt Kap Angistro, Sir«, sagte Turner, der an seine Seite getreten war. »Backbord achterlicher als querab Kap Kum.«

»Danke.«

Es war also alles in bester Ordnung. Hornblower kehrte der Karte den Rücken und richtete sein Glas auf die türkische Küste. Sie fiel in jähen felsigen Kliffs zum Meere ab, dahinter lag eine Kette steiler, welliger Hügel.

»Sie sind nur um diese Jahreszeit mit Grün bedeckt, Sir«, erklärte Turner, »das ganze übrige Jahr sind sie braun.«

»Ja.«

Hornblower hatte bereits alle erreichbaren Angaben über das östliche Mittelmeer studiert und wußte daher auch einiges über die klimatischen Verhältnisse.

»Das Land ist jetzt dünn bevölkert, Sir«, fuhr Turner fort. »Es gibt nur ein paar Bauern und Hirten. In den Buchten liegen hier und dort kleine Fischerdörfer. Man treibt ein wenig Küstenschiffahrt mit sogenannten Kaiks, vor allem nach Rhodos – aber zur Zeit liegt sie ziemlich darnieder. Dafür wimmelt es überall von Piraten, eine Folge der ständigen Fehden zwischen Griechen und Türken. Nur mit Honig und Holz wird etwas Handel getrieben, aber der fällt eigentlich kaum ins Gewicht.«

»So, so.«

Ein Glück, daß der Wind nach Süden gekrimpt hatte, wenn es auch nicht viel war. Das half ihm wenigstens eines der unzähligen Probleme zu lösen, mit denen sein Dasein so überreichlich belastet war.

»Diese ganze Küste ist mit Ruinen übersät, Sir«, berichtete Turner weiter. »Überall findet man Trümmer von Tempeln und ganzen Städten – Sie würden staunen.«

»Mhm«, machte Hornblower.

Aber Turner ließ sich nicht in seinem Redefluß stören:

»Die Dörfer liegen meist da, wo früher die Städte standen, mitten in den Ruinen. Und die meisten ihrer Hütten sind aus den Marmorblöcken der alten Tempel gebaut.«

»Mhm.«

Unter anderen Umständen hätte sich Hornblower brennend für alle diese Dinge interessiert, jetzt aber fühlte er sich durch Turner nur von den Pflichten abgelenkt, die ihm die Stunde auferlegte. Es ging ja nicht nur darum, die Atropos sicher in die Marmaris-Bucht und zu Anker zu bringen, er mußte sich vielmehr jetzt schon überlegen, wie er sich am besten mit den türkischen Behörden vertrug und wie er seine Aufgabe anpackte, die versunkene Kriegskasse zu bergen. Damit tauchte auch gleich die brennende, sorgenvolle Frage auf, ob McCullum noch zu retten war. Über alldem durfte er den Schiffsdienst nicht vergessen. Ein Blick nach vorn zeigte ihm, wie sich Mannschaften und Offiziere an die Reling drängten und mit hungrigen Augen zur Küste hinüberstarrten. Zwischen der islamischen Bevölkerung dieses Landstrichs lebten da und dort auch Griechen – das mußte man im Auge behalten, wenn es zu verhindern galt, daß sich die Mannschaft unerlaubterweise Branntwein verschaffte. Er wollte auch dafür sorgen, daß die Wasserfässer gleich aufgefüllt wurden, und sofort die Beschaffung von frischem Gemüse in die Wege leiten.
Da kam Still mit einer Meldung zur Bordroutine. Hornblower erteilte durch ein Kopfnicken seine Einwilligung.
»Antreten zum Rumempfang!«
Der Befehl drang durch das kleine Schiff, und als die Männer ihn vernahmen, hatten sie kein Ohr mehr für die Sirenenklänge von der Küste. Für die meisten von ihnen war der Höhepunkt des ganzen Tages gekommen, wenn sie ihre kleine Ration gewässerten Rum durch die durstige Kehle rinnen lassen durften. Sogleich begann an Deck ein allgemeines Handeln und Feilschen, die Rumzuteilungen gingen in Tausch, Kauf und Verkauf von Hand zu Hand, und alles schnatterte so laut und fröhlich durcheinander, daß sogar der berühmte Südseeschacher mit seinem Lärm dagegen verblaßte. Hornblower fiel es nicht etwa ein, sich über dieses Schauspiel erhaben zu dünken und hochmütig auf die Männer herabzublicken, als wären sie Circes Schweine, die sich gierig um den Futtertrog drängten. Gewiß war dieser bescheidene Genuß der Höhepunkt ihres Alltags, aber doch nur deshalb, weil es für sie sonst keine Höhepunkte gab. Monate, Jahre

hindurch hausten sie wie Gefangene zwischen den hölzernen Wänden ihres kleinen Schiffes, oft genug sahen sie während dieser ganzen Zeit keinen Pfennig Geld, kein neues Gesicht, nie standen sie vor einer persönlichen Aufgabe, an der sie ihre geistigen Fähigkeiten messen konnten. Da war es vielleicht doch schöner, Kommandant zu sein, auch wenn man sich mit einer Unzahl von Problemen herumschlagen mußte.
Die Mannschaft ging zum Essen unter Deck. Kap Kum wanderte an Backbord achteraus, die türkische Küste zog an Steuerbord vorüber. Im strahlenden Sonnenschein frischte die Brise noch auf, Turner leierte zu jeder neuen Landmarke seine Erklärungen herunter.
Endlich meldete er: »Marmaris, Sir.«
Hier trat die Küste zurück, dafür zeigten sich im Hintergrund die Umrisse hoher Berge. Es wurde Zeit, zum Einlaufen die Segel zu kürzen, der entscheidende Augenblick war gekommen: Die Atropos, die einstweilen noch friedlich und außerhalb der Hoheitsgewässer ihre Bahn zog, sollte sich in einen Sturmvogel verwandeln, dessen Auftauchen in einem fremden Hafen die Folge haben konnte, daß Depeschen von einer Gesandtschaft zur anderen jagten, und daß an beiden Enden Europas die Kabinette zusammentraten. Hornblower gab sich Mühe, seine Befehle so ruhig zu erteilen, als ob ihn die Bedeutung dieses Augenblicks überhaupt nicht berührte.
»Alle Mann auf! Klar zum Segelbergen! Alle Mann auf!«
Die Freiwache rannte auf Stationen, die Offiziere verteilten sich über das Deck auf ihre Posten, einige, die in ihren Kammern geruht hatten, kamen hastig an Deck gestürzt. Untersegel und Bramsegel wurden geborgen.
»Mr. Jones!« rief Hornblower schroff in das Getümmel.
»Sir?«
»Fieren Sie endlich Ihre Schot auf, und werfen Sie den Hals los! Wo haben Sie eigentlich Ihre Seemannschaft gelernt?«
»Aye, aye, Sir«, gab Jones etwas beleidigt zur Antwort, dann aber geite er beide Enden seines Segels sauber und gleichzeitig auf. Der Tadel war gewiß verdient, dennoch fragte sich Hornblower, ob er ihn in so scharfer Form erteilt hätte, wenn er nicht darauf bedacht gewesen wäre zu zeigen, daß ihn die Last seiner Verantwortung nicht davon abbringen konnte,

sein Augenmerk auf jede Einzelheit des Schiffsdienstes zu richten. Am Ende kam er zu dem bitteren Ergebnis, daß der ganze Aufwand wirkungslos verpuffte, weil sich keine dieser hastenden Gestalten Gedanken darüber machte, welche Last ihrem Kommandanten aufgebürdet war und welche internationalen Verwicklungen von diesem Befehl zum Segelbergen ihren Ausgang nehmen mochten.
»Das Rote Kliff, Sir, wie wir es nennen«, sagte Turner. »Links davon sehen Sie die Insel in der Einfahrt, Passage-Insel genannt, und weiter links Kap Sari. Die Durchfahrt östlich der Insel wäre vorzuziehen, weil mitten in der westlichen ein großer Felsbrocken liegt.«
»Schön«, sagte Hornblower. Aus der Karte war nicht viel an Einzelheiten zu entnehmen, aber nach den Angaben, die sie enthielt, war alles klar. »Wir nehmen also die östliche Durchfahrt. Rudergänger! Langsam steuerbord – komm auf – stütz – recht so!«
Mit achterlichem Wind jagte die Atropos auch unter gekürzten Segeln wie ein gehetztes Wild auf die Einfahrt zu, deren Bild sich mit abnehmender Entfernung immer deutlicher abzeichnete. Zwei steile Vorgebirge ragten einander entgegen, und zwischen ihnen lag eine hohe Insel. Man sah nun auch, woher das ›Rote Kliff‹ seinen Namen trug, alle anderen Kaps und Inseln waren mit einer wuchernden Wildnis dunkler Tannen und Fichten bedeckt. Auf den Gipfeln aber unterschied man die kantigen Umrisse kleiner Festungswerke.
»Die Werke sind nicht besetzt, Sir«, sagte Turner. »Sie sind verschlampt und verfallen wie alles andere hier.«
»Sie sagen, die Ost-Passage sei vollkommen rein?«
»Jawohl, Sir.«
»Ausgezeichnet.«
Die Atropos lief in die Einfahrt, Hornblower gab selbst die Ruderkommandos. An Land wehte keine Flagge; ehe man eine zu Gesicht bekam, kam natürlich auch kein Salut in Frage. Das Fahrwasser zwischen Kliff und Insel war eine knappe halbe Meile breit, vielleicht sogar noch weniger. Jetzt konnte man dahinter schon die breite Fläche der Marmaris-Bucht erkennen, die außer nach Norden zu ringsum von hohen Bergen eingeschlossen war.

»Dort liegt die Stadt«, sagte Turner, »ein ziemlich kümmerliches Nest.« Ein weißer Turm – ein Minarett – leuchtete in der Abendsonne.
»Jetzt können Sie den Roten Hügel hinter der Stadt erkennen, Sir.«
»Wo ist denn die Speedwell untergegangen?« fragte Hornblower.
»Dort an Backbord, Sir. Genau auf der Linie zwischen dem Roten Hügel und dem Fort auf der Insel in der Einfahrt. Das Fort auf der Halbinsel peilte Südost ¾ Ost.« (Vgl. ② Karte S. 211)
»Nehmen Sie laufend Peilungen des Forts«, befahl Hornblower.
Sie hatten die Einfahrt hinter sich. Hier unter Schutz war das Wasser glatt, allerdings nicht glatt genug, um den blauen Himmel widerzuspiegeln. Turner rief die Peilungen des Forts auf der Halbinsel aus; in die andere Linie der Kreuzpeilung konnte Hornblower nach eigener Schätzung einlaufen. Es schadete nichts, wenn er gleich möglichst dicht an der Stelle ankerte, wo die Bergung stattfinden sollte, das erregte jedenfalls weniger Aufsehen, als wenn er erst an einer Stelle ankerte und den Ankerplatz später anderswohin verlegte. Jones barg Vor- und Großmarssegel sowie die Vorsegel mit anerkennenswerter Schnelligkeit. Die Atropos glitt lautlos durch die Bucht.
»Hart steuerbord!« befahl Hornblower dem Rudergänger. Die Atropos schwang herum, das Kreuzmarssegel half den Dreh noch beschleunigen, während Jones es bereits aufgeien ließ. Das Schiff verlor unmerklich an Fahrt, die kleinen Wellen plätscherten um seinen Bug.
»Fallen Anker!«
Die Ankertroß rumpelte durch die Klüse, die Atropos törnte ein und lag nun in türkischen Gewässern. Das Überqueren der Dreimeilenzone, sogar das Einlaufen in die Bucht waren Handlungen, über die sich verhandeln ließ, die man vielleicht sogar abstreiten konnte, aber dieser Anker, dessen Flunke sich nun tief in den festen Sand grub, schuf eine unwiderlegbare Tatsache, die für jede diplomatische Note ein handfestes Argument abgab. (Vgl. ① Karte S. 211)

DIE MARMARIS-BUCHT

1 Ankerplatz der Atropos
2 Lage des Wracks
3 Ankerplatz der Mejidieh

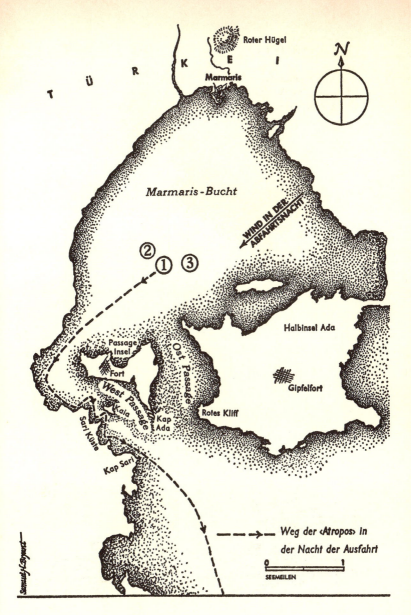

»Der Doktor soll zu mir kommen«, sagte Hornblower.
Jetzt gab es eine Menge zu tun. Es war seine Pflicht, Verbindung mit den türkischen Behörden aufzunehmen, wenn diese das nicht von sich aus taten. Als allererstes aber und ohne jeden Verzug galt es, die Operation an McCullum in die Wege zu leiten, denn das Leben dieses Mannes, und noch einiges mehr als nur sein Leben, stand jetzt auf dem Spiel.

12   McCULLUM WIRD OPERIERT

Hornblower saß wartend in der Kajüte. »Ein paar Minuten«, hatte Eisenbeiß gesagt, als er ihn fragte, wie lange die Operation dauern würde. Hornblower wußte, daß es nötig war, so rasch wie möglich zu arbeiten, damit der Patient nicht länger als unbedingt nötig gequält wurde.
»Auf der alten Hannibal, Sir«, hatte der Sanitätsgast berichtet, den Hornblower nach seinem Wissen um diese Dinge befragte, »da haben wir in einer halben Stunde elf Beine amputiert. Das war vor Algeciras, Sir.« Aber Amputationen waren verhältnismäßig einfach. Die Hälfte aller Amputierten kam in der Regel durch. Auch Nelson hatte einen Arm verloren, der ihm auf See in dunkler, stürmischer Nacht abgenommen werden mußte – und war am Leben geblieben, bis ihn bei Trafalgar eine Gewehrkugel traf. Aber dieser Eingriff hier war eben keine Amputation. Er war nicht nur sinnlos, sondern katastrophal in seinen Folgen, wenn sich Eisenbeiß in seiner Diagnose geirrt hatte, und das konnte nur allzu leicht der Fall sein.
Im ganzen Schiff herrschte eine ungewöhnliche Stille. Hornblower wußte, daß seine Besatzung das Geschick des ›armen Gentleman‹ mit geradezu krankhafter Anteilnahme verfolgte. Ihr ganzes Mitgefühl galt diesem Mann, der jetzt an der Schwelle des Todes stand, nur weil er völlig sinnloserweise eine Kugel in den Leib geschossen bekam. Als die Leute hörten, daß er nun obendrein unters Messer kommen sollte, wirkte das auf sie wie eine Art perverser Sensation. In we-

nigen Minuten, das wußten sie, konnte es mit ihm zu Ende sein, dann schritt er durch jenes geheimnisvolle Tor, vor dem sie alle selbst so große Furcht empfanden. Diese Vorstellung umgab seine Person in ihren Augen mit einem Nimbus ganz besonderer Art. Es erwies sich als nötig, Posten aufzustellen, um alle die Mitfühlenden, die Neugierigen und die krankhaft Interessierten fernzuhalten, und Hornblower konnte aus dem allgemeinen Schweigen entnehmen, daß seine Männer in schaudernder Spannung den Höhepunkt des Dramas erwarteten. Hofften sie einen plötzlichen Schrei oder ein Stöhnen zu hören? Warteten sie, so wie sie auch auf einem Richtplatz ausharren würden, um das Schauspiel zu erleben, wie man einen Verurteilten vom Schinderkarren holte? Es war so still, daß Hornblower seine Uhr in der Tasche ticken hörte, während er wartend in seiner Kajüte saß.
Jetzt hörte man ein fernes Geräusch, aber auf dem kleinen hölzernen Schiff waren für jedes Geräusch so viele Erklärungen denkbar, daß Hornblower daraus noch keineswegs auf die Beendigung der Operation zu schließen wagte. Dann aber wurden vor seiner Kajütentür Schritte und Stimmen laut. Erst sprach der Posten, dann ließ sich Eisenbeiß vernehmen, und endlich klopfte es.
»Herein«, sagte Hornblower in möglichst gleichmütigem Tonfall. Als Eisenbeiß dann eintrat, verriet ihm der erste Blick auf den Mann, daß es um McCullum so gut stand, wie man unter diesen Umständen nur hoffen konnte. Die ungeschlachten Bewegungen des Doktors hatten geradezu etwas Beschwingtes.
»Ich habe die Kugel gefunden«, sagte Eisenbeiß. »Sie stak genau dort, wo ich sie vermutete, nämlich am unteren Winkel der Scapula.«
»Haben Sie sie entfernen können?« fragte Hornblower. Er vergaß sogar, Eisenbeiß an die weggelassene Anrede ›Sir‹ zu erinnern und hätte damit jedem Dritten – wenn einer dabei gewesen wäre – verraten, daß es mit seiner inneren Ruhe nicht so weit her war, wie er sich den Anschein gab.
»Jawohl«, sagte Eisenbeiß und legte mit ausgesprochen dramatischer Geste ein rundes Etwas vor Hornblower auf den Tisch. Es war die Kugel. Sie hatte ihre ursprüngliche Form

eingebüßt und war zu einer unregelmäßigen Scheibe zusammengedrückt, die auf der einen Seite einen tiefen Kratzer aufwies.
»Der kommt vom Skalpell«, erklärte Eisenbeiß voll Stolz. »Ich traf auf Anhieb die richtige Stelle.«
Hornblower nahm das Ding bedächtig in die Hand und sah es sich an.
»Augenscheinlich«, meinte Eisenbeiß, »verhielt es sich genauso, wie ich sagte. Die Kugel traf auf die Rippen und zerschmetterte sie, dann prallte sie ab und bohrte sich zwischen Knochen und Muskeln fest.«
»Ja, das ist mir klar«, sagte Hornblower.
»Außerdem habe ich das hier herausgeholt«, fuhr Eisenbeiß fort und legte noch etwas anderes vor Hornblower hin. In seinem selbstbewußten Stolz wirkte er fast wie ein Jahrmarktzauberer, der ein Kaninchen aus seinem Hut zum Vorschein bringt.
»Was ist das?« fragte Hornblower verwundert. Er brachte es nicht über sich, das scheußliche, blutige Etwas zu berühren.
»Ich habe es so, wie es jetzt ist, mit meiner Pinzette zutage gefördert. Sehen Sie, hier . . .«
Eisenbeiß pflückte das Ding mit seinen dicken Fingern in einzelne Lagen auseinander.
»Ein Blick durch die Lupe nahm mir sofort jeden Zweifel. Dies hier ist ein Stück von einem blauen Rock, das nächste ist ein Fetzen Seidenfutter, dann kommt ein Stück von einem Leinenhemd, und hier sind noch ein paar Fäden von einem gestrickten Unterhemd.«
Eisenbeiß strahlte triumphierend über das ganze Gesicht.
»Die Kugel hat also diese Stoffetzen mitgerissen?«
»Genau das ist geschehen. Die Kugel hat sie wie mit einer Schere herausgeschnitten und dann vor sich hergeschoben. Glücklicherweise habe ich sie alle gefunden. Kein Wunder, daß sich da ein Eiterherd bildete.«
»Ich muß Sie daran erinnern, daß Sie mich mit ›Sir‹ anzureden haben«, sagte Hornblower. Jetzt, da seine Spannung etwas nachließ, wurde er erst wieder inne, daß Eisenbeiß die vorgeschriebene Form vernachlässigt hatte. »Und wie ist die Operation im allgemeinen verlaufen?«

»Gut – Sir«, sagte Eisenbeiß. »Die Entfernung der Fremdkörper und die Drainage der Wunde brachte dem Patienten sofort Erleichterung.«
»Hat er nicht sehr stark gelitten?«
»Nein, anscheinend nicht. Die Männer, die bereitstanden, um ihn festzuhalten, brauchten kaum in Aktion zu treten. Er unterwarf sich willig meinem Eingriff, wie er Ihnen versprochen hatte. Es war ein Glück, daß er so ruhig liegen blieb, ich fürchtete nämlich, daß er sich durch die gebrochenen Rippen womöglich eine neue Lungenverletzung zuziehen würde, wenn er sich heftig zur Wehr gesetzt hätte.«
»Reden Sie mich gefälligst mit ›Sir‹ an«, sagte Hornblower, »ich sage Ihnen das jetzt zum allerletzten Male.«
»Jawohl – Sir.«
»Wie beurteilen Sie jetzt die Aussichten des Patienten?«
»Als ich ihn eben verließ, entsprach sein Befinden meinen besten Erwartungen – Sir. Natürlich muß ich mich jetzt gleich wieder nach ihm umsehen.«
»Glauben Sie, daß er durchkommt?«
Eisenbeiß sah etwas weniger siegessicher drein als bisher, als er sich nun bemühte, für seine Ansicht die richtigen Worte zu finden.
»Die Aussicht, daß er am Leben bleibt, ist zweifellos gestiegen, Sir«, meinte er, »aber bei Wunden dieser Art – kann man nie ganz sichergehen.« Man mußte also nach wie vor auf eine Wendung zum Schlimmsten gefaßt sein. Jede unausgeheilte Verletzung könnte sich plötzlich von neuem verschlimmern und durch Eiterung zum Tode führen.
»Mehr können Sie mir also vorläufig nicht sagen?«
»Nein, Sir. Die Wunde muß auf alle Fälle offenbleiben, damit ich sie drainieren kann. Um das zu erreichen, habe ich beim Setzen der Nähte eine Borste eingebracht, die . . .«
»Schön«, unterbrach ihn Hornblower, weil ihm plötzlich übel zu werden begann.
»Ich habe verstanden, was Sie sagen wollen. Es scheint mir das beste, wenn Sie sich jetzt wieder zu Ihrem Patienten begeben. Ich spreche Ihnen meinen aufrichtigen Dank für Ihre Dienste aus.«
Auch als Eisenbeiß gegangen war, fand er keine Zeit, die

Lage in Ruhe zu überdenken. Ein Klopfen kündigte ihm das Erscheinen des Fähnrichs Smiley an.
»Mr. Jones läßt melden, Sir, daß sich von Land her einige Boote nähern.«
»Danke, ich komme an Deck. Wenn Mr. Turner nicht an Deck ist, dann sagen Sie ihm, daß ich ihn dort zu sprechen wünsche.«
Von den buntbemalten Booten wurden einige weiter zurückliegende gerudert, das vorderste trug jedoch ein Lateinersegel und lag damit erstaunlich hoch am Wind. Während ihm Hornblower mit den Blicken folgte, nahm es plötzlich das Segel weg, um zu wenden, und setzte es wieder, als es auf dem anderen Bug lag. Die Lateinertakelage hatte eben doch gewisse Nachteile. Mit dem neuen Schlag konnte das Fahrzeug die Atropos leicht anliegen.
»Hören Sie gut zu, Mr. Turner«, sagte Hornblower. Er hatte sich soeben endgültig für eine List entschieden, die er sich in den letzten zwei Tagen so nebenbei ausgedacht hatte, obwohl ihn alle die anderen wichtigen Erwägungen und Entscheidungen eigentlich ganz in Anspruch nahmen.
»Wenn Sie jetzt mit den Leuten reden, werden Sie ihnen sagen, daß wir nach einem französischen Geschwader Ausschau halten.«
»Wie bitte, Sir?«
»Wir halten Ausschau nach einem französischen Geschwader. Sagen wir, es sei zwei Schiffe stark, das wird genügen. Ein Linienschiff und eine Fregatte, die vor drei Wochen aus Korfu durchgebrochen sind. Ihre allererste Frage muß sein, ob diese Schiffe hier waren.«
»Aye, aye, Sir.«
Offenbar wußte Turner mit Hornblowers Anweisung noch nichts Rechtes anzufangen.
»Admiral – Admiral Harvey hat uns befohlen, hier einzulaufen und Nachrichten einzuholen. Er kreuzt vor Kreta mit vier Linienschiffen, um die beiden Franzosen zu fassen. Vier sind genug. Das gibt uns so viel Rückhalt, daß sie es nicht wagen, frech zu werden.«
»Jetzt begreife ich, Sir.«
»Sind Sie dessen auch ganz sicher?«

»Jawohl, Sir.«
Es war ärgerlich, daß Turner als Dolmetscher nicht zu entbehren war. Mit spanischen oder französischen Behörden hätte Hornblower seine Verhandlungen persönlich führen können, mit den Türken war das leider nicht zu machen.
»Vergessen Sie auf keinen Fall, was Sie sofort als allererstes fragen müssen: ›Haben sich hier zwei französische Schiffe gezeigt?‹ Erst dann dürfen Sie nach der Erlaubnis zum Füllen der Wasserfässer fragen. Wir wollen außerdem frisches Gemüse kaufen und wenn möglich auch ein paar Ochsen.«
»Jawohl, Sir.«
»Denken Sie immer daran, daß wir für Admiral Harvey Aufklärung machen. Vergessen Sie das keinen Augenblick, dann wird Ihnen kein Fehler unterlaufen.«
»Aye, aye, Sir.«
Das lateingetakelte Boot kam rasch näher, es lief in der leichten Abendbrise noch eine erstaunliche Fahrt und schob eine schäumende Bugwelle vor sich her. Erst als es ganz dicht herangekommen war, drehte es bei, das Lateinersegel killte, bis seine obere Hälfte aufgegeit wurde.
»Es sind Türken, Sir, keine Griechen«, sagte Turner.
Das hätte Hornblower auch ohne Turners Hilfe erraten. Die Bootsbesatzung trug schmutzigweiße Gewänder und als Kopfbedeckung rote Feze, um die sich schmutzigweiße Turbane wanden. Am Heck des Bootes stand ein graubärtiger Mann mit einer roten Schärpe um den Leib und einem Krummsäbel an der Seite. Er rief die Atropos mit dünner Fistelstimme an, und Turner gab ihm Antwort. Das Kauderwelsch, dessen er sich dabei bediente, war die Lingua franca der Levante. Hornblower versuchte, so gut es ging zu erraten, was da geredet wurde: er wußte, daß Sprachen aller Herren Länder, nicht nur Arabisch und Griechisch, sondern auch Italienisch, Französisch und Englisch zu diesem seltsamen Idiom ihr Teil beigetragen hatten. Es überraschte ihn ein bißchen als er zwischen lauter unverständlichem Zeug plötzlich klar und deutlich die Worte Horatio Hornblower vernahm.
»Wer ist dieser Bursche?« fragte er.
»Der Mudir, der Ortsgewaltige, Hafenmeister und Polizeichef in einer Person. Er fragt nach unserem Gesundheitspaß.«

»Vergessen Sie auf keinen Fall, ihn nach den französischen Schiffen zu fragen«, sagte Hornblower.
»Aye, aye, Sir.«
Die Unterhaltung wurde schreiend fortgesetzt, Hornblower schnappte daraus öfter als einmal das Wort fregata auf. Der Graubart im Boot hob mit verneinender Geste die Hände und sprach dazu noch einen erläuternden Satz. »Er sagt, es seien seit Jahren keine französischen Schiffe mehr hier gewesen«, übersetzte Turner.
»Fragen Sie ihn, ob er vielleicht davon gehört hat, daß sie irgendwo an der Küste oder zwischen den Inseln gesichtet worden seien.«
Der Graubart verneinte auch diese Frage mit aller Bestimmtheit.
»Sagen Sie ihm«, fuhr Hornblower fort, »daß ich ihm für eine Nachricht über die Franzosen fünf Goldstücke verspreche.«
Die ganze Atmosphäre hier, vor allem aber diese Unterhaltung im orientalischen Stil, mußte etwas Ansteckendes haben – das war die einzige Erklärung, die Hornblower dafür einfiel, daß er ohne besonderen Anlaß den fremden Ausdruck Goldstücke gebrauchte. Turner hätte ihn ebensogut verstanden, wenn er von Guineen gesprochen hätte. Der Graubart schüttelte wieder den Kopf, aber Hornblower, der ihn scharf im Auge behielt, glaubte dennoch feststellen zu können, daß ihm das Angebot einigen Eindruck machte. Er stellte noch eine Frage, und Turner gab ihm wieder Auskunft.
»Ich habe das britische Geschwader erwähnt, das weiter draußen kreuzt, Sir«, meldete Turner.
»Gut.«
Es schadete nichts, wenn er die Türken glauben machte, daß er draußen auf See einen mächtigen Rückhalt besaß. Jetzt streckte der Graubart die fünf Finger einer Hand in die Höhe, während er die nächste Frage Turners beantwortete.
»Er fordert fünf Piaster per Oxhoft für das Füllen der Wasserfässer, Sir«, sagte Turner, »das macht einen Shilling für jedes Faß.«

»Sagen Sie ihm – sagen Sie ihm, ich biete ihm die Hälfte.«
So lief die Unterhaltung weiter; der westliche Himmel begann sich schon zu röten, während die Sonne immer tiefer sank. Endlich winkte der Graubart Lebewohl, sein Boot drehte ab und entfaltete wieder sein volles Segel, um den schwachen Abendwind zu nutzen.
»Jetzt müssen sie zurück, um rechtzeitig ihre Matten zum Abendgebet ausbreiten zu können, Sir«, sagte Turner. »Ich habe ihm zuletzt eine Pauschalsumme von zehn Guineen versprochen. Damit erhalten wir das Recht, an der Brücke dort an Land zu gehen, unsere Wasserfässer zu füllen und auf dem Markt einzukaufen, den er morgen früh eröffnen will. Sie können überzeugt sein, Sir, daß er von allem, was wir dort kaufen, einen ganz netten Anteil in die eigene Tasche steckt.«
»Einverstanden, Mr. Turner – Mr. Jones!«
»Sir.«
»Die Suche nach dem Wrack soll beim ersten Morgengrauen beginnen. Ich möchte, daß das Suchgerät jetzt sofort klargemacht wird.«
»Sir? – Aye, aye, Sir.«
»Nehmen Sie hundert Faden zölliger Leine, Mr. Jones, und zwei Neunpfünder-Kugeln. Lassen Sie für jede Kugel ein passendes Netz machen und stecken Sie dann beide in zehn Faden Abstand untereinander und in gleicher Entfernung von den beiden Enden auf die Leine. Haben Sie das verstanden?«
». . . Nicht ganz, Sir.«
Weil er das ehrlich zugab, versagte sich Hornblower eine Bemerkung über seine Begriffsstutzigkeit.
»Also, Sie nehmen hundert Faden Leine und befestigen die eine Kugel fünfundvierzig Faden von dem einen Ende, die andere fünfundvierzig Faden von dem anderen Ende. Habe ich mich jetzt klar genug ausgedrückt?«
»Jawohl, Sir.«
»Sie können auch gleich die Barkaß und den Kutter aussetzen, damit sie morgen früh schon klar sind. Zwischen den beiden Booten wird dann die Suchleine ausgebracht und der Grund nach dem Wrack abgesucht. Teilen Sie auch schon die

Bootsbesatzungen ein. Ich möchte, wie gesagt, daß die Arbeit beim ersten Morgengrauen beginnen kann. Wir brauchen außerdem eine Anzahl Draggen und Bojen dazu, damit wir bezeichnen können, was wir finden. Die Bojen sollen möglichst unauffällig sein, kurze Brettchen, jedes mit fünfzehn Faden Leine, werden genügen. Haben Sie dazu noch eine Frage?«

»Nein, Sir.«

»Gut, dann nehmen Sie die Arbeit sofort in Angriff. Mr. Turner, in einer Viertelstunde melden Sie sich, bitte, bei mir in der Kajüte. Läufer! Ich lasse den Doktor sofort zu mir in die Kajüte bitten.«

Hornblower fühlte sich wie ein Jongleur auf dem Jahrmarkt, der ein halbes Dutzend Bälle zugleich in der Schwebe hält. Er wollte vom Doktor hören, ob sich McCullums Zustand nach der Operation weiter gebessert hatte, und mit Turner die Frage erörtern, ob in Marmaris mit irgendwelchen Amtspersonen zu rechnen war, die ihm bei der Durchführung seiner Aufgabe Schwierigkeiten machen konnten. Es galt, dafür zu sorgen, daß für den kommenden Morgen alles bis ins letzte vorbereitet wurde. Er mußte sich seinen eigenen Plan zur Hebung des Schatzes zurechtlegen, weil er nicht damit rechnen konnte, daß ihm McCullums Hilfe zu Gebote stand. Endlich war auch noch der Nachtbefehl auszuschreiben, weil die Sicherheit des Schiffes in diesem Hafen bei der fragwürdigen Neutralität der Türken verschärfte Aufmerksamkeit verlangte. Zuletzt – es war schon ziemlich spät am Abend – fiel ihm noch etwas ganz anderes ein, und auch das nur, weil er plötzlich eine schmerzhafte Leere in seinen Eingeweiden verspürte: Seit dem Frühstück hatte er keinen Bissen mehr zu sich genommen. Er ließ sich etwas kaltes Fleisch und Hartbrot geben, dessen steinharte Krümel er hastig kauend an seinem Tisch hinunterwürgte. Dann eilte er gleich wieder an Deck und in die Dunkelheit hinaus. Die Nacht war klar, der junge Mond war bereits untergegangen, kein Windhauch kräuselte die dunkle Wasserfläche der Bucht, die so regungslos glatt war, daß sich sogar die Sterne darin spiegelten. Schwarz und unergründlich schien dieses Wasser, dessen Tiefe eine Viertelmillion Pfund Sterling barg.

Er stand über die Reling gebeugt und dachte an sein eigenes Schicksal. War es nicht ebenso unergründlich und geheimnisvoll wie dieses Wasser unter ihm? Ein vernünftiger Mensch würde jetzt wohl zu Bett gehen und schlafen, nachdem doch alles getan war, was Klugheit und Vorbedacht ersinnen konnten; ein vernünftiger Mensch würde sich vor allem nicht zu nachtschlafender Zeit mit Sorgen quälen. Aber er mußte sich am Ende fast Gewalt antun, daß er endlich den Weg in die Kajüte fand und seiner allgemeinen Erschöpfung nachgab, die ihn alsbald in das Reich traumlosen Schlafs entführte.
Es war noch dunkel, als man ihn weckte, dunkel und kalt. Er ließ sich heißen Kaffee kommen, den er beim Anziehen hinunterschlürfte. Als er gestern abend angegeben hatte, wann er geweckt werden wollte, da hatte er die Zeit mit Absicht reichlich früh gewählt, damit er sich vor Hellwerden noch bequem fertig ankleiden konnte. Kaum aber hatte er die Koje verlassen, war auch wieder jene ängstliche Spannung da, die ihm von früher her so wohl vertraut war. Jedesmal, wenn er mitten in der Nacht geweckt worden war, um an einem Überfall oder einer überraschenden Landung bei Morgengrauen teilzunehmen, hatte er sich versucht gefühlt, Hals über Kopf in seine Sachen zu fahren und so, wie er war, an Deck zu stürzen. Heute zwang er sich sogar dazu, sich zu rasieren, obwohl diese Prozedur eigentlich nur nach Gefühl durchgeführt werden konnte, weil die Hängelampe für den Spiegel viel zuwenig Licht gab. Als er sein Hemd anzog, legte es sich klamm an seine Rippen, und er quälte sich gerade in die Hose, als ihm ein Klopfen die Ankunft des Doktors ankündigte, der sich dem Nachtbefehl gemäß bei ihm zu melden hatte.
»Der Patient schläft ruhig, Sir«, berichtete der Doktor.
»Ist sein Befinden zufriedenstellend?«
»Ich hielt es für besser, ihn nicht zu stören, Sir. Da er schlief, konnte ich nicht feststellen, ob er Fieber hat, und mir auch die Wunde nicht ansehen. Wenn Sie es wünschen, kann ich ihn wecken, Sir...«
»Nein, das kommt natürlich nicht in Frage. Ich halte es jedenfalls für ein gutes Zeichen, daß er schläft.«
»Es gibt kaum ein besseres, Sir.«

»Dann lassen Sie ihn in Ruhe, Doktor. Aber melden Sie es mir sofort, wenn irgendeine Änderung eintritt.«
»Aye, aye, Sir.«
Hornblower knöpfte seine Hose zu und zwängte seine Füße in die Schuhe. Seine Eile, an Deck zu kommen, warf zuletzt alle Selbstbeherrschung über den Haufen, so daß er bereits die Niedergangstreppe hinaufhastete, ehe er noch den Rock ganz zugeknöpft hatte. Auch oben an Deck schien ihm die Atmosphäre mit jener Spannung geladen, die sich vor einem Angriff in der Morgendämmerung einzustellen pflegte. Die Gestalten der Offiziere hoben sich undeutlich gegen den nächtlichen Himmel ab. Im Osten zeigte sich der erste schwache Schimmer des Tages, ein etwas hellerer Schein reichte schon bis halbwegs zum Zenit. Er stach aber noch so wenig ab, daß er dem Auge fast entging, und spielte dabei in eine Schattierung von Rosa hinüber, die man kaum als solches bezeichnen konnte.
»Guten Morgen«, sagte Hornblower, als er sah, daß seine Untergebenen mit den Händen grüßend an die Hüte fuhren. Mittschiffs hörte er leise Befehle – es klang, als würden dort die Boote für die Suchaktion bemannt.
»Die Barkaßbesatzung nach Steuerbord!« befahl Smiley.
»Die Kutterbesatzung nach Backbord!« das war der Fürst. Seine englische Aussprache war jetzt schon besser als die von Eisenbeiß.
»Auf dem Wasser liegt etwas Nebel, Sir«, meldete Jones, »aber nur an einzelnen Stellen.«
»Das sehe ich«, antwortete Hornblower.
»Gestern abend lagen wir etwa zwei Kabellängen vom Wrack entfernt, Sir«, sagte Turner. »Während der Nacht sind wir etwas geschwojt, weil der Wind einschlief, aber das macht keinen großen Unterschied.«
»Sagen Sie mir, wenn Sie genug Licht haben, um Ihre Peilungen zu nehmen.«
»Aye, aye, Sir.«
In dieser kurzen Zeit hatte sich der östliche Himmel unmerklich verwandelt. Man konnte fast meinen, er sei dunkler geworden, aber das kam wohl nur daher, daß die zunehmende allgemeine Helligkeit die Kontraste verwischte.

»Sie haben doch noch eine dritte Peilung genommen, als die Speedwell unterging, nicht wahr, Mr. Turner?«
»Jawohl, Sir, ich peilte ...«
»Ach lassen Sie – mir genügt, wenn Sie sie im Kopf haben.«
Turner war ein guter Nautiker. Hornblower konnte sich darauf verlassen, daß er diese einfache Aufgabe einwandfrei löste.
»Ich glaube nicht, daß sich das Wrack auch nur einen Zoll von der Stelle gerührt hat, Sir«, sagte Turner. »Es gibt hier keine Gezeiten, auch keine Unterströmungen. Die beiden Flüßchen, die in die Bucht münden, erzeugen keinen meßbaren Strom.«
»Und der Grund ist fester Sand?«
»Jawohl, Sir, fester Sand.«
Das war ein großes Glück. In Schlick konnte das Wrack längst so weit weggesackt sein, daß es nicht mehr aufzufinden war.
»Wie kam es nur, daß die Speedwell kenterte?« fragte Hornblower.
»Das war reines Pech, Sir. Sie war ein alter Kasten und lange Zeit in See gewesen. Ihre Wasserlinie war dick mit Kraut und Muscheln bewachsen, weil die Kupferung nicht hoch genug reichte, Sir. Darum krängte man sie hier nach Steuerbord über, um die Backbordseite abzukratzen. Dazu wurden die Steuerbordgeschütze ausgerannt und alle beweglichen Gewichte ebenfalls nach Steuerbord geschiftet. An jenem Tag war es völlig windstill und heiß wie in einem Backofen. Plötzlich, ehe man bis drei zählen konnte, kam eine Bö aus den Bergen angefegt. Sie packte das Schiff von Backbord querein und legte es hart auf die Seite, ehe es noch Zeit fand, auf den Wind zu schwojen. Da die Geschützpforten offen waren, drang sofort Wasser in die Batterie. Die Krängung nahm dadurch noch weiter zu – jedenfalls wurde es bei Gericht nachher so dargestellt, Sir –, das Wasser stieg über die Sülls der offenen Luken, und schon war die Katastrophe da.«
»Hat sich das Schiff wieder aufgerichtet, ehe es sank?«
»Nein, Sir. Ich sah hin, als ich das Geschrei hörte, da ragte eben noch der Kiel aus dem Wasser. Das Schiff ist kieloben

weggesackt. Natürlich brachen dabei sofort die Stengen. Groß- und Fockstenge kamen nachher gleich wieder hoch, sie hingen noch mit ihren Pardunen am Wrack. Das war für mich von Vorteil, als ich die Untergangsstelle einpeilen mußte.«
»Natürlich«, sagte Hornblower.
Die Helligkeit nahm jetzt rasch zu. Pötzlich sah es aus, als ob breite Bänder farbigen Lichts vom östlichen Horizont her so langsam am Himmel emporkletterten, daß das Auge sie dabei verfolgen konnte – eine optische Täuschung und doch ein großartiges Schauspiel.
»Jetzt ist es hell genug, Sir«, sagte Turner.
»Danke. Mr. Jones, Sie können ablegen.«
Hornblower beobachtete von Bord aus den Fortgang des Manövers. Turner führte in der Gig mit Kompaß und Instrumenten, Still folgte ihm mit der Barkaß und hatte Smiley mit dem Kutter an der Suchleine im Schlepp. Während Hornblower den Booten nachsah, wurde er plötzlich von einem nagenden Hunger befallen, der ihn daran erinnerte, daß er trotz der genossenen Tasse Kaffee noch ein richtiges Frühstück brauchte. Dennoch gab er seinem Verlangen nicht nach.
Diese Totenstille schuf die besten Bedingungen für eine Unternehmung solcher Art, denn sie erlaubte der Gig, mühelos jede gewünschte Stelle aufzusuchen und sich dort beliebig lange zu halten. Trotz ihrer langsamen Fahrt warfen die drei Boote kleine Kräuselwellen auf, die nach beiden Seiten weit über die spiegelglatte Wasserfläche liefen, bis sie sich allmählich in der Ferne verloren. Jetzt stoppte die Gig, und Turners Stimme drang klar und deutlich über das Wasser, als er den beiden anderen Booten durch sein Megaphon eine Anweisung gab. Die begannen darauf schwerfällig herumzumanövrieren, um auf ihre Ausgangsstellungen zu gelangen; sie erinnerten dabei verzweifelt an zwei Käfer, die man boshafterweise mit einem Faden zusammengebunden hatte. Jetzt lagen sie nebeneinander und begannen die Suchleine auszustecken, die sie miteinander verband. Wieder gab es einiges Hin und Her, bis sie genau in der richtigen Peilung lagen, dann endlich begannen ihre Riemen langsam und im Gleichtakt wie das Schicksalspendel selbst zu schwingen – die

Suche auf dem vorbestimmten Streifen hatte eingesetzt. Hornblower spürte trotz aller Selbstbeherrschung, wie sein Herz rascher klopfte, er mußte vor Aufregung immer wieder krampfhaft schlucken.
Um ihn herum begann sich unterdessen das Deck zu beleben, das Schiff erwachte zu einem neuen Alltag. Er hörte das Patschen nackter Füße auf den Decksplanken – ein unverwechselbares Geräusch, das auf der ganzen Erde nicht seinesgleichen hat –, als die Freiwache ihre Hängematten heraufbrachte, um sie in den Finknetzkästen zu verstauen. Dann erschienen Schwabber und Steine, Pützen und Deckwaschpumpe begannen ihr Werk, die Männer, die nicht in den Booten saßen, machten sich an die ewig gleiche Arbeit, ihre Decks zu scheuern. Und Hornblower, der ihnen zusah, fühlte plötzlich und nicht zum erstenmal auf dieser Reise einen ehrlichen Neid auf diese Kerle. Was hatten sie schon auszustehen? Sie scheuerten ein paar Decksplanken so weiß, wie es ihr Maat von ihnen verlangte, spülten kräftig nach und nahmen zuletzt mit dem Schwabber das Wasser auf, bis das Deck trocken war. Im Verein mit lauter guten alten Kameraden ging ihnen diese Arbeit rasch von der Hand, sie plätscherten dabei mit ihren nackten Füßen munter in dem klaren Wasser, das sich über das Deck ergoß. Das war alles. So war es gestern gewesen, so war es heute, so würde es bestimmt auch morgen und dann immer wieder sein. Wie gern hätte er seine Einsamkeit, seine Verantwortung, den ganzen Wust verwickelter Probleme gegen dieses einfache Seemannsleben drangegeben. Eine Sekunde lang beherrschte ihn wirklich der Wunsch, dann aber mußte er herzlich über sich selbst lachen, weil er sich nur zu gut das Entsetzen ausmalen konnte, das ihn befallen würde, wenn ihn eine Laune des Schicksals eines Tages wirklich zu einem solchen Tausch der Rollen zwänge.
Er wandte sich ab und gab seinen Gedanken ein anderes Ziel. Wie wäre es jetzt zum Beispiel mit einem ordentlichen, fetten Stück Schweinefleisch, hellbraun und knusprig gebraten – seit zwei Tagen wurde ja eine ganze Keule schon für ihn gewässert, da konnte der Anschnitt nicht mehr allzu salzig sein. Allein der köstliche Duft. Man hatte ihn schon in

der Nase, wenn man nur daran dachte. Ha! Und brutzelnd heiß mußte ihm das Ding auf den Tisch kommen – den Steward sollte der Teufel holen, wenn er es auf dem Weg von der Kombüse zur Kajüte kalt werden ließ. Natürlich mußten Hartbrotkrümel mitgebraten werden – als Nachtisch wollte er sich dann noch eine Scheibe Hartbrot dick mit schwarzem Sirup beschmieren. Das war ein Frühstück, von dem man träumen konnte.

13 TAUCHER AN DER ARBEIT

Hornblower wog seine Geldbörse in der Hand; er hatte sie eben aus seiner Seekiste geholt, wo sie für gewöhnlich in einer besonderen kleinen Lade stak. Natürlich wußte er haargenau, wie viele Guineen die Börse enthielt, und versuchte sein Bedauern zu unterdrücken, daß es ihrer so wenige waren. Ein wohlhabender Kommandant hatte es leicht, die Besatzung, die Offiziersmesse und die Deckoffiziersmesse freigebig mit guten Dingen zu traktieren – aber so wie er gestellt war ... er schüttelte den Kopf – nein, zwar sollten ihn seine Leute auf keinen Fall für einen knickerigen Filz halten, dennoch wollte er sein bißchen Geld nicht ohne Sinn und Verstand zum Fenster hinauswerfen. Er ging zur Offiziersmesse und blieb vor der offenen Tür stehen. Still bemerkte ihn zuerst.
»Bitte treten Sie ein, Sir.«
Die Offiziere erhoben sich von ihren Stühlen – der Raum war so klein, daß sie nur rund um den Tisch Platz fanden.
»Ich nehme an«, sagte Hornblower zu Carslake, dem Zahlmeister, »das Sie die Güte haben werden, ein paar Einkäufe für mich zu machen.«
»Selbstverständlich, Sir, es ist mir eine Ehre, Ihnen zu Diensten zu sein«, sagte Carslake. Eine andere Antwort wäre nicht gut möglich gewesen.
»Dann besorgen Sie mir bitte ein paar Hühner – sagen wir ein halbes Dutzend – und Eier.«

»Jawohl, Sir.«
»Hat die Messe nicht die Absicht, auch für den eigenen Bedarf Frischfleisch einzukaufen?«
»Nun, Sir...«
Darum hatte sich bei seinem Eintritt grade das Gespräch gedreht.
»Es ist möglich, daß es um diese Jahreszeit Lämmer gibt, dann könnte ich ein, zwei kleine nehmen, vorausgesetzt, daß sie billig sind, sonst bliebe nur noch ein Ochse – aber was fange ich mit einem ganzen Ochsen an?«
Jedes Messemitglied war diesem lästigen Problem schon irgendwie einmal begegnet.
»Wenn die Messe einen Ochsen kauft, dann werde ich mich gern mit einem Viertel des Preises daran beteiligen«, sagte Hornblower, und die Stimmung der Messemitglieder wurde sogleich sichtlich besser.
Wenn sich der Kommandant an so einem Tier beteiligte, dann bekam er natürlich die besten Stücke, daran war nicht zu rütteln. Dabei hatten sie alle schon Kommandanten erlebt, die dennoch nicht um eine Unze mehr bezahlten als das, was sie erhielten. Wenn aber Hornblower bei nur fünf Messemitgliedern ein Viertel des Preises übernahm, dann war das alles andere als kleinlich.
»Ich bedanke mich im Namen der Messe, Sir«, sagte Carslake. »Es wird sich außerdem machen lassen, daß ich ein paar Braten an die Deckoffiziersmesse abgebe.«
»Sicherlich zu günstigen Bedingungen, nicht wahr?« meinte Hornblower schmunzelnd.
Er konnte sich aus seiner Fähnrichszeit noch gut daran erinnern, daß Offiziere und Deckoffiziere gelegentlich ein Tier miteinander geteilt hatten.
»Ich hoffe, Sir«, meinte Carslake und fuhr dann, das Thema wechselnd, fort: »Mr. Turner sagt, es gebe hier vor allem Ziegen. Legen Sie Wert auf Ziegenfleisch, Sir?«
»Nun, geschmortes Kitz mit weißen und roten Rüben«, sagte Jones, »ich meine, Sir, das könnte man sich schon gefallen lassen.« Jones' Nußknackergesicht strahlte förmlich vor Eßlust. Diese erwachsenen Männer, die immer konservierte Nahrung vorgesetzt bekamen, benahmen sich beim bloßen

Gedanken an frisches Fleisch wie kleine Jungen vor der Lebkuchenbude auf dem Jahrmarkt.
»Sehen Sie zu, was Sie bekommen können«, sagte Hornblower, »ich esse Kitz oder Lamm, oder ich beteilige mich an einem Ochsen, je nachdem, was Ihnen auf dem Markt geboten wird. Sind Sie sich auch schon im klaren, was Sie für die Besatzung einkaufen wollen?«
»Jawohl, Sir.«
Die Pfennigfuchser einer sparsamen Regierung würden diese Aufwendungen eines Tages genau unter die Lupe nehmen. Darum konnte die Besatzung nicht besonders großzügig bedacht werden.
»Ich weiß noch nicht, Sir, welche Gemüse um diese Jahreszeit hier erhältlich sind«, fuhr Carslake fort, »ich fürchte, höchstens Winterkohl.«
»Gegen Winterkohl ist doch nichts einzuwenden«, unterbrach ihn Jones.
»Vielleicht gibt es noch Steckrüben und Karotten aus dem Wintervorrat«, sagte Carslake, »sie dürften aber nicht mehr sehr zart sein, Sir.«
»Immerhin ist das besser als gar nichts«, sagte Hornblower. »An Ort und Stelle wird wahrscheinlich ohnehin für unseren Bedarf nicht genug zu haben sein, das Zeug kommt erst heran, wenn auch im Hinterland bekannt wird, daß wir hier sind. Um so besser – dann haben wir einen triftigen Grund, uns länger aufzuhalten. Werden Sie dolmetschen, Mr. Turner?«
»Jawohl, Sir.«
»Halten Sie die Augen gut offen – und die Ohren nicht minder.«
»Aye, aye, Sir.«
»Mr. Jones, Sie kümmern sich um die Wasserfässer, nicht wahr?«
»Aye, aye, Sir.«
Damit hatte der Höflichkeitsbesuch ein Ende, und der Dienst trat wieder in sein Recht.
»Lassen Sie sich nicht länger stören.«
Hornblower begab sich zu McCullums Lager. Segeltuchkissen stützten ihn so, daß er halb auf der Seite lag. Man

konnte wirklich zufrieden sein, McCullums Aussehen hatte sich sichtlich gebessert. Das Fieber war ganz verschwunden, und mit ihm hatten auch die Bewußtseinstrübungen aufgehört.

»Ich freue mich über Ihr gutes Aussehen, Mr. McCullum«, sagte Hornblower.

»Es geht mir ganz leidlich«, antwortete McCullum. Er krächzte noch ein bißchen, aber seine Stimme klang doch schon wieder fast normal.

»Er hat die ganze Nacht durchgeschlafen«, sagte Eisenbeiß, der wartend am Fußende des Bettes stand. Er hatte Hornblower schon berichtet – die Wunde zeigte alle Merkmale einer glatten Heilung, die Nähte hätten bis jetzt nicht die geringste Entzündung hervorgerufen, und auch die Drainage der mittels einer Borste offengehaltenen Wunde nehme anscheinend den gewünschten Verlauf.

»Und wir haben schon den ganzen Morgen tüchtig gearbeitet«, sagte Hornblower. »Wissen Sie auch, daß wir das Wrack gefunden haben?«

»Nein, davon wußte ich noch nichts.«

»Die Stelle liegt fest und ist durch Bojen bezeichnet«, sagte Hornblower.

»Wissen Sie auch genau, daß Sie wirklich das Wrack gefaßt haben?« krächzte McCullum. »Ich habe da schon die sonderbarsten Irrtümer erlebt.«

»Immerhin liegt es genau dort, wo es nach den Peilungen gesunken ist«, sagte Hornblower. »Soweit man mit dem Suchgerät feststellen kann, hat es auch die richtige Größe – und schließlich war es das einzige Hindernis, in dem sich unser Suchgerät verfing. Der Grund ist hier fester Sand, wie Sie wahrscheinlich wissen werden.«

»Klingt alles ganz schön«, gab McCullum widerwillig zu. »Dennoch wäre es mir lieber gewesen, ich hätte die Suche selber geleitet.«

»Sie müssen mir schon so viel Vertrauen schenken, Mr. McCullum«, sagte Hornblower geduldig.

»Ich habe doch noch keine Ahnung, wer Sie sind und was Sie können.«

Hornblower würgte mühsam seinen Ärger über diese Unge-

zogenheit hinunter. Man mußte sich wirklich wundern, daß dieser McCullum nicht schon längst in irgendeinem Duell ums Leben gekommen war. Aber hier war er nun einmal der unersetzliche Sachverständige, darum wäre es töricht gewesen, sich mit ihm anzulegen, auch wenn er nicht als kranker Mann im Bett gelegen hätte.
Hornblower versuchte also, seinen Willen höflich und zugleich bestimmt zum Ausdruck zu bringen:
»Als nächstes«, sagte er, »werden wir die Taucher hinunterschicken müssen, um Näheres über den Zustand des Wracks zu erfahren.«
»Ja«, sagte McCullum, »das wird meine erste Aufgabe sein, sobald ich wieder aufstehen darf.«
Hornblower rief sich alles ins Gedächtnis, was ihm Eisenbeiß über Wundbrand, Eiterung und allgemeine Blutvergiftung gesagt hatte. Er wußte nur zu genau, wie leicht es geschehen konnte, daß sich McCullum nie mehr aus diesem Bett erhob.
»Mr. McCullum«, sagte er, »unsere Aufgabe verträgt keinen Zeitverlust. Wenn die Türken erst von unserem Plane Wind bekommen und genügend Zeit haben, so viele Streitkräfte zu sammeln, daß sie uns an seiner Durchführung hindern können, dann ist es mit der Bergung der Kasse ein für allemal aus. Es ist also für den Erfolg entscheidend, daß wir so rasch handeln, wie wir irgend können. Darum wäre es mir besonders wichtig, wenn Sie sich jetzt sofort Ihre Taucher vornehmen würden und sie über ihre Aufgabe unterrichteten, damit sie ohne Verzug mit der Arbeit beginnen können.«
»Ich soll . . .? Nein, wissen Sie, so einfach geht das nicht.«
Erst nach minutenlangem geduldigen Zureden gab McCullum endlich nach. Aber er setzte seiner brummigen Zusage sofort einen Dämpfer auf, indem er mit Nachdruck auf alle möglichen Schwierigkeiten hinwies.
»Das Wasser ist unmenschlich kalt«, sagte McCullum.
»Ja, leider«, gab Hornblower zur Antwort, »aber das hatten wir immerhin erwartet.«
»Das östliche Mittelmeer im März ist etwas anderes als die Bucht von Bengalen im Sommer. Lange werden meine Leute diese Kälte nicht aushalten.«

Wenigstens gab er zu, daß sie sie überhaupt aushielten, das war immerhin ein Fortschritt.

»Wenn wir sie immer nur für eine kurze Zeit arbeiten lassen...« schlug Hornblower vor.

»Na ja. Wir haben siebzehn Faden Wasser beim Wrack, nicht wahr?«

»Ja, siebzehn Faden ringsherum«, sagte Hornblower.

»In einer solchen Tiefe können sie ohnehin nicht viel machen. Vielleicht gehen sie fünfmal am Tage hinunter, das wird aber auch alles sein. Dann bluten sie nämlich bereits aus Nase und Ohren. Im übrigen brauchen sie Leinen und Grundgewichte – Ihre Neunpfünderkugeln eignen sich am besten dazu.«

»Ich werde sie klarmachen lassen«, sagte Hornblower.

Hornblower hörte zu, als McCullum jetzt seine Taucher instruierte, zuweilen glaubte er sogar zu verstehen, wovon grade die Rede war. Einer der Taucher erhob Einwendungen; als er dabei die Arme um die Brust schlug und wie ein Schauspieler zusammenschauernd die dunklen Augen rollte, da wußte man auch sofort, worum es ging. Eine Weile hörte man sie jetzt alle drei in ihrer Zwitschersprache reden. Dann aber schlug McCullum in seiner Antwort entschiedenere Töne an, wie man schon aus dem Klang seiner Worte schließen konnte. Dabei zeigte er plötzlich auf Hornblower, so daß sich im nächsten Augenblick aller Blicke auf ihn richteten. Die drei klammerten sich schutzsuchend aneinander und schreckten wie verängstigte Kinder vor ihm zurück. McCullum sprach mit Nachdruck weiter, aber schließlich beugte sich Eisenbeiß über ihn und zwang seine gestikulierende Linke zur Ruhe – die Rechte lag ohnehin, durch den Verband gehalten, unbeweglich vor seiner Brust.

»Sie müssen sich stillhalten«, sagte Eisenbeiß, »wir bekommen sonst noch eine Entzündung.«

McCullum war öfter als einmal zusammengezuckt, wenn ihm eine unvorsichtige Bewegung unterlief, sein frisches Aussehen schwand jetzt rasch, man sah ihm deutlich an, daß ihn das viele Reden anstrengte. »Es ist alles klar«, sagte er endlich und ließ den Kopf auf das Kissen sinken. »Sie gehen gleich an die Arbeit, nehmen Sie sie nur mit. Dieser

hier – ich nenne ihn Looney – ist der Vormann. Ich habe ihnen gesagt, daß es hier keine Haie gibt. Wenn einer unter Wasser ist, pflegen sonst die anderen um Schutz gegen die Haie zu beten – sie verstehen sich alle drei auf den Haifischzauber. Gut, daß sie einmal eine Auspeitschung mitangesehen haben. Ich habe ihnen in Aussicht gestellt, daß sie von Ihnen die Katze zu schmecken bekommen, wenn sie Unfug anstellen.«
Hornblower hatte deutlich genug gesehen, welche Wirkung diese schreckliche Drohung auf jene zwitschernden, an scheue Vögel erinnernden Geschöpfe ausübte.
»Sie können sie gleich mitnehmen«, sagte McCullum und sank wieder auf sein Kissen zurück.
Da Barkaß und Kutter quer über die Bucht an Land gefahren waren, um Proviant und Wasser zu holen, blieb für das Tauchen nur noch die Gig und eine winzige Jolle verfügbar. In der Gig herrschte natürlich ein unangenehmes Gedränge, aber mit vier Mann an den Riemen kam man doch noch einigermaßen zurecht. Hornblower saß bei Leadbitter in der Achterpiek – er brachte es nicht über sich, auf seine Teilnahme an diesem ersten Versuch zu verzichten –, und die drei Ceylonesen drängten sich auf den vorderen Duchten. Hornblower hatte sich inzwischen über McCullums ceylonesische Sprachkünste ein etwas boshaftes Urteil gebildet. Er war überzeugt, daß McCullum überhaupt nicht daran dachte, mit seinen Tauchern auch nur einigermaßen richtig oder gar nach irgendwelchen grammatikalischen Regeln zu sprechen. Ein paar Haupt- und Zeitwörter, unterstrichen von energischen Gesten, schienen ihm nach Hornblowers Beobachtung zu genügen, den Leuten klarzumachen, was er wollte. Nein, mit McCullums Ceylonesisch war es nicht weit her, es reichte bei weitem nicht an Hornblowers Spanisch, ja, nicht einmal an sein Französisch heran. Das ging Hornblower durch den Kopf und schien ihm eigentlich nicht in der Ordnung zu sein, als er jetzt, die Hand an der Pinne, sein Boot über die tanzende Wasserfläche steuerte. Die Morgenstille hatte inzwischen einer leichten Brise Platz gemacht, die die Bucht mit munteren kleinen Wellen überzog.
Sie erreichten die erste der ausgelegten Bojen – ein Brett,

das am Ende seiner Leine auf den Wellen schaukelte. Hornblower stand auf, um auch die anderen auszumachen. Ein paar Riemenschläge brachten die Gig in die Mitte des ausgebojten Gebietes, und nun faßte Hornblower die drei Taucher ins Auge, die dicht aneinandergedrängt im Bug des Bootes kauerten.
»Looney«, sagte er.
Jetzt, da er ihnen größere Aufmerksamkeit schenkte, hatte er auch rasch gelernt, sie voneinander zu unterscheiden. Vorher hatten sie für ihn ausgesehen wie Drillinge, die man unmöglich auseinanderhalten konnte.
»Looney«, wiederholte Hornblower.
Looney erhob sich und warf den Draggen über Bord, der rasch auf den Grund sank und die aufgeschossene Leine über das Setzbord der Gig nachholte. Langsam legte Looney dann seine Kleider ab, bis er nackt im Boot stand. Er setzte sich auf die Reling und schwang die Beine über Bord. Als seine Füße in das kalte Wasser tauchten, schrie er vor Entsetzen laut auf, und seine Gefährten fielen sofort ängstlich und voll Mitleid in sein Gejammer ein.
»Soll ich ihm einen Schubs geben, Sir?« fragte der Mann am Bugriemen.
»Nein«, sagte Hornblower.
Looney füllte und leerte unterdessen systematisch seine Lungen, er atmete dabei so tief ein, wie er nur konnte, und preßte die Luft dabei förmlich in sich hinein. Hornblower konnte beobachten, wie erstaunlich weit sich seine Rippen bei jedem dieser Atemzüge dehnten. Einer der beiden anderen Ceylonesen nahm eine Kanonenkugel auf und gab sie Looney, der sie mit beiden Händen gegen seine nackte Brust drückte. Dann ließ er sich so plötzlich vom Setzbord gleiten, daß die Gig heftig ins Schlingern geriet, und verschwand sofort unter der Oberfläche.
Hornblower zog seine Uhr, sie hatte zwar keinen Sekundenzeiger – Uhren mit Sekundenzeigern waren für ihn unerschwinglich –, aber er konnte auch so die Zeit genau genug ablesen. Er verfolgte den Großen Zeiger, wie er langsam von einem Strich zum anderen kroch. Die erste Minute verfloß, dann die zweite, und nun hatte sogar schon die dritte begon-

nen. Diese Beschäftigung nahm ihn so gefangen, daß er gar nicht merkte, wie Looney wieder an der Oberfläche erschien. Leadbitter mußte ihn erst darauf aufmerksam machen. Zwanzig Meter hinter dem Boot war Looneys Kopf wieder aufgetaucht, ein Bändchen hielt sein langes, dichtes schwarzes Haar seitlich über dem Ohr zusammen.
»Streich überall!« befahl Hornblower sofort. »Draggenleine ausstecken!« Der zweite Befehl wurde von den Ceylonesen sofort verstanden, oder sie wußten ohnehin, was sie zu tun hatten, denn einer von ihnen gab sogleich entsprechend Lose von der Leine, als ein paar kräftige Riemenschläge das Boot rückwärts zu Looney heranbrachten. Looney griff mit den Händen nach dem Setzbord, und seine beiden Gefährten holten ihn ins Boot. Sie begannen sofort lebhaft auf ihn einzureden, aber Looney saß zuerst stumm auf der Ducht und hielt den Kopf so tief gesenkt, daß er fast die Schenkel berührte. Dann richtete er sich auf, das Wasser rann ihm noch in Strömen aus dem nassen Haar. Er sagte ein paar Worte, sie betrafen offenbar die Kälte – die scharfe Brise mußte ihm wie Messer in die nasse Haut schneiden –, denn die anderen frottierten ihn sogleich kräftig ab und halfen ihm in seine Kleider.
Hornblower fragte sich, wie er sie nun wohl dazu bringen konnte, weiterzumachen, aber seine Sorge erwies sich als überflüssig. Sobald Looney sein weißes Gewand wieder anhatte, stellte er sich in den Bug des Bootes und sah sich abschätzend um. Dann wies er mit einem Blick auf Hornblower nach einer Stelle, die nur wenige Meter vom jetzigen Ankerplatz des Bootes entfernt war.
»Hol ein!« sagte Hornblower.
Einer der Ceylonesen lichtete den Draggen und ließ ihn wieder fallen, als das Boot die bezeichnete Stelle erreicht hatte. Nun war der nächste an der Reihe, sich nackt auszuziehen, mit pumpenden Atemzügen seine Lunge zu füllen und dann schließlich mit einer neuen Kanonenkugel in den Händen über Bord zu gleiten. Kanonenkugeln kosten eine Menge Geld, dachte Hornblower, außerdem hatte er sie womöglich eines Tages bitter nötig, wenn es galt, irgendeinem Gegner die Zähne zu zeigen. Für die Zukunft war es wohl

das beste, man sammelte für diese Taucherei am Strand eine Anzahl geeigneter Steine. Der zweite Taucher kam wieder hoch und kletterte an Bord; er wurde von seinen Kameraden genauso empfangen wie Looney. Nun begann zwischen den dreien eine lebhafte Auseinandersetzung, die damit endete, daß der dritte an der gleichen Stelle tauchte wie der zweite, wahrscheinlich um die strittige Frage zu klären. Was er nach seiner Rückkehr berichtete, veranlaßte Looney durch seine Zeichensprache von neuem, um eine Verlegung des Bootes zu bitten. Als sie erfolgt war, legte er zum zweiten Male seine Sachen ab, um in die Tiefe zu gehen. Die Taucher arbeiteten wirklich fleißig und, soweit Hornblower das beurteilen konnte, auch klug und umsichtig. Späterhin tauchten Looney und einer seiner Gefährten sogar einmal zu gleicher Zeit. Als die beiden hinterher wieder ins Boot kletterten, bemerkte Hornblower, daß Looneys Beine und Füße ganz zerkratzt und blutig waren. Im ersten Augenblick dachte er an Haie und andere Ungeheuer der Tiefe, aber dann fiel ihm sofort das Richtige ein. Dort unten in dem glasklaren Wasser gab es offenbar Holz, die alten Planken und Balken des Wracks, die natürlich über und über mit Langhalsen und anderem rasiermesserscharfem Muschelzeug bewachsen waren. Hornblower wurde in dieser Vermutung bestärkt, als Looney ihm bedeutete, daß er eben diese Stelle durch eine weitere Boje bezeichnet haben wollte. Sie verankerten gleich ein Brett mit einem Draggen und tauchten dann noch mehrmals in dessen unmittelbarer Nähe. Zuletzt waren die Taucher sichtlich erschöpft und saßen wie ein Häufchen Elend eng aneinandergeschmiegt und zusammengesunken auf ihrer Ducht.
»Ausgezeichnet, Looney«, sagte Hornblower und wies dann nach dem Schiff: »Soll es für heute genug sein?«
Looney antwortete mit einem müden Nicken.
»Anker lichten!« befahl Hornblower, und die Gig pullte wieder zur Atropos zurück.
Eine Meile entfernt waren die Luggersegel der Barkaß und des Kutters in Sicht, auch sie waren auf dem Rückweg und kamen bei der auffrischenden Brise mit halbem Wind rasch näher. Hornblower hatte den Eindruck, daß es ihm offenbar

nie vergönnt sein sollte, eine Sache nach der anderen zu erledigen. Kaum hatte er selbst den Fuß an Deck der Atropos gesetzt, da kamen auch schon die Boote längsseit gebraust, und während sich die Ceylonesen noch müde nach vorn schleppten, um McCullum Meldung zu machen, nahmen Carslake und Turner bereits seine Aufmerksamkeit in Anspruch.
»Die Wasserfässer sind gefüllt, Sir«, sagte Carslake. »Ich wählte dazu einen Bach, der eine halbe Meile von der Stadt in die Bucht mündet. Das schien mir besser, als aus den Rinnsalen in der Stadt zu schöpfen.«
»Daran haben Sie gut getan, Mr. Carslake«, sagte Hornblower. Nach dem, was er in Nordafrika schon gesehen hatte, gab er in Übereinstimmung mit Carslake auf jeden Fall solchem Wasser den Vorzug, das nicht durch eine türkische Stadt geflossen war.
»Und was haben Sie an Proviant bekommen?«
»Heute leider noch recht wenig, Sir.«
»Es gab heute nur den gewöhnlichen Markt, Sir«, ergänzte Turner. »Der Mudir hat erst heute die Nachricht herausgehen lassen, die Waren kommen also frühestens morgen zum Verkauf.«
»Der Mudir?« fragte Hornblower. Das war wieder die Bezeichnung, die Turner schon einmal gebraucht hatte.
»Das Oberhaupt, Sir, der örtliche Regierungsbeamte. Der alte Mann mit dem Säbel, der gestern im Boot zu uns herankam.«
»Das war also der Mudir?«
»Jawohl, Sir. Der Mudir untersteht dem Kaimakam, der Kaimakam dem Wali, der Wali dem Großwesir und der Großwesir endlich dem Sultan. Das heißt, so sollte es wenigstens sein – in Wirklichkeit versucht sich jedoch jeder selbständig zu machen, sobald sich eine Gelegenheit dazu bietet.«
»Davon habe ich gehört«, sagte Hornblower.
Wer sich überhaupt mit der Land- und Seekriegsgeschichte der letzten Jahre befaßte, mußte auch von der Anarchie und den drohenden Zerfallserscheinungen vernommen haben, die das Türkische Reich damals heimsuchten. Hornblower

wollte vor allem wissen, welche Wirkungen diese allgemeinen Zustände grade hier und grade jetzt auslösten. Einstweilen wandte er sich wieder Carslake zu und hörte sich geduldig an, was ihm dieser über bereits gekaufte und später erhältliche Vorräte zu melden hatte.

»Ich habe alle Eier gekauft, die zu haben waren, Sir«, sagte Carslake im Verlauf seines Berichts, »leider waren es nicht mehr als zweieinhalb Dutzend.«

»Gut«, sagte Hornblower, aber das klang so unbeteiligt, daß man merkte: er war nicht bei der Sache. Unter gewöhnlichen Umständen hätte ihn der Gedanke an Eier, an gekochte Eier, Rühreier, Spiegeleier oder wie immer man sie zubereitete, ganz gefangengenommen, zumal er wegen des unangenehmen Zwischenfalls in Malta nicht dazu gekommen war, sich selbst mit einem kleinen Vorrat einzudecken. Er hatte nicht einmal in Deptford daran gedacht, sich Eier einzulegen. Endlich war Carslake mit seinem Bericht fertig.

»Ich danke Ihnen, Mr. Carslake«, sagte Hornblower. »Mr. Turner, bitte kommen Sie mit mir unter Deck und lassen Sie hören, was Sie zu berichten haben.«

Turner hatte wirklich Augen und Ohren offengehalten, wie es ihm von Hornblower befohlen war. Sein runzliges altes Gesicht war voll Leben und Interesse.

»Der Mudir hat hier überhaupt keine nennenswerten Streitkräfte zur Verfügung, Sir«, sagte er, »ich glaube, daß er nicht einmal fünfundzwanzig Mann zusammenbringen würde. Als er zum Hafen kam, hatte er zwei Wärter bei sich, die mindestens so alt waren wie er selbst.«

»Haben Sie mit ihm gesprochen?«

»Jawohl, Sir. Ich – vielmehr Mr. Carslake und ich gaben ihm zehn Guineen dafür, daß er den Markt für uns eröffnet. Für morgen haben wir ihm weitere zehn Guineen versprochen.«

Es schadete nichts, überlegte Hornblower, wenn man sich die örtlichen Behörden so lange wie nur möglich gewogen hielt.

»War er denn entgegenkommend?« fragte er.

»Das kann ich nicht gerade behaupten, Sir. Nun ja, vielleicht, aber nur insofern es ihm um unser Geld zu tun war. Wirklich entgegenkommend, Sir? Nein, das war er nicht.«

Natürlich, der Mann war eben zurückhaltend und vorsichtig, das leuchtete Hornblower ein. Er war darauf bedacht, sich nicht ohne Rückendeckung durch seine Vorgesetzten festzulegen, aber zwanzig gute Goldstücke nahm er darum doch gerne mit, wenn sie ihm der Zufall in den Schoß warf – schätzungsweise war das sonst etwa die Ausbeute eines Jahres.

»Der Wali ist mit allen hier in der Gegend liegenden Truppen abmarschiert«, fuhr Turner fort. »das war den Reden des Mudirs leicht zu entnehmen. Den Grund dafür konnte ich bis jetzt leider nicht ausfindig machen, vielleicht gibt es wieder einmal Schwierigkeiten mit den Griechen. Hier im Archipel ist ja dauernd etwas los.«

Unter den griechischen Untertanen der Türkei herrschte ein Zustand permanenter Rebellion. Feuer und Schwert, Metzeleien und Verwüstungen, Seeraub und offene Revolten suchten immer von neuem Inseln und Festland heim. Seit neuerdings von den Sieben Inseln her sich französischer Einfluß geltend machte und sogar Rußland eine verdächtige Vorliebe für die orthodoxen Untertanen des Sultans an den Tag legte, gab es neue Spannungen und Zwischenfälle.

»Eins steht jedenfalls fest«, sagte Hornblower: »Der Wali ist zur Zeit nicht im Lande.«

»So viel ist sicher, Sir.«

Es dauerte einige Zeit, bis der Wali von ihm erfuhr, sogar der – Hornblower suchte in seinem Gedächtnis angestrengt nach dem seltsamen Titel – richtig, der Kaimakam war nicht so rasch zu erreichen. Die politische Lage war so verfahren, daß eine Klärung von heute auf morgen ausgeschlossen war. Die Türkei hatte sich vor noch nicht allzu langer Zeit begeistert auf Englands Seite geschlagen, das war, als Bonaparte Ägypten eroberte, in Syrien einfiel und Konstantinopel bedrohte. Aber andererseits waren Rußland und die Türkei von jeher geschworene Feinde – sie hatten allein im letzten halben Jahrhundert ein halbes dutzendmal gegeneinander Krieg geführt –, und nun hatte sich England ausgerechnet mit den Russen verbündet, und die Russen waren damit Feinde der Franzosen geworden, obwohl seit Austerlitz für beide keine Möglichkeit mehr bestand, einander anzu-

greifen. Dafür konnte man sicher sein, daß der französische Gesandte in Konstantinopel sein möglichstes tat, die Türkei zu einem neuen Krieg gegen Rußland aufzustacheln, und auf der anderen Seite gab es ebenfalls keinen Zweifel, daß die Russen seit den Tagen der großen Katharina mit begehrlichen Augen nach Konstantinopel und den Dardanellen blickten. Die Unruhe unter den Griechen war eine feststehende Tatsache, der persönliche Ehrgeiz der türkischen Provinzgouverneure eine andere. Die wacklige türkische Regierung mußte aus Selbsterhaltungstrieb jede Gelegenheit wahrnehmen, einen ihrer potentiellen Gegner gegen den anderen auszuspielen – sie konnte nur mit tiefstem Argwohn davon Kenntnis nehmen, daß sich Engländer in ihrem Hoheitsgebiet zeigten, wobei übrigens auch das religiöse Moment eine nicht zu unterschätzende Rolle spielen mochte. Solange England auf Leben und Tod um den Sieg gegen Frankreich rang, war es den Türken nicht übelzunehmen, wenn sie auf den Gedanken kamen, eben dieses England könnte sich seines russischen Bundesgenossen dadurch versichern, daß es ihm ein heißbegehrtes Stück türkischen Bodens versprach. Ein Glück nur, daß Frankreich mit seinem weit schlimmeren Sündenregister Anlaß zu ganz ähnlichen Befürchtungen bot.
Wenn der Sultan erfuhr – ob es überhaupt dazu kam, stand dahin –, daß ein englisches Kriegsschiff in der Marmarisbucht lag, dann fragte er sich sofort, welche Intrigen dort mit dem Wali gesponnen wurden, und wenn der Sultan oder der Wali hörten, daß auf dem Grund der Marmarisbucht eine Viertelmillion Pfund in Gold- und Silbermünzen lag, dann war es mit der Bergung dieses Schatzes aus, es sei denn, daß der Löwenanteil in türkische Hände floß.
Hornblower mochte hin und her überlegen, er kam zu keinem anderen Schluß als schon vor einer Woche: Es kam alles darauf an, das Geld so rasch wie möglich zu bergen und das Kopfzerbrechen über das Fait accompli den Diplomaten zu überlassen.
Er ging nach vorn, um aus McCullums Mund zu hören, ob man nach den letzten Feststellungen überhaupt mit einer schnellen Bergung rechnen durfte.

McCullum hatte sich soeben alles angehört, was ihm die Taucher berichteten. Sie kauerten noch um sein Bett herum und hingen mit ihren großen schwarzen Augen unverwandt an seinem Gesicht; dabei waren sie so dick eingemummt, daß sie fast das Aussehen von Bienenkörben hatten.
»Das Schiff ist da«, sagte McCullum. Das hörte sich an, als sei er darauf gefaßt gewesen, daß bis jetzt nur Unsinn angerichtet worden war, sei es bei der ursprünglichen Peilung der Untergangsstelle, sei es bei der Suche nach dem Wrack.
»Ich freue mich, das zu hören«, antwortete Hornblower mit aller Höflichkeit, die er sich trotz dieser fortwährenden Ungezogenheiten dem unentbehrlichen Fachmann und dem Kranken gegenüber abringen konnte.
»Mit Ausnahme des gekupferten Bodens ist das Wrack sehr stark bewachsen, aber von einem Aufbrechen ist vorläufig noch keine Rede.«
Ein hölzernes, von Holznägeln zusammengehaltenes Schiff konnte hier geschützt vor Sturm und Strömung wohl unbegrenzte Zeit auf dem festen Sandgrund liegen, ohne der Zerstörung anheimzufallen.
»Hat es sich aufgerichtet?« fragte Hornblower.
»Nein, das Wrack liegt fast kieloben. Meine Leute konnten Bug und Heck einwandfrei voneinander unterscheiden.«
»Das ist günstig«, sagte Hornblower.
»Ja.« McCullum blätterte in den mit Notizen beschriebenen Papieren, die er in der freien Hand hielt. »Das Geld befand sich im unteren Lazarett hinter dem Kreuzmast und unmittelbar unter dem Oberdeck. Es handelt sich um eineinhalb Tonnen gemünztes Gold in eisenbeschlagenen Kisten und fast vier Tonnen gemünztes Silber in Säcken.«
»So – ja«, sagte Hornblower und versuchte sich den Anschein zu geben, als ob das genau mit seiner eigenen Berechnung übereinstimmte.
»Das Lazarett wurde zur Verstärkung eigens mit Eichenbohlen verkleidet, ehe der Schatz an Bord kam«, fuhr McCullum fort, »ich nehme also an, daß er sich noch dort befindet.«
»Sie meinen«, fragte Hornblower, weil er nicht wußte, wie er McCullums letzte Worte deuten sollte.

»Ich meine«, sagte dieser, »daß er nicht durch das Deck auf den Meeresgrund gefallen ist.« Es war eine Gnade, daß er sich dem unwissenden Dilettanten gegenüber zu einer solchen Erklärung herbeiließ.

»Ach so, natürlich«, sagte Hornblower hastig.

»Die Hauptladung der Speedwell bestand aus der Belagerungsartillerie der Armee«, fuhr McCullum fort. »Es handelte sich um zehn lange Achtzehnpfünder, Bronzegeschütze. Und um die Munition dafür, eiserne Kugeln.«

»Darum ist sie auch beim Sinken gekentert«, sagte Hornblower gelehrig.

Während er noch sprach, wurde ihm auch klar, warum McCullum den Ton auf die Worte Bronze und Eisen gelegt hatte. Bronze wurde vom Wasser weniger angegriffen als Eisen.

»Ja«, sagte McCullum. »Sobald sie sich auf die Seite legte, gingen die Geschütze, die Munition und alle anderen Gewichte über. Nach meinen eigenen Erfahrungen mit den Herren Ersten Offizieren möchte ich wetten, daß es so war. Jetzt im Kriege bringt es ja jeder grüne Junge im Handumdrehen zum Ersten Offizier.«

»Ja, ich weiß, ich weiß«, sagte Hornblower mit bekümmerter Miene.

»Aber das gehört schließlich nicht hierher«, fuhr McCullum fort. »Looney sagt, das Schiff liege noch zum weitaus größten Teil frei vom Sand. Er könne an der Vorkante des Achterdecks eben noch darunterkriechen.«

Aus der bedeutsamen Miene, die McCullum zu diesen Worten aufsetzte, konnte Hornblower entnehmen, daß es sich um etwas besonders Wichtiges handelte, aber es fiel ihm schwer zu begreifen, warum jener so viel Aufhebens davon machte.

»Und?« fühlte Hornblower vor.

»Und? Glauben Sie etwa, die Taucher könnten mit Brechstangen die Bordwände aufbrechen?« knurrte McCullum. »Jeder meiner drei Männer kann täglich höchstens fünf Minuten insgesamt am Wrack arbeiten. Da wären wir in einem Jahr immer noch hier.«

Plötzlich fielen Hornblower die ledernen Luntenschläuche

ein, die McCullum in Malta angefordert hatte. Er riet also frech drauflos, obwohl ihm das, was er sagte, selbst nicht in den Kopf wollte.
»Wollen Sie etwa das Wrack sprengen?«
»Natürlich. Eine Pulverladung in diesem Winkel dürfte genau an der richtigen Stelle eine Öffnung schaffen.«
»Gewiß«, sagte Hornblower. Er hatte eine dunkle Ahnung, daß man auch unter Wasser mit Pulver sprengen konnte, aber wie man dabei vorging, welche Methoden man da anwandte, das war ihm völlig schleierhaft.
»Erst wollen wir die Schläuche probieren«, verkündete McCullum. »Aber ich habe wenig Hoffnung, daß sie bei dieser Tiefe noch funktionieren, die Verbindungsstellen halten den Druck nicht aus.«
»Das scheint mir auch so«, sagte Hornblower.
»Am Ende werden wir uns doch auf eine Zeitzündung einlassen müssen. Die Kerle haben zwar immer Angst davor, aber ich mach es trotzdem.«
Die massige Gestalt Eisenbeiß' tauchte neben seinem Lager auf. Er legte McCullum eine Hand auf die Stirn und faßte mit der anderen nach dem Handgelenk.
»Hände weg!« zischte McCullum, »ich habe zu tun.«
»Sie dürfen nicht zuviel des Guten tun«, sagte Eisenbeiß. »Aufregung fördert die Bildung verdorbener Säfte.«
»Lassen Sie mich mit Ihren verdorbenen Säften in Ruhe«, rief McCullum, »und scheren Sie sich überhaupt zum Teufel.«
»Machen Sie sich doch nicht zum Narren, Mann«, sagte Hornblower, dessen Geduld zu Ende war. »Gestern hat er Ihnen das Leben gerettet. Wissen Sie nicht mehr, wie elend Sie dran waren? ›Es tut weh, es tut weh‹: das war das einzige, was Sie sagen konnten.«
Hornblower ahmte unwillkürlich McCullums pfeifende Stimme von gestern nach und rollte den Kopf mit matter Geste von rechts nach links, wie er es ebenfalls an dem Kranken gesehen hatte. Er merkte, daß das Schauspiel seine Wirkung tat und selbst McCullum ein bißchen verlegen machte.
»Mag sein, daß ich gestern krank war«, sagte er, »jetzt im Augenblick geht es mir aber ganz gut.«

Hornblower wandte sich an Eisenbeiß:
»Geben Sie Mr. McCullum noch fünf Minuten«, sagte er.
»Nun, Mr. McCullum«, fuhr er fort, »Sie sprachen eben über die ledernen Luntenschläuche. Wollen Sie mir bitte erklären, wie man sie anwendet?«

14 WÜNSCHE DES MUDIRS

Hornblower kam nach vorn, wo der Feuerwerker und seine Maate an Deck hockten und nach McCullums Anweisungen an den Luntenschläuchen arbeiteten.
»Hoffentlich machen Sie die Nähte da so, daß sie auch dicht halten, Mr. Clout.«
»Aye, aye, Sir«, sagte Clout.
Die Männer saßen auf einem Stück alten Segeltuchs, das sie an Deck ausgebreitet hatten. Dadurch sollte verhindert werden, daß das heiße Pech aus dem neben ihnen stehenden Topf die makellosen Decksplanken beschmutzte.
»Die Schnellunte brennt fünf Sekunden auf den Fuß, Sir. Sie sagten, wir sollten zuerst einen Fuß langsam brennender Zündschnur nehmen, Sir?«
»Ja, das stimmt.«
Hornblower beugte sich über die Arbeit. Die Lederschläuche waren ungleich lang, ihre Länge schwankte zwischen drei und fünf Fuß. Es paßte so recht zu der widerborstigen Art der Natur, daß sie einfach keine längeren Lederhäute lieferte. Einer der Feuerwerksmaate war mit einem schlanken Pricker zugange und fädelte das Ende einer schier endlosen Schnellunte durch einen dieser Schläuche. Kam der Pricker wieder zum Vorschein, dann schob er den Schlauch weiter über die Lunte, bis er das bereits aufgefädelte Stück erreichte.
»Vorsicht damit«, sagte Clout. »Wir wollen nicht riskieren, daß uns womöglich die Lunte reißt.«
Der andere Feuerwerksmaat machte sich mit Nadel und Segelhandschuh daran, jede neue Schlauchlänge durch eine doppelte Naht mit ihren Nachbarstücken zu verbinden. War

das sauber geschehen, dann kam Clout und tränkte die Verbindungsstelle samt Längsnaht des neuen Schlauchstücks reichlich mit warmem Pech. Am Ende sollten so insgesamt hundertzwanzig Fuß Schlauch zusammengenäht und verpicht sein, durch die sich eine ebenso lange, schnell brennende Lunte zog.
»Ich habe mir ein paar gute Fässer ausgesucht, Sir«, sagte Clout. »Sie fassen zwar fünfzig Pfund, aber ich nehme Säcke mit trockenem Sand, um sie aufzufüllen.«
»Das ist gut«, sagte Hornblower.
McCullum wollte als Sprengladung genau dreißig Pfund, nicht mehr und nicht weniger.
»Ich denke nicht daran, das ganze Wrack in Stücke zu jagen«, hatte er erklärt, »ich möchte es nur an der richtigen Stelle öffnen.«
Das gehörte zu McCullums Berufsgeheimnissen. Hornblower hätte keine Ahnung gehabt, wieviel Pulver man brauchte, um in einer Tiefe von hundert Fuß dieses Resultat zu erzielen. Ein langer Neunpfünder, das wußte er, brauchte drei Pfund Pulver, um eine Kugel eineinhalb Meilen weit zu treiben, aber das war etwas ganz anderes, und in dem unelastischen Medium Wasser ließ sich mit solchen Zahlen natürlich erst recht nichts anfangen. Wenn aber für ein Fünfzig-Pfund-Faß nur dreißig Pfund Pulver vorgesehen waren, dann mußte das Faß auf alle Fälle mit einem neutralen Stoff, zum Beispiel trockenem Sand, aufgefüllt werden.
»Machen Sie mir Meldung, sobald Sie fertig sind«, sagte Hornblower und wandte sich wieder nach achtern.
Hier trieb sich Turner herum, der eben von Land gekommen war und nun Hornblowers Aufmerksamkeit auf sich zu ziehen suchte.
»Nun, Mr. Turner?«
Turner hielt wohl den gebotenen Abstand, aber sein Benehmen verriet, daß er etwas streng Vertrauliches zu sagen hatte. Als Hornblower zu ihm trat, sagte er mit unterdrückter Stimme:
»Es handelt sich um den Mudir, Sir. Er möchte Sie besuchen. Er will etwas von Ihnen, ich bin nur noch nicht dahinter gekommen, was es ist.«

»Und was sagten Sie ihm?«
»Ich sagte – entschuldigen Sie, Sir, aber es blieb mir nichts anderes übrig – ich sagte, Sie würden sich sehr darüber freuen. Auf alle Fälle habe ich den Eindruck, daß irgendeine faule Sache dahintersteckt. Er meinte, er käme sofort.«
»Dann scheint er es sehr eilig zu haben.«
Natürlich, dachte Hornblower, hier in diesen unruhigen Gewässern stank es ja wohl an allen Ecken und Enden; im gleichen Augenblick kam ihm jedoch seine Regung stillos und unwürdig vor.
»Fähnrich der Wache!«
»Sir?«
»Was können Sie in Richtung der Stadt ausmachen?«
Smiley warf einen Blick durch den Kieker über die Bucht.
»Soeben läuft ein Boot aus, Sir, es ist das gleiche Lateinersegel wie gestern abend.«
»Erkennen Sie eine Flagge?«
»Jawohl, Sir, eine rote, es scheint die türkische zu sein.«
»Schön, Mr. Jones, wir bekommen offiziellen Besuch. Lassen Sie Seite pfeifen.«
»Aye, aye, Sir.«
»Nun, Mr. Turner, haben Sie eine Ahnung, was der Mudir will?«
»Nein, Sir. Ich habe nur verstanden, daß er Sie dringend zu sprechen wünscht. ›Il Capitano‹ war alles, was er sagte, als wir an Land gingen. Der Markt sollte für uns eröffnet sein, aber das war nicht der Fall. Er wollte nur durchaus den Kapitän sprechen, da sagte ich ihm, daß Sie ihn empfangen würden, Sir.«
»Er gab Ihnen auch keine Andeutung?«
»Nein, Sir. Er sagte kein Wort, aber ich hatte den Eindruck, daß er ziemlich aufgeregt war.«
»Nun, wir werden ja bald erfahren, was er auf dem Herzen hat.«
Der Mudir betrat das Deck in würdiger Haltung, obwohl der unbequeme Aufstieg seinen alten Beinen recht schwergefallen sein mochte. Er sah sich sofort mit scharfen Augen um, man konnte nicht erkennen, ob er die Ehrenbezeigung der Bootsmannsmaate und Fallreepsgäste richtig auf sich bezog.

Ein weißer Bart umrahmte sein kühn geschnittenes Geiergesicht, und seine lebhaften, dunklen Augen nahmen hurtig die Szene in sich auf, ohne daß man hätte sagen können, ob sie ihm neu war oder nicht. Hornblower legte grüßend die Hand an den Hut, der Mudir grüßte wieder, indem er die seine mit schwungvoller Grazie zur Stirn führte.
»Bitten Sie ihn, mit mir unter Deck zu kommen«, sagte Hornblower. »Ich werde mir erlauben voranzugehen.«
In der Kajüte bot ihm Hornblower mit einer Verbeugung Platz an. Der Mudir setzte sich, und Hornblower nahm mit Turner an seiner Seite ihm gegenüber Platz. Dann nahm der Besucher sogleich das Wort, Turner übersetzte.
»Er hofft, daß Gott Ihnen gute Gesundheit verliehen hat, Sir«, sagte Turner.
»Antworten Sie ihm, wie es hier Sitte ist«, sagte Hornblower.
Während er sprach, begegnete er dem Blick der scharfen braunen Augen mit einem höflichen Lächeln.
»Er fragt, ob Sie eine glückliche Reise hatten, Sir«, meldete Turner.
»Antworten Sie, wie Sie es für richtig halten«, sagte Hornblower darauf.
So ergingen sich die Gesprächspartner noch eine ganze Weile in höflichen Redensarten. Hornblower wußte wohl, daß das im Orient der Brauch war. Würde und Taktgefühl verboten es dem Besucher, schon bei den ersten Worten mit seinem Anliegen herauszuplatzen.
»Soll ich ihm nicht etwas zu trinken anbieten?« frage Hornblower.
»Bei geschäftlichen Besprechungen ist es üblich, Kaffee zu servieren, Sir.«
»Meinen Sie nicht, daß wir das tun sollten?«
»Ich weiß nicht, Sir, unser Kaffee ist nicht das, was er sich darunter vorstellt.«
»Das kann ich leider nicht ändern. Wollen Sie bitte veranlassen, daß wir welchen bekommen.«
Die Unterhaltung ging weiter, aber der Zweck des Besuches blieb immer noch im dunkeln. Es war interessant zu beobachten, wie gut sich der Mudir darauf verstand, hinter seinen

beweglichen und klugen Zügen alles zu verbergen, was ihn wirklich beschäftigte. Erst als der Kaffee aufgetragen wurde, trat darin ein gewisser Wandel ein. Er musterte die dickwandigen Tassen und die zerbeulte Blechkanne mit scharfem Blick, sein Ausdruck blieb jedoch immer noch teilnahmslos, während er nacheinander die Gesten höflicher Zurückweisung und dankbarer Annahme zelebrierte. Dann aber nahm er den ersten Schluck des schwarzen Gebräus, und schon war es mit seiner Selbstbeherrschung vorbei. Unwillkürlich verrieten seine Züge fassungslose Überraschung, obwohl er bemüht war, sich nichts anmerken zu lassen. Er verfiel auf den Ausweg, so viel Zucker zu nehmen, daß sein Kaffee zu richtigem Sirup wurde. Die Tasse faßte er nicht an, sondern führte sie mit Hilfe der Untertasse an seine Lippen.

»Eigentlich sollte es dazu kleine Kuchen und Süßigkeiten geben, Sir«, meinte Turner, »aber Hartbrot mit Marmelade können wir wohl nicht gut anbieten.«

»Nein, das wäre zuviel verlangt«, sagte Hornblower.

Der Mudir nippte vorsichtig an seiner Tasse und setzte die Unterhaltung fort.

»Er sagt, Sie hätten ein sehr schönes Schiff, Sir«, übersetzte Turner. »Ich glaube, daß er nun bald zur Sache kommt.«

»Danken Sie ihm für die freundliche Anerkennung«, sagte Hornblower, »und loben Sie die Schönheiten seines Ortes, wenn Sie das für richtig halten.«

Der Mudir lehnte sich auf seinem Stuhl zurück – offenbar war ihm diese Sitzgelegenheit höchst ungewohnt – und forschte erst in Hornblowers, dann in Turners Mienen. Erst nach einer ganzen Weile nahm er in besonders beherrschtem und wohlmoduliertem Tonfall wieder das Wort:

»Er fragt, ob die Atropos lange bleiben wird, Sir«, sagte Turner.

Auf diese Frage hatte Hornblower die ganze Zeit gewartet.

»Sagen Sie ihm, daß ich meine Vorräte noch nicht ergänzt habe«, sagte er.

Immerhin konnte er damit rechnen, daß die Vorbereitungen für das Bergungsunternehmen, das Suchen und Ausbojen des Wracks sowie die ersten Tauchversuche unbemerkt geblieben oder mindestens für einen Beobachter an Land nicht zu durch-

schauen waren. Während Turner seine Worte übersetzte und der Mudir antwortete, ließ er den Türken nicht aus den Augen.
»Er sagt, er nehme an, daß Sie auslaufen, sobald das geschehen ist«, sagte Turner.
»Sagen Sie ihm, das würde ich wahrscheinlich tun.«
»Er meint, dies sei der beste Platz, um Meldungen über französische Schiffe abzuwarten, Sir. Die einlaufenden Fischerboote brächten oft wichtige Nachrichten mit.«
»Sagen Sie ihm, ich hätte meine Befehle.«
In Hornblower reifte der Verdacht, daß der Mudir das Auslaufen der Atropos aus irgendeinem Grund hinauszögern wollte. Ob er ihn so lange festhalten wollte, bis ihm ein Hinterhalt gelegt werden konnte, bis die Geschütze der Forts bemannt waren, bis der Wali mit seinen Truppen zurückkam? Jedenfalls eignete sich die Unterhaltung über einen Dolmetscher ausgezeichnet zur Führung eines diplomatischen Gesprächs. Er konnte den Mudir dabei ständig im Auge behalten und war außerdem in der Lage, jede unachtsame Äußerung als Übersetzungsfehler Turners oder aus irgendeinem anderen Grund von sich zu weisen.
»Von hier aus könnten wir am besten die Straße von Rhodos überwachen, meint er, Sir, die werde von den Franzosen erfahrungsgemäß am häufigsten benutzt. Es scheint, als möchte er auf alle Fälle seine zwanzig Guineen kassieren, Sir.«
»Schon möglich«, sagte Hornblower und suchte durch den Ton dieser Antwort auszudrücken, daß er Turners Bemerkung überflüssig fand.
»Sagen Sie ihm, daß mir meine Befehle leider wenig Handlungsfreiheit lassen.«
Nachdem der Mudir seinen Wunsch geäußert hatte, war es offenbar das beste, ihm alle möglichen Bedenken vorzutäuschen, die nicht so ohne weiteres, am Ende aber vielleicht doch hintan gesetzt werden konnten. Hoffentlich reichte Turners Kenntnis der Lingua franca so weit, daß er das richtig zum Ausdruck brachte.
Der Mudir gab sich bei seiner Antwort lebhafter als zuvor, er schien jetzt wirklich im Begriff, die Karten auf den Tisch zu legen.

»Er möchte, daß wir noch länger bleiben, Sir«, sagte Turner. »In diesem Fall könne er uns auch viel besseren Proviant aus dem Hinterland verschaffen.«
Das war natürlich nicht der wahre Grund für seinen Vorschlag.
»Das ist kein Grund zu bleiben«, sagte Hornblower. »Wenn wir den Proviant nicht rechtzeitig bekommen, dann segeln wir eben ohne ihn.«
Hornblower mußte dabei sehr genau auf seinen Ausdruck achten. Jedes Wort, das er zu Turner sprach, mußte so klingen, als ob es sein voller Ernst sei, denn der Mudir ließ sie keine Sekunde aus den Augen.
»Jetzt bekennt er endlich Farbe, Sir«, sagte Turner. »Er bittet uns hierzubleiben.«
»Dann fragen Sie ihn gleich, was ihn zu dieser Bitte veranlaßt.«
Diesmal dauerte die Antwort des Mudirs erheblich länger.
»Jetzt haben wir endlich Klarheit, Sir«, meldete Turner. »Er spricht von Piraten.«
»Bitte geben Sir mir wörtlich wieder, was er sagte, Mr. Turner.«
Turner steckte die Zurechtweisung ein. »Hier an der Küste sind Piraten aufgetaucht, Sir«, erklärte er. »Ihr Anführer ist ein Mann namens Michael – Michael, der Türkenschlächter, Sir. Ich habe selbst schon einiges über ihn gehört – es ist natürlich ein Grieche. Er überfällt und plündert kleine Küstenorte. Vorgestern soll er in Fettech gewesen sein, das liegt nur ein paar Meilen von hier, Sir.«
»Und der Mudir hat wohl Angst, daß sein Ort als nächster an die Reihe kommt?«
»Jawohl, Sir«, sagte Turner. Als er Hornblowers Blick begegnete, fügte er rasch hinzu: »Um sicherzugehen, will ich ihn noch besonders danach fragen, Sir.«
Nachdem die Wahrheit endlich heraus war, wurde der Mudir recht gesprächig. Turner mußte ihm lange zuhören, ehe er wieder Gelegenheit zum Übersetzen fand.
»Michael brennt die Häuser nieder, Sir, und raubt die Frauen und das Vieh. Er ist der geschworene Feind aller Mohammedaner. Seinetwegen ist auch der Wali mit den hiesigen

Truppen unterwegs. Er rückte aus, um Michael zu fangen,
aber seine Rechnung war falsch. Zur Zeit steht er bei Adalia,
sieben Tagemärsche von hier.«
»Jetzt sehe ich klar.«
Solange die Atropos in der Marmarisbucht lag, wagte sich
natürlich kein Seeräuber herein, der Mudir und seine Leute
waren also in Sicherheit, wenn er hierblieb. Es lag auf der
Hand, was der Mudir mit seinem Besuch bezweckte. Er
wollte Hornblower überreden, hier liegenzubleiben, bis Michael wieder in sicherer Entfernung war. Alles in allem genommen war das ein erstaunlicher Glücksfall, der nach Hornblowers Meinung den Schlag reichlich ausglich, den ihm das
Schicksal durch McCullums Verletzung im Zweikampf zugefügt hatte. Im Krieg ging es eben zu wie beim Whist. Hielt
man nur zäh genug durch, dann machten die Gewinne stets
die Verluste wieder wett. Auf Unglück folgte allemal ein
Glücksfall – das zuzugeben war für Hornblower immerhin
eine Leistung, obwohl ihm die umgekehrte Anschauung geläufig war, daß jedes Glück nur zu leicht ein späteres Unglück heraufbeschwor. Jetzt aber durfte er sich seine Freude
auf keinen Fall anmerken lassen.
»Das kommt uns wunderbar zustatten, Sir«, sagte Turner.
»Bitte behalten Sie Ihre Ansichten für sich, Mr. Turner«,
versetzte Hornblower beißend.
Dem Mudir, der die beiden nicht aus den Augen ließ, fehlte
natürlich jede Erklärung für Hornblowers scharfen Ton und
Turners bestürzten Ausdruck, aber er wartete geduldig, bis
sich die Ungläubigen wieder an ihn wandten.
»Nein«, sagte Hornblower entschlossen. »Sagen Sie ihm,
daß ich seinen Wunsch nicht erfüllen kann.«
Hornblowers Kopfschütteln sagte dem Mudir genug. Man
merkte ihm seine Bestürzung an, ehe Turner noch mit Übersetzen fertig war. Er strich seinen weißen Bart und sprach
dann einige vorsichtig und bedachtsam gewählte Sätze.
»Er bietet uns eine Gegenleistung an, Sir«, übersetzte Turner.
»Fünf Lämmer oder Kitze für jeden Tag, den wir länger
bleiben.«
»Das läßt sich eher hören«, sagte Hornblower. »Sagen Sie
ihm, Geld wäre mir lieber.«

Als der Mudir gehört hatte, was ihm Turner weitergab, war die Reihe an ihm, den Kopf zu schütteln. Hornblower, der ihn dabei scharf beobachtete, fand keinen Anlaß, seine Aufrichtigkeit anzuzweifeln.
»Er sagt, er habe keinen Pfennig Geld. Der Wali habe bei seinem letzten Besuch alles mitgenommen.«
»Auf alle Fälle hat er noch unsere zwanzig Guineen. Sagen Sie ihm, er solle sie zurückerstatten und dazu für jeden Tag sechs Lämmer – keine Kitze. Erklärt er sich dazu bereit, so will ich bleiben.«
So kamen sie am Ende überein. Turner brachte den Mudir mit der Barkaß an Land. Hornblower begab sich wieder nach vorn, um die Arbeit des Feuerwerkers zu überprüfen. Der war inzwischen beinahe fertig geworden. An die hundert Fuß Luntenschläuche lagen sauber aufgeschossen an Deck, das eine der beiden Enden verschwand in einem in Segeltuch eingenähten Pulverfaß, das der Feuerwerker soeben dick mit Pech überzog. Hornblower beugte sich darüber, um sich die schwächste Stelle der ganzen Vorrichtung genau anzusehen, die natürlich dort war, wo sich der Segeltuchüberzug des Fasses rund um den einmündenden Schlauch legte.
»Ich habe alles so gut abgedichtet, wie ich konnte, Sir«, meinte der Feuerwerker, »aber der Schlauch ist eben doch gewaltig lang.«
In hundert Fuß Tiefe war der Überdruck schon recht erheblich. Da genügte ein winziger, unauffindbarer Nadelstich an irgendeiner Stelle, und schon wurde das Wasser hindurchgepreßt.
»Wir können es damit versuchen«, sagte Hornblower. »Je eher, je besser.«
So war es immer – dieses ›je eher, je besser‹ brannte jedem Seeoffizier im Herzen, wie der Tag von Calais einstmals der Königin Mary. Was hatte Hornblower allein heute schon alles unternommen. Frühmorgens wurde die Gig klargemacht und mit allem Nötigen ausgerüstet, die Taucher hineingepackt, nachdem ihnen McCullum noch die letzten Anweisungen gegeben hatte, und dann ging es ohne eine Minute Verzug ans Tauchen. Eine Stunde später saß er mit einem türkischen Mudir beim Kaffee, und in der nächsten hatte er

sich mit dem Gerät für Unterwassersprengungen zu befassen. Wenn Abwechslung die Würze des Lebens war, dachte er, dann konnte man sein augenblickliches Dasein in der Tat mit einem orientalischen Curry vergleichen.

»Auf Riemen!« kommandierte Hornblower, und die Gig trieb langsam auf die verankerte Planke zu, die die am leichtesten zugängliche Stelle des Wracks bezeichnete.

Looney verstand sein Geschäft. Das eingenähte Pulverfaß lag neben ihm, es war in das Ende einer langen Leine eingeknotet. Looney nahm ein anderes, kurzes Stück Leine, befestigte das eine Ende an dem Faß, nahm die Bucht um die Bojenleine herum und befestigte dann auch das zweite Ende am Faß. Dann überzeugte er sich, daß das freie Ende des Luntenschlauches sicher an der leeren Tonne befestigt war, die es nachher an der Oberfläche halten sollte. Als alles klar war, gab er einem seiner beiden Gehilfen mit zwitschernder Stimme einen Befehl, worauf dieser aufstand und seine Kleider ablegte. Looney selbst versuchte unterdessen das Pulverfaß anzuheben, aber es war für seine spindeldürren Arme zu schwer.

»Helft ihm«, befahl Hornblower den beiden vordersten Bootsgästen. »Achtet darauf, daß die Leine klar ist und daß vor allem der Schlauch klar ausläuft.«

Unter Looneys Leitung wurde das Pulverfaß hochgelüftet und über die Bordwand gehoben.

»Fier langsam weg – langsam!« rief Hornblower.

Es war ein spannender Augenblick – der wievielte allein an diesem Tag –, als das Pulverfaß unter der windbewegten Wasserfläche verschwand. Die Matrosen fierten langsam die Leine, an der es hing, der Luntenschlauch lief gleichmäßig mit aus. Die Bucht, die Looney um die Bojenleine genommen hatte, bewirkte, daß das Faß an der richtigen Stelle unten ankam.

»Grund, Sir«, meldete ein Matrose, als die Leine in seiner Hand lose kam. Einige Fuß von dem Schlauch waren noch im Boot nachgeblieben. Der Taucher saß bereits auf dem gegenüberliegenden Setzbord, er trug ein Messer an einer Schnur um die nackten Hüften und hielt die Kanonenkugel in den Händen, die Looney ihm gereicht hatte. Nun ließ er sich

über Bord gleiten und verschwand in der Tiefe. Jetzt hieß es warten, bis er wieder hoch kam, wieder warten, bis der nächste verschwand und wieder erschien, und nochmals warten, bis Looney selbst getaucht war. Noch ein zweites Mal tauchte einer um den anderen auf den Grund, da es offensichtlich nicht so einfach war, das Faß genau an die richtige Stelle an der Vorkante des Achterdecks der Speedwell zu bringen. Doch schließlich schien dort unten alles in Ordnung zu sein. Jetzt kam Looney nach einer besonders langen Tauchzeit wieder hoch. Er war so ausgepumpt, daß er ins Boot gezogen werden mußte und hier eine Weile keuchend liegenblieb, bis er wieder zu Kräften kam. Dann setzte er sich auf und zeigte Hornblower die unmißverständliche Geste des Feuerschlagens mit Flintstein und Stahl.
»Schlagen Sie Feuer«, sagte Hornblower zu Leadbitter – er selbst hatte sich sein Leben lang vergeblich bemüht, den richtigen Kniff dabei herauszufinden. Leadbitter öffnete die Zunderschachtel und schlug. Schlug einmal, zweimal und hatte schon beim sechsten Male Erfolg. Er beugte sich nieder und blies den Funken im Zunder zu heller Glut. Dann griff er zu einem Stückchen Zündschnur und entzündete sie daran. Als er auch sie angefacht hatte, blickte er Hornblower in Erwartung seiner weiteren Befehle an.
»Ich will selbst anstecken«, sagte Hornblower.
Leadbitter gab ihm die Lunte, Hornblower hielt sie noch eine Sekunde in der Hand, um rasch noch einmal zu überprüfen, ob alles klar war. Er bebte innerlich vor Erregung.
»Die Tonne klar zum Aussetzen«, sagte er. »Leadbitter, halten Sie den Stöpsel bereit.« Aus dem Luntenschlauch hingen vier bis fünf Fuß Schnellunte. Als Hornblower seine Glut daran hielt, fing sie in Sekundenschnelle Feuer. Er konnte verfolgen, wie der Funke an der Schnellunte entlanglief und im Schlauch verschwand.
»Stöpseln Sie dicht«, sagte er. Leadbitter zwängte sogleich den hölzernen Stöpsel in die Mündung des Schlauchs und zermahlte dabei die mürbe Asche der verbrannten Zündschnur.
Einen Fuß in fünf Sekunden legte die Glut jetzt hoffentlich im Schlauch zurück, tiefer und immer tiefer, bis hinab auf

den Grund der See. Am anderen Ende, dicht am Pulverfaß, schloß sich noch ein Fuß langsam brennende Lunte an, die brauchte fünf Minuten für den Fuß. Es war also noch eine Menge Zeit, kein Grund zu fieberhafter Eile, sosehr man sich auch dazu getrieben fühlte.
»Über Bord damit!« befahl Hornblower. Leadbitter griff nach der leeren Tonne und ließ sie sacht ins Wasser gleiten. Da schwamm sie nun und hielt das verstöpselte Ende des Luntenschlauchs über der Oberfläche.
»Klar bei Riemen!« befahl Hornblower. »Ruder – an!«
Die Gig schlug einen Bogen und entfernte sich von dem schwimmenden Faß. Noch eilte der Funke nach Hornblowers Berechnung die Schnellunte entlang, es mußten immer noch einige Sekunden verstreichen, ehe er das langsam brennende Stück unten am Wrack der Speedwell erreichte. Hornblower vergaß nicht, diesen Zeitpunkt durch einen Blick auf die Uhr festzuhalten.
»Steuern Sie zum Schiff zurück«, befahl er Leadbitter. Er selbst verwandte keinen Blick von dem Faß, das nun schon weit hinten auf den Wellen tanzte.
McCullum hatte ihn gewarnt: »Ich rate Ihnen dringend, guten Abstand von der Detonation zu halten.« Anscheinend rief die Explosion eines Pulverfasses, auch wenn sie tief unter Wasser erfolgte, an der Oberfläche einen Strudel hervor, der die Gig gefährden konnte. Längsseit des Schiffes waren sie eine volle Viertelmeile von der Stelle entfernt, da konnte ihm nicht mehr viel zustoßen. Als der Bugmann mit dem Haken nach den Großrüsten der Atropos faßte, sah Hornblower wieder auf die Uhr. Es waren genau fünf Minuten vergangen, seit er den Funken im Schlauch hatte verschwinden sehen. Von jetzt an konnte die Ladung jede Sekunde hochgehen.
Natürlich drängten sich bereits alle Nichtstuer an der Reling, wo sie nur irgend noch ein freies Plätzchen ergattern konnten. Die Vorbereitung der Pulverladung und der Lunte hatte ja das ganze Schiff in Aufregung versetzt.
Hornblower hatte die Explosion in der Gig abwarten wollen, jetzt ließ er diese Absicht fallen und kletterte an Deck.
»Mr. Jones!« brüllte er. »Sind wir hier auf dem Jahrmarkt?

Sorgen Sie gefälligst dafür, daß die Leute bei der Arbeit bleiben.«
»Aye, aye, Sir.«
Er brannte selbst darauf, die Explosion zu sehen, aber er fürchtete, dabei eine Neugier zu verraten, die sich mit seiner Stellung schlecht vertrug. Und außerdem war es am Ende möglich, ja, nach McCullums Meinung sogar wahrscheinlich, daß die Explosion überhaupt ausblieb. Ein Blick auf die Uhr sagte ihm, daß sie schon überfällig war. Darum tat er, als ob ihm das Ganze höchst gleichgültig wäre, und schlenderte langsam nach vorn zu McCullums Lager, wo sich dieser eben anhörte, was ihm seine Taucher zu berichten hatten.
»Immer noch nichts?« fragte McCullum.
»Nein, nichts.«
»In Tiefen über fünf Faden habe ich kein Vertrauen zu diesen Luntenschläuchen«, sagte McCullum, »nicht einmal dann, wenn ich selbst damit arbeite.«
Hornblower unterdrückte eine gereizte Antwort und spähte nach der Stelle, wo er eben noch gewirkt hatte. Auf dem bewegten Wasser konnte er ab und zu einen winzigen dunklen Punkt erkennen; das war die Tonne, die das Ende des Luntenschlauchs über Wasser hielt. Er sah noch einmal nach der Uhr.
»Längst überfällig«, sagte er.
»Der Schlauch ist natürlich undicht. Es hilft nichts, Sie werden doch mit Zeitzündung arbeiten müssen.«
»Je eher, je besser«, sagte Hornblower. »Lassen Sie mich nur gleich hören, wie man das macht.«
Im Hinblick auf seine kostbare Kommandantenwürde war er jetzt heilfroh, daß er nicht unter den Augen seiner Männer umsonst gewartet hatte.

Zu dem neuen Versuch wurden so viele Leute gebraucht, daß Hornblower die Barkaß statt der Gig benutzte. Wie üblich kauerten die drei Taucher aus Ceylon vorn am Bug, gleich hinter ihnen aber stand diesmal in der Plicht ein Eisentopf mit geschmolzenem Pech, daneben hockte ein Segelmachersmaat, und mittschiffs saß, das Pulverfaß zwischen den Beinen, Mr. Clout, der Feuerwerker. Der Segeltuchüberzug des Fasses war noch nicht ganz vernäht, über dem Deckel klaffte noch ein Schlitz. Als der Bootsanker gefallen war, lag die Barkaß in dem mäßig bewegten Gewässer ruhig neben dem kleinen Fäßchen, das das Ende des wertlos gewordenen Luntenschlauchs über Wasser hielt und jetzt nur noch an die vergebens aufgewandte Mühe gemahnte.
»Gehen Sie jetzt an Ihre Arbeit, Mr. Clout«, sagte Hornblower.
Was sie nun vorhatten, war nicht nur spannend und aufregend, sondern geradezu gefährlich. Die Taucher entkleideten sich sofort zu ihrer Arbeit und begannen alsbald mit ihren vorbereitenden Atemübungen, weil nachher keine Zeit mehr dazu blieb. Clout nahm die Zunderschachtel zur Hand und schlug einen Funken hinein. Er beugte sich tief über seine Arbeit, um die schwache Brise abzuwehren, die über die Oberfläche der Bucht hinwehte. Endlich war es ihm gelungen, seine Lunte in Brand zu setzen, er blies die Glut noch etwas an und wandte sich dann mit einem fragenden Blick an Hornblower.
»Weiter, weiter«, sagte der.
Clout drückte die glühende Lunte auf das Stück Zündschnur, das aus dem Loch des Faßdeckels ragte. Hornblower hörte ein schwaches, unregelmäßiges Zischen, während Clout noch wartete, bis sich die Glut durch das Loch ins Innere des Fasses fortgepflanzt hatte. Zwischen all den Menschen, mitten im Boot, fraß sich nun das Feuer weiter auf die dreißig Pfund Pulver zu. Ein paar Pulverkörner am unrechten Platz, irgendein kleiner Schaden an der Lunte reichten hin, das Faß vorzeitig zur Detonation zu bringen und das Boot samt sei-

ner Besatzung auf einen Schlag zu vernichten. Niemand gab einen Laut von sich, man hörte nur das Zischen der brennenden Lunte. Endlich verschwand der glimmende Funke im Spundloch. Der Schiffsküfer hatte das Pulverfaß in seinem oberen Teil mit einem sorgfältig eingepaßten doppelten Boden versehen, in dem Zwischenraum zwischen den beiden Böden war die Lunte sauber aufgeschossen, ihr anderes Ende war durch eine kleine Öffnung im unteren Boden geführt und mündete mitten im Pulver. Jetzt kroch also die Glut unsichtbar die Windungen der aufgeschossenen Lunte entlang und gelangte dabei von Minute zu Minute näher an das letzte Stück, das sie durch die Öffnung nach unten führen sollte.

Clout zog den segeltuchüberzogenen Spund aus seiner Tasche und tauchte ihn in das warme Pech.

»Setzen Sie das Loch gut dicht, Mr. Clout«, sagte Hornblower. Clout drehte den Pfropfen fest in das Spundloch des oberen Faßdeckels. Jetzt war das Zischen der Lunte nicht mehr zu hören, aber jedermann im Boot war sich bewußt, daß die Glut innen im Faß ohne Erbarmen vorankroch. Clout verschmierte den Stöpsel nochmals dick mit Pech und räumte dann sofort seinen Platz.

»Los, mein Herzchen«, sagte er zum Segelmachersmaaten.

Der brauchte nicht erst angespornt zu werden. Er hatte Nadel und Segelhandschuh schon bereit und nahm jetzt eiligst Clouts Platz ein, um den Segeltuchbezug über dem oberen Faßdeckel zuzunähen.

»Kleine Stiche, immer kleine Stiche«, mahnte Hornblower. Der Maat, der über den lauernden Tod gebeugt seine Arbeit tat, war natürlich aufgeregt. Auch Hornblower war bereits nervös, aber der eben erlebte Fehlschlag hatte ihn gelehrt, wie wichtig es war, daß die vorbereitende Arbeit gewissenhaft getan wurde.

Der Segelmachersmaat tat den letzten Stich und übernähte das Ganze noch einmal. Dann zog er sein Messer und schnitt das Garn ab. Es konnte keinen harmloseren Anblick geben als dieses in Segeltuch eingenähte Faß, das hier stumm und dumm im Boot stand. Clout war schon dabei, Pech über das frisch vernähte Oberteil zu schmieren; die Seiten und der

Boden des Fasses waren schon dick verschmiert worden, ehe es in die Barkaß gebracht worden war.

»Die Leine her«, sagte Hornblower.

Wie beim letztenmal wurde eine Bucht vom Faß um das Ankertau der Boje genommen und wieder am Faß befestigt.

»Hoch damit, ihr beide! Fier langsam weg!«

Das Faß sank langsam unter die Oberfläche, es baumelte an seiner Leine, während es die Männer Hand über Hand auf den Grund fierten. Jetzt wich mit einem Male die Spannung im Boot, was sich dadurch kundtat, daß alles zu schwatzen begann.

»Ruhe!« fuhr Hornblower dazwischen.

Obwohl das Ding jetzt unsichtbar auf den Grund der Bucht hinabsank, bildete es doch immer noch eine tödliche Gefahr – die Männer begriffen das nur nicht. Einer der Taucher saß bereits mit seiner Kanonenkugel in den Händen auf dem Setzbord, man sah, wie er seine Brust abwechselnd weitete und wieder entspannte. Zum Lachen! Ausgerechnet in diesem Augenblick mußte Hornblower einfallen, daß er ganz vergessen hatte, die kostbaren Kanonenkugeln durch Steine zu ersetzen, wie es doch seine Absicht gewesen war. Er hätte dem Mann noch gern gesagt, er solle das Pulverfaß auf alle Fälle an die richtige Stelle bringen, aber das verbot sich angesichts der schwierigen Verständigung von selbst. Er mußte sich mit einem stummen Blick begnügen, der zugleich Drohung und Ansporn ausdrücken sollte.

»Grund, Sir«, meldete der Matrose an der Leine.

Der Taucher glitt vom Setzbord und verschwand in der Tiefe. Dort unten, allein mit dem Pulver und der brennenden Lunte, war er natürlich erst recht in Gefahr. »Vor Cuddalore«, so hatte ihm McCullum erzählt, »haben sie schon einmal mit angesehen, wie einer ihrer Kameraden von einem solchen Zeitzünder in Stücke gerissen wurde.« Wenn nur diesmal nicht ein ähnliches Unglück geschah! Hornblower war sich bewußt, daß sich die Barkaß dann genau über der Explosion und mitten in ihrem Wirbel befand, und mußte sich unwillkürlich fragen, welche geheimnisvolle Kraft ihn dazu trieb, sich immer wieder freiwillig auf so gefährliche Abenteuer einzulassen. Tat er es aus bloßer Neugier? Oder weil

er sich geschämt hätte zurückzubleiben? Nur eins bedachte er keine Sekunde: daß nämlich sein Pflichtgefühl dabei im Spiele war.
Der zweite Taucher saß schon tief atmend mit der Kanonenkugel auf dem Setzbord, er glitt ins Wasser und verschwand, sowie der Kopf des ersten wieder zum Vorschein kam.
»Ich habe ihnen die Hölle heiß gemacht«, hatte ihm McCullum versichert, »sie wissen, daß ihnen zwei Dutzend Hiebe sicher sind, wenn die Ladung nicht an der richtigen Stelle detoniert. Außerdem habe ich ihnen klargemacht, daß wir hier liegenbleiben, bis das Geld geborgen ist, ganz gleich, wie lange wir dazu brauchen. Sie können sich bestimmt darauf verlassen, daß sich die Kerle ins Zeug legen.«
Zweifelsohne taten sie das auch. Jetzt wartete Looney selbst auf dem Setzbord und glitt in die Tiefe, als sein zweiter Mann auftauchte. Sie waren sichtlich darauf bedacht, keine Sekunde Zeit zu verlieren. Hornblower blickte zum wer weiß wievielten Male über Bord, um vielleicht doch etwas von den Vorgängen dort unten zu erkennen, aber es war umsonst. Das Wasser war wohl klar und von herrlich dunkelgrüner Färbung, aber die Bewegung an der Oberfläche reichte hin, um jede Sicht nach unten zu versperren. Man mußte sich also darauf verlassen, daß Looney dort unten in halber Dunkelheit und lähmender Kälte mit aller Kraft daran arbeitete, die Ladung an das Wrack zu bringen und unter die Vorkante seines Achterdecks zu schieben. Dank dem Auftrieb, den Archimedes vor zweitausend Jahren entdeckt hatte, konnte das Faß unter Wasser nicht allzuviel wiegen.
Looney tauchte wieder auf, sogleich sank der erste Taucher wieder nach unten, um ihn zu ersetzen. Diese Arbeit bedeutete für die Taucher ein Spiel mit dem Tode, eine Lotterie, in der es keinen Gewinn, wohl aber ein schwarzes Verlustlos gab. Ging die Ladung vorzeitig los, dann zerriß sie eben den, der zufällig gerade unten mit ihr hantierte. Allzulange konnte es ja nicht dauern, das Faß die paar Fuß über den Grund zu schaffen und an die richtige Stelle zu bringen. Und unten kroch inzwischen hoffentlich das Feuer weiter die Windungen der Lunte entlang, die dicht verpackt zwischen den beiden Deckeln des Fasses lagen. Die Naturforscher hatten

festgestellt, daß Lunten – anders als Kerzen – auch ohne Luftzufuhr weiterbrannten, weil der Salpeter, mit dem die Schnur durchsetzt war, die gleiche brennbare Substanz bot wie die Luft. Das war eine Entdeckung, die dicht an die Lösung des Problems des Lebens selbst heranreichte, da doch jedes Leben atmender Geschöpfe wie eine Kerze erlosch, wenn man ihm die Atemluft vorenthielt. Jetzt aber lag der Gedanke nahe, daß in nicht allzu ferner Zeit eine Erfindung gelingen mochte, die es ermöglichte, Leben auch ohne Luftzufuhr zu erhalten.
Der nächste Taucher ging nach unten, die Glut eilte weiter die Lunte entlang. Clout hatte ihre Länge auf eine Stunde Brenndauer berechnet – sie durfte natürlich nicht zu kurz sein, aber andererseits doch auch nicht allzu lang, denn je länger das Faß dem Wasserdruck ausgesetzt war, desto leichter konnte es geschehen, daß irgendwo eine schwache Stelle undicht wurde und Wasser eindringen ließ. Aber Clout hatte außerdem erklärt, daß die Hitze aus dem engen Raum zwischen den Faßdeckeln nicht entweichen konnte, das hieß, daß es da drinnen heißer und heißer wurde und daß die Lunte entsprechend schneller brannte – ja, es konnte sogar geschehen, daß das Feuer von einer Windung zur nächsten übersprang. Das hieß mit anderen Worten, daß sich die Brenndauer keineswegs genau vorausbestimmen ließ.
Der Taucher, der eben wieder an der Oberfläche erschien, stieß einen hellen Schrei aus, gerade rechtzeitig, um seinem Nachfolger – es war Looney – Einhalt zu gebieten. Eine hastige Frage, eine ebenso rasche Antwort, und schon wandte sich Looney mit beiden Armen winkend nach Hornblower um.
»Holt den Mann an Bord«, befahl Hornblower. »Anker lichten!«
Ein paar Schläge mit den Riemen brachten die Barkaß in Fahrt. Die Ceylonesen vorn im Bug schnatterten und schwatzten wie drei Sperlinge im Morgengrauen.
»An Bord«, befahl Hornblower.
Diesmal wollte er sofort auf sein Schiff zurück, ohne sich auch nur ein einziges Mal umzusehen. Sein Prestige ließ es einfach nicht zu, daß er ein zweites Mal auf eine Detonation wartete, die vielleicht wieder nicht eintrat. So wurde denn

Ruder gelegt, und bald strebte die Barkaß mit stetiger Fahrt der Atropos zu.
Dann war es plötzlich geschehen. Hornblower selbst konnte nichts davon sehen, weil er der Stelle den Rücken kehrte. Er hörte nur ein dumpfes Grollen, das nicht einmal besonders laut war und so klang, als ob man in einer ziemlich weit entfernten Höhle eine Kanone abgefeuert hätte. Als er auf seinem Sitz herumfuhr, sah er gerade noch, wie ihnen die mächtige, von der Detonation herrührende Welle von achtern aufkam und das Heck der Barkaß anhob. Dann sank das Heck in das folgende Wellental, und dafür stieg nun der Bug hoch empor, das schwere Boot tanzte auf und nieder wie ein Spielzeugschiffchen in der Badewanne. Das aufgewühlte Wasser um sie her war schmutzig und dunkel verfärbt. Dieser ganze Aufruhr dauerte nur wenige Sekunden, dann wanderte er weiter und ließ das Boot immer noch heftig schlingernd und stampfend zurück.
»Die Ladung ist hochgegangen, Sir«, bemerkte Clout ganz überflüssigerweise, und die Matrosen schwatzten jetzt nicht minder lebhaft als die Ceylonesen.
»Ruhe im Boot!« befahl Hornblower.
Er ärgerte sich über sich selbst, weil er bei dem unerwarteten Donner so unbeherrscht herumgefahren war. Jetzt maß er seine Männer mit finsteren Blicken, so daß sie betreten verstummten.
»Backbord das Ruder!« knurrte er. »Backbordseite nicht so hart!«
Die Barkaß beschrieb einen Bogen und strebte wieder auf die Explosionsstelle zu, die an einem großen Schmutzfleck im Wasser zu erkennen war. Immer noch stiegen hier große Blasen hoch und zerplatzten, wenn sie die Oberfläche erreichten. Dann zeichneten sich hier und dort im Wasser helle Flecken ab, tote Fische, die langsam nach oben trieben und deren weiße Bäuche in der Sonne schimmerten. Einer, an dem das Boot vorüberkam, war offenbar nicht ganz tot, er machte schwache, grade noch erkennbare Versuche, sich aufzurichten und in der Tiefe zu verschwinden.
»Ruhe!« befahl Hornblower wiederum, als das kaum zu zügelnde Geplapper von neuem auflebte. »Auf Riemen!«

Unter allgemeinem Schweigen trieb die Barkaß über den Schauplatz der Explosion. Tote Fische, ein Schmutzfleck, das war alles. Sonst war nicht das geringste zu entdecken. Die Enttäuschung machte Hornblower ganz krank. Sollten hier nicht Wracktrümmer die Wasserfläche bedecken, irgendwelche Splitter des geborstenen Rumpfes, die ihm kundgaben, daß die Ladung richtig gewirkt hatte? Daß nichts davon zu sehen war, mußte ihm doch sagen, daß die Sprengung das Wrack eben doch nicht aufgerissen hatte. Schon eilten seine Gedanken in die Zukunft. Wahrscheinlich mußte nun eine neue Ladung mit einem neuen Zeitzünder her, und dann war es offenbar nötig, die Taucher mit den brutalsten Drohungen dazu zu zwingen, daß sie diese Ladung wirklich an die richtige Stelle brachten. Nach seiner Schätzung waren sie eben der Explosion nur um knappe dreißig Sekunden zuvorgekommen, war da nicht zu befürchten, daß die Taucher erst recht hastig und oberflächlich zu Werke gingen, wenn es galt, das Wagnis noch einmal auf sich zu nehmen?
Trieb dort nicht doch ein Stück Holz? Nein, es war nur die Planke, die als Markierungsboje gedient hatte.
»Hol die Leine ein«, sagte Hornblower zu dem Mann am Schlagriemen. Es hingen nur noch zehn Fuß Leine an der Planke, der Rest war abgerissen – so hatte die Explosion doch wenigstens eine Wirkung gehabt. Man konnte es als reine Ironie betrachten, daß das alles war – dreißig Pfund Pulver und als Ergebnis eine losgerissene Boje.
»Steck einen neuen Draggen mit Leine an das Ding«, befahl Hornblower. Sie waren bestimmt noch nahe genug an der richtigen Stelle, daß die Boje wenigstens einen gewissen Anhalt bot.
Hornblower fing einen Blick Looneys auf. Der machte ganz den Eindruck, als ob er durchaus bereit wäre, gleich noch einmal zu tauchen. Gut, man sparte immerhin Zeit, wenn man sich jetzt sofort von dem dürftigen Ergebnis der Sprengung überzeugte.
»Looney«, sagte Hornblower und wies über Bord. Er brauchte die Geste nur einmal zu wiederholen, bis Looney zustimmend nickte und sein Gewand abwarf. Soweit Hornblower wußte, hatte Looney ohnehin seine Tagesleistung von

fünfmal Tauchen noch nicht erreicht. Looney pumpte seine Brust voll Luft und glitt ins Wasser. Während er unten war, hielt sich die Barkaß treibend in der Nähe. Seltsam, die kleinen Wellen, die die Wasserfläche überzogen, plätscherten jetzt in anderem Takt an die Bordwand als sonst – diesmal fehlte ihnen sogar die einheitliche Richtung, die sonst der Wind hervorbrachte, wenn er über sie hinstrich –, sie schienen jetzt von allen Seiten zu kommen. Offenbar war das der letzte, langsam verebbende Rest des Aufruhrs, den die Explosion verursacht hatte.
Da war Looney wieder, sein strähniger schwarzer Haarschopf klebte ihm an der Wange, und als nun seine weißen Zähne blitzten, da sah es fast so aus, als ob er lachte, bis einem einfiel, daß er wohl nur keuchend um Luft rang. Mit wenigen Stößen kam er an das Boot geschwommen und rief zugleich seinen Kameraden ein paar Worte zu, die unter ihnen sofort ein aufgeregtes Geschnatter hervorriefen. Die losgerissene Markierungsboje war also nicht weit von der Explosionsstelle vertrieben. Sie holten Looney vorne ins Boot, das Geplapper ging unentwegt weiter, jetzt drängte sich Looney zwischen den Matrosen durch und kam über die Duchten nach achtern. Unterwegs rieb er mit dem Saum seines Gewandes an einem Gegenstand herum, den er Hornblower endlich mit breitem Grinsen in die Finger drückte. Das Ding glich einer runden Scheibe und wog schwer, es war ganz schwarz und mit einer rauhen Kruste bedeckt, dennoch gab es keinen Zweifel ...
»Großer Gott! Also doch ...« sagte Hornblower.
Ja, es war wirklich ein Shilling. Hornblower starrte ihn nur immer an und drehte ihn zwischen den Fingern, auch seine Männer verwandten kein Auge davon. Sie waren klug genug, zu erraten, was geschehen war, obwohl sie nicht genau sehen konnten, was ihr Kommandant da in der Hand hielt. Schon hörte man das erste schüchterne Hurra, das sofort begeistert aufgenommen wurde. Als Hornblower den Blick hob, sah er lauter fröhlich grinsende Gesichter, selbst Clout schwenkte seinen Hut und brüllte mit, so laut er konnte.
»Ruhe!« donnerte Hornblower. »Mr. Clout, Sie sollten sich schämen!«

Aber der allgemeine Lärm erstarb diesmal nicht so rasch wie vorhin, dazu war die Aufregung der Männer viel zu groß. Langsam trat dann aber doch Ruhe ein, und die Bootsgäste saßen erwartungsvoll auf ihren Plätzen. Hornblower mußte jetzt vor allem genau überlegen, was als nächstes zu geschehen hatte. Seine Entscheidung lautete: »Schluß für heute.« Zur Bergung des Schatzes brauchte man vor allem die richtige Ausrüstung, und außerdem hatten die Taucher ihre Tagesnorm schon fast erreicht. Dann mußte McCullum das Ergebnis der Sprengung erfahren, damit er seine Anweisungen für die weitere Arbeit geben konnte. Außerdem schien es Hornblower keineswegs sicher, daß sich die weitere Arbeit ganz einfach gestalten würde. Ein Shilling war noch lange keine Viertelmillion, es kostete wahrscheinlich noch Mühe genug, die ganze Beute einzubringen.
»Riemen bei!« befahl er den wartenden Männern in barschem Ton. Die Riemen fielen klappernd in die Dollen, und die Bootsgäste lauerten auf das Kommando zum Anrudern. »Ruder – an!« Jetzt hieben die Blätter zugleich ins Wasser, und die Barkaß nahm langsam Fahrt auf.
»Zurück zum Schiff«, befahl er knurrend dem Bootssteurer. Wer ihn jetzt sah, wie er mit finsterer Miene an seinem Platz in der Achterpiek saß, der mußte denken, daß die Barkaß von einem gründlichen Fehlschlag zurückkam. In Wirklichkeit ärgerte er sich aber nur über seine eigene Schwerfälligkeit im Denken, die daran schuld war, daß er nicht sofort die richtigen Befehle bereit hatte, als ihm der Wundershilling gereicht wurde. Die ganze Bootsbesatzung war Zeuge seiner Unsicherheit gewesen, das hatte seinem ängstlich gehüteten Prestige bestimmt einigen Abbruch getan. Als er an Bord anlangte, hätte er sich am liebsten grollend in seine Kajüte verkrochen, aber die Vernunft gebot ihm schließlich doch, nach vorn zu gehen und die neue Lage mit McCullum zu besprechen.
»Aus der gesprengten Öffnung ergießt sich ein Strom von Silbermünzen«, sagte McCullum, der sich die Berichte der Taucher angehört hatte. »Die Säcke waren natürlich verrottet, so konnte das Silber ungehindert aus der Schatzkammer auslaufen. So viel dürfte jedenfalls klar sein.«

»Und das Gold?« fragte Hornblower.
»Looney kann mir darüber noch keine Auskunft geben«, sagte McCullum. »Wenn ich mit in der Barkaß gewesen wäre, wüßten wir jetzt wohl schon besser darüber Bescheid.«
Hornblower unterdrückte mit Mühe eine zornige Antwort auf diese Ungehörigkeit. Ein hitziger Wortwechsel wäre so recht nach McCullums Sinn gewesen, um so weniger war er geneigt, ihm diesen Gefallen zu tun.
»Zum mindesten hat die Sprengung ihren Zweck erfüllt«, sagte er versöhnlich.
»Es sieht so aus.«
»Wenn aber die Detonation das Wrack wirklich aufgerissen hat, wie kommt es dann, daß kein einziges Stück Holz davon an die Oberfläche kam?«
Das war eine Frage, die Hornblower schon die ganze Zeit über beschäftigt hatte.
»Wie, das wissen Sie nicht?« fragte McCullum seinerseits und kostete dabei sichtlich seine fachmännische Überlegenheit aus.
»Nein.«
»Das hat doch mit einem Grundgesetz der Physik zu tun. Holz, das in größerer Tiefe unter Wasser gehalten wird, saugt sich alsbald voll.«
»Das ist mir neu.«
»Holz schwimmt nur dank der Luft, die alle Hohlräume in seinem Inneren ausfüllt – ich nehme an, daß Ihnen wenigstens das bekannt ist. Unter größerem Druck wird diese Luft nun herausgepreßt, dadurch verliert das Holz seinen Auftrieb und schwimmt nicht mehr.«
»Ich danke Ihnen für Ihre Erklärung, Mr. McCullum«, sagte Hornblower.
»Ach, ich bin es schon gewohnt«, sagte McCullum, »daß ich immer wieder zur Weiterbildung Seiner Majestät Offiziere beitragen muß.«
»Dann darf ich hoffen«, sagte Hornblower, immer noch beherrscht, »daß Sie auch die meinige nicht vernachlässigen werden. Was soll jetzt weiter geschehen?«
McCullum verzog ärgerlich den Mund.
»Wenn der verdammte deutsche Doktor endlich Vernunft

annehmen würde und mich aufstehen ließe«, brummte er, »dann könnte ich mich selbst um die Arbeit kümmern.«
»Er wird Ihnen die Fäden bald herausnehmen«, sagte Hornblower, »aber wir können leider nicht darauf warten. Jede Stunde ist kostbar.«
Es konnte einen rasend machen, daß man als Kommandant auf seinem eigenen Schiff die Unverschämtheit dieses Burschen hinnehmen mußte. Gewiß, man konnte sich nachträglich beschweren, und Hornblower trug sich schon ernstlich mit diesem Gedanken. Ließ er es aber jetzt mit McCullum zu ernsten Auseinandersetzungen kommen, dann flog womöglich das ganze Unternehmen auf. In seinem Bericht an Collingwood würde es dann heißen, daß die Bergung der Kriegskasse ›an der völlig unzulänglichen Unterstützung durch den von der Ehrenwerten Ostindienkompanie gestellten Mr. McCullum gescheitert sei‹. Dann bekam McCullum ohne Zweifel den verdienten dienstlichen Rüffel. Aber was war damit erreicht? War es nicht tausendmal besser, unverdrossen auf das gesteckte Ziel loszusteuern und dabei alle Widrigkeiten stumm und gelassen in Kauf zu nehmen, als bestens entschuldigt, aber doch mit leeren Händen zurückzukehren? Den eigenen Stolz zu bezwingen und McCullum klare Anweisungen zu entlocken war in diesem Falle mindestens ebenso verdienstvoll, wie an der Spitze enternder Matrosen das Deck eines feindlichen Schiffes zu stürmen. Auch mit solchen Leistungen konnte man sich verdient machen, darüber gab es keinen Zweifel – nur daß die Zeitungen wahrscheinlich keine Notiz davon nahmen. Er zwang sich weiterhin, sachliche, sorgsam überlegte Fragen zu stellen, und hörte aufmerksam zu, als McCullum zögernd und widerwillig erklärte, was als nächstes zu geschehen hatte.
Dafür hatte er dann später, als er sich zum Dinner setzte, das angenehme Gefühl, seine Pflicht wirklich erfüllt zu haben. Die nötigen Befehle waren gegeben, alles war bis ins kleinste vorbereitet. Wie hatte McCullum gesagt? ›Ein Strom von Silbermünzen.‹ Dieses Wort wollte ihm während der ganzen Mahlzeit nicht aus dem Kopf. Man brauchte nicht allzuviel Phantasie, sich auszumalen, wie es dort unten in der klaren, durchsichtigen Tiefe aussah. Da lag das Wrack,

die Decke seiner Schatzkammer war aufgerissen, und das Silber strömte daraus hervor wie ein gefrorener Wasserfall – Gray hätte ein Gedicht darüber schreiben können. Und irgendwo in dieser Schatzkammer lag auch, zum Greifen nahe, das Gold. Das Leben war schön, und das Glück war ihm hold. Langsam führte er den letzten Bissen des Lammbratens zum Mund und bediente sich dann aus der Schüssel mit Lattichsalat. Die Pflänzchen waren noch ganz jung und zart, ihr Geschmack war von köstlicher Süße. Es waren die ersten Früchte des türkischen Frühlings.

16　　　　　　　　　　GOLD UND SILBER

Der türkische Frühling wich dem Sommer erst nach einem letzten Kampf, bei dem er sogar den längst entwichenen Winter noch einmal zu Hilfe holte. Der Wind blies stürmisch und kalt aus Nordwesten, der Himmel war grau verhangen, der Regen peitschte in Strömen herab. Er trommelte auf das Deck, er strömte durch die Speigatten, er rieselte in unerwarteten Kaskaden aus der Takelage. Und wenn er den Männern auch Gelegenheit bot, Ihr Zeug in Frischwasser zu waschen, so verweigerte er ihnen dafür jede Möglichkeit, es wieder zu trocknen. Die Atropos schwojte ruhelos um ihren Anker, denn die Böen stießen bald aus dieser, bald aus jener Richtung von den Bergen nieder und peitschten das Wasser der Bucht zu weißen Schaumköpfen auf. Dieser Wind und dieser Regen schienen durch alles hindurchzudringen. Jedermann fühlte sich kälter und nässer als im schlimmsten Sturm auf dem Atlantik, wenn die Decksnähte beim Arbeiten des Schiffes leck sprangen und die Seen krachend auf das Deck niederstürzten. Mit dem kalten und nassen Wetter hielten Verdrossenheit und üble Laune bei der Besatzung ihren Einzug – Mangel an körperlicher Ausarbeitung und Mangel an Beschäftigung riefen im Verein mit dem ewigen Getrommel des Regens allgemeine Mißstimmung hervor.
Hornblower ging in düsteren Gedanken auf dem Achterdeck

auf und ab, der Regen klatschte auf sein Ölzeug, und seine Stimmung sank auf den Nullpunkt, wenn er sich klarmachte, daß keine Rede davon sein konnte, die Bergung fortzusetzen, ehe dieser Sturm abflaute. Da drüben lagen die Kisten voll Gold unter der windgepeitschten Wasserfläche der Bucht; er konnte den Gedanken nicht ertragen, daß er alle diese leeren Stunden warten mußte, bis er endlich Gewißheit bekam, ob es möglich war, sie zu bergen. Ebenso zuwider war ihm der Gedanke, daß er sich selbst dieser allgemeinen Erschlaffung entreißen und seine Kräfte anstrengen mußte, um den guten Geist der Mannschaft wachzurufen. Dennoch war er sich darüber klar, daß er sich dieser Pflicht nicht entziehen durfte.
»Läufer!« rief er. »Ich lasse Mr. Smiley und Mr. Horrocks sofort in die Kajüte bitten.«
Eine halbe Stunde später waren beide Wachen in Divisionen an Deck angetreten. (»Ich gebe Ihnen eine halbe Stunde Zeit, den Zirkus zu organisieren«, hatte Hornblower gesagt.) Die Männer trugen nur ihre Arbeitshosen, der Regen klatschte auf ihre nackten Oberkörper und bloßen Füße. Natürlich gab es eine Menge Gebrumm über diese Ruhestörung, aber die Toppsgäste freuten sich doch, weil alle Freiwächter mit herangezogen waren. (»Ich möchte, daß alles mitmacht«, hatte Hornblower gesagt, »Kuhlsgasten und Hellegattsgäste, Feuerwerkerei und Segelmacherei.«) Dazu kam die Aufregung, die jeder Wettkampf mit sich bringt, und das Vergnügen, die drei Wachoffiziere, Jones, Still und Turner, in die Wanten steigen und zu den Marsen aufentern zu sehen, wo sie darauf achten sollten, daß der Kampf einen ehrlichen Verlauf nahm. Hornblower stand mit dem Megaphon auf der Back bei den Kattdavits, damit der Wind seine Stimme deutlich über Deck trug.
»Eins!« rief er, »Zwei – und – los!«
Das Ganze war ein Stafettenrennen, das der Reihe nach über alle drei Toppen führte. Die Backbordwache kämpfte gegen die Steuerbordwache, und die Beteiligung jener Männer, die sonst selten oder nie zum Entern kamen, gab der Veranstaltung ihren besonderen Reiz. Bald hüpften die Divisionen vor Aufregung an Deck von einem Bein aufs andere, wenn

sie sahen, wie irgendein wohlbeleibter Feuerwerkers- oder Wachtmeistersmaat langsam und schwerfällig auf- und wieder niederenterte, denn es war ihnen nicht erlaubt, zu neuem Start an den nächsten Mast zu eilen, ehe der letzte aus ihrer Schar wieder unten war.

»Los, Dickerchen, beeil dich!«

Für die leichtfüßigen Toppsgäste war dieses Entern natürlich ein Kinderspiel. Sie jagten die Wanten auf und nieder wie je, ohne sich um den strömenden Regen zu kümmern; dann standen sie an Deck und verfolgten gespannt die vorsichtigen Bewegungen ihres Langsamsten und Letzten, während eine der gegnerischen Divisionen schon jubelnd zum nächsten Mast stürzte, sobald ihr Schlußmann ankam und sie aus dem Bann befreite.

Auf und nieder, kreuz und quer eilten die Männer durcheinander. Mit aufgeregtem Geschrei jagte der Fürst von Seitz-Bunau über Deck, Horrocks und Smiley, die Kapitäne der beiden Seiten, krächzten bereits heiser wie die Raben, sie hatten sich im Eifer des Ordnens und Anfeuerns völlig überschrien. Der Kochsmaat war der letzte Mann der Backbordwache, er näherte sich bereits dem Topp des Großmasts, als Horrocks, der sich selbst als Schlußmann der Steuerbordwache eingeteilt hatte, auf der anderen Seite zu entern begann. Alles schrie und fuchtelte mit den Armen. Horrocks rannte mit solcher Geschwindigkeit die Wanten hoch, daß diese unter seinen affenartigen Bewegungen erzitterten. Der Kochsmaat erreichte die Saling und begann schon seinen Abstieg.

»Los, Dicker, los!«

Der Kochsmaat achtete in der Eile kaum mehr darauf, wohin er seine Füße setzte, und nahm immer zwei Webeleinen mit einem Schritt. Jetzt war Horrocks auf der Saling angelangt. Er tat einen Satz nach dem Backstag und rutschte mit solcher Fahrt daran herunter, daß er sich dabei bestimmt die Hände verbrannte. Kochsmaat und Fähnrich erreichten das Deck genau zur gleichen Zeit, aber Horrocks hatte nach seinem Platz im Glied noch etwas weiter zu laufen als der Kochsmaat. Unter allgemeinem Gebrüll rannten sie keuchend los. Es zeigte sich, daß der Vorsprung des Kochsmaa-

tes nicht mehr einzuholen war, er langte an, als Horrocks noch einen Meter vom Ziel war. Jetzt richteten sich aller Blicke auf Hornblower.
»Die Backbordwache hat gesiegt«, sagte dieser. »Die Steuerbordwache bestreitet das Programm für das morgige Bordfest.«
Die siegreiche Backbordwache brach von neuem in lautes Hurrageschrei aus, aber auch die Steuerbordwache war, wie Hornblower mit einem Blick feststellen konnte, ganz guter Dinge geblieben und nahm ihre Niederlage keineswegs tragisch. Er konnte sich denken, daß es in ihren Reihen eine ganze Anzahl Leute gab, denen die Aussicht, tags darauf ihre Künste zum besten geben zu dürfen, alles andere als unwillkommen war, und die sich schon jetzt ihren Auftritt zurechtlegten. Wieder hob er sein Megaphon an die Lippen:
»Achtung! Mr. Horrocks, Mr. Smiley, lassen Sie Ihre Mannschaften wegtreten!«
Als Hornblower in seine Kajüte zurückkehren wollte, stieß er unterwegs vor der Tür zur Offiziersmesse auf McCullum, der dort unter der Aufsicht des Doktors langsam einen Fuß vor den anderen setzte.
»Sieh da, Mr. McCullum«, sagte Hornblower. »Wie schön, Sie wieder auf den Beinen zu sehen.«
»Die Schnittwunde ist vollständig verheilt, Sir«, sagte Eisenbeiß stolz. »Ich konnte nicht nur die Nähte entfernen, sondern hielt es sogar für unbedenklich, die Borste aus der Wunde zu nehmen, da die Absonderung aufgehört hat.«
»Ausgezeichnet«, sagte Hornblower. »Dann kommt wohl auch der Arm bald aus der Schlinge?«
»In wenigen Tagen, Sir. Die gebrochenen Rippen sind ebenfalls gut geheilt.«
»Hier herum fühle ich mich noch ein bißchen steif«, sagte McCullum und langte mit der linken Hand nach seiner rechten Achselhöhle. Von seiner üblichen Brummigkeit war diesmal nichts zu merken. Als Rekonvaleszent, der seine ersten Gehversuche machte und dessen geheilte Wunde das Gesprächsthema abgab, stand er im Mittelpunkt des Interesses, und dieses Bewußtsein stimmte ihn wohl ausnahmsweise einmal freundlich gegen seine Umwelt.

»Das glaube ich Ihnen gern«, sagte Hornblower. »Eine Pistolenkugel auf zwölf Schritt Entfernung ist kein angenehmer Gast. Wir fürchteten, wir würden Sie verlieren. In Malta war man der Ansicht, die Kugel stecke in Ihrer Lunge.«
»Die Operation wäre viel einfacher gewesen, wenn Mr. McCullum nicht so kräftige Muskeln hätte, unter dieser Muskelmasse war die Kugel kaum zu finden.«
McCullum fischte einen kleinen Gegenstand aus seiner linken Hosentasche und reichte ihn Hornblower.
»Haben Sie dieses Ding schon gesehen?« fragte er. Es war die Kugel, die Eisenbeiß entfernt hatte, ein plattgedrücktes, mißgestaltetes Stückchen Blei. Hornblower kannte es schon, aber er hielt es nicht für richtig, ihm das jetzt zu sagen. Er drehte es vielmehr mit Ausdrücken des Staunens in den Fingern, was McCullum sichtlich Freude machte. »Meine Meinung ist«, sagte er schließlich, »daß wir dieses Ereignis gebührend feiern sollten. Ich lade die Herren der Offiziersmesse zu mir zum Dinner ein – Sie beide, meine Herren, natürlich vor allen anderen.«
»Das ist mir eine hohe Ehre, Sir«, sagte McCullum, und Eisenbeiß machte eine förmliche Verbeugung.
»Sagen wir also morgen abend. Wir können dann in aller Ruhe zusammen essen, ehe die Vorstellung beginnt, die uns die Steuerbordwache geben wird.«
Zufrieden zog sich Hornblower in seine Kajüte zurück. Er hatte seiner Besatzung Bewegung verschafft, er hatte den Leuten eine Aufgabe gestellt, die sie beschäftigte, und obendrein einen passenden Anlaß gefunden, seine Offiziere einmal außerdienstlich bei sich zu sehen. Sein Bergungsfachmann war dem Tod entrissen und schritt, besser gestimmt und aufgeschlossener als je, der Genesung entgegen. Und, was die Hauptsache war, der Gold- und Silberschatz der Speedwell lag zum Aufsammeln bereit in nächster Nähe auf dem Grund der Bucht. Seine Selbstzufriedenheit setzte ihn sogar in den Stand, in guter Laune das langweilige Konzert über sich ergehen zu lassen, das die Steuerbordwache am folgenden Abend zum besten gab. Ein hübscher, junger Vortoppsgast sang die üblichen sentimentalen Lieder, ihre schlei-

mige Gefühlsduselei war für Hornblowers Empfinden der gleiche Greuel wie die begleitende Musik für seine melodietauben Ohren. ›Die Blumen auf Mutters Grab‹, ›Die leere Wiege‹ – ein Lied folgte dem anderen. Der junge Matrose verstand sich glänzend darauf, ihnen alles zu entlocken, was sie an Weh und Düsternis zu bieten hatten, und sein Publikum – Hornblower ausgenommen – war offenbar von seiner Leistung ganz hingerissen. Jetzt folgte ein älterer Bootsmannsmaat und gab mit dröhnender Baßstimme Seemannslieder zum besten. Hornblower schien es unbegreiflich, daß sich ein sachverständiges Publikum so widerspruchslos mit der Verballhornung der schönen Seemannssprache abfand, die in ihren Texten getrieben wurde. Er würde seinem Wachoffizier schön den Marsch blasen, wenn seine ›geschwellten Segel‹ bei rauhem Wind zu ›flattern‹ begännen. Diesen Landratten kam es offenbar gar nicht darauf an, was sie schrieben, wenn es sich nur reimte. Dibdin zum Beispiel hatte sich bestimmt noch nie die Mühe gemacht zu ergründen, daß eine ›Hulk‹ ein sehr nützliches Dasein führen konnte und alles andere war als ein Wrack. Klar, daß auch Tom Bowling am Ende das Zeitliche segnen mußte, genau wie vorhin die sagenhafte Mutter und das arme Wurm in den Liedern des Toppsgasten. Er ›enterte‹ geradewegs in den Himmel auf, und dieser Schlußeffekt schien auch den letzten Mann der Besatzung ehrlich zu begeistern.
Ansprechender waren nachher die Hornpipetänze. Hornblower bewunderte die leichtfüßige Grazie der Tänzer und überhörte dabei sogar das schmalzige Gedudel der begleitenden Flöte. Sie wurde übrigens von dem gleichen Kochsmaat gespielt, dessen Kraftleistung die Backbordwache ihren Sieg zu danken hatte – seine Dienste als Begleiter waren anscheinend so unentbehrlich, daß er dazu herangezogen wurde, obwohl die Backbordwache eigentlich Gast dieses Konzertes war. Den größten Spaß hatte Hornblower an dem Unterschied im Benehmen der beiden Wachen. Die Männer der Steuerbordwache gaben sich ganz als beflissene Gastgeber, die der Backbordwache dagegen als kritische Gäste. Am Ende des Abends konnte er sich mit dem angenehmen Bewußtsein zurückziehen, daß er Nützliches geleistet hatte. An Bord sei-

nes Schiffes herrschte ein guter Geist, seine Offiziere waren dienstfreudig und zufrieden.
Am folgenden Morgen feierte Hornblower endlich seinen höchsten Triumph: Er blieb zum ersten Male an Bord und entsandte McCullum, der seinen Arm noch in der Schlinge trug, mit Barkaß und Kutter und all dem neu angefertigten Bergungsgerät zum Wrack der Speedwell. Hornblower stand an der Reling und wärmte sich in der endlich wieder zum Vorschein gekommenen Sonne, als die Boote wieder zurückkehrten. McCullum deutete schon von weitem mit der Linken auf einen mächtigen Berg, der sich zwischen den mittelsten Duchten seines Bootes türmte, dann wandte er sich um und wies auf einen ähnlichen Haufen im Kutter. Alles Silber! Die Taucher hatten unten in der Tiefe rasche Arbeit geleistet, mußten sie doch das Silber mit bloßen Händen in die hinabgelassenen Pützen schaufeln.
Die Boote kamen längsseit, und ein Arbeitskommando machte sich daran, die Silberberge an Bord zu heißen. Ein plötzlicher scharfer Befehl McCullums ließ die drei ceylonesischen Taucher zusammenfahren, als sie gerade im Begriff standen, sich in ihren warmen Winkel unter Deck zu verkriechen. Sie sahen ihn nur blöde an, als er ihnen in ihrer seltsamen Muttersprache etwas zurief, so daß er seine Worte wiederholen mußte. Dann begannen sie endlich ihre Kleider abzulegen, wie es Hornblower schon so oft gesehen hatte, als die Bergungsarbeiten vor ein paar Tagen – waren es nicht schon Wochen? – ihren Anfang genommen hatten. Eines um das andere sanken die weiten Baumwollgewänder an Deck.
»Ich möchte wetten«, sagte McCullum, »daß die Kerle zusammen an die fünfzig Pfund beiseite schaffen wollten.«
In einem der Gewänder klingelte es trotz aller Vorsicht seines Besitzers geheimnisvoll, als er es an Deck niederlegte.
»Wachtmeister«, sagte Hornblower, »suchen Sie diese Sachen durch.«
Grinsend sah die Besatzung zu, wie aus den Säumen und Falten der exotischen Kleidungsstücke die Silbermünzen zum Vorschein kamen – es waren Dutzende an der Zahl.
»Sie tauchen nie«, meinte McCullum, »ohne solche Mätzchen zu versuchen.«

Hornblower fragte sich verwundert, wie es diesen Burschen, die doch splitternackt aus dem Wasser ins Boot stiegen, gelingen konnte, unbeobachtet Silbermünzen in ihren Kleidern zu verstecken. Aber menschlicher List und Schlauheit war eben nichts unmöglich.
»Wenn sie damit nach Jaffra zurückgekommen wären«, sagte McCullum, »wären sie bis an ihr Lebensende versorgt gewesen.« Dann fiel er wieder in das Idiom der Inder und entließ seine Taucher, die rasch ihre Kleider zusammenrafften und unter Deck verschwanden. McCullum wandte sich wieder an Hornblower: »Vielleicht geht es schneller, wenn wir das Geld wiegen, als wenn wir es zählen. Gelingt es uns, das ganze Silber zu bergen, dann muß sein Gewicht vier Tonnen ausmachen.«
Silber tonnenweise! Der Segelmacher nähte Säcke aus neuem Segeltuch, und genau wie auf der gesunkenen Speedwell wurde das untere Lazarett geräumt, um den Schatz aufzunehmen. Hornblower entdeckte die tiefe Wahrheit in der Sage von König Midas, dem gar nicht weit von der Stelle, wo die Atropos jetzt um ihren Anker schwojte, die Fähigkeit zuteil geworden war, alles in Gold zu verwandeln, was er berührte. Genau wie Midas sein Glück einbüßte, während ihn die Welt als den glücklichsten aller Menschen pries, war es in diesem Augenblick des Erfolgs auch um Hornblowers Ruhe und Frieden geschehen. Kaum daß nämlich der Silberschatz im Lazarett gestapelt war, meldete sich auch schon die Sorge um seine Sicherheit. Er wußte nur zu genau, was er von der Gerissenheit, Ausdauer und Geschicklichkeit seiner Männer zu halten hatte, er war sich ebenso im klaren, daß sich unter ihnen mancher schwere Junge befand, der zum Abschaum des Zuchthauses von Newgate gehörte. Es gab unzählige Geschichten über die erstaunlichen Schliche, die diesen Burschen einfielen, um zum Beispiel an Schnaps zu gelangen, aber der Schnapsdieb verriet sich unweigerlich früher oder später selbst. Hier aber handelte es sich nicht um Schnaps, sondern um Geld, gute englische Shilling, und nur ein schwaches hölzernes Schott schützte diesen Schatz vor Dieben. So kam es, daß Deck und Schotten auch hier, genau wie damals auf der Speedwell, durch recht starke,

quer darübergenagelte Planken verstärkt wurden. Außerdem wurde die wohlbedachte und planmäßige Lagerung der Vorräte im Raum so geändert, daß die größten Salzfleischfässer, jene, die man nur mit Taljen bewegen konnte, von nun an vor dem Querschott lagen, um Diebe am Durchbrechen dieser Wand zu hindern. Auch als alles das geschehen war, hatte Hornblower noch schlaflose Nächte, in denen er sich immer wieder die Lage des unteren Lazaretts vor Augen führte und sich dann erstens die Frage stellte, wie er selbst zu Werke gehen würde, wenn er dort einbrechen wollte, und zweitens weiter überlegte, wie man einem solchen Versuch am besten entgegentrat. Seine Unruhe steigerte sich von Tag zu Tag, je höher sich die Stapel der Silbersäcke türmten, sie wurde gar noch zehnmal schlimmer, als der große Augenblick gekommen war, da McCullums Taucher die erste Kiste Gold zutage förderten.
McCullum verstand sich auf sein Geschäft, darüber gab es keinen Zweifel. Eines Tages berichtete er Hornblower, daß man auf eine der Goldkisten gestoßen sei. Am nächsten Morgen sah sich Hornblower mit an, wie Barkaß und Kutter wiederum zur Bergungsstelle fuhren. Diesmal waren am Spiegel der beiden Boote massive Krane errichtet, an denen kräftige Taljen hingen. Viele hundert Meter Tauwerk lagen aufgeschossen in den Booten, dazu Pützen, Bretter, Bohlen und alles erdenkliche andere Gerät, das einem erfinderischen Kopf für diese neue Aufgabe dienlich scheinen mochte. Hornblower beobachtete die beiden Boote durch das Glas, als sie nebeneinander über dem Wrack lagen. Er sah, wie die Taucher ein um das andere Mal in die Tiefe gingen und wieder hoch kamen; er sah, wie die mit Gewichten beschwerten Taljen weggefiert wurden. Mehr als einmal begannen die Bootsgäste an den Taljenläufern zu holen, dann hielten sie wieder inne, während wieder ein Taucher auf den Grund ging, der wahrscheinlich die Talje klarieren sollte. Danach begannen die Leute von neuem zu holen, und diesmal blieben sie endlich dabei, sie holten weg und schossen auf, bis am Ende zwischen den beiden Booten ein mächtiges Etwas an die Oberfläche kam und allgemeines Jubelgeschrei bis zum Schiff herüberdrang.

Das ungefüge Ding wurde jetzt mit großer Vorsicht über das Heck der Barkaß geschwungen und eingefiert. Hornblower konnte deutlich sehen, wie das Boot achtern tiefer sank und mit dem Vorschiff hochkam, als es die ganze Last allein zu tragen hatte. Er hatte sich bereits ausgerechnet, daß ein Kubikfuß Gold eine halbe Tonne wog – jede Unze davon besaß einen Wert von zwölf Papierguineen und mehr. Das Ganze ergab also ein wahrhaft fürstliches Vermögen. Als die Barkaß längsseit gepullt kam, sah Hornblower die seltsame Kiste halb unter Tang und Kraut versteckt auf ihren Bodenbrettern stehen.
»Sie muß mit schmiedeeisernen Bändern beschlagen sein«, sagte McCullum, der an seine Seite getreten war, während Jones aufgeregt das Anbordnehmen leitete. »Wahrscheinlich hat man sogar bestes Sussexeisen dazu verwandt. Stahl hätte der Rost schon längst so zerfressen, daß nichts mehr davon übrig wäre, aber diese Bänder sind zum Teil überhaupt noch nicht angegriffen. Das Kraut, mit dem das Eichenholz bewachsen ist, muß meterlang gewesen sein, meine Jungen mußten es erst kappen, damit sie die Stroppen umlegen konnten.«
»Langsam holen da! Langsam!« rief Jones.
»Rahtakel fest hieven!« befahl der Bootsmann. »Stagtakel steif! Längsdeck damit: eins – zwei – eins – zwei!«
In ihren Stroppen hängend schwebte die Kiste über die Reling binnenbords.
»Fest! Fier weg das Rahtakel! Fier weg das Stagtakel! Langsam fieren!« Die Kiste senkte sich auf das Deck, aus ihrem Inneren triefte immer noch in dünnen Rinnsalen das Wasser. Mit dem Gold, das sie barg, hätte man die ganze Atropos bauen, bewaffnen und ausrüsten können; es hätte gereicht, ihre Laderäume mit Vorräten für ein ganzes Jahr zu füllen und ihrer Besatzung einen Monat Vorschuß zu zahlen – und dann wäre immer noch ein schöner Batzen Geld übriggeblieben.
»Das wäre die erste«, sagte McCullum. »Ich habe das Gefühl, daß es nicht so einfach sein wird, die beiden anderen herauszubekommen. Bis jetzt war es ein Kinderspiel, die einfachste Aufgabe, die ich je zu lösen hatte. Aber wir haben

auch unverschämtes Glück gehabt. Da Ihnen die Erfahrung fehlt, werden Sie nie begreifen, wieviel Glück dabei im Spiele war.«
Hornblower wußte dennoch sehr wohl, daß ihm das Glück hold gewesen war. Es war ein Glücksfall, daß McCullum den Pistolenschuß zwischen seine Rippen heil überstanden hatte, ein zweiter, daß die Ceylonesen gesund und frisch von Indien bis hierher nach Kleinasien gelangt waren, und der dritte, kaum faßbare, daß die Türken so friedlich blieben und ihm erlaubten, seine Bergungsarbeit hier in der Bucht durchzuführen, ohne sich darum zu kümmern, was er trieb, und ohne ihm dabei Schwierigkeiten zu machen. Wenn er sich über alle diese Glücksumstände Rechenschaft gab, dann söhnte ihn das sogar mit der Sorge aus, die ihm die Bewachung seines Schatzes im unteren Lazarett bereitete. Er war der glücklichste Mensch auf Gottes Erde, alles hatte sich seinen Wünschen gefügt – so sagte er sich wenigstens, und dennoch war er sich bewußt, daß er den Erfolg zum Teil auch seiner eigenen Tüchtigkeit zu verdanken hatte. Hatte er den Mudir nicht sehr geschickt behandelt? War es nicht ein kluger Schachzug von ihm gewesen, eine Bestechung von dem Mann anzunehmen, damit er weiter hier vor Anker liegen blieb, zu tun, als ob er sich nur zögernd auf das einließ, was ihm in Wirklichkeit so sehr am Herzen lag? Kein Zweifel, daß er damit Collingwoods Anerkennung finden würde. Das Silber war geborgen, den dritten Teil des Goldes hatte er auch schon an Bord. Da konnte er sicher sein, daß ihm die hohen Herren anerkennend auf die Schulter klopften, auch wenn McCullum es unmöglich fand, den Rest in Sicherheit zu bringen.

17 TÜRKISCHE TAKTIK

Herrlich waren die Morgenstunden hier im Mittelmeer. Es war wunderbar, ganz früh an Deck zu kommen, wenn die Dämmerung allmählich in den strahlenden Tag überging.

Gewöhnlich war dann auch der Nachtwind schlafen gegangen, und die Bucht lag still und glatt wie ein Spiegel, aus dem das tiefe Blau des südlichen Himmels widerschien, sobald die Sonne über den Kamm der türkischen Berge lugte. Die Luft war erfrischend kühl, man brauchte zwar noch kein Peajackett, aber es war doch ein Genuß, sich von der zunehmenden Wärme der steigenden Sonne durchströmen zu lassen. Hornblower schlenderte an Deck auf und ab, er ließ sich in aller Muße durch den Kopf gehen, was heute zu veranlassen war, und genoß zugleich mit allen Sinnen die Frische und Schönheit dieses Morgens. Und wie ein köstliches Gericht durch eine pikante Sauce seine letzte Würze erhält, so wurde für ihn die Freude an diesen Stunden durch das Bewußtsein gekrönt, daß ihn nachher in der Kajüte eine Schüssel mit Rührei und ein Topf dampfenden Kaffees erwarteten. Schönheit ringsumher, gesunder Appetit und die Gewißheit, ihn jederzeit stillen zu können – wie konnte er da noch zweifeln, daß ihm das Schicksal wohlgesinnt war. Heute fühlte er sich allerdings nicht ganz so glücklich wie sonst, weil er nicht nur seinen eigenen Gedanken nachhängen durfte, sondern auch McCullum und seinen Problemen einige Aufmerksamkeit schenken mußte.

»Wir wollen es noch einmal so versuchen wie bisher«, sagte McCullum, »ich schicke die Burschen wieder hinunter und werde dann hören, was sie zu berichten haben. Aber ich fürchte, daß sie vorläufig noch nicht an die Kiste herankönnen. Gestern schien es wenigstens so.«

Zwei Tage zuvor war die zweite der drei Goldkisten geborgen worden; aber das war erst geglückt, nachdem man das Wrack mit einer weiteren Sprengladung noch weiter aufgerissen hatte.

»Ja«, sagte Hornblower, »das habe ich Ihrem Bericht entnommen.«

»Es kostet einige Überredung, bis man die Leute so weit hat, daß sie sich wirklich ins Innere des Wracks vorwagen.«

»Das glaube ich Ihnen gern«, sagte Hornblower.

Es war in der Tat ein furchtbarer Dienst, den diese Männer dort unten in der dämmrigen Tiefe leisten mußten. Unter dem unerträglichen Druck von hundert Fuß Wasser, halb

erstickt und mit angehaltenem Atem zwischen den geborstenen Planken herumzukriechen, das war bestimmt keine Kleinigkeit.
»Das Deck hinter dem Sprengloch in der Bordwand ist stark geneigt, und ich kann mir vorstellen, daß die dritte Kiste bei der letzten Sprengung abgerutscht und durchgefallen ist. Dann liegt jetzt das ganze Wrack auf ihr drauf.«
»Was wäre da nach Ihrer Ansicht noch zu tun?«
»Wir müssen darauf gefaßt sein, daß die Bergung dieser Kiste mehrere Wochen dauert. Ich brauche noch ein halbes Dutzend Sprengladungen – natürlich mit Zeitzündern – und jage damit das ganze Wrack in Stücke. Aber ich muß Ihnen gleich von vornherein dienstlich zur Kenntnis geben, daß der Erfolg dieser Maßnahme keineswegs sicher ist.«
»Sie wollen damit sagen, daß Sie das Gold vielleicht doch nicht finden?«
»Das könnte sehr leicht sein.«
Zwei Drittel des Goldes und das ganze Silber ruhten bereits im unteren Lazarett der Atropos – Hornblower war sozusagen zweiter Sieger. Das war allerhand, aber wie es bei zweiten Plätzen zu sein pflegt, er wurde nicht recht froh darüber.
»Ich bin überzeugt, daß Sie wenigstens das menschenmögliche versuchen werden, Mr. McCullum.«
Die Morgenbrise hatte inzwischen eingesetzt, ihr erster leiser Hauch hatte die träge daliegende Atropos ins Schwojen gebracht, jetzt war sie wieder in ihre Ankertroß eingetörnt, und der leichte Wind strich von vorn nach achtern über ihr Deck. Hornblower fühlte schon den Luftzug.
In den letzten Sekunden hatte ihn plötzlich eine seltsame Unruhe befallen. Während er noch mit McCullum sprach, war er, nur halb bewußt, auf etwas aufmerksam geworden, so wie man etwa aus dem Augenwinkel nach einer tanzenden Mücke schielt. Sein Blick wanderte über die fichtenbestandenen Hänge der Halbinsel Ada und erfaßte die kantigen Umrisse des Gipfelforts. Da schien sich alle Schönheit dieses Morgens plötzlich in düsteres Grau zu verwandeln, und das frohe Lebensgefühl, das ihn durchströmte, wich einem eisigen Schreck.

»Rasch das Glas her!« befahl er kurz dem Steuermannsmaaten der Wache. Hornblower hätte das Glas gar nicht gebraucht, weil ihm seine logische Begabung ersetzte, was das bloße Auge an Sehkraft nicht hergab. So konnte ihm der Kieker nur noch bestätigen, was er schon vorher wußte. Über dem Fort auf der Halbinsel wehte heute eine Flagge – die rote Flagge mit dem Halbmond. Gestern war sie noch nicht dagewesen, er hatte sie seit seiner Ankunft in der Marmaris-Bucht noch kein einziges Mal erblickt. Daraus war nur eins zu schließen: das Fort war seit heute belegt, in Marmaris waren also Truppen angelangt, und diese Truppen hatten offenbar die Geschütze des Forts bemannt. Er war ein Narr gewesen, ein stumpfsinniger, von eitler Selbstgefälligkeit geblendeter Schwachkopf! Jetzt war ihm auf einmal alles klar, und damit setzte auch sofort ein fieberhaftes Überlegen ein. Er hatte sich schmählich hinters Licht führen lassen, dieser Mudir mit seinem biederen weißen Bart und seiner kindlichen Angst vor Seeräubern hatte es doch fertiggebracht, ihn durch die gleichen Tricks hereinzulegen, die er umgekehrt anwenden wollte, um den Mudir zu täuschen. Der hatte dadurch wirklich genügend Zeit gewonnen, um seine Truppen zusammenzuziehen, während Hornblower wähnte, er hätte den gleichen Gewinn für seine Bergungsarbeiten erreicht. Mit bitterer Selbstverachtung ahnte er, daß alle Arbeit am Wrack von Land her sorgfältig beobachtet worden war. Auch die Türken hatten ihre Ferngläser, sie mußten alles gesehen haben, was er unternommen hatte. Es war ihnen nicht entgangen, daß der größte Teil des Schatzes geborgen war, darum besetzten sie jetzt die Geschütze, die die Ausfahrt bestrichen, und klappten damit die Falle zu.
Ohne dem erstaunten Steuermannsmaaten ein Wort zu sagen, rannte er nach vorn und sprang in die Wanten des Fockmastes. Keuchend strebte er nach oben, so rasch, daß er sich vor den Besten jenes dummen Stafettenenterns nicht hätte zu schämen brauchen, sicher turnte er über die Püttingswanten, dann ging es weiter die Fockstengewanten hoch, bis er im Topp des Mastes angelangt war. Auf dem Fort der Passage-Insel wehte ebenfalls eine Flagge. Durchs Glas entdeckte er ein paar Boote, die in einer kleinen Bucht

auf den Strand gezogen waren. Damit stand fest, wie man die Besatzung während der Nacht oder im ersten Morgengrauen an Ort und Stelle gebracht hatte. Die Geschütze der Passage-Insel konnten ihr Feuer mit denen des Forts auf der Halbinsel Ada kreuzen und bestrichen damit diese Einfahrt; sie bestrichen aber in gleicher Weise die gewundene Durchfahrt zwischen der Insel und dem Kaiafelsen. Der Korken war in der Flasche, er saß mit seiner Atropos in der Falle. Der Weg wurde ihm aber nicht nur durch die Geschütze verlegt. In den Strahlen der Morgensonne, die in seinem Rücken stand, leuchteten weit draußen in der Straße von Rhodos über der Kimm geometrische Umrisse auf, zwei Rechtecke und dicht daneben ein Dreieck – das waren offenbar die Segel eines großen Schiffes, und zwar eines türkischen. Ebenso stand fest, daß die Flaggen auf den Forts nicht aus Zufall just am gleichen Morgen erschienen, an dem auch dieses Schiff dort auftauchte. Man hatte sie geheißt, sobald man seine Segel vom hochgelegenen Fort der Halbinsel Ada aus entdeckte – die verachteten Türken zeigten ihm, daß sie durchaus imstande waren, einen wohlgeplanten Schlag zu führen. In einer Stunde – nein schon eher – stand der Türke in der Einfahrt, er hatte bei dem auflandigen Wind keine Hoffnung mehr zu entkommen, auch wenn er außer acht ließ, daß ihn die Geschütze auf Ada sofort entmasten würden, wenn er sich einfallen ließe, durch die Einfahrt hinauszukreuzen. Hornblower versank in Verzweiflung, als er sich, mit dem Glas in der Hand, auf seinem luftigen Standort angeklammert hielt. Was sollte er gegen diese gewaltige Übermacht noch ausrichten? Da blieb doch nicht die geringste Aussicht auf Erfolg – und zu all diesem Elend kam das niederziehende Gefühl, daß er sich hatte täuschen lassen und in die Falle gegangen war. Wenn er daran dachte, daß er sich erst unlängst selbst zu seiner Tüchtigkeit beglückwünscht hatte, dann gellte es ihm wie Hohngelächter eines kritischen Publikums in den Ohren, das jeden Gedanken erstickte und jede Überlegung lähmte.
Es waren schlimme Minuten für Hornblower dort oben im Vortopp, vielleicht die schlimmsten seines ganzen Lebens. Allmählich bekam er sich wenigstens wieder in die Hand,

obwohl sich keine Spur von Hoffnung zeigen wollte. Als er sein Glas von neuem auf die näher kommenden Segel richtete, mußte er feststellen, daß das Rohr in seinen Händen zitterte und daß sich das Blickfeld verdunkelte, wenn ihm das Okular des Instruments gegen die Augenwimpern stieß. Er mochte sich eingestehen, daß er ein Narr gewesen war, so bitter schwer ihm ein solches Eingeständnis fallen mußte, er konnte sich jedoch unmöglich eingestehen, daß er ein Feigling war. Aber hatte es denn noch irgendeinen Sinn, sich zur Wehr zu setzen? Machte es denn in einem Wirbelsturm etwas aus, ob eines der umhergewirbelten Sandkörner auf seine Ehre bedacht war oder nicht? Und doch ringt sogar der Verbrecher, der auf dem Schinderkarren nach Tyburn gefahren wird, um seine Selbstbeherrschung, er will seine erbärmliche Angst und Schwäche nicht zeigen, möchte unter den Augen einer herzlosen Menge um der eigenen Selbstachtung willen ›tapfer sterben‹, obwohl man sich fragt, was ihm dieser ganze Aufwand nützt, wenn er doch fünf Minuten später tot ist. Eine schreckliche Sekunde lang ließ Hornblower der Gedanke nicht los, wie leicht doch ein anderer Ausweg wäre. Er brauchte nur loszulassen, dann fiel und fiel er, zuletzt krachte er an Deck und alles war aus. Das Ende, das große Vergessen war doch viel viel leichter zu ertragen, als in den Mienen der Mitmenschen Mitleid oder Geringschätzung zu entdecken und so zu tun, als merkte man nichts davon. Eine Weile war er versucht, sich in die Tiefe zu stürzen, wie Christus, als Satan ihm zusetzte.

Dann aber sagte er sich von neuem, daß er diese Art Feigheit nicht kenne, nicht kennen dürfe. Er war jetzt wieder ganz ruhig, der Schweiß, der ihm aus den Poren getreten war, stand kalt auf seiner Stirn. Mit einem Klick schob er sein Glas zusammen, der Ton hob sich scharf von dem Gesäusel des Windes ab, der weich um seine Ohren strich. Einstweilen wußte er noch nicht, was er überhaupt tun konnte; allein es war in seiner Verfassung schon ein heilsamer Entschluß, niederzuentern, einen Fuß um den anderen auf die Webeleinen zu setzen und gut aufzupassen, daß er trotz der Schwäche, die er in den Beinen fühlte, sicher unten ankam. Und als er wieder an Deck stand, war es wiederum eine heilsame Übung, sich den Anschein unerschütterlicher Ruhe und Gelassenheit zu geben, das Staubkorn zu spielen, dem auch der tollste Wirbelsturm nichts anhaben konnte, während er doch deutlich fühlte, daß seine Wangen unter der Sonnenbräune bleicher waren als sonst. Lang geübte Gewohnheit war dabei eine mächtige Hilfe: Man warf den Kopf in den Nacken und stieß Befehle aus, damit kam der Apparat von selbst wieder in Gang wie eine stehengebliebene Uhr, die nach einem einzigen Anstoß wieder zu ticken beginnt und dann unverdrossen weitertickt.

»Mr. McCullum! Bitte, lassen Sie alle besprochenen Vorbereitungen einstellen. Wachhabender Offizier! Pfeifen Sie: Alle Mann und setzen Sie die Barkaß ein. Der Kutter bleibt einstweilen noch zu Wasser.«

Jones kam auf den Alle-Mann-Pfiff hin ganz fassungslos an Deck gestürzt.

»Mr. Jones! Nehmen Sie eine Troß durch die Heckpforte nach vorn, ich möchte eine Spring auf dem Ankerkabel haben.«

»Eine Spring, Sir? Aye, aye, Sir.«

In seinem Elend bot es ihm doch eine winzige Genugtuung, festzustellen, wie dem ersten Ausruf des Staunens auf seinen bloßen Blick hin sogleich gehorsame Unterwerfung folgte. Wer immer zur See fuhr, erst recht natürlich, wenn er die Seefahrt auf einem Kriegsschiff betrieb, mußte jeden Augenblick auf die seltsamsten und unwahrscheinlichsten Befehle gefaßt sein. Er durfte sich nicht einmal wundern, wenn an einem friedlichen Morgen die ganze Routine über den Haufen geworfen wurde, weil der Kommandant plötzlich eine Spring auf seine Ankertroß haben wollte. Eine Spring, das war eine starke Leine, die durch eine Heckpforte nach vorn genommen und auf die Ankertroß gesteckt wurde. Wenn man eine solche Spring dann mit dem Spill einhievte, konnte man das Schiff dadurch auch vor Anker beliebig herum schwenken und seine Geschütze nach Wunsch in die verschiedensten Richtungen zum Tragen bringen. Ausbringen einer Spring war so ziemlich das einzige Manöver, das Hornblower mit seiner Besatzung noch nicht einexerziert hatte.

»Das geht mir zu langsam, Mr. Jones! Wachtmeister, schreiben Sie die drei Leute da auf!«
Fähnrich Smiley fuhr mit dem Tamp der Trosse im Kutter los, Jones rannte aufgeregt nach vorn und schrie sich mit seinem Megaphon heiser. Seine Anweisungen galten bald Smiley, bald dem Mann neben ihm am Spill und bald dem Mann am Heck, der das Ausstecken der Spring leitete. Die Ankertroß wurde ein Stück eingehievt und dann wieder ausgesteckt.
»Spring ausgebracht, Sir.«
»Danke, Mr. Jones. Setzen Sie jetzt den Kutter ein und lassen Sie Klarschiff anschlagen.«
»Ja – jawohl, Sir. Maat der Wache pfeifen Sie: Antreten auf Gefechtsstationen, Klarschiff zum Gefecht, Tambour schlag an! Klarschiff zum Gefecht!«
Auf einem so kleinen Schiff wie der Atropos gab es keine Seesoldatenabteilung. Ein Schiffsjunge war als Tambour eingesetzt und rollte nun seinen Wirbel auf dem Kalbfell. Diese kriegerische Musik – nichts klingt ja so nach Kampf und Waffenlärm wie das Rasseln einer Trommel – scholl nun weithin über das Wasser und verkündete bis an Land ihre Botschaft von Trotz und Verachtung. Der Kutter schwebte schwankend in seine Klampen nieder, aufgeregte Männer, denen die Klarschifftrommel in die Ohren rasselte, nahmen die Zurrbrooken um das Boot und setzten sie steif. Schon war die Pumpmannschaft zur Stelle und lenkte einen dicken Strahl Wasser aus ihrem Schlauch in das Boot, um es aufzufüllen – das schützte den Kutter selbst vor dem Feuerfangen und schuf zugleich einen willkommenen Wasservorrat zum Löschen anderer Brände. Die Männer an den Heißtaljen hatten ihre Arbeit beendet und rannten davon, um ihren anderen Pflichten nachzukommen.
»Bitte, lassen Sie die Geschütze laden und ausrennen, Mr. Jones.«
»Aye, aye, Sir.«
Mr. Jones geriet schon wieder aus der Fassung. Bei einer gewöhnlichen Klarschiffübung pflegte man das Laden der Rohre nur zu markieren, da es sonst nach Beendigung der Übung jedesmal erforderlich gewesen wäre, die Pfropfen

und Pulverladungen mühsam wieder herauszuholen, was schon aus Gründen der Sparsamkeit nicht tunlich war. Auf den Befehl hin jagten die Pulverjungen nach unten und empfingen von Mr. Clout die in der Pulverkammer bereitgelegten Kartuschen. Irgendein Geschützführer stieß ein lautes Gebrüll aus, als er sich mit seinem ganzen Gewicht in das Lafettentakel warf, um seine Kanone auszurennen.
»Ruhe da!«
Sonst benahmen sich die Leute einwandfrei, trotz der Erregung des Augenblicks hatten sie – abgesehen von dem einen Fall – schweigend ihre Arbeit getan. Fleißiges Exerzieren und strenge Disziplin trugen jetzt ihre Früchte.
»Schiff ist klar zum Gefecht, Sir«, meldete Jones.
»Bitte, lassen Sie die Enternetze ausbringen.«
Das war ein qualvolles, nervenaufreibendes Manöver. Die Netze wurden zunächst an Deck geholt und rings um die Bordwand klargelegt. Dann wurde ihre Unterkante an den Rüsten festgemacht. Andere Enden führten vom Oberliek nach den Rahen und nach der Nock des Bugspriets. Wenn alles zurechtgetakelt war, wurden die Netze durch gleichzeitiges, stetiges Holen an den Fallen vorgeheißt, bis sie auf beiden Seiten des Schiffs vom Bug bis zum Heck einen nach oben ausladenden Vorhang bildeten, der es Enterern unmöglich machte, über die Reling binnenbords zu gelangen.
»Fest holen und belegen!« befahl Jones, als die Aufholer steif kamen.
»Zu steif, Mr. Jones! Das hatte ich Ihnen doch schon gesagt. Fieren Sie die Aufholer etwas auf.«
Steif ausgeholte Enternetze, die so weit vorgeheißt waren, wie es ging, sahen vielleicht für das Seemannsauge sauber aus, ließen aber in ihrer Wirkung als Hindernis zu wünschen übrig. Ein loses, in Buchten hängendes Netz war weit schwerer zu übersteigen oder zu zerschneiden. Hornblower achtete darauf, daß die Netze zu locker hängenden Girlanden herabsackten.
»Belegen!«
So war es besser. Diesmal waren die Netze nicht ausgebracht, um einem besichtigenden Admiral vorgeführt zu werden, sondern um wirkliche Enterer abzuwehren.

»Enternetze ausgebracht, Sir«, meldete Jones nach einer kurzen Weile, um den Kommandanten daran zu erinnern, daß die Besatzung weitere Befehle erwartete. Hornblower hatte nämlich das letzte Kommando selbst gegeben.
»Danke, Mr. Jones.«
Hornblowers Worte klangen etwas zerstreut, auch sein Blick richtete sich beim Sprechen nicht auf Jones, sondern haftete irgendwo weit in der Ferne. Unwillkürlich blickte Jones in die gleiche Richtung.
»Alle Wetter!« rief Jones erschrocken aus.
Ein großes Schiff rundete soeben das Rote Kliff und steuerte in die Bucht. Jetzt sahen es alle zugleich, und alsbald erhob sich an Deck ein Durcheinander überraschter Ausrufe.
»Ruhe an Deck!«
Der mächtige Kasten war lustig rot und gelb bemalt, er kam unter Marssegeln eingelaufen und führte im Großtopp einen Breitwimpel, am Heck die türkische Flagge. Seine plumpen, schwerfälligen Linien zeigten eine völlig veraltete Bauart. Das Schiff führte zwei Reihen Geschütze übereinander, darum wirkten seine Bordwände im Verhältnis zu ihrer Länge ungebührlich hoch, auch die Breite war ganz unwahrscheinlich, und das Bugspriet ragte steiler in die Höhe, als es zur Zeit in europäischen Flotten der Brauch war. Eine Besonderheit aber fiel vor allem auf, das war die Lateinertakelung des Kreuzmastes. Der alte lateinische Besan der Royal Navy war schon vor mehr als dreißig Jahren durch das viereckige Kreuzmarssegel ersetzt worden. Als Hornblower das Schiff vorhin durch das Glas entdeckte, verriet ihm das spitze Dreieck dieses Besans neben den beiden Vierecken der Marssegel sofort seine Nationalität. Es glich noch immer jenen Schiffen, deren Bild man heute nur noch auf alten Stichen fand; abgesehen von der Flagge hätte es, ohne weiter aufzufallen, in der Schlachtlinie der Flotten Blakes oder Tromps mitsegeln können. Wahrscheinlich handelte es sich um einen der letzten Überlebenden jenes kleinen, schwerfälligen Linienschiffstyps, der inzwischen durch die modernen stattlichen 74-Kanonen-Schiffe ersetzt war. Verhältnismäßig klein waren sie, diese Schiffe, und schwerfällig auch – dennoch konnten sie ein solches Gewicht an Eisen aus ihren Roh-

ren jagen, daß eine einzige Breitseite genügt hätte, die winzige Atropos zu einem Wrack zu zerspellen.
»Da weht ein Breitwimpel, Mr. Jones«, sagte Hornblower, »salutieren Sie!«
Er stieß diese Worte aus dem Mundwinkel hervor, weil er das Glas unausgesetzt auf das andere Schiff gerichtet hielt. Auf der turmhohen Back wimmelten die Männer wie Ameisen herum und machten klar zum Ankern. Das Schiff quoll überhaupt von Menschen über, beim Segelbergen war es seltsam zu sehen, wie die Leute rittlings auf der schrägen Rah des Kreuzmastes balancierten – Hornblower hätte einen solchen Anblick nicht für möglich gehalten. Das Schauspiel nahm sich um so abenteuerlicher aus, als die Kerle lange, lose Hemden trugen, die ihnen im Wind um die Beine flatterten, während sie auf ihrer Rah hingen.
Der Neunpfünder auf der Back ließ seinen scharfen Knall vernehmen – irgendein Pulverjunge mußte schnellfüßig unter Deck gelaufen sein, um die einpfündigen Salutkartuschen heraufzuholen. Ein Ballen Qualm, gleichfalls gefolgt von einem Knall, zeigte an, daß der Türke antwortete. Er hatte zum Gruß sein Großmarssegel mit der Mittelgording aufgeholt – wieder ein fremdartiger Anblick, den man unter diesen Umständen niemals erwartet hätte – und glitt langsam auf die Atropos zu.
»Mr. Turner, halten Sie sich bitte zum Dolmetschen an meiner Seite. Mr. Jones, schicken Sie Leute ans Spill. Wenn nötig, hieven Sie die Spring so weit ein, daß die Geschütze ihr Ziel finden.«
Das türkische Schiff kam immer näher.
»Rufen Sie es an«, sagte Hornblower zu Turner.
Ein Gegenruf gab ihm Antwort.
»Es ist die Mejidieh, Sir«, sagte Turner. »Ich habe sie früher schon einmal gesehen.«
»Rufen Sie hinüber, sie soll uns nicht mehr näher kommen.«
Turner gab die Warnung durch sein Megaphon weiter, aber die Mejidieh nahm keine Notiz davon.
»Sagen Sie, sie soll abdrehen! Mr. Jones, lassen Sie die Spring einholen! Klar bei den Geschützen!«
Immer näher kam die Mejidieh, und zugleich hievte sich die

Atropos herum, so daß ihre Geschütze ständig auf sie zeigten. Hornblower griff nach dem Megaphon.
»Halten Sie ab, oder ich eröffne das Feuer!«
Unmerklich änderte der Türke seinen Kurs und glitt vorüber, er kam dabei so nahe, daß Hornblower die Gesichter unterscheiden konnte, die seine Reling säumten. Gesichter mit Schnurrbärten, Gesichter mit wallenden Vollbärten, mahagonibraune und fast schokoladenbraune Gesichter.
Hornblower ließ das Schiff nicht aus den Augen, bis es vorüber war. Jetzt drehte es an den Wind, das mittschiffs aufgeholte Marssegel wurde dazu angebraßt. Die Mejidieh hielt diesen Kurs nur wenige Sekunden, dann barg sie die Segel, drehte auf und ankerte in etwa einer Viertelmeile Entfernung. Damit klang bei Hornblower auch die Erregung ab, und die alte Niedergeschlagenheit nahm wieder ganz von ihm Besitz. Die Männer, die sich an den Geschützen drängten, schwatzten jetzt alle auf einmal los – die Ankunft des fremden Kriegsschiffs regte sie so auf, daß sie einfach nicht mehr an sich halten konnten. (Vgl. ③ Karte S. 211)
»Das Boot mit dem Lateinersegel hält auf uns zu, Sir«, meldete Horrocks. Die Pünktlichkeit seines Erscheinens verriet, daß man an Land bereits auf die Ankunft der Mejidieh gewartet hatte. Hornblower sah, wie das Boot dicht unter dem Heck der Mejidieh passierte, er konnte fast die Worte hören, die mit dem Schiff gewechselt wurden, dann näherte es sich in rascher Fahrt der Atropos. Achtern stand der weißbärtige Mudir und rief sie an.
»Er möchte an Bord kommen, Sir«, meldete Turner.
»Soll er«, sagte Hornblower. »Machen Sie die Enternetze so weit los, daß er grade durchkriechen kann.«
Als sie einander in der Kajüte gegenübersaßen, zeigte der Mudir genau den gleichen Ausdruck wie das letztemal. Sein hageres Gesicht war völlig teilnahmslos, jedenfalls verstand er es meisterhaft, seinen Triumph zu verbergen. Man mußte es ihm lassen, er verstand es, zu gewinnen wie ein echter Gentleman. Hornblower, der ihm ohne einen einzigen Trumpf in der Hand gegenübersaß, wollte ihm auf alle Fälle zeigen, daß er Manns genug war, wie ein Gentleman zu verlieren.
»Erklären Sie ihm«, sagte er zu Turner, »daß ich bedauere,

ihm keinen Kaffee anbieten zu können. Das Schiff ist gefechtsklar, daher haben wir kein Feuer in der Kombüse.«
Der Mudir deutete durch eine Geste an, daß er für den Wegfall des Kaffees durchaus Verständnis habe. Es folgte ein Austausch von höflichen Phrasen, deren Übersetzung sich fast erübrigte, bis man endlich zur Sache kam.
»Er sagt, der Wali sei mit seinen Truppen in Marmaris«, meldete Turner. »Die Forts am Eingang der Bucht seien besetzt und die Geschütze geladen.«
»Sagen Sie ihm, daß ich das wisse.«
»Er sagt, das Schiff sei die Mejidieh, Sir, mit 56 Geschützen und tausend Mann Besatzung.«
»Sagen Sie ihm, das sei mir ebenfalls bekannt.«
Der Mudir strich sich nachdenklich den Bart, ehe er einen Schritt weiterging.
»Er meint, der Wali sei sehr ärgerlich gewesen, als er hörte, daß wir daran arbeiteten, einen Schatz zu heben.«
»Sagen Sie ihm, der Schatz sei englisches Eigentum.«
»Er sagt, der Schatz liege in den Gewässern des Sultans, und alle Wracks gehörten dem Sultan.«
Richtig, in England gehörten auch alle Wracks dem König.
»Sagen Sie ihm, der Sultan und König Georg seien Freunde.«
Diesmal fiel die Antwort des Mudirs etwas länger aus.
»Das überzeugt ihn nicht, Sir«, sagte Turner. »Er sagt, die Türkei habe jetzt mit Frankreich Frieden geschlossen und sei daher neutral. Er meint – er meint, wir hätten hier nicht mehr Rechte, als wenn wir Neapolitaner wären, Sir.«
Deutlicher konnte man hier in der Levante seine Verachtung nicht zum Ausdruck bringen.
»Fragen Sie ihn, ob er je ein neapolitanisches Schiff mit ausgerannten Geschützen und brennenden Lunten zu Gesicht bekommen habe.«
Hornblower spielte ein verlorenes Spiel, aber er dachte nicht daran, die Karten auf den Tisch zu werfen und seine Stiche kampflos abzugeben, obgleich er keine Möglichkeit sah, auch nur einen zu gewinnen.
Der Mudir strich sich wieder den Bart. Als er nun wieder das Wort nahm, blickte er Hornblower mit leeren, ausdruckslosen Augen an und geradewegs durch ihn hindurch.

»Er muß von Land aus alles mit einem Fernrohr beobachtet haben, Sir«, bemerkte Turner. »Vielleicht stammt sein Wissen auch von den Fischerbooten, jedenfalls ist er im Bilde, daß wir Gold und Silber gefunden haben. Wahrscheinlich wußten die Kerle schon seit Jahren, daß das Wrack einen Schatz barg, das ist meine Überzeugung. Das Geheimnis war wohl doch nicht so gut gehütet, wie man in London annahm.«
»Ich bin durchaus in der Lage, meine eigenen Schlüsse zu ziehen, Mr. Turner.«
Was immer der Mudir wissen oder erraten haben mochte, Hornblower war jedenfalls nicht gewillt, irgend etwas zuzugeben.
»Sagen Sie ihm, es sei uns ein Vergnügen gewesen, ihn bei uns zu sehen.«
Als der Mudir das hörte, huschte ein Schatten des Unmuts über sein Gesicht, aber dem Ton seiner Antwort merkte man nichts davon an.
»Er sagt, wir sollten alles abliefern, was wir bis jetzt geborgen haben, dann würde uns der Wali erlauben, hierzubleiben und alles zu behalten, was wir außerdem noch fänden.«
Der alte Turner sah zwar etwas besorgt drein, als er das übersetzte, aber sein Ausdruck verriet doch in erster Linie Neugier. Er selbst trug keine Verantwortung für das, was geschah, da konnte er sich den Luxus – oder sagen wir die Unterhaltung – leisten, sich von der Entscheidung seines Kommandanten überraschen zu lassen. Und Hornblower? Nun, dem fiel dazu sogar in dieser verzweifelten Lage Rochefoucaulds zynische Beobachtung ein, daß uns das Unglück unserer Freunde leicht zur Quelle des Vergnügens wird.
»Erklären Sie ihm«, sagte Hornblower, »mein Herr, König Georg, werde es sehr übelnehmen, wenn er höre, daß an mich, seinen Diener, eine solche Zumutung gerichtet worden sei, und sein Freund, der Sultan, wird es ebenso übelnehmen, wenn er hört, was sein Untergebener hier geäußert hat.«
Aber den Mudir konnte auch der Hinweis auf internationale Verwicklungen nicht schrecken. Wie endlos lange dauerte es, bis eine Beschwerde von Marmaris nach London und von dort zurück nach Konstantinopel gelangte! Es fiel Hornblower nicht schwer, zu erraten, daß schon ein winziger Bruch-

teil einer Viertelmillion Pfund Sterling, richtig angewandt, genügen würde, dem Wali die Unterstützung des Wesirs zu sichern. Der Mudir blieb gegen alle Vorstellungen taub – er sah so erbarmungslos drein, daß sein Gesicht dem Alptraum eines ängstlichen Kindes glich.

»Kommt nicht in Frage«, sagte Hornblower, »das tue ich nicht.«

Er hatte jetzt nur noch den einen brennenden Wunsch, daß es ihm gelingen möchte, den Mudir doch noch aus seinem eisernen Gleichmut herauszureißen.

»Erklären Sie ihm«, sagte Hornblower, »daß ich das Gold lieber wieder auf den Grund der Bucht versenke, als daß ich es ausliefere. So wahr ich hier sitze, das tue ich. Ich werfe das Zeug ganz einfach über Bord, dann sollen sie selbst danach fischen, aber dazu wird ihnen bald die Lust vergehen – weil sie es nicht können. Sagen Sie ihm, ich schwöre das beim Koran, beim Barte des Propheten, oder wie es sonst in ihren Schwüren heißt.«

Turner nickte begeistert zu Hornblowers Ausbruch, an diese Möglichkeit hatte er nicht gedacht. Dann machte er sich eifrig an die Übersetzung. Der Mudir lauschte wieder mit unerschütterlicher Geduld.

»Es hat keinen Zweck, Sir«, sagte Turner, als der Mudir geantwortet hatte, »damit können Sie ihn nicht abschrecken. Er meint...«

Ein weiterer Satz des Mudirs unterbrach Turners Rede.

»Er sagt, wenn das Schiff erst in ihrer Hand sei, dann würden die Götzendiener – damit meint er die ceylonesischen Taucher – genauso für ihn arbeiten, wie sie es jetzt für uns tun.«

Das machte Hornblower vollends rasend; in seiner Wut faßte er schon den verrückten Plan, den Tauchern einfach die Gurgel abzuschneiden, wenn der Schatz über Bord war. Ein solches Verfahren hätte nicht übel zu der morgenländischen Romantik gepaßt, die ihn hier umgab, aber als er den schrecklichen Gedanken grade in Worte fassen wollte, setzte der Mudir von neuem zum Sprechen an und redete diesmal eine ganze Weile.

»Er stellt zur Debatte, ob es nicht besser wäre, mit einem

Teil des Schatzes nach Hause zu kommen – er meint mit dem, was wir noch bergen können –, als alles zu verlieren. Er sagt, er sagt – Verzeihung, Sir, aber er drückt es so aus –, daß König Georg Ihren Namen nicht in Ehren halten wird, wenn dieses Schiff wegen eines offenkundigen Rechtsbruchs aufgebracht werden muß.«
Das war sehr elegant formuliert. Hornblower konnte sich nur zu gut denken, was Ihre Lordschaften in der Admiralität zu dieser üblen Geschichte sagen würden. Selbst im besten Falle, wenn er die Sache bis zum letzten Mann ausfocht, machte er sich in London keine Freunde. Sein Ungeschick hatte eine internationale Krise heraufbeschworen, seinetwegen mußte womöglich ein Geschwader und eine Armee in die Levante entsandt werden, um hier das britische Ansehen wiederherzustellen, und das grade in einem Augenblick, da der Kampf gegen Bonaparte den letzten Mann und das letzte Schiff erforderte. Wenn es gar noch schlimmer kam – auch das malte sich Hornblower im einzelnen aus –, dann wurde sein kleines Schiff plötzlich von tausend Enterern überfallen, besetzt, seines Schatzes beraubt und dann mit verachtungsvoller Großmut entlassen. Am Ende kehrte er sang- und klanglos nach Malta zurück und durfte dort von seinem Fehlschlag berichten, den auch alle Übergriffe der anderen Seite nicht entschuldigen konnten.
Er mußte seine ganze moralische Kraft zusammennehmen, um seine Verzweiflung vor Turner und dem Mudir zu verbergen. Zunächst saß er allerdings noch eine ganze Weile wortlos auf seinem Platz, einem Boxer im Ring vergleichbar, dem soeben ein schwerer Hieb des Gegners die Deckung durchschlug und der sich bemüht, die erste Benommenheit abzuschütteln. Wie ein Boxer brauchte auch er dazu eine gewisse Zeit.
»Schön«, sagte er endlich, »erklären Sie ihm, ich müsse mir das alles noch genau überlegen. Sagen Sie, die Sache sei für mich so wichtig, daß ich nicht in der Lage sei, sofort einen Entschluß zu fassen.«
»Er sagt«, übersetzte Turner, als der Mudir geantwortet hatte, »er werde morgen früh wiederkommen, um den Schatz in Empfang zu nehmen.«

In den längst vergangenen Fähnrichsjahren auf der Indefatigable hatte Hornblower so oft an Überfällen teilgenommen, daß er die einzelnen Unternehmungen in der Erinnerung gar nicht mehr auseinanderhalten konnte. Es war auch immer das gleiche gewesen. Seine Fregatte entdeckte einen Küstensegler, der im Schutz von Landbatterien vor Anker lag, oder sie hatte ihn selbst in irgendeinen kleinen Hafen gejagt. Dann wurden in der folgenden Nacht – zuweilen sogar am hellichten Tage – die Boote bemannt und zum Angriff angesetzt. Der Küstenfahrer hatte natürlich alle Vorsicht walten lassen, seine Geschütze waren geladen, die Enternetze ausgebracht, die Besatzung im Alarmzustand, vielleicht ruderte sogar ein Wachboot um das Schiff – aber das hatte alles keinen Zweck. Die Enterer erkämpften sich dennoch ihren Weg an Bord, brachen allen Widerstand, setzten Segel und schnappten die Prise unter den Augen der schützenden Landbatterien weg. So hatte es Hornblower oft und oft aus nächster Nähe miterlebt, mehr als einmal hatte er an diesen Aktionen teilgenommen. Und die armseligen Abwehrversuche der schwachen Opfer hatten kaum eine Spur von Mitleid bei ihm geweckt.
Heute nun lagen die Dinge genau umgekehrt, nein, sogar noch schlimmer, denn die Atropos hatte hier in der weiten Bucht von Marmaris keinen Schutz von Landbatterien zu erwarten, und rings um sie her lauerten zehntausend Feinde. Morgen, hatte der Mudir gesagt, wolle er den Schatz abholen, aber wer konnte den Türken schon trauen? Vielleicht war auch das nur eine Kriegslist gewesen, darauf berechnet, die Atropos in Sicherheit zu wiegen. Womöglich kam der Überfall schon heute nacht. Die Mejidieh dort konnte mehr Leute in ihre Boote stecken, als die Atropos insgesamt Besatzung hatte, und dazu kamen vielleicht noch Soldaten, die man an Land in irgendwelche Fischerboote verlud. Gesetzt, die Atropos würde durch zwanzig Boote, besetzt mit tausend fanatischen Moslems, von allen Seiten angegriffen, was konnte man da zur Abwehr unternehmen?

Man konnte die Enternetze ausbringen – das war bereits geschehen. Man konnte die Geschütze laden – sie waren schon geladen, in ihren Rohren saß vor den Kugeln eine Ladung gehacktes Blei, und die Rohre waren gesenkt, so daß sie die Wasserfläche dicht um das Schiff bestrichen. Man konnte verstärkte Wache gehen – Hornblower machte selbst die Runde und überzeugte sich, daß die Ausguckposten scharf Ausschau hielten, daß die Geschützmannschaften an ihren Kanonen nur so weit eingenickt waren, als es ihnen die harten Decksplanken erlaubten, und daß die übrigen längs der Reling verteilten Männer ihre Piken und Entermesser griffbereit hielten.

Es war etwas völlig Neues für ihn, die Maus statt der Katze zu spielen, einmal nicht im Angriff, sondern in der Abwehr zu stehen, gespannt zu warten, bis der Mond aufging, statt sich auf den Feind zu stürzen, solange es noch dunkel war. Vielleicht gewann man eine nützliche Kriegserfahrung, wenn man wußte, wie es dem wartenden Opfer zumute war – eines Tages war er vielleicht gar in der Lage, die Erfahrung zu nutzen, indem er sich in die Gedanken des Angegriffenen versetzte und seine Schutzmaßnahmen durch geschickte Gegenzüge illusorisch machte.

Als er darüber nachdachte, machte sich Hornblower bittere Vorwürfe wegen seines leichtfertigen, unbeständigen Wesens, und schon erfaßte ihn das ganze Elend der Verzweiflung von neuem mit aller Gewalt. Hier stand er und dachte an die Zukunft, an irgendein anderes Kommando, obwohl es für ihn doch keine Zukunft mehr gab. Mit dem heutigen Tage war alles aus, morgen kam das Ende. Noch war er sich nicht im klaren, wie er sich verhalten sollte; bis jetzt hatte er sich nur ganz verschwommen zurechtgelegt, daß er die Besatzung beim Morgengrauen von Bord schicken wollte – die Nichtschwimmer sollten in die Boote, die Schwimmer sollten auf der Mejidieh Rettung suchen. Dann wollte er mit geladener Pistole unter Deck in die Pulverkammer gehen, um das Schiff samt dem Schatz, sich selbst samt seinem sinnlos gewordenen Streben, samt seiner Liebe zu Frau und Kindern in Stücke zu jagen.

War das aber wirklich die beste Lösung? Eine bessere als

der von den Türken vorgeschlagene Kuhhandel? Wenn er sich auf diesen einließ, dann brachte er nicht nur die Atropos heil nach Hause, sondern sogar den Rest des Schatzes, sofern ihn McCullum noch zu bergen vermochte. Er hatte die Pflicht, sein Schiff zu retten, wenn das möglich war, und in diesem Falle war es möglich. Siebzigtausend Pfund Sterling waren zwar viel weniger als eine Viertelmillion, und dennoch ein wahrer Segen für England, das nicht wußte, wie es das dringend benötigte Geld auftreiben sollte. Ein Kommandant der Navy durfte keine persönlichen Gefühle kennen, er hatte seine Pflicht zu tun und sonst nichts.
Das mochte alles so sein, dennoch schüttelte ihn die Verzweiflung wie ein Krampf. Das düstere Elend, das ihm die Seele zerriß, war mächtiger als sein Wille. Wie sein Blick auf die dunklen Umrisse der Mejidieh fiel, gesellte sich zu diesem Leid noch glühender Haß, und beides stand ihm wie ein schauerliches schwarzrotes Schreckbild vor der Seele. Der Schatten der Mejidieh peilte von der Atropos aus gesehen immer achterlicher – natürlich, denn der leichte Nachtwind krimpte zurück, wie es um diese Stunde zu erwarten war, und die beiden Schiffe schwangen mit ihm um ihre Anker. Der Himmel stand voller Sterne, sie wurden da und dort von kleinen Wolken verdunkelt, die man mehr ahnte als sah und die ganz langsam über den Zenit hinsegelten. Im Osten, jenseits der Mejidieh, war der Himmel ein wenig heller, hinter den Bergen mußte der Mond schon über den Horizont gestiegen sein. Wie unvorstellbar schön war diese Nacht! Und dazu die leichte, kühle Brise – ja, diese Brise.
Hornblower stierte in die Dunkelheit, als ob er fürchtete, irgendwer könnte vorzeitig den Plan erraten, der sich soeben in seinem Kopf zu gestalten begann.
»Ich gehe auf ein paar Minuten unter Deck, Mr. Jones.«
»Aye, aye, Sir.«
Natürlich hatte Turner nicht dicht gehalten und in der Messe von der schrecklichen Klemme erzählt, in der sich der Kommandant befand. Er konnte die Neugier sogar aus den drei Worten heraushören, die Jones eben gesprochen hatte. Seine Entschlossenheit legte sich wie eine Lackschicht über das schwarzrote Monstrum.

Unten in der Kajüte erhellten die beiden Kerzen, die er kommen ließ, den ganzen Raum bis auf ein paar schwarze Schatten, die da und dort in den Ecken geisterten. Die Karte, die zwischen den Leuchtern lag, war jedenfalls hell beleuchtet. Er beugte sich darüber und entzifferte die kleinen Zahlen, die die Wassertiefen angaben. Im Grunde kannte er sie schon, sie fielen ihm wieder ein, sobald er daran dachte, er hatte es eigentlich gar nicht nötig, sein Gedächtnis aufzufrischen. Das Rote Kliff, die Passage-Insel, der Kaiafelsen, dahinter Kap Sari, alles hatte er noch im Kopf. Wenn die Brise durchstand, konnte er den Kaiafelsen anliegen. Aber dann durfte er um Gottes willen keine Minute versäumen! Er blies die beiden Kerzen aus und tastete sich aus der Kajüte an Deck.
»Mr. Jones, ich möchte zwei zuverlässige Bootsmannsmaate. Aber leise, wenn ich bitten darf.«
Die Brise stand noch durch, sie war leicht wie ein Hauch und leider nicht so stetig, wie man sich gewünscht hätte. Der Mond war immer noch nicht über die Berge heraufgestiegen.
»Hört einmal gut zu, ihr beide. Geht jetzt leise durch das Schiff und sorgt dafür, daß jeder Mann wach in der Hängematte liegt. Kein Laut, habt ihr verstanden? Die Toppsgäste sammeln sich lautlos am Fuß ihrer Masten. Aber ohne das geringste Geräusch, ist das klar?«
»Aye, aye, Sir« kam die geflüsterte Antwort.
»Also los! Weiter, Mr. Jones . . .«
Als die geweckten Männer sich an Deck einfanden, wirkte das leise Getrappel ihrer bloßen Füße wie die passende Begleitung zu den Befehlen, die Hornblower Jones im Flüsterton erteilte. Da drüben lag der riesige Schatten der Mejidieh, zweitausend Ohren, die das leiseste Geräusch erfaßten, das ihnen als ungewöhnlich auffiel – das Geklapper einer Axt zum Beispiel, die an Deck gelegt wurde, oder das Knirschen von Spillspaken, die man leise in ihre Ausnehmungen zwängte. Der Bootsmann kam wieder nach achtern und trat zu der kleinen Gruppe von Offizieren, die sich um Hornblower scharten. Er machte seine Meldung in einem Flüsterton, der schlecht zu seiner körperlichen Fülle passen wollte.
»Die Pallen des Spills sind herausgenommen, Sir.«

»Ausgezeichnet. Sie machen den Anfang. Gehen Sie wieder nach vorn, zählen Sie bis hundert, und dann hieven Sie die Spring ein. Sechs Törns, dann fest hieven und halten. Haben Sie genau verstanden?«
»Aye, aye, Sir.«
»Dann los mit Ihnen. Haben die anderen Herren ebenfalls ihre Aufgabe verstanden? Mr. Carslake, Sie stehen klar zum Kappen an der Ankertroß, ich selbst kappe die Spring. Mr. Smiley: Vormarsschoten, Mr. Hunt, Großmarsschoten. Auf Stationen, bitte!«
Das kleine Schiff lag ruhig vor seinem Anker. Ein schmaler Rand des Mondes kam hinter den Bergen zum Vorschein, er wurde von Sekunde zu Sekunde breiter und heller und zeigte dem Beschauer schon von weitem, wie friedlich das Schiff dalag. Es sah aus wie tot, außerstande zu handeln. Und doch waren die Männer schon schweigend in die Riggen geentert und warteten auf den erlösenden Befehl. Man hörte ein leises Knacken, als die Spring steifkam, aber es gab kein Klicken am Spill, weil die Pallen aus dem Sperrkranz genommen waren. Die Männer an den Spaken gingen schweigend ihre Runden, und als sie sechsmal herum waren, blieben sie stehen. Die Brust gegen die Spaken gepreßt, die Füße gegen das Deck gestemmt, hielten sie das Schiff auf dem anliegenden Kurs. Unter dem Zug der Spring lag es jetzt in einem Winkel zum Wind, es ging also keine Sekunde mit Achteraustreiben und Abfallen verloren, wenn die Segel gesetzt wurden. Das Schiff gehorchte vielmehr sofort dem Ruder.
Jetzt war der Mond frei von den Bergen, die Sekunden verrannen unerträglich langsam.
Ting – ting, schlug die Schiffsglocke an – zwei Glasen, das war das Signal.
Nackte Füße trappelten an Deck, Scheiben knirschten in den Blöcken, aber ehe noch das Ohr diese Geräusche erfaßte, hatten sich an den Marsrahen und am Vorstag schon die Segel entfaltet. Von vorn und achtern hörte man dumpfe Schläge, als die Äxte auf Ankertroß und Spring einhieben – als die Spring plötzlich losekam, wirbelte das Spill herum und schleuderte die Männer an den Spaken an Deck. Es gab zwar Beulen und Kratzer, aber niemand achtete auf die Ver-

letzungen. Die Atropos war unterwegs. In fünf Sekunden hatte sie sich aus einem ortsgebundenen, toten Gegenstand in ein lebendiges Wesen verwandelt und glitt nun lautlos auf die Einfahrt der Bucht zu. Die Breitseite der Mejidieh brauchte sie nicht zu fürchten, denn die Mejidieh hatte keine Spring auf ihrer Ankertroß, konnte die Geschütze also nicht zum Tragen bringen. Sie mußte erst Anker lichten oder ihre Ankertrosse kappen, sie mußte Segel genug setzen, daß sie Fahrt über den Achtersteven aufnahm, und dann mußte sie endlich weit genug aus dem Wind drehen, bis sie endlich feuern konnte. Es dauerte also sogar bei einer gut ausgebildeten und zu jedem Einsatz bereiten Besatzung mehrere Minuten, bis sie der Atropos ihre Breitseite zukehren konnte. Bis dahin aber war die Entfernung schon mindestens auf eine halbe Meile und darüber angewachsen.
Die Atropos hatte bereits Fahrt und war schon ziemlich weit entfernt, als die Mejidieh ein erstes Lebenszeichen von sich gab. Das tiefe Dröhnen einer Trommel drang über das Wasser, nicht das hohe unmelodische Gerassel der Hüfttrommel der Atropos, sondern die weit dumpferen und langsameren Schläge einer Baßtrommel, die in eintönigem Gleichmaß Alarm schlug.
»Mr. Jones«, sagte Hornblower, »bitte lassen Sie die Enternetze abtakeln.«
Der Mond schien hell und beleuchtete das Fahrwasser, das vor ihnen lag.
»Einen Strich steuerbord«, befahl Hornblower dem Rudergänger.
»Einen Strich steuerbord«, war die mechanische Antwort.
»Sie nehmen doch die West-Passage, Sir?« fragte Turner.
Als Segelmeister und Nautiker hatte dieser seine Gefechtsstation auf dem Achterdeck neben seinem Kommandanten, und die Frage, die er stellte, lag auch durchaus im Rahmen seiner dienstlichen Belange.
»Ich denke nicht daran«, sagte Hornblower.
Von der Mejidieh hörte man immer noch die dröhnenden Trommelschläge. Wenn man in den Batteriestellungen an Land darauf aufmerksam wurde, dann waren die Geschützbedienungen bald auf dem Posten. Kaum hatte er diese

Schlußfolgerung gezogen, da sah man weit achteraus einen orangeroten Feuerstrahl aufleuchten, als ob jemand die Tür eines brennenden Ofens geöffnet und gleich wieder geschlossen hätte. Sekunden später folgte der donnernde Knall: die Mejidieh hatte eines ihrer Geschütze gelöst. Vom Heulen einer Kugel war nichts zu hören, zum Alarmieren der Batterien genügte ja auch die Pulverladung allein.
»Ich laufe dicht unter die Sariküste«, sagte Hornblower.
»Sagten Sie die Sariküste, Sir?«
»Ja.«
Turner beschränkte sich nicht etwa aus Gründen der Disziplin darauf, seine Bedenken gegen diese Entscheidung in einer einzigen erschrockenen Frage zusammenzufassen, sondern weil ihm die Überraschung die Sprache raubte. In einer dreißigjährigen Dienstzeit auf Handelsschiffen war ihm der Grundsatz in Fleisch und Blut übergegangen, daß sich ein gegewissenhafter Nautiker nie dazu verleiten lassen dürfe, die Sicherheit seines Schiffs ohne Not durch gewagte Navigation aufs Spiel zu setzen. Auch die Jahre, die er dann als Segelmeister in der Navy gedient hatte, konnten an dieser Einstellung wenig ändern. Seine Aufgabe war, das Schiff vor Strandung und Sturmschaden zu bewahren, sollte der Kommandant zusehen, wie er mit den feindlichen Kanonenkugeln fertig wurde. Er wäre nie auch nur für einen Augenblick auf die Idee verfallen, mit der Atropos durch den engen Schlauch zwischen der Sariküste und dem Kaiafelsen zu segeln, nicht bei Tage und natürlich erst recht nicht bei Nacht. Daß man solchen Leichtsinn überhaupt in Betracht zog, raubte ihm einfach die Sprache.
Ein zweiter Orangeblitz flammte achtern auf, ein zweiter Donner rollte herüber.
»Nehmen Sie ein Nachtglas, und gehen Sie auf die Back«, sagte Hornblower. »Halten Sie scharf Ausguck nach der Brandung.«
»Aye, aye, Sir.«
»Es ist besser, Sie nehmen ein Megaphon mit. Sie müssen auf alle Fälle sichergehen, daß ich Sie höre.«
»Aye, aye, Sir.«
Die Schüsse der Mejidieh hatten die Besatzungen der Forts

bestimmt alarmiert. Wenn sie, wie anzunehmen war, an ihren Geschützen schliefen, dann hatten sie jetzt bequem Zeit, sich den Schlaf aus den Augen zu reiben und ihre Luntenstöcke in Brand zu setzen, so daß sie jederzeit in der Lage waren, die Durchfahrten mit ihren Salven zu bestreichen. Türkische Kanoniere waren vielleicht nicht allzu gefährlich, aber das Kreuzfeuer mußte in der Ost-Passage zu Treffern führen. Die West-Passage, zwischen dem Kaiafelsen und der Passage-Insel, war nicht so gut bestrichen, aber dafür war hier die Schußentfernung lächerlich klein; und da die Atropos in der Durchfahrt mehrmals den Kurs ändern mußte, wobei sie wie eine Ente auf dem Wasser trieb, bestand keine Aussicht, daß es dabei ohne Treffer abging. War die Atropos aber erst einmal entmastet oder auch nur in ihren Segeleigenschaften beeinträchtigt, dann wurde sie eine leichte Beute der Mejidieh, die nach Belieben durch die Ost-Passage segeln konnte. Wenn sie manövrierunfähig wurde, bestand Gefahr, daß sie auf Grund lief. Als kleines Schiff hatte sie keine starken Verbände, da genügte womöglich eine einzige Salve der riesigen Steinkugeln, die bei den Türken so gern verwandt wurden. Fielen diese Geschosse aus einiger Höhe herab, dann rissen sie die kleine Atropos einfach in Stücke, schlugen ihr den Boden durch und brachten sie binnen einer Minute zum Sinken. Es blieb ihm keine andere Wahl: Er mußte dicht unter die Sariküste laufen; damit verdoppelte oder verdreifachte sich für die Geschütze auf der Passage-Insel die Schußentfernung, und außerdem wurde der Gegner durch sein Manöver überrascht. Man konnte wetten, daß die türkischen Geschütze auf den Kaiafelsen eingerichtet waren, damit sie die schmalste Stelle des Fahrwassers bestrichen – sie mußten daher in aller Eile ihr Ziel wechseln, und überdies bot ihm der Felsen selbst für eine kurze Weile Schutz. Hier hatte er die beste Aussicht durchzukommen.
»Einen Strich steuerbord«, sagte er zum Rudergänger. Das war genauso, wie wenn man beim ersten Stich einer Partie Whist als dritter Mann den König ausspielte – es gab keine bessere Taktik, wie man die Sache auch ansah, und darum hatte es auch keinen Zweck, sich noch mit Bedenken abzuquälen, nachdem der Entschluß einmal gefaßt war.

Die mäßige Brise stand tatsächlich durch; das bedeutete nicht nur, daß die Atropos gut dem Ruder gehorchte, sondern es hatte auch zur Folge, daß sich die kleinen Wellen, die die Bucht bedeckten, am Fuß des Kaiafelsens und der Sariküste brachen und im Widerschein des Mondlichts glitzerten, so daß Turner diese Gefahrenpunkte leicht mit dem Nachtglas erkennen konnte. Auch die Halbinsel Ada war deutlich genug zu erkennen. In dieser Peilung hatte man den Eindruck, als ob die Bucht überhaupt keinen Ausgang besäße, die Atropos schien stetig und ohne Hast auf eine geschlossene Küstenlinie zuzugleiten, als wollte sie sich freiwillig dem Untergange weihen.

»Mr. Jones, bitte, besetzen Sie die Brassen und die Vorschoten.«

Die Geschützführer auf dem Fort mußten das Schiff jetzt deutlich unterscheiden können, da es von dort aus gesehen wie ein Schatten im Mondlicht stand. Wahrscheinlich erwarteten sie jeden Augenblick die Kursänderung.

Die Passage-Insel und Kap Sari überlappten einander noch immer.

Hornblower hielt weiter durch.

»Brandung backbord voraus!«

Das war Turners Meldung vom Vorschiff.

»Brandung recht voraus!«

Lange Pause, dann wieder Turners hohe dünne Stimme, die vor Aufregung schon ganz schrill klang: »Brandung voraus!«

»Mr. Jones, wir drehen gleich nach Backbord.«

Hornblower konnte leidlich unterscheiden, was er vor sich hatte. Er hatte die Karte genau im Kopf und verstand sich auf die Kunst, sich auch in dieser nächtlichen Schattenlandschaft nach ihren Angaben zu orientieren.

»Brandung recht voraus!«

Je dichter er unter Land ging, desto besser war es. Das Ufer hier fiel glücklicherweise steil ab.

»Mr. Jones, es ist Zeit. Rudergänger: Hart backbord!« befahl Hornblower.

Die Atropos schwang auf der Hinterhand herum wie ein Zirkuspferd. Sie drehte zu rasch – zu rasch!

»Stütz – recht so!«

Er mußte die Drehung einen Augenblick abstoppen, das konnte auf keinen Fall schaden, weil die Atropos dadurch wieder die Fahrt und die Handigkeit gewann, die sie durch das harte Ruderlegen eingebüßt hatte.
»Brandung voraus, Brandung steuerbord voraus, Brandung an backbord!«
Backbord achtern zuckten eine Anzahl langer leuchtender Feuerzungen auf, die Schüsse rollten wie Donner und hallten von den Bergen wider.
»Hart steuerbord! Leebrassen, Mr. Jones! Voll und bei!«
Scharf kamen Hornblowers Befehle.
Die Sariküste lag jetzt in Lee querab, aber sie erstreckte sich zur Spitze hin ausholend bis recht voraus.
»Gut Luv halten!«
»Sir – Sir!«
Dem Rudergänger verschlug der Schreck die Stimme, weil er merkte, daß er die Gewalt über das Schiff verlor. Die Vorsegel schlugen, nach dem Gefühl zu urteilen verloren sie mehr und mehr an Fahrt, dafür sackten sie um so rascher nach Lee. Ging es so weiter, dann stand die Strandung unmittelbar bevor.
»Etwas steuerbord.«
Damit bekamen sie für die nächsten Minuten wieder etwas Fahrt. Kaia lag als dunkle Masse deutlich sichtbar an Backbord, Kap Sari zog sich an Steuerbord entlang und reichte bis recht voraus.
Sie krochen langsam weiter voran und kamen dabei der verderbenbringenden Küste immer näher. Aber dicht unter der Sariküste mußte, mußte es doch um Gottes willen einen Rückwind geben, an dieser Steilküste konnte das doch gar nicht anders sein. Wieder schlugen die Vorsegel, der Rudergänger drehte verzweifelt an seinem Rad, entweder ließ er die Segel backschlagen, oder das Schiff rannte im nächsten Augenblick auf Grund – eine andere Wahl schien es nicht zu geben.
»Immer Fahrt behalten, Fahrt!«
»Sir! –«
Wenn dieser Rückwind irgendwo zu spüren war, dann natürlich nur dicht unter Land. Ah, endlich! Der scharfe Ge-

fühlssinn des Seemanns zeigte Hornblower sofort die Änderung an. Die alte Brise hatte vollständig aufgehört, dann spürte er die neue als leisen, leisen Hauch auf der anderen Wange. Wieder schlugen die Vorsegel, aber diesmal kamen sie gleich richtig back. Ehe Hornblower noch ein Wort sagen konnte, wirbelte der Rudergänger schon aufatmend sein Rad herum. Der Rückwind kam ihnen bestimmt nicht länger zugute als ein paar Sekunden, das war bei Gott kurz genug, wenn man so viel Fahrt über den Achtersteven gewinnen wollte, daß das Ruder wirkte und daß der Abstand von den Klippen etwas größer wurde; alles andere war jetzt Nebensache. Ein Blitz und ein Donner von der Passage-Insel – der Kaiafelsen schien das Mündungsfeuer fast zu verdecken, vielleicht fing er auch die Kugel auf. Das war wieder ein Geschütz, das neu geladen werden mußte, die anderen würden zweifellos bald folgen. Noch ein Blitz, noch ein Donner, aber jetzt war keine Zeit, sich damit zu befassen, denn Hornblower wurde grade in diesem Augenblick gewahr, daß sich die Lage des Schiffes wieder zu ändern begann. Sie gelangten aus dem Lee des Landes wieder in den Wind hinaus.

»Klar bei Vorschoten!«

Noch einen Augenblick – jetzt war es Zeit!

»Hart backbord!«

Er konnte fühlen, wie das Ruder wirkte. Die Atropos kam, und die alte Brise stand wieder in ihren Segeln.

»Brandung recht voraus!«

Das war natürlich der Kaiafelsen. Aber jetzt galt es vor allem, Fahrt zu bekommen.

»Klar zum Wenden!«

Nein, noch nicht. Er mußte durchhalten, bis das Bugspriet den Felsen fast berührte. Noch etwas – noch ... Jetzt war es Zeit.

»Hart steuerbord!«

Das Rad wirbelte herum. Aber die Atropos wollte nicht recht folgen. Ja – nein – ja. Endlich! Das Vorstagsegel stand back. Sie kam! Die Rahen schwenkten herum, als die Männer mit den Leebrassen längsdeck liefen. Einen Augenblick schien sie noch zu zögern, dann nahm sie über den neuen Bug Fahrt auf. Kaia lag nicht weit an Backbord, Kap Sari immer noch

recht voraus, ausgeschlossen, daß man über diesen Bug davon freikam.
»Klar zum Wenden!«
Wieder mußte man durchhalten, solange es irgend ging. Auf alle Fälle war das aber der letzte Schlag. Dicht über ihnen heulte etwas vorbei, wieder eine Kanonenkugel von der Passage-Insel.
»Achtung! Rhe!«
Das Schiff kam herum, die Klippen am Fuß von Kap Sari hoben sich deutlich ab, als es ihnen das Heck zukehrte. Sprang der Wind wieder um? Drehte er noch einmal wie vorhin? Nein, es dauerte nur eine Sekunde, dann hatten sie wieder die richtige Brise gefaßt. Kaia lag an Backbord querab, jetzt mußte man nur noch der Sicherheit halber eine Weile diesen Kurs weitersteuern. Aber die wirkliche Gefahr lag jetzt hinter ihnen.
»Mr. Jones! Kurs Süd zu Ost, bitte!«
»Kurs Süd zu Ost, Sir.«
Die Atropos steuerte in die offene See hinaus, Rhodos lag an Steuerbord, die Türkei verschwand achteraus in der Ferne – das Lazarett aber barg einen Königsschatz. Auch das Zurückgebliebene war immer noch ein fürstliches Lösegeld, aber Hornblower konnte diesen Schönheitsfehler seines Unternehmens in Anbetracht der dramatischen Umstände nicht mehr tragisch nehmen.

19 GELUNGENE TÄUSCHUNG

Seiner Majestät Glattdeckskorvette Atropos war das kleinste Schiff der britischen Marine. Wohl gab es Briggs, die kleiner waren als sie, und noch viel kleinere Schoner und Kutter, aber die Atropos war eben das kleinste wirklich vollgetakelte Schiff mit drei Masten und einem Kapitän als Kommandanten, das König Georg besaß. Dennoch war Hornblower vollauf damit zufrieden. Wenn er einen Blick in die Rangliste der Kapitäne warf, dann sah er, daß unter seinem Na-

men schon die von fünfzig jüngeren standen und daß die Zahl seiner Vorderleute, sei es durch Tod oder durch Beförderung in den Admiralsrang, langsam aber stetig abnahm. Ging also weiter alles gut, so konnte er hoffen, daß er eines Tages eine Fregatte oder gar ein Linienschiff bekam. Aber damit hatte es noch keine Eile, einstweilen war er mit seinem Los durchaus einverstanden.
Er hatte einen Auftrag ausgeführt und einen zweiten übernommen. In Gibraltar hatte er zweihunderttausend Pfund Sterling in Gold und Silber von Bord gegeben, eben dort war auch der unerfreuliche Mr. McCullum samt seinen Ceylonesen zurückgeblieben. Das Geld sollte bei nächster Gelegenheit nach London verfrachtet werden, um dort das ›britische Gold‹ zu vermehren, mit dem England seinen abgekämpften Bundesgenossen immer neuen Auftrieb gab und das Bonaparte in solche Raserei versetzte, daß er in seinen Tagesbefehlen Gift und Galle darüber spuckte. McCullum und seine Leute aber warteten auf ein Schiff, das sie in entgegengesetzter Richtung führte, sie wollten rund um Afrika zurück nach Indien. Unterdessen lenzte die Atropos vor einem schweren Weststurm wieder ins Mittelmeer hinein, um dort zu Collingwood und seiner Flotte zu stoßen.
Sie rollte und stampfte so munter in den auflaufenden Seen, als fühlte sie sich von einer drückenden Last befreit, und Hornblower, dem nach sechs Monaten Seedienst mit einer Unterbrechung von ganzen sechs Stunden Landaufenthalt die Seekrankheit nichts mehr anhaben konnte, war allein aus diesem Grunde ebenso munter und leichten Sinnes wie sein kleines Schiff. Collingwood hatte den Bericht über seine Maßnahmen in Marmaris vollauf gebilligt, ehe er ihn mit dem Schatz nach Gibraltar sandte, und hatte ihm für die Rückreise außerdem einen Auftrag gegeben, der einem jungen, abenteuerlustigen Kommandanten das Herz höher schlagen ließ. Er sollte an der südspanischen Mittelmeerküste Kreuzerkrieg führen, die spanische Küstenschiffahrt beunruhigen, durch Beobachtung der Häfen möglichst ausführliche Nachrichten sammeln und zuletzt noch einen Vorstoß nach Korsika unternehmen. Alle diese Aufgaben sollte er erfüllen, ehe er vor der italienischen Küste wieder zur Flotte stieß, die

dort von See her dem neuesten Eroberungszug Bonapartes Einhalt gebot. Neapel war gefallen, aber Sizilien wurde eisern gehalten, die gigantische Macht des kleinen Korsen war eben dort zu Ende, wo das Wasser seinem Pferd bis an den Sattelgurt reichte. Seine Armeen konnten marschieren, wohin sie wollten, seine Schiffe dagegen wagten sich überhaupt nicht oder höchstens zu heimlichen, kurzen Vorstößen aus den Häfen. Indessen hatte die kleine Atropos mit ihren zweiundzwanzig winzigen Kanonen das Mittelmeer zweimal seiser ganzen Länge nach, von Gibraltar bis Marmaris und wieder zurück durchfahren, ohne auch nur ein einziges Mal eine Trikolore zu sichten. (Vgl. ⑦, ⑧ Karte S. 155)
Kein Wunder, daß Hornblower gehobener Stimmung war, als er – diesmal ohne körperliche Beschwerden – auf dem stampfenden Deck stand und nach der Zackenlinie der südspanischen Berge Ausschau hielt, die in der klaren Luft des Mittelmeers bis weit nach See hinaus sichtbar waren. Er war kühn unter die Küste gegangen und hatte Häfen und Reeden bis auf Kanonenschußweite angesteuert. Seine ersten Besuche galten Málaga, Motril und Almería. Die Fischerboote und Küstenschiffe waren auseinandergestoben wie Elritzen vor einem Hecht, dann hatte er Kap de Gata gerundet und war wieder mühsam bis unter Land gekreuzt, um einen Blick in den Hafen von Cartagena zu werfen. In Málaga und Almería hatten keine Kriegsschiffe gelegen. Das war eine negative Nachricht, aber auch solche konnten für Collingwood wertvoll sein, wenn er die Operationen seiner riesigen Flotte leitete, die die Aufgabe hatte, den britischen Handel in allen seinen Verzweigungen in einem Seeraum von über zweitausend Seemeilen unter ihre schützenden Fittiche zu nehmen, und wenn er im Rahmen dieser Aufgabe seinen Finger ständig am fiebernden Puls der europäischen Spannungen und Entspannungen hielt. Cartagena war der Hauptkriegshafen der Spanier. Eine Prüfung der dortigen Verhältnisse mußte zeigen, ob die bankerotte spanische Regierung irgend etwas unternommen hatte, um die bei Trafalgar zerschlagene Flotte wieder instand zu setzen. Vielleicht hatte auch das eine oder andere französische Schiff dort während einer jener abenteuerlichen Kreuzfahrten Schutz ge-

sucht, die sich Bonaparte ausdachte, um den englischen Geleitzügen Schläge zu versetzen.
Hornblower warf einen Blick in die ächzende Takelage hinauf und fühlte, wie das Schiff unter seinen Füßen hochgeschleudert wurde und wieder in die Tiefe sank. Die Marssegel waren bereits doppelt gerefft – der Wind hatte schon mehr als halbe Sturmstärke erreicht. Er dachte daran, ein drittes Reff einzustecken, sah aber schließlich davon ab. Die Atropos konnte die Segel, die sie jetzt führte, immer noch sicher genug tragen. Kap Cope lag an Backbord querab, das Glas verriet ihm, daß ein paar Küstensegler auf den flachen Bänken in Lee Schutz gesucht hatten. Beutelüstern blickte er hinüber, aber dort gab es natürlich auch Batterien zu ihrer Deckung, vor allem aber ließ dieser starke Wind kein Angriffsunternehmen zu. Es wäre blanker Unsinn gewesen, die Boote gegen einen halben Sturm anlaufen zu lassen. Er gab dem Rudergänger einen Befehl, und die Atropos jagte schlingernd und stampfend mit Kurs auf Cartagena weiter.
Es war herrlich, an der Heckreling zu stehen, sich vom Sturm durchzausen zu lassen und in das kochende Kielwasser zu blicken, das ihm zu Füßen unter dem Heck hervorschoß. Lächelnd sah er zu, wie Turner nautischen Unterricht gab. Der hatte nämlich die Fähnriche und Steuermannsmaate auf dem Achterdeck um sich versammelt und unterwies sie eben in der Küstennavigation. Er gab sich alle erdenkliche Mühe, den bescheidenen Verstand seiner Zöglinge mit handfesten mathematischen Erklärungen der ›Standlinie‹, der ›Kreuzpeilung‹ und der ›Vierstrichpeilung‹ zu füttern, aber diese blieben ihm heute einfach nicht bei der Sache, weil der Anblick der See und des arbeitenden Schiffes viel zu aufregend für sie war. Der Sturm zerrte an Turners Seekarte und machte es den jungen Leuten schwer, ihre Schiefertafeln ruhig zu halten, wenn er unter die schräggehaltenen Flächen faßte.
»Mr. Turner«, sagte Hornblower, »melden Sie mir jeden, der nicht aufpaßt, dann werde ich mir den Betreffenden selbst vornehmen.«
Daraufhin rissen sich die jungen Kerls sofort sichtlich zusammen und gaben sich redlich Mühe, ihren Übermut zu zügeln. Smiley gebot sich plötzlich Einhalt, als er dem jun-

gen Fürsten einen freundschaftlichen Knuff versetzen wollte, und der Fürst, der grade im Begriff war, herauszuplatzen, begnügte sich ebenso plötzlich mit einem schuldbewußten Grinsen. Dieser Junge war erst hier an Bord ein richtiger Mensch geworden – von dem verstaubten deutschen Hof, der seine Heimat war, bis zum windumbrausten Deck der Atropos war es auch ein weiter Weg gewesen. Wenn er eines Tages wieder den Thron seiner Väter bestieg, dann gingen ihn wohl Sextant und Kompaß nichts mehr an, aber vielleicht dachte er doch mit Sehnsucht an die frischfröhlichen Tage zurück, die ihm hier an Bord beschieden waren. Das war nun der Großneffe des Königs Georg – Hornblower tat so, als studierte er das gleichseitige Dreieck, das der Junge auf seine Tafel gekritzelt hatte, und sah ihn sich unterdessen genauer an. Er mußte lächeln, wenn er an Doktor Eisenbeiß' Entsetzen dachte, als dieser hörte, daß auch ein regierender Fürst an Bord eines Kriegsschiffes körperliche Züchtigung zu gewärtigen hatte. Bis jetzt war ja noch nichts Derartiges vorgekommen, aber es konnte immerhin eines Tages sein.

Vier Glasen klangen über das Deck, das Stundenglas wurde umgedreht, es zog ein neuer Rudergänger auf, und Turner entließ seine Navigationsklasse.

»Mr. Smiley! Mr. Horrocks!«

Die vom Zwang des Unterrichts erlösten Fähnriche traten zu ihrem Kommandanten.

»Ich möchte, daß Sie mit Ihren Kiekern von den Toppen Ausguck halten.« Scharfe junge Augen taugten am besten dazu, einen Blick in den Hafen von Cartagena zu werfen. Hornblower fing einen flehenden Blick des jungen Fürsten auf.

»Schön, Mr. Fürst, Sie dürfen ebenfalls mit hinauf. Vortopp, zusammen mit Mr. Smiley.«

Einen Fähnrich für eine Weile auf den unbequemen Sitz im Topp zu schicken, war eine häufig angewandte Bestrafung. Aber heute war von Strafe keine Rede, galt es doch, einen feindlichen Hafen auszuforschen und zu melden, was darin an Schiffsbewegungen zu erkennen war. Cartagena wuchs jetzt rasch über die Kimm. Hinter der schützenden Insel La Escombrera sah man bereits das Schloß und die

Kirchtürme der Stadt. Bei diesem Westwind war es ein Kinderspiel, so dicht unter Land zu laufen, daß man vom Topp aus das innere Hafenbecken überblicken konnte.
»An Deck! Herr Kapitän! Sir!«
Smiley meldete sich schreiend vom Vortopp. Hornblower mußte nach vorn gehen, um zu verstehen, was ihm der Fähnrich sagen wollte, weil ihm der Sturm das Wort vom Munde wehte.
»In der äußeren Bucht liegt ein Kriegsschiff, Sir. Sieht aus wie ein Spanier – eine ihrer großen Fregatten. Hat vierkant gebraßte Rahen.«
Wahrscheinlich war das die Castilla, eines von den Schiffen, die bei Trafalgar davongekommen waren.
»Dicht unter Land liegen sieben Küstensegler, Sir.«
Die konnten sich heute vor der Atropos sicher fühlen.
»Was sehen Sie im inneren Hafen?«
»Vier, nein, fünf Schiffe an Moorings und zwei Hulks.«
»Was für Schiffe sind das?«
»Vier Linienschiffe, Sir, und eine Fregatte, alle ohne Rahen. Sie scheinen aufzuliegen, Sir.«
Zu früheren Zeiten hatten die Spanier schöne Schiffe gebaut, aber unter dem unfähigen und korrupten Regime eines Godoy verrottete die spanische Flotte an ihren Moorings, weil weder für ihre Besatzungen noch für ihre Ausrüstung Geld da war. Vier Linienschiffe und eine Fregatte waren schon das letztemal als aufgelegt in Cartagena gemeldet worden. Daran hatte sich also bisher nichts geändert. Wieder eine negative, aber nichtsdestoweniger nützliche Nachricht für Collingwood.
»Jetzt setzt sie Segel!«
Das war der Fürst, seine hohe Knabenstimme überschlug sich vor Aufregung. Im nächsten Augenblick wurde seine Meldung von Horrocks und Smiley ergänzt.
»Es ist die Fregatte, Sir! Sie setzt Segel!«
»Ich kann ihr Kreuz erkennen, Sir!«
Auf spanischen Kriegsschiffen war es Brauch, an der Besanpiek ein großes hölzernes Kreuz zu heißen, wenn es ins Gefecht ging. Die Fregatte beabsichtigte also offenbar einen Ausfall, um den neugierigen Besucher in die Flucht zu

schlagen. Da war es höchste Zeit zu verschwinden, denn eine große spanische Fregatte wie die Castilla trug vierundvierzig Geschütze, genau doppelt so viele wie die Atropos, und das Gewicht ihrer Breitseite war sogar dreimal so groß. Hätte die Atropos jetzt hinter dem Horizont einen starken Kameraden gehabt, dann könnte sie ihm die Castilla herauslocken. Das war ein Verfahren, das vielleicht Erfolg versprach, er wollte es Collingwood auf jeden Fall nahelegen. Drüben der spanische Kommandant war sicher ein unternehmender, tatkräftiger Mann, der vielleicht einmal die Vorsicht vergaß, weil ihm der Schandfleck von Trafalgar auf der Seele brannte. Warum sollte es nicht gelingen, ihn heraus und in sein Verderben zu locken?
»Die Fregatte ist Anker auf, Sir!«
»Vor- und Großmarssegel sind gesetzt, Sir!«
Es war sinnlos, länger mit der Gefahr zu spielen, obwohl die Atropos bei diesem Wind nichts zu fürchten hatte.
»Einen Strich abfallen«, befahl Hornblower dem Rudergänger, die Atropos schlug einen kleinen Bogen und gab Fersengeld.
»Jetzt kommt sie heraus, Sir!« meldete Horrocks aus dem Großtopp. »Sie führt gereffte Marssegel, zwei Reff glaube ich, Sir!«
Hornblower richtete sein Glas achteraus. Richtig, dort war es, das schmale weiße Trapez, es zeigte sich nur eben über der Kimm, wenn sich die Atropos auf den Rücken einer See hob – das gereffte Vormarssegel der Castilla. (Vgl. ⑨ Karte S. 155)
»Sie steuert genau hinter uns her«, meldete Smiley.
Bei einer Verfolgung wie dieser hatte die Atropos mit ihrem neuen Kupferbeschlag und ihren guten Segeleigenschaften nichts zu fürchten, obwohl der stürmische Wind und der grobe Seegang natürlich dem größeren Schiff einen Vorteil boten. Die Castilla brachte es im besten Fall zuwege, die Atropos in Sicht zu behalten, aber sie hatte keine Aussicht, sie einzuholen. Offiziere und Mannschaften hatten hier einmal Gelegenheit, an einem praktischen Beispiel zu erleben, wie man aus überlegener Geschwindigkeit einem stärkeren Gegner gegenüber Nutzen ziehen konnte. Hornblower

warf wieder einen Blick auf Segel und Takelage. Jetzt kam das dritte Reff natürlich nicht mehr in Frage, er mußte so viel Segel führen, wie das Schiff tragen konnte, die Castilla machte es genauso.
Mr. Still, der Wachhabende Offizier, hob die Hand an den Hut und richtete an Hornblower eine der üblichen Fragen zur Schiffsroutine.
»Bitte sehr, Mr. Still.«
»Antreten zur Rumausgabe.«
Auf der Atropos ging das normale Leben weiter, obwohl ein überlegener Gegner hinter ihr dreinjagte. Die Männer erhielten ihren Branntwein und setzten sich dann wie alle Tage zum Essen an ihre Backen, die Wache wurde abgelöst, ein neuer Mann übernahm das Ruder. Kap Palos kam backbord achtern aus Sicht, die Atropos jagte weiter ins offene Mittelmeer hinaus, aber das kleine weiße Trapez an der achteren Kimm blieb nach wie vor in Sicht, für eine spanische Fregatte eine erstaunliche Leistung.
»Mr. Jones, melden Sie mir sofort, wenn irgendeine Änderung eintritt«, sagte Hornblower und schob mit einem Klick seinen Kieker zusammen. Jones war aufgeregt – vielleicht sah er sich im Geist schon in einem spanischen Gefängnis. Es schadete ihm nichts, wenn er einmal eine Weile an Deck die Verantwortung trug. Andererseits ertappte sich Hornblower nachher unten in der Kajüte dabei, daß er vom Essen aufsprang und durch ein Bullauge nach achtern spähte, um sich zu überzeugen, ob die Castilla nicht aufkam. Darum kam es ihm auch nicht unwillkommen, als noch vor Beendigung der Mahlzeit ein Läufer anklopfend Einlaß begehrte und ihm eine Meldung machte:
»Mr. Jones läßt melden, der Wind scheine ihm etwas abzuflauen, Sir.«
»Ich komme«, sagte Hornblower.
Bei mäßiger Brise konnte man erwarten, daß die Marssegel der Castilla in ein bis zwei Stunden achteraus hinter der Kimm verschwunden waren. Jedes Abflauen des Windes war also ein Vorteil für die Atropos, vorausgesetzt, daß sie alle Segel führte, die sie tragen konnte. Nun war es keineswegs einfach, genau den richtigen Augenblick zum Aus-

schütten der Reffs zu erfassen, so daß man weder seine Spieren gefährdete, noch unnötig Vorsprung vor dem Verfolger opferte. Als Hornblower an Deck erschien, sagte ihm der erste Blick, daß es Zeit war.
»Ihre Feststellung war durchaus richtig, Mr. Jones«, sagte er. »Wir wollen ein Reff ausschütten.« Es konnte nichts schaden, wenn der Mann einmal eine kleine Anerkennung erfuhr.
Der Befehl lief durch das Schiff:
»Alle Mann auf! Ausreffen!«
Hornblower blickte durch sein Glas achteraus. Als sich das Heck der Atropos wieder hob, bekam er das Vormarssegel der Castilla genau in sein Gesichtsfeld. Aber es ließ sich auch bei gewissenhaftester Beobachtung nicht feststellen, ob sie näher gekommen war oder nicht. Sie mußte den Abstand ganz genau gehalten haben. Plötzlich, als das Marssegel wieder einmal in dem Rund der Linse zitterte, glaubte er zu sehen – er war seiner Sache fast sicher –, wie aus dem schmalen Trapez ein Quadrat wurde. Kein Zweifel, die Castilla hatte genau den gleichen Augenblick zum Ausreffen gewählt.
Hornblower schaute zur eigenen Großmarsrah hinauf. Die Toppsgäste lagen in schwindelnder Höhe auf der Rah und lösten eben noch die letzten Reffbändsel. Als sie fertig waren, legten sie ein, um niederzuentern. Smiley hatte die Steuerbordseite der Rah unter sich, Seine Durchlaucht, der Fürst von Seitz-Bunau, die Backbordseite. Natürlich kam es wieder zu dem üblichen Wettrennen zwischen den beiden, sie sprangen an die Backstagen und sausten ohne Rücksicht auf Leben und Gesundheit daran herunter. Hornblower war herzlich froh, daß sich der Junge so gut eingelebt hatte – heute war er natürlich vor Aufregung über die Jagd der Castilla ganz aus dem Häuschen. Nicht minder freute sich Hornblower, daß ihn Smiley so nett und taktvoll unter seine Fittiche genommen hatte. Nach dem Ausreffen lief die Atropos eine wesentlich höhere Fahrt, Hornblower fühlte den verstärkten Druck der Segel auf dem Rumpf unter seinen Füßen, er spürte deutlich, daß das Schiff nun mit größerem Ungestüm über die Kämme der Seen ritt. Mit besorg-

tem Blick musterte er die Takelage. Solange die Castilla hinter ihm herjagte, durfte er nicht riskieren, daß dort oben etwas brach. Jones stand neben dem Ruder. Der Wind kam backstags von steuerbord ein, und das kleine Schiff steuerte offenbar ausgezeichnet. Dennoch war es ebenso wichtig, den Rudergänger ständig im Auge zu behalten wie darauf zu achten, daß nicht etwa eines der Marssegel zerriß. Es kostete Hornblower einigen Entschluß, Jones unter diesen Umständen wieder allein an Deck zu lassen und unten seine Mahlzeit zu beenden.

Als bald darauf zum zweitenmal die Meldung kam, daß der Wind nachlasse, da war es Hornblower etwa so zumute wie in jenen seltsamen Augenblicken, da er etwas zum zweitenmal zu erleben glaubte, obwohl es sich bestimmt noch nie ereignet hatte – so ähnlich waren alle äußeren Umstände.

»Mr. Jones läßt melden, der Wind scheine ihm etwas abzuflauen, Sir.«

Hornblower mußte sich dazu zwingen, seine Antwort etwas anders zu formulieren als vorhin.

»Eine Empfehlung an Mr. Jones, ich käme gleich an Deck.«

Ebenso wie zuvor verspürte er, daß das Schiff nicht mehr sein Äußerstes hergab, ebenso wie zuvor wandte er sich nach achtern und richtete sein Glas auf das Marssegel der Castilla, und ebenso wie zuvor ließ er von der Castilla wieder ab, als die Männer auf der Rah mit ihrer Arbeit zu Ende waren und wieder einlegten. Von diesem Augenblick an nahmen jedoch die Ereignisse einen ganz anderen, unvorhergesehenen Verlauf, weil urplötzlich eine jener verzweifelten Notlagen eintrat, die auf See immer dicht hinter dem Horizont der Zukunft lauern.

Die Aufregung war dem Fürsten offenbar vollends zu Kopf gestiegen. Hornblower mußte mit ansehen, wie der Junge freihändig auf der Backbordnock der Marsrah stand und, nicht genug damit, er hüpfte sogar mit ein paar unbeholfenen Tanzschritten darauf herum, wobei er die eine Hand in die Hüfte stemmte, die andere über seinen Kopf schwang. Das närrische Kunststück hatte offensichtlich den Zweck, Smiley, der sich auf der Steuerbordnock befand, zur Nachahmung aufzustacheln. Hornblower war im Begriff, ihn wegen seines

Leichtsinns kräftig zusammenzustauchen, er hatte schon den Mund geöffnet und wollte eben die nötige Luft zum Schreien holen, aber ehe er noch einen Ton herausbrachte, war der junge Fürst ausgeglitten. Hornblower konnte sehen, wie er taumelte und das Gleichgewicht wiederzugewinnen suchte, aber es nützte ihm nichts, er stürzte schwer wie ein Sack von der Rah ins Wasser und überschlug sich dabei sogar einmal ganz. Später stellte Hornblower aus bloßer Wißbegier folgende Überlegung dazu an: Der Fürst fiel aus einer Höhe von etwas über siebzig Fuß. Ließ man den Luftwiderstand ebenso außer Ansatz wie die Tatsache, daß der Junge auf die Wanten aufgeschlagen war, dann hätte er nach etwas über zwei Sekunden im Wasser liegen müssen. Offenbar war der Luftwiderstand aber doch so groß, daß man ihn nicht vernachlässigen durfte – vielleicht hatte sich die Luft unter der Jacke des Jungen gefangen und dadurch seinen Sturz erheblich verlangsamt, jedenfalls kam er nicht dabei um, der Schock des Aufschlags raubte ihm nur für einen kurzen Augenblick das Bewußtsein. Aller Wahrscheinlichkeit nach hatte der Sturz eben nicht nur zwei, sondern gute vier Sekunden gedauert. Hornblower kam auf den Gedanken, sich das auszurechnen, als er später einmal über den Vorfall nachgrübelte, weil er nämlich noch ganz genau wußte, was ihm während dieser vier Sekunden alles durch den Kopf geschossen war.

Seine erste Regung war Zorn gewesen, die zweite Schreck und Besorgnis, dann folgte eine hastige Überprüfung der Lage. Drehte er bei, um den Jungen herauszufischen, dann hatte ihn die Castilla alsbald eingeholt. Segelte er weiter, dann war der Junge verloren. Wenn er sich für Weitersegeln entschied, dann mußte er Collingwood melden, daß er den Großneffen des Königs elend umkommen ließ, ohne zu seiner Rettung einen Finger zu rühren. Er mußte zum Entschluß kommen, jetzt, sofort. Hatte er das Recht, das ganze Schiff aufs Spiel zu setzen, um ein einziges Menschenleben zu retten? Nein, gewiß nicht. Wenn der Junge im Gefecht gefallen wäre, etwa durch eine feindliche Breitseite, die über das Deck fegte, dann hätte es kein Problem gegeben. Aber den armen Kerl einfach im Stich lassen? Dieser Regung folgte

eine ganz andere Idee, oder besser gesagt die ersten Ansätze dazu, auf dem Fuß, sie sproß sozusagen aus dem Samen, der von Cartagena gesät worden war. In diesen vier Sekunden hatte sie natürlich keine Zeit, sich voll zu entwickeln, es schien vielmehr, um im Vergleich zu bleiben, als ob Hornblower bereits nach dieser Idee handelte, als sie ihre ersten grünen Schößlinge aus der Erde trieb, und nicht erst wartete, bis sie ausgereift war. (Vgl. ⑩ Karte S. 155)
Bis der Junge aufs Wasser aufschlug, hatte Hornblower die Rettungsboje von der Heckreling losgerissen und schleuderte sie nach backbord hinaus, sobald der Junge infolge der Fahrt des Schiffes auf seiner Höhe anlangte. Der Ring klatschte denn auch dicht neben ihm ins Wasser. Im gleichen Augenblick löste sich die Luft, mit der Hornblower seine Lungen gefüllt hatte, um den Fürsten zusammenzustauchen, in einer förmlichen Salve durchdringender Kommandos.
»Kreuzbrassen! Kreuzmarssegel back! Jolle zu Wasser!«
Vielleicht – Hornblower konnte das später nicht mehr sicher behaupten – schrie in diesem Augenblick alles wild durcheinander, auf alle Fälle aber wurden seine Befehle mit einer Schnelligkeit befolgt, die nur monatelange Übung erzielen konnte. Die Atropos schoß in den Wind und hatte im Nu ihre Fahrt verloren. Smiley – der Himmel mochte wissen, wie er so schnell von der Großmarsrah an Deck gekommen war – hatte wie der Blitz die Jolle klar und pullte mit vier Mann an den Riemen los, um den Überbordgefallenen aufzufischen. Das winzige Fahrzeug flog wie ein Spielzeug auf und nieder, während es über die mächtigen Roller kletterte. Ehe die Atropos noch richtig beigedreht lag, nahm Hornblower bereits den nächsten Abschnitt seines Plans in Angriff.
»Mr. Horrocks! Signal: ›Feind in Sicht in Luv.‹«
Horrocks stand vor ihm und starrte ihn offenen Mundes an, und Hornblower war schon im Begriff, ihn kräftig anzuschreien, er solle gefälligst tun, was ihm befohlen sei, aber er besann sich im letzten Augenblick eines Besseren. Dieser Horrocks war ausgesprochen langsam von Begriff und konnte beim besten Willen nicht einsehen, welchen Sinn es haben sollte, ein Signal zu setzen, wenn weit und breit kein englisches Schiff zu sehen war. Wenn er ihn jetzt dafür

anschnauzte, dann brachte er ihn nur vollends aus der Fassung, so daß es erst recht nicht vorwärtsging.

»Mr. Horrocks, wollen Sie, bitte, die Güte haben, das Signal: ›Feind in Sicht zu luvward‹ so schnell zu heißen, wie es Ihnen möglich ist. Ich ersuche Sie in aller Form, sich damit zu beeilen.«

Der Signalgast neben Horrocks war glücklicherweise etwas gewitzter – er gehörte natürlich zu der Handvoll Männer an Bord, die lesen und schreiben konnten. Ehe Hornblower noch zu Ende war, hatte er das Flaggenspind aufgerissen und die Flaggen angesteckt. Sein Beispiel riß nun auch Horrocks endlich aus der Erstarrung heraus. Die Flaggen stiegen rasch zur Nock der Großrah und flatterten knatternd im Wind. Hornblower merkte sich diesen Signalgast. Er war so etwas wie Kaufmannslehrling in der City gewesen und seinerzeit in Deptford Hals über Kopf an Bord gekommen, um an Land einem schlimmeren Schicksal zu entgehen. Als Seemann konnte man ihn also bis jetzt nicht gut bezeichnen, dennoch schien er einer Beförderung würdig zu sein.

»Ein zweites Signal, Mr. Horrocks: ›Gegner ist Fregatte, Abstand sieben Meilen, peilt West, steuert Ost.‹«

Begreiflicherweise konnte er nur Signale wählen, die er auch geheißt hätte, wenn wirklich Hilfe in Sicht gewesen wäre – es war immerhin denkbar, daß die Castilla ihre Bedeutung verstand oder wenigstens erriet. Wäre in Lee ein Schiff der eigenen Flotte in Sicht gewesen (Hornblower fiel dabei der Vorschlag ein, den er Collingwood machen wollte), dann hätte er natürlich niemals beigedreht, sondern wäre mit höchster Fahrt weitergelaufen, um die Castilla so nahe wie möglich an den neuen Gegner heranzulocken, aber das konnte der Kommandant der Castilla ja nicht wissen.

»Dieses Signal bleibt vorläufig wehen. Und jetzt heißen Sie: ›Verstanden‹, Mr. Horrocks. Sehr schön. Holen Sie das wieder nieder! Mr. Jones, legen Sie das Schiff mit Steuerbordhalsen an den Wind, gut voll und bei, wenn ich bitten darf.«

Ein weiter in Lee stehendes kampfkräftiges englisches Kriegsschiff würde der Atropos unter allen Umständen befehlen, so rasch wie möglich an die Castilla heranzuschlie-

ßen. Also mußte sich Hornblower so verhalten, wie wenn er diesen Befehl wirklich erhalten hätte. Er fand erst Zeit, wieder nach seinem Glas zu greifen, als sich Jones, den das Nichtverstehen fast ebenso hilflos machte wie Horrocks, endlich an die Aufgabe machte, die Atropos wieder in Fahrt zu bringen. Er hielt wieder nach dem fernen Marssegel Ausschau, das inzwischen schon näher gerückt war. Die Castilla kam jetzt rasch auf. Hatte seine Kriegslist nicht gewirkt? Hornblower fühlte, wie ihm Enttäuschung und Besorgnis die Kehle zuschnürten. Er ließ den Gegner nicht mehr aus den Augen. Plötzlich ging dort eine Veränderung vor sich: Das Viereck des Marssegels wurde schmäler, bis es ein hochgestelltes Rechteck bildete, und neben ihm erschienen zwei weitere gleiche Rechtecke. Im selben Augenblick rief auch der Ausguck aus dem Topp:
»An Deck! Gegner geht an den Wind!«
Es war ja selbstverständlich, daß er das tat – Enttäuschung und Besorgnis waren wie weggeblasen. Wenn der Kommandant einer spanischen Fregatte einmal seinem wohlverteidigten Hafen den Rücken kehrte und die Nase in See steckte, dann saß ihm immer die Angst im Nacken, mußte er doch damit rechnen, daß dicht hinter der Kimm ein britisches Geschwader kreuzte und nur darauf wartete, sich auf ihn zu stürzen. Einer schwachen, kleinen Korvette blieb er natürlich wie ein Jagdhund auf den Fersen; sobald er jedoch sehen mußte, wie diese Korvette signalisierte und dann plötzlich frech auf einen Kurs ging, der unweigerlich zum Zusammenstoß mit ihm, dem Stärkeren, führte, dann gab er sich bestimmt darüber Rechenschaft, wie weit er schon in Lee des sicheren Hafens stand, und malte sich im Geiste aus, daß der Gegner knapp jenseits seines Gesichtsfeldes schon alle Segel setzte, um ihn von seinem Stützpunkt abzuschneiden. War es ein Wunder, wenn er angesichts solcher schlimmen Möglichkeiten keine Meile und keine Minute mehr verschenkte, sondern sofort in den Schutz der heimatlichen Küste zurückstrebte? Als die Atropos beigedreht war, hatte der Spanier noch zwei Minuten lang unentschieden geschwankt; erst daß sie ihm kühn entgegenlief, hatte seinen Entschluß, kehrtzumachen, zur Reife gebracht. Wäre er nur noch kurze Zeit

weitergelaufen, dann hätte er die auf den Seen tanzende Jolle gesichtet und sofort erraten, was die Atropos in Wirklichkeit trieb. So aber war auf alle Fälle Zeit gewonnen, der Spanier lag jetzt hart am Wind und strebte auf der Flucht vor einem nichtexistenten Gegner dem sicheren Hafen zu.
»Topp! Was sehen Sie von der Jolle?«
»Sie pullt noch, Sir – genau gegen den Wind.«
»Sehen Sie etwas von Mr. Fürst?«
»Nein, Sir, nichts zu erkennen.«
Bei diesem steilen Seegang war ein Mensch, der im Wasser trieb, wohl kaum mehr zu sehen, auch vom Topp aus nicht.
»Mr. Jones, bitte, gehen Sie über Stag.«
Es war das beste, die Atropos möglichst recht in Lee des Bootes zu halten, so daß dieses nach erfüllter Aufgabe vor dem Wind an Bord zurückpullen konnte. Die Castilla wurde aus diesem Manöver bestimmt nicht klug.
»An Deck! Das Boot hat zu pullen aufgehört, Sir. Ich glaube, jetzt fischen Sie Mr. Fürst aus dem Wasser.«
Gott sei Dank. Hornblower wurde sich erst jetzt bewußt, wie schlimm diese letzten zehn Minuten gewesen waren.
»An Deck! Jawohl, Sir, sie winken mit einem Hemd. Das Boot kommt zurück.«
»Mr. Jones, bitte, drehen Sie bei. Doktor Eisenbeiß, bereiten Sie alles vor, für den Fall, daß Mr. Fürst ärztliche Hilfe braucht.«
Das Mittelmeer war in diesen Sommermonaten angenehm warm, es war also kaum anzunehmen, daß sich der Junge etwas weggeholt hatte. Die Jolle kam über die Wogenberge herangetanzt und fand zuletzt ein wenig Schutz in Lee der Atropos, die auf Backbordbug beigedreht in der See lag. Im nächsten Augenblick tauchte Seine Durchlaucht über der Reling auf, er war wohl naß und zerzaust, aber sonst anscheinend völlig heil. Als er die Blicke der ganzen Decksmannschaft auf sich gerichtet sah, setzte er ein Lächeln auf, das sich aus Einfalt und Trotz zusammensetzte. Eisenbeiß kam eifrig herbei und redete zuerst deutsch auf ihn ein, dann erst wandte er sich an Hornblower.
»Ich habe ein heißes Laken für ihn bereit, Sir.«

Jetzt riß sogar dem gleichmütigen Hornblower die Geduld. »Ein heißes Laken! Ich weiß etwas, das ihn viel rascher aufwärmt. Bootsmaat der Wache! Gehen Sie zum Bootsmann und bestellen Sie ihm von mir, er möge Ihnen für ein paar Minuten seinen Stock überlassen. Wenn Sie gut beraten sind, Herr Doktor, dann halten Sie jetzt den Mund! Haben Sie verstanden? So, junger Mann...«

Humanitätsapostel hatten viel gegen die körperliche Züchtigung einzuwenden, aber sie wiesen dabei immer nur auf den Schaden hin, den so ein bestrafter Sünder nehmen konnte, und vergaßen darüber ganz, daß andere in einer solchen Strafe eine gerechte Sühne erblickten. Außerdem war das doch eine prächtige Gelegenheit für den Sprößling aus königlichem Blut, einmal zu zeigen, wieviel er sich schon von der unerschütterlichen Haltung des echten Briten zu eigen gemacht hatte. Sollte er beweisen, daß er es fertigbrachte, das Geheul zu unterdrücken, das ein wohlgezielter Stockhieb seinem Opfer zu entlocken pflegte, daß er hinterher straff und aufrecht stand und ging, statt seine unguten Gefühle durch Herumhüpfen zu verraten und fortwährend sein schmerzendes fürstliches Hinterteil zu reiben, und daß er es verstand, der aufsteigenden Tränen männlich Herr zu werden! Und doch – ob gerechte Sühne oder nicht – der Junge tat Hornblower nachträglich ein bißchen leid.

20 KAPERUNG DER CASTILLA

Es sprach alles dafür, die Castilla wenigstens noch eine Weile länger unter Beobachtung zu halten, während sich andererseits so gut wie nichts dagegen einwenden ließ. Die Verfolgung, die hinter ihnen lag, hatte gezeigt, daß die Atropos sogar unter gerefften Marssegeln noch die Schnellere war, so daß man sich darauf verlassen konnte, daß bei weniger Wind der Vorteil erst recht auf ihrer Seite lag. Die Castilla befand sich zur Zeit volle dreißig Meilen leewärts ihres Hafens Cartagena, da war es von Nutzen zu wissen – und

Collingwood legte bestimmt Wert darauf, es zu erfahren –, ob sie die Absicht hatte, Schlag für Schlag dorthin zurückzukreuzen, oder ob sie es vorzog, einen anderen Hafen anzusteuern, der leichter zu erreichen war. Hart am Wind konnte sie Alicante im Norden oder vielleicht Almería im Süden anliegen, im Augenblick lag sie mit Steuerbordhalsen am Wind, steuerte also südlichen Kurs. Man mußte aber auch die Möglichkeit in Rechnung stellen, daß sie vielleicht noch gar nicht die Absicht hatte, sogleich nach Spanien zurückzukehren, sondern daß ihr Kommandant beschloß, noch eine Weile im Mittelmeer zu kreuzen, weil er diese oder jene Prise aufzubringen hoffte. Zum Beispiel konnte er seinen augenblicklichen Schlag mit Leichtigkeit bis hinüber an die Berberküste ausdehnen und dort ein paar Lebensmittelschiffe kapern, die mit Getreide und Vieh für die Flotte unterwegs waren.

Hornblower hatte Befehl, in den sizilianischen Gewässern zu Collingwood zu stoßen, vorher aber die Lage in Málaga und Cartagena zu erkunden. Er hatte keine dringenden Depeschen an Bord, und seine Atropos hätte für die Flotte, weiß Gott, keinen wichtigen Zuwachs an Kampfkraft bedeutet. Auf der anderen Seite war es die Pflicht jedes englischen Kommandanten, der auf freier See Fühlung mit einem feindlichen Schiff gewonnen hatte, dem Gegner so lange wie irgend möglich auf den Fersen zu bleiben. Die Atropos durfte nicht hoffen, der Castilla im Gefecht einen Erfolg abzuringen, aber sie konnte sie unter ständiger Beobachtung halten, sie konnte die Handelsschiffahrt vor der drohenden Gefahr warnen und bei einigem Glück vielleicht sogar ein größeres britisches Kriegsschiff – diesmal kein erfundenes, sondern ein wirkliches –, das ihr der Zufall in den Weg führte, an den Gegner heranbringen.

»Mr. Jones«, sagte Hornblower, »legen Sie das Schiff wieder mit Steuerbordhalsen an den Wind, voll und bei, wenn ich bitten darf.«

»Aye, aye, Sir.«

Dieser Tausch der Rollen, der aus dem Verfolgten plötzlich den Verfolger machte, war für den guten Jones, wie seine Überraschung zeigte, nicht ohne weiteres begreiflich, ein

Beweis mehr, daß ihm strategisches Denken ein Buch mit sieben Siegeln war. Aber jetzt ließ ihm die Ausführung des erhaltenen Befehls zum Überlegen keine Zeit, bis die Atropos richtig am Winde lag und weit in Lee der Castilla etwa parallel mit ihr nach Süden steuerte. Hornblower richtete sein Glas auf ihre Marssegel, die eben noch über der Kimm zu sehen waren, er prägte sich genau ein, welche Form sie im Augenblick zeigten, schon die kleinste Änderung im Verhältnis von Länge zu Breite würde ja eine Kursänderung des Gegners verraten.

»Topp!« rief er nach oben. »Halten Sie das feindliche Schiff ständig im Auge. Melden Sie jede Änderung, die Sie beobachten.«

»Aye, aye, Sir.«

Die Atropos glich jetzt einem Terrier, der kläffend einem Stier nachjagt und ihn ins Hinterteil zu beißen sucht. Das war keine großartige Rolle, überdies mußte man jeden Augenblick gewärtigen, daß der Stier kehrtmachte und seinerseits zum Angriff überging. Wahrscheinlich kam der Kommandant der Castilla früher oder später dahinter, daß ihn die Atropos mit ihren Signalen hereingelegt hatte, weil deren Empfänger hinter der Kimm in Wirklichkeit gar nicht existierte. Nun war aber schlechterdings nicht zu erraten, was der Mann unternahm, wenn er erst zur Überzeugung kam, daß ihm die Atropos wirklich allein gegenüberstand. Unterdessen flaute der Wind immer mehr ab, die Atropos konnte also mehr Segel setzen. Beim Kreuzen benahm sie sich am allerbesten, wenn sie so viel Segel führte, wie sie irgend tragen konnte, außerdem war es das richtigste, wenn er sich so dicht am Gegner hielt, wie ihm der Wind erlaubte.

»Mr. Jones, bitte, versuchen Sie das Großsegel zu setzen.«

»Aye, aye, Sir.«

Das Großsegel war ein riesiger Lappen, und die kleine Atropos schien unter seinem gewaltigen Druck geradezu Flügel zu bekommen, als die Schot belegt und der Hals mit der Muskelkraft einer halben Wache nach vorn steifgesetzt worden war. Nun schnob sie in den letzten Stunden dieses schönen Sommertages tapfer gegen an, der Wind legte sie hart auf die Seite, ihr Steuerbordbug zerschlug die andrin-

genden Seen eine um die andere zu riesigen Fahnen von Gischt, deren Schleier über die sinkende Sonne zogen und ihre Glut in ein wahres Feuerwerk flüchtiger Regenbogen verwandelten. Das Kielwasser bildete eine kochende Spur, die sich leuchtend weiß von dem südlichen Blau des Meeres abhob. In solchen Augenblicken war es eine Lust zu leben, was gab es Schöneres, als ein gutes Schiff bei frischer Brise hart gegenan zu segeln und dabei das große Abenteuer in greifbarer Nähe zu wissen? Zur See Krieg zu führen, war in der Regel eine unglaublich eintönige Beschäftigung, Tag um Tag, Nacht um Nacht, Wache um Wache galt es nur Langeweile und Härte des Daseins zu ertragen, aber dann kam immer wieder einmal eine Stunde jubelnden Überschwangs wie diese, so wie sich ein andermal vielleicht Momente dumpfer Verzweiflung, bebender Angst oder brennender Scham einstellten.
»Sie können die Freiwache wegtreten lassen, Mr. Jones.«
»Aye, aye, Sir.«
Hornblower sah sich an Deck um. Still bekam jetzt die Wache.
»Rufen Sie mich sofort, wenn eine Änderung eintritt, Mr. Still. Ich möchte noch mehr Segel setzen, wenn der Wind weiter abflaut.«
»Aye, aye, Sir.«
Die Hochstimmung war nur zu schnell wieder verflogen. Er war seit Morgengrauen den ganzen Tag auf den Beinen gewesen, jetzt schmerzten ihn die Füße, und diese Schmerzen wurden bestimmt um so ärger, je länger er noch an Deck herumstand. Unten lagen die beiden Bücher, die er in Gibraltar um eine sauer ersparte Guinee gekauft hatte: ›Lord Hodges' Untersuchungen über die augenblickliche politische Lage in Italien‹ und Barbers ›Neue Methoden der Längenbestimmung mit einigen Erläuterungen zu den auf modernen Seekarten festgestellten Unstimmigkeiten‹. Über beide Themen wollte er sich unterrichten, und es schien ihm besser, das jetzt zu tun, als weiter an Deck zu bleiben und von Stunde zu Stunde müder zu werden.
Bei Sonnenuntergang kam er wieder nach oben. Die Castilla hielt immer noch den gleichen Kurs, die Atropos holte in

der Kursrichtung ganz langsam auf. Er musterte jene fernen Marssegel durch sein Glas, er las von der Schiefertafel das Etmal des Tages ab und wartete, bis das Log wieder eingeholt war. Hätte die Castilla die Absicht gehabt, nach Cartagena zurückzukreuzen, dann wäre sie wohl schon über Stag gegangen. So hatte sie einen sehr langen Schlag nach Süden gemacht, und jedes Ausschießen des Windes nach Norden – wie es um diese Jahreszeit fast die Regel war – hätte einen großen Teil des dadurch erzielten Vorteils wieder zunichte gemacht. Wenn sie bis zum Anbruch der Dunkelheit nicht mehr über Stag ging, dann konnte man daraus mit ziemlicher Sicherheit schließen, daß sie etwas anderes im Schilde führte. Er wartete ab, bis die letzten Spuren des Sonnenuntergangs vom westlichen Himmel verschwunden waren und die ersten Sterne erschienen. Seine Augen schmerzten ihn vom angestrengten Starren durch den Kieker, aber die Castilla war endgültig in der Dunkelheit verschwunden. Als er sie zum letzten Male gesehen hatte, lag sie immer noch auf südlichem Kurs. Um so wichtiger war es, Fühlung mit ihr zu halten.
Acht Glasen nahte heran, die Abendwache wurde an Deck gepfiffen.
»Ich möchte das Großsegel geborgen haben, Mr. Turner«, sagte er.
Beim schwachen Schein der Kompaßlampe schrieb er seine Nachtbefehle: Das Schiff solle hart am Wind mit Steuerbordhalsen weitersteuern, er sei zu wecken, wenn der Wind um mehr als zwei Strich drehe, auf jeden Fall jedoch kurz vor Mondaufgang. Die düstere kleine Kajüte mit ihren dunklen Ecken, die die kümmerliche Lampe unbeleuchtet ließ, kam ihm vor wie der Schlupfwinkel eines Raubtiers. Er legte sich angezogen auf seine Koje und versuchte, sein müdes Gehirn endlich einmal von dem ewigen Rätselraten über die Absichten der Castilla zu befreien. Er hatte Segel gekürzt, weil sie das gleichfalls getan haben mochte. Unterließ sie es, dann blieb er ihr dennoch nahe genug, um sie bei Tage wieder einholen zu können. Unternahm sie etwas anderes, wendete sie zum Beispiel oder halste sie, dann mußte er gleich am Morgen so handeln, wie es ihm am richtigsten schien, um sie

wiederzufinden. Über solchen Gedanken fielen ihm zuletzt vor Müdigkeit die Augen zu; er schlug sie erst wieder auf, als ihm gemeldet wurde, daß die Mittelwache geweckt sei. Der abflauende Westwind hatte eine dünne Wolkendecke mitgebracht, hinter der die Sterne verschwunden waren und die der schmalen Sichel des abnehmenden Mondes fast alle Helligkeit nahm. Die Atropos lag immer noch hart am Wind, aber sie koste in der leichten Brise nur noch mit den Wellen, denen ihr Bug begegnete, und begrüßte sie mit der Grazie einer Tänzerin, die ihrem Liebhaber in kokettem Spiel die Hand zum Kusse reicht. Und die dunklen Gewässer in der Runde paßten sich ganz dieser Stimmung an und plätscherten höfliche Konversation dazu. Die Schrecken des Krieges schienen unendlich fern gerückt, müßig verrannen die Minuten in der wohligen Wärme der Sommernacht.
»An Deck!« Der Ausguck im Topp zerriß mit seinem Ruf die Stille: »Ich glaube, ich sehe etwas, Sir. Steuerbord voraus.«
»Entern Sie mit dem Nachtglas auf, junger Mann«, sagte Turner zu dem Steuermannsmaat an seiner Seite.
Eine Minute, zwei Minuten vergingen.
»Jawohl, Sir«, hörte man die neue Stimme aus dem Topp. »Die Umrisse eines Schiffes, drei – nein vier Meilen voraus, etwas an Steuerbord.«
Die Nachtgläser wanderten in die angegebene Richtung.
»Nicht ausgeschlossen«, meinte Turner.
Ja, da war ein winziger Fleck, um weniges dunkler als die nächtliche Kimm. Mehr konnte Hornblower durch sein Nachtglas nicht wahrnehmen. Er beobachtete die Stelle mit größter Sorgfalt weiter. Sie schien allmählich auszuwandern.
»Genauer steuern!« knurrte er den Rudergänger an.
Eine Weile zweifelte er, ob der dunkle Fleck dort wirklich existierte, oder ob das Auge nur zu sehen glaubte, was ihm die Phantasie vorgaukelte – kam es doch zuweilen vor, daß sich eine ganze Schiffsbesatzung einbildete, ein bestimmtes Objekt zu erkennen, wenn nur einer dem anderen einredete, daß es vorhanden war. Nein, hier war von einer Sinnestäuschung bestimmt keine Rede, der schwarze Schatten zog un-

verkennbar vor dem Bug der Atropos vorbei, es sah nicht nur so aus, weil etwa das eigene Schiff durch schlechtes Steuern gegiert hätte, dazu wanderte er viel zu rasch und gleichmäßig aus. Das mußte die Castilla sein. Offenbar hatte sie um Mitternacht abgehalten und kam nun mit raumem Wind herangerauscht, um sich überraschend auf ihr Opfer zu stürzen. Hätte er am Abend nicht Segel gekürzt, dann wäre sie genau mit ihm zusammengetroffen. Die spanischen Ausguckposten waren augenscheinlich nicht auf der Höhe, denn sie behielt ihren Kurs auch jetzt noch unentwegt bei.
»Drehen Sie bei, Mr. Turner«, sagte er und begab sich nach Backbord, um die Castilla weiter im Auge zu behalten, während die Atropos in den Wind drehte. Die Castilla hatte den Vorteil ihrer Luvstellung schon beinahe eingebüßt, in wenigen Minuten war er ganz verloren. Die langsam ziehenden Wolken begannen sich zu teilen, eine dünne Stelle ließ den ersten schwachen Schimmer durch, dann wurde es noch einmal dunkel, und endlich schien der Mond hell durch eine Lücke. Ja, das war ein Schiff, das war die Castilla, sie stand bereits weit in Lee.
»An Deck! Ich sehe das Schiff deutlich, an Backbord achtern, Sir. Jetzt halst es.«
So war es. Die Segel der Castilla leuchteten sekundenlang hell im Mondlicht, als sie herumschwang. Ihr Versuch, den Gegner zu überraschen, war mißlungen, jetzt verfolgte sie offenbar einen neuen Plan.
»Gehen Sie mit Backbordhalsen an den Wind, Mr. Turner.« Bei diesem Wetter konnte die kleine Atropos mit jeder schweren Fregatte Katze und Maus spielen. Sie drehte wie befohlen an den Wind und zeigte dem Verfolger wiederum ihr Heck.
»Topp! Welche Segel führt der Gegner?«
»Setzt soeben die Royals, Sir. Alle Rahsegel und Royals.«
»Pfeifen Sie: Alle Mann, Mr. Turner. Alle Segel setzen.«
Der Wind war immer noch stark genug, um die Atropos überzulegen und wie einen Renner voranzutreiben, als sie die Untersegel und Royals gesetzt hatte. Hornblower blickte nach achtern, wo sich die Marssegel und Royals der Castilla unter dem Mond scharf gegen den Himmel abhoben. Bald

schon konnte er feststellen, daß die Atropos rasch weglief. Er dachte schon daran, die Segel wieder zu kürzen, aber der Entschluß dazu wurde ihm erspart. Die Schatten der Segel rückten plötzlich zusammen.
»An Deck!« rief es im nächsten Augenblick aus dem Topp. »Gegner fällt ab, Sir.«
»Gut! Mr. Turner, bitte halsen. Nehmen Sie die Castilla recht voraus, und machen Sie die Fock wieder fest.«
Der Terrier war dem Angriff des Stiers ausgewichen und schnappte nun wieder nach seinen Hinterbeinen. Es war nicht schwer, der Castilla für den Rest der Nacht zu folgen, man mußte nur scharfen Ausguck halten, wenn sich der Mond verhüllte, damit ihr nicht eine ähnliche List gelang wie zuvor der Atropos. Als es voraus zu dämmern begann, standen die Marssegel und Royals der Castilla tintenschwarz vor der Kimm, später schimmerten sie elfenbeinweiß in der Bläue von Himmel und See. Hornblower konnte sich gut vorstellen, daß der spanische Kommandant vor Wut außer sich geriet, wenn er den hartnäckigen Verfolger hinter sich entdeckte, der sich ungestraft so frech an seine Fersen heften durfte. Der Abstand der beiden Schiffe betrug etwa sieben Seemeilen, aber für die schweren Achtzehnpfünder der Castilla hätten es ebensogut siebzig sein können. Dazu kam als weiterer und wirksamster Schutz der unsichtbare Wind, der von der Atropos zur Castilla hinwehte und ihr vor deren Angriff Deckung bot wie jener geheimnisvolle gläserne Schild, an dem, wie es in einer italienischen Erzählung heißt, das Schwert des angreifenden Helden abglitt. Hier, sieben Meilen zu luvwart, war die Atropos in der Tat so unverletzlich und dabei so sichtbar wie der morgenländische Magier der Sage.
Hornblower begann wieder seine Müdigkeit zu spüren. Er war seit Mitternacht auf den Beinen und hatte vorher noch nicht einmal vier Stunden Ruhe gehabt. Jetzt sehnte er sich brennend danach, seine müden Beine auszustrecken und seine schmerzenden Augen für eine Weile schließen zu dürfen. Die Hängematten der Besatzung waren schon verstaut und das Deck gewaschen, es galt zur Zeit nur, mit der Castilla Fühlung zu halten; aber da eben doch jeder Augenblick eine

rasche Entscheidung verlangen konnte, wagte er es nicht, unter Deck zu gehen. Eigentlich war es seltsam, daß die Lage jetzt mehr überraschende Möglichkeiten in sich barg, obwohl er sicher in Luv stand, als gestern, da er sich in Lee des Gegners befand; dennoch war nicht daran zu zweifeln, daß es sich so verhielt. Die Castilla konnte jeden Augenblick unversehens an den Wind drehen, vor allem aber jagten die Schiffe immer tiefer ins Mittelmeer hinein, hinter dessen Horizonten viele Überraschungen lauern konnten.

»Ich möchte eine Matratze hier an Deck haben«, sagte Hornblower. Man brachte sie ihm herauf, sie wurde achtern neben den Luvspeigatten an die Reling gelegt. Im Liegen lösten sich endlich seine schmerzenden Gelenke, er ließ den Kopf auf sein Kissen sinken und schloß die Augen. Das Auf und Ab des Schiffes wiegte ihn in Schlaf, und das Rauschen der See unter dem Heck der Atropos tat das übrige dazu. Licht und Schatten spielten über sein Gesicht, wie sich Segel und Riggen im Sonnenschein wiegten, er aber schlief, er konnte schwer und traumlos schlafen, während die beiden Schiffe ostwärts durchs Mittelmeer glitten, während die neue Wache den Dienst antrat, während das Log ausgeworfen wurde, ja, sogar während die Männer die Rahen trimmten, als der mit der Sonne umlaufende Wind ein wenig nach Norden holte.

Es war Nachmittag, als er erwachte. Er rasierte sich an Deck mit Hilfe eines in die Finknetzen gesteckten Spiegels, nahm sein Bad unter der Deckwaschpumpe und zog das frische Hemd an, das man ihm auf sein Geheiß aus der Kajüte brachte. Dann aß er ein Stück kalten Braten und den Rest des herrlichen, frischen Brotes, das in Gibraltar an Bord gekommen war – reichlich alt und trocken war es jetzt schon, aber immer noch unendlich viel besser als Hartbrot. Die frische Butter von ebendort, in einem irdenen Gefäß gekühlt, schmeckte ganz köstlich dazu. Es schlug eben sieben Glasen, als er den letzten Bissen hinunterschluckte.

»An Deck! Gegner ändert Kurs!«

Wie der Blitz war er auf den Beinen, sein Teller rutschte in den Wassergang, die Hand griff automatisch nach dem Kieker. Es stimmte. Die Castilla hatte etwas nördlich gedreht und segelte jetzt mit halbem Wind. Das war nicht

überraschend, sie hatten sich inzwischen schon zweihundert Seemeilen von Cartagena entfernt, und wenn die Castilla nicht die Absicht hatte, weiter ins Mittelmeer hinein und leewärts von allen spanischen Stützpunkten vorzustoßen, dann wurde es höchste Zeit für sie, nördlich zu steuern, um noch Menorca zu erreichen. Er wollte ihr auch dorthin folgen, der Terrier gab die Jagd auf den Stier nicht auf und hatte durchaus die Absicht, ihm zum Abschluß noch einmal richtig an die Beine zu fahren, ehe er Port Mahon erreichte. Im übrigen brauchte die Kursänderung der Castilla keineswegs nur ihre Flucht nach Menorca zu bedeuten. Sie befanden sich nämlich zur Zeit genau auf dem Kurs der Geleitzüge, die von Sizilien und Malta westwärts nach Gibraltar kreuzten.
»Backbord, Mr. Still, bitte. Wir wollen parallelen Kurs steuern.«
Es war das einzig Richtige, so weit in Luv der Castilla zu bleiben wie irgend möglich. Das körperliche Wohlbefinden, dessen sich Hornblower noch vor fünf Minuten erfreute, war einer Erregung gewichen, die er wie ein leises Prickeln unter der Haut verspürte. Man konnte zehn zu eins wetten, daß die Kursänderung der Castilla nichts Besonderes besagte, aber die Möglichkeit dieses einen Zehntels bestand eben doch. Acht Glasen, die Wache wurde gemustert.
»An Deck! Vor dem Gegner Segel in Sicht, Sir!«
Das war also die Ursache des Manövers.
»Hoch mit Ihnen, Mr. Smiley! Sie können mit aufentern, Mr. Fürst.«
Seine Durchlaucht sollte wissen, daß in der Navy jeder Fall mit der Bestrafung des Schuldigen erledigt war, weil man sich darauf verließ, daß niemand eine einmal begangene Dummheit zu wiederholen wagte. Man durfte diese kleinen Dinge nicht außer acht lassen, auch wenn man seit der letzten Meldung des Ausgucks vor Aufregung fieberte. Wenn nur schon feststünde, was es mit diesem geheimnisvollen Segel auf sich hatte, das von Deck aus immer noch nicht zu sehen war. Aber es bestand die Hoffnung, daß es einem britischen Kriegsschiff gehörte, das der Castilla den Weg verlegte.
»Zwei Segel, drei Segel, das könnte ein Geleitzug sein, Sir. Er steht genau in Lee.«

Andere Geleitzüge als englische gab es nicht, und zu jedem solchen Geleitzug gehörte ein englisches Kriegsschiff, das nun die Castilla von der anderen Seite her packen konnte.
»Abfallen! Kurs auf das feindliche Schiff. Alle Mann, bitte, Mr. Still, Klarschiff zum Gefecht.«
Während der ganzen langen Jagd hatte er die Atropos noch nicht gefechtsklar machen lassen, weil er entschlossen war, einen Zusammenstoß mit der weit überlegenen Castilla unter allen Umständen zu vermeiden. Jetzt sehnte er diesen Zusammenstoß plötzlich herbei – zugleich aber beschlichen ihn schon wieder jene bangen Zweifel, die ihm die Schamröte über die eigene Jämmerlichkeit ins Gesicht trieben, zumal er jetzt hörte, wie die Männer beim Ertönen des Klarschiffsignals in ein fröhliches Hurra ausbrachen. Auch bei der Freiwache sah er erwartungsvolles Grinsen und jungenhafte Freude am Abenteuer, als sie eilends an Deck erschien, um ihre Stationen zu beziehen. Mr. Jones kam mit raschen Schritten an Deck und knöpfte dabei noch seinen Rock zu; offenbar hatte er seine Freiwache zu einem erholsamen Schlummer benutzt. An Jones fiel das Kommando über die Atropos, wenn ihm im Gefecht etwas zustieß, sei es, daß ihm ein Bein zerschmettert wurde oder daß ihn ein Volltreffer ganz in blutige Fetzen zerriß. Zu denken, daß Jones unter Umständen sein Nachfolger wurde, machte ihm seltsamerweise ebensosehr zu schaffen wie alle anderen quälenden Vorstellungen. Dennoch war es nötig, daß er Jones sofort genau über die Lage orientierte und ihm sagte, was zu tun war. Er erfüllte diese Aufgabe in drei scharf pointierten Sätzen.
»Ich bin im Bilde, Sir«, sagte Jones und zupfte wie immer an seinem endlos langen Kinn. Hornblower war keineswegs davon überzeugt, daß Jones wirklich so genau im Bilde war, aber er hatte in diesem Augenblick keine Zeit mehr für ihn übrig.
»Topp! Was macht der Konvoi?«
»Ein Schiff hat gewendet, Sir, es hält jetzt auf uns zu.«
»Können Sie dieses Schiff ansprechen?«
»Man könnte es für ein Kriegsschiff halten, Sir, ich sehe aber nur die Royals, Sir.«

»Mr. Horrocks, setzen Sie Erkennungssignal – Anruf und unsere Nummer.«
Wenn das Schiff auf die Castilla zuhielt, dann war es bestimmt ein Kriegsschiff, nämlich die Geleitfregatte des Konvois. Hornblower konnte nur hoffen, daß sie zu den größeren Schiffen dieser Klasse gehörte, die der mächtigen Castilla wenigstens annähernd gewachsen war. Aber er kannte ja die meisten Fregatten Collingwoods – den Sirius, die Najade, die Hermione – sie waren alle nur mit zweiunddreißig Zwölfpfündern bestückt und hatten darum gegen die vierundvierzig Achtzehnpfünder der Castilla wenig zu bestellen, es sei denn, daß die Castilla im Gefecht nichts taugte oder daß er selbst noch zu dem Treffen zurechtkam und mit eingreifen konnte. Er starrte angestrengt durch seinen Kieker, aber das britische Schiff war von Deck aus noch nicht zu sehen, und die Castilla rauschte ihm nach wie vor mit achterlichem Wind entgegen. Die Vorbereitungen zu Klarschiff waren beinahe beendet, eben wurden die Zurrings von den Geschützen genommen.
»Signal, Sir!«
Horrocks stand mit dem Signalbuch klar, als der Mann im Topp die Flaggen ausrief.
»Erkennungssignal richtig beantwortet, Sir. Nach der Unterscheidungsnummer ist es die Nightingale, achtundzwanzig Geschütze, Kapitän Ford, Sir.«
Also eine der kleinsten englischen Fregatten überhaupt, eine, die an Oberdeck nur Neunpfünder führte. Wenn nur Ford so vernünftig war, sich mit der Castilla nicht auf ein Nahgefecht einzulassen! Er mußte sie so lange ausmanövrieren und in Atem halten, bis die Atropos zur Stelle war. Dann konnte man sie gemeinsam mit ein paar taktischen Finessen in die Enge treiben, bis sich Gelegenheit bot, ihr einige Spieren wegzuschießen und sie dadurch zu lähmen. War das erreicht, dann fiel es nicht mehr schwer, sie der Länge nach mit den Geschützen zu bestreichen und ihren Widerstand weiter zu schwächen, ehe man zum letzten Schlag längsseit ging. Der Kommandant der Castilla bewies durch sein Verhalten, daß er seine Lage vollkommen richtig beurteilte. Er stand zwischen zwei Gegnern und konnte daher dem Kampf nicht aus dem

Wege gehen, wenn er ihm aufgezwungen wurde; darum stürzte er sich jetzt sofort mit höchster Fahrt auf denjenigen von den beiden, den er am raschesten erreichen konnte. Noch führte er alle Segel, damit es auf jeden Fall zum Zusammenstoß kam, ehe die Atropos sich einmischen konnte. So hatte er alle Aussicht, die Nightingale in Stücke zu schießen und dann die Atropos aufs Korn zu nehmen. Wenn ihm das gelang – es war nicht auszudenken –, dann stand die Atropos, stand er, Hornblower, vor der furchtbaren Entscheidung, ob er den Kampf annehmen sollte oder nicht.
»Schiff ist klar zum Gefecht«, meldete Jones.
»Danke sehr.«
Jetzt entdeckte er die Nightingale mit dem Glas, ein winziges Segel, hinter der Castilla. Während er sie beobachtete, erschienen die Bramsegel unter den Royals, dann waren die Royals plötzlich verschwunden, die Nightingale kürzte also ihre Segel auf die vorgeschriebene Gefechtsbesegelung. Hornblower hatte einiges über Ford gehört, er galt als guter Kommandant und eiserner Draufgänger, wollte Gott, daß er auch die nötige Umsicht besaß. Nach der Rangliste war Ford bedeutend älter als er, darum konnte ihm Hornblower unmöglich befehlen, sich noch eine Weile vom Gegner fernzuhalten. Die Castilla hielt immer noch unter vollen Segeln auf die Nightingale zu.
»Signal, Sir, Nummer 72: Ran an den Feind!«
»Verstanden zeigen.«
Hornblower fühlte, daß Jones und Turner ihn verstohlen ansahen. Das Signal konnte einen versteckten Tadel enthalten, es mochte ihm sagen, daß er nicht alles daransetzte, ins Gefecht zu kommen. Anders verstanden bedeutete es vielleicht nur, daß der Kampf unmittelbar bevorstand. Jetzt waren auch die Marssegel der Nightingale schon über der Kimm, sie lag hart am Wind und gab sich alle Mühe, so rasch wie möglich an die Castilla heranzukommen. Wenn Ford nur noch für eine halbe Stunde abhalten wollte – die Atropos lief ja der Castilla stetig auf. Aber nein, er hatte es so eilig, daß der Zusammenstoß stattfinden mußte, ehe die Atropos zur Stelle war. Damit spielte er dem Kommandanten der Castilla geradezu in die Hände. Jetzt geite die Castilla ihre Untersegel

auf, jetzt verschwanden ihre Royals, auch sie war nun für das Treffen gerüstet. Die beiden Schiffe strebten aufeinander zu, ihre Segel leuchteten weiß auf der blauen See und unter dem blauen Himmel. Für Hornblower, der das Glas keine Sekunde mehr vom Auge ließ, standen sie gerade in Linie zueinander, so daß er schwer schätzen konnte, wie weit sie noch auseinander waren. Jetzt ging etwas vor. Die Nightingale fiel ab und ging vor den Wind, als die Castilla herankam. Die Masten und Spieren der beiden Gegner schoben sich ineinander. Ford mußte noch eine Weile auf Abstand bleiben und versuchen, die Riggen des anderen zu treffen.
Plötzlich wälzten sich dicke Qualmwolken rund um die beiden Schiffe – sie hatten die ersten Breitseiten gewechselt. Es sah aus, als ob sie jetzt schon im Nahkampf lagen – nein, das durfte, das konnte nicht sein. Es war noch immer nicht Zeit, die Untersegel und die Royals festzumachen, je rascher sie herankamen, desto besser war es. Schwer rollte nun der Donner der beiden Breitseiten über das blaue Wasser, der Pulverdampf trieb in einer langgezogenen Wolke nach Lee und gab den Blick auf die kämpfenden Schiffe wieder frei. Aber schon quollen neue Rauchmassen auf, die Geschütze waren wieder geladen worden und schossen, was die Rohre hergaben, aber dabei waren die Masten noch immer ganz dicht nebeneinander – war Ford denn wirklich so verrückt, sich mit seinen Rahen in den Gegner zu verhaken? Wieder der lang hingezogene Donner der Geschütze. Die Schiffe schwangen in der Rauchwolke herum, er sah, wie die den Qualm überragenden Masten ihre Peilung änderten, dennoch war es immer noch unmöglich, Schiff von Schiff zu unterscheiden. Da krachte eine Spier von oben und riß Rahen und Segel mit sich in die Tiefe. Das mußte die Großstenge der Nightingale gewesen sein, so schrecklich es auch war, sich das eingestehen zu müssen.
Es schien eine Ewigkeit zu vergehen, bis die Atropos näher kam. Wieder brodelnder Qualm und rollender Donner der Geschütze. Er konnte nicht glauben, was ihm das Glas als bittere Wahrheit zeigte, sobald er wieder etwas zu erkennen vermochte und nun die Einzelheiten mit der abnehmenden Entfernung immer deutlicher unterschied. Die beiden

Schiffe hingen zweifellos ineinander fest, und das eine, ohne Großstenge, war ebenso gewiß die Nightingale. Sie lag in einem Winkel zur Castilla und berührte sie nur mit dem Bug. Der Wind drehte die beiden Schiffe herum, und zwar so, daß es aussah, als wären sie eins. Die Nightingale hatte sich offenbar mit ihrem Bugspriet oder vielleicht mit ihrem Anker in den Wasserstagen der Castilla verhakt. Jetzt lag sie so, daß alle Geschütze der Castilla trugen und die arme Nightingale mit jeder Breitseite bestrichen, während das Feuer der Nightingale ziemlich wirkungslos bleiben mußte. Ob sie sich noch losreißen konnte? Da stürzte der Fockmast mit allem Geschirr über die Seite, jetzt war es so gut wie ausgeschlossen, daß sie noch freikam. Die Männer an den Geschützen schrien auf, als sie diese Katastrophe sahen.

»Ruhe an Deck! Mr. Jones, bergen Sie die Untersegel.«

Was sollte er tun? Das richtige wäre gewesen, am Bug oder Heck der Castilla vorbeizulaufen und sie der Länge nach zu bestreichen, dann zu wenden und sie nochmals zu bestreichen. Aber es war alles andere als einfach, das Vorschiff der Castilla zu beschießen, ohne dabei die Nightingale zu treffen, es ging auch nicht an, sie am Heck zu passieren, weil er dadurch nach Lee geraten wäre und eine Menge Zeit gebraucht hätte, um wieder ins Gefecht zu kommen. Dazu kam, daß die beiden Schiffe dauernd ihre Lage änderten, was teils durch den Wind, teils durch den Rückstoß der Geschütze verursacht wurde. Gesetzt, er hätte sich in eine einigermaßen brauchbare Schußposition manövriert, und die beiden anderen drehten sich gerade so, daß ihm die Nightingale das Schußfeld wieder verlegte, dann mußte er womöglich erst wieder mühsam Luv gewinnen, ehe er in den Kampf eingreifen konnte. Nein, so etwas durfte er nicht riskieren, das hätte einen schändlichen Eindruck gemacht, und wenn andere Kommandanten davon hörten, dann lag für sie der Gedanke nahe, daß er sich mit Absicht in sicherer Entfernung gehalten habe. Die andere Möglichkeit war die, sein Schiff an die freie Seite der Castilla längsseit zu bringen. Aber die schwachen Verbände der Atropos hielten der wuchtigen Breitseite der Castilla natürlich nicht stand, und die Folge davon war, daß das kleine Schiffchen in wenigen Minuten zum Wrack zusammenge-

schossen war. Und doch, die Nightingale war bereits ein Wrack, was blieb ihm also anderes übrig? Er mußte ihr sofort und ohne Verzug zu Hilfe eilen. Jetzt lag nur noch eine Meile zwischen ihm und den beiden kämpfenden Schiffen, und die Entfernung nahm rasch ab. Aus jahrelanger See-Erfahrung wußte er, wie schnell die letzten Minuten verflogen, wenn Schiffe aufeinander zustrebten.
»Die Backbord-Geschützmannschaften antreten. Vollzählig, vom Geschützführer bis zum letzten Mann. Mr. Jones, rüsten Sie die Leute zum Entern aus, auch die Freiwächter werden bewaffnet, nur die Leute an den Kreuzbrassen bleiben auf Station.«
»Aye, aye, Sir.«
»Piken, Pistolen und Entermesser, Jungs«, sagte Hornblower zu den Männern, die sich um die Waffenkisten drängten. »Mr. Smiley, lassen Sie Ihre Toppsmannschaften vorn beim ersten Geschütz antreten – an Steuerbordseite. Halten Sie sich klar zum Entern.«
Der junge Smiley war von allen noch der schneidigste Draufgänger, er war entschieden besser als der aufgeregte Jones, der törichte Still oder der betagte Turner. Darum war es das gegebene, ihm das Kommando auf dem Vorschiff zu übertragen. Achtern hatte er die Geschehnisse selbst unter den Augen. Dabei fiel ihm ein, daß er immer noch unbewaffnet war. Sein Säbel, der, den er am königlichen Hof getragen hatte, war ein billiges Ding; er vermutete, daß auf seine Klinge kein Verlaß war, aber er hatte eben noch nie genug Geld für einen wirklich guten Säbel besessen. Darum trat er jetzt lieber an die Waffenkiste und suchte sich ein kräftiges Entermesser heraus. Er zog blank, ließ die unnütze Scheide an Deck fallen und schlang den Faustriemen am Heft um sein Handgelenk. Die nackte Klinge wippend, stand er nun kampfbereit in der brennenden Sonne.
Immer näher kamen sie der Castilla, nur eine Kabellänge trennte sie noch von ihrer Bordwand, und die Entfernung schien sogar kleiner, als sie wirklich war.
»Einen Strich steuerbord«, befahl er dem Rudergänger.
»Einen Strich steuerbord«, wiederholte dieser.
Eiserne Disziplin bewirkte, daß sich der Mann am Ruder

keinen Augenblick von seiner Aufgabe ablenken ließ, obwohl sich jetzt die Backbord-Stückpforten der Castilla öffneten, obwohl die Mündungen ihrer Geschütze aus nächster Nähe herüberstarrten, obwohl hinter den Pforten schon die Gesichter der Kanoniere auftauchten, die über die Rohre hinweg ihr Ziel zu fassen suchten. Herrgott, jetzt brach es über sie herein!
»Langsam steuerbord! Vorsichtig heranscheren.«
Wie der Weltuntergang donnerte die Breitseite los und krachte schmetternd in das arme Schiff. Wilde Schreie mengten sich in den Lärm der Einschläge, Staubwolken verdunkelten die Sonne, und Splitter sausten wirbelnd durch die Luft, als die Geschosse sich ihren Weg bahnten. Dann glitt das Schiff in den Nebel von Pulverqualm hinein, der aus den Mündungen der feindlichen Geschütze hervorquoll. Aber jetzt mußte die ganze Aufmerksamkeit dem Manöver gelten.
»Jetzt! Hart backbord! An die Brassen! Kreuzmarssegel back!«
Zwischen den Bordwänden der beiden Schiffe lag nur noch ein schmaler Zwischenraum, der sich jetzt Zoll für Zoll verengte. Es durfte nicht sein, daß sie zu hart zusammenstießen, da sie sonst durch den Rückprall womöglich wieder auseinanderschoren, außerdem kam es darauf an, die Fahrt so abzustoppen, daß die Atropos nicht an der Castilla entlangscheuerte, an ihr hängenblieb und mit dem Heck abschlug. Da die Castilla höher aus dem Wasser ragte, lagen auch ihre Geschützpforten über denen der Atropos, die ihrer schüsselartigen Form wegen keine einspringenden Bordwände besaß und daher mit dem obersten Rand ihrer Reling am Gegner anlag. Hornblower hatte diesen Vorteil sehr wohl mit in Betracht gezogen.
»Steuerbordgeschütze – Feuer!«
Mit höllischem Krachen schlägt die Salve ein, Qualm wirbelt auf, die Karronaden reißen Löcher in die orangerote Bordwand der Castilla. Aber es bleibt keine Zeit, länger dabei zu verweilen. (Vgl. ⑪ Karte S. 155)
»Los! Auf den Feind!«
Mitten im wirbelnden Qualm, durch den die Sonne herabsticht, geht's an der Bordwand der Castilla hinauf. Hornblower

stürmt den anderen voran und schwingt in wilder Kampfbegeisterung sein Entermesser. Wie er über die Verschanzung springen will, starrt ihm eine verzerrte Fratze entgegen. Einer Axt gleich schwingt er seine schwere Waffe und läßt sie auf den Gegner niedersausen, zerrt sie mit einem Ruck wieder frei, haut noch ein zweitesmal in das Gesicht des Unbekannten. Dann stürzt er vorwärts. Da, goldene Streifen, ein hageres, braunes Gesicht mit schwarzem Bärtchen, eine schmale Säbelklinge, die ihm entgegenblitzt, Er schlägt sie zur Seite, führt Hieb auf Hieb, blitzschnell, mit aller Kraft, die in ihm steckt. Die schwache Deckung fliegt beiseite, er schlägt ohne Erbarmen nach. Er stolpert, fällt, rafft sich wieder auf. Die Männer am Ruderrad starren mit runden, entsetzten Augen, dann rennen sie vor dem Rasenden davon. Ein Posten in Uniform mit weißem Riemenzeug hebt die Hände, da taucht aus dem Nichts neben ihm eine Pike auf und durchbohrt ihm die ungedeckte Brust. Das Achterdeck ist vom Feind gesäubert, aber noch ist keine Zeit, Atem zu schöpfen. »Weiter!« schreit er mit heiserer Stimme und stürzt sich in das Gewühl auf dem Großdeck.
Etwas Hartes trifft gegen das Blatt seiner Waffe, sein Arm ist einen Augenblick von dem Schlag wie betäubt – wahrscheinlich war das eine Pistolenkugel. Um den Großmast drängt sich eine ganze Schar von Männern; ehe er noch auf sie eindringen kann, werden sie von der Seite her mit Piken angegriffen und nach allen Richtungen zersprengt. Wieder scheint sich der Feind zum Gegenangriff zu sammeln, Pistolenschüsse peitschen durch die Luft, aber dann hört der Widerstand plötzlich auf. Hornblower starrt in ein paar blutunterlaufene Augen, auf eine englische Uniform – es ist ein englisches Gesicht, das er nicht kennt, ein Fähnrich der Nightingale, der Führer der Entermannschaft, die die Castilla über das Bugspriet der Nightingale hinweg gestürmt hatte. So stand er eine ganze Weile inmitten der Zerstörung und der Toten, langsam verebbte der Rausch des Kampfes, der Schweiß rann ihm in die Augen und blendete ihn. Höchste Zeit, daß er sich zusammenriß, er brauchte sofort einen klaren Kopf. Es galt vor allem, dem Morden ein Ende zu machen, das immer noch im Gange war. Dann war dafür zu

sorgen, daß die Gefangenen entwaffnet und an der Reling zusammengetrieben wurden. Auch Smiley durfte er nicht vergessen; er empfing ein Wort des Dankes und der Anerkennung, als er ihm blutbespritzt und rußverschmiert von vorn entgegenkam. Da stand, immer noch keuchend, der riesige Eisenbeiß, das blutige Entermesser wirkte in seiner Pranke wie ein Spielzeug. Bei seinem Anblick packte Hornblower der Zorn.
»Was machen Sie denn hier, verdammt noch mal? Gehen Sie sofort an Bord zurück und kümmern Sie sich um die Verwundeten! Wer hat Ihnen erlaubt, Ihre ärztlichen Pflichten zu vernachlässigen?« Auch der Fürst wurde noch mit einem flüchtigen Lächeln bedacht, dann aber nahm ein Mann seine Aufmerksamkeit in Anspruch, der mit seinem langen Gesicht und seiner scharfen Nase unwillkürlich an eine Ratte erinnerte.
»Kapitän Hornblower? Mein Name ist Ford.«
Hornblower wollte die gebotene Rechte ergreifen, wurde jedoch gewahr, daß er dazu erst den Faustriemen des Entermessers lösen und die Waffe in die andere Hand nehmen mußte.
»Ende gut, alles gut«, sagte Ford. »Sie sind noch rechtzeitig herangekommen, aber es war allerhöchste Zeit.«
Es hatte keinen Zweck, einem Rangälteren klarmachen zu wollen, was er falsch gemacht hatte. Sie standen auf der Laufbrücke der gekaperten Castilla und schüttelten einander ohne viele Worte die Hände. Dabei wanderten ihre Blicke über die drei Schiffe, die zerschlagen und zerfetzt aneinanderhingen. Weit ab in Lee trieb immer noch ein langgestreckter Schwaden Pulverdampf und verlor sich ganz allmählich im Blau des Himmels und der See.

In der dumpfen Hitze des Morgens läuteten wie alle Tage die Kirchenglocken von Palermo. Ihr Klang hallte über die weite Conca d'Oro, die goldene Muschel, die die kostbare Perle Palermo in ihrer Schale birgt. Hornblower hörte das Geläute, als er mit der Atropos einlief, sein Echo wanderte vom Monte Pellegrino bis Zaffarano, es war wirklich das unangenehmste aller musikalischen Geräusche, die die Menschen vollführten, und ging ihm am meisten von allen auf die Nerven. Er sah ungeduldig nach der Nightingale hinüber. Wann wollte Ford als der Ältere endlich mit dem Salut beginnen, damit das Krachen der Geschütze diesen schmerzenden Lärm übertönte? Wären diese dummen Glocken nicht gewesen, dann hätte er sich als Mitwirkender bei diesem erhebenden Schauspiel vorbehaltlos glücklich gefühlt. Die Nightingale hielt mit ihrer Nottakelage die Spitze, aus ihren Speigatten strömte das klare Wasser von den Pumpen, die sie mit Mühe und Not über Wasser hielten. Ihr folgte die Atropos, deren Bordwand von zahlreichen Treffern durchsiebt und mit rohbehauenen Pfropfen gedichtet war; den Beschluß bildete die ebenso zerfetzte und zerschlagene Castilla mit der stolzen Kriegsflagge Englands über dem Rot und Gold des spanischen Königreichs. Sicherlich wurden sogar die Sizilianer irgendwie von der Dramatik dieser Ankunftsszene gepackt; das Schönste war aber doch, daß auch drei englische Kriegsschiffe im Hafen lagen, die sie beobachten konnten. Dort rissen die Mannschaften gewiß Mund und Augen auf, weil sie begriffen, was sich schon im Äußeren der einlaufenden Schiffe ausdrückte. Sie wußten um den Lärm und die Hitze des Kampfes, um die Leiden der Verwundeten und die herzzerreißende Feierlichkeit der Totenbestattung.
Ganz Palermo legte die Arbeit aus den Händen und hielt Ausschau, als die drei Schiffe ihre Anker fallen ließen, als sie ihre Boote – auch sie waren nur noch zusammengeschossene, in aller Eile wieder geflickte Wracks – zu Wasser brachten und alsbald ein reges Treiben entfalteten. Zu allererst kamen die Verwundeten an Land und ins Lazarett, ein Boot nach

dem anderen voll armer, stöhnender oder in Schmerzen verstummter Menschen. Ihnen folgten die Gefangenen – auch sie boten einen tragischen Anblick, waren sie doch Söhne einer stolzen Nation, die nun, mit dem Stigma der Niederlage behaftet, einem Leben zwischen düsteren Kerkermauern entgegengingen. Aber damit waren die Transporte noch immer nicht zu Ende. Es galt, die vierzig Mann, die die Atropos der Nightingale zur Verfügung gestellt hatte, durch eine andere Mannschaft zu ersetzen. Die Abgelösten kamen hager und hohlwangig, schmutzig und mit dichten Stoppelbärten an Bord zurück, sie schliefen schon im Boot auf ihren Duchten ein und sackten, kaum daß sie das Deck betreten hatten, wie Tote zwischen den Geschützen zusammen. Das war kein Wunder, da sie immerhin elf Tage und Nächte ununterbrochen geschuftet hatten, um die zerschossene Nightingale nach ihrem Siege einbringen zu helfen.
Es gab so viel zu tun, daß Hornblower erst am Abend Zeit fand, die beiden an ihn gerichteten Briefe zu öffnen, die ihn mit der Post erwarteten. Der zweite davon war erst sechs Wochen alt, er hatte eine rasche Reise von England hierher gemacht und auch nicht lange zu warten brauchen, bis die Atropos in Palermo, dem Stützpunkt der Mittelmeerflotte, einlief. Maria war wohlauf und den Kindern ging es gut. Der kleine Horatio, schrieb sie, sei nun schon ganz sicher auf den Beinen und laufe herum wie ein Wiesel. Das kleine Mariechen sei ein Herzensschatz, sie schreie fast nie, obwohl allem Anschein nach bereits der erste Zahn durchbrechen wolle, was bei einem fünf Monate alten Kind immerhin erstaunlich sei. In Southsea, bei ihrer Mutter, fühlte sie sich wohl, allerdings sehne sie sich oft sehr nach ihrem Mann, und dann würden die Kinder von der Großmutter so verwöhnt, daß sich ihr Liebster wahrscheinlich dagegen verwahren würde.
Briefe von zu Hause, Berichte über kleine Kinder und häusliche Nichtigkeiten, das war, als teilte sich für einen Augenblick der Vorhang vor einer anderen Welt, die mit der seinen hier nichts gemein hatte, denn für ihn gab es doch nur Gefahren, Härten und unerträgliche Belastungen... Der kleine Horatio lief auf geschäftigen Beinchen herum, und Mariechen bekam ihren ersten Zahn, während die Armeen des

Tyrannen von Nord nach Süd durch ganz Italien marschierten und jetzt an der Straße von Messina versammelt waren, um im geeigneten Augenblick den Sprung übers Meer zu wagen und sich auch Sizilien zu unterwerfen. Nur eine Meile Wasser – und die britische Navy – standen ihren Absichten im Wege. England kämpfte um sein Leben gegen ganz Europa, das sich ein einziger Mann mit dämonischer Tatkraft und Schläue gefügig gemacht hatte.

Nein, nicht gegen ganz Europa, noch hatte England ein paar Bundesgenossen – Portugal unter seiner geisteskranken Königin, Schweden unter einem wahnsinnigen König, und dieses Sizilien hier mit einem Herrscher ohne Wert und Würde. Ferdinand, König von Neapel und Sizilien, oder wie es hieß, König beider Sizilien, war böse, grausam und selbstsüchtig. Sein Bruder, der König von Spanien, war Bonapartes engster Bundesgenosse, Ferdinand aber übertraf den Großtyrannen Bonaparte noch an tyrannischer Grausamkeit und war überdies treulos und unzuverlässig. Den einen seiner beiden Throne hatte er eingebüßt, auf dem zweiten hielt er sich nur mit Hilfe der britischen Flotte – dennoch hätte er auch diesen Bundesgenossen um den Sinnengenuß eines Augenblicks bedenkenlos preisgegeben. Seine Gefängnisse waren mit politischen Häftlingen überfüllt, und seine Galgen bogen sich unter der Last der Opfer willkürlichen Argwohns. Während in allen Teilen der Welt tüchtige, tapfere Männer litten und starben, vergnügte sich Ferdinand in seinen sizilianischen Reservaten mit Jagden, spann seine Frau, die grundschlechte Königin, ihre Netze aus Lügen, Intrigen und Verrat – schrieb seine Maria ihre einfachen Briefchen über die Kinder.

Es war besser, er kümmerte sich um seinen Dienst, als daß er weiter über diese unlösbaren Widersprüche nachsann. Vor ihm lag ein Schreiben von Lord William Bentinck, dem britischen Gesandten in Palermo: »Die letzten Nachrichten des Kommandierenden Admirals im Mittelmeer besagen, daß der Admiral schon in allernächster Zeit mit seinem Flaggschiff in Palermo zu erwarten ist. Seine Exzellenz habe daher gebeten, Kapitän Hornblower davon in Kenntnis zu setzen, daß es Seiner Exzellenz empfehlenswert erschiene, die Instand-

setzung Seiner Majestät Schiff Atropos unmittelbar in Angriff zu nehmen. Seine Exzellenz werde die Staatswerft Seiner Sizilianischen Majestät ersuchen, Kapitän Hornblower jede von ihm gewünschte Unterstützung zu gewähren.«
Lord William war vielleicht, nein sicherlich, ein ausgezeichneter Mann mit liberalen Anschauungen, die man bei einem Herzogssohn kaum erwartete, aber von der Arbeitsweise einer sizilianischen Werft hatte er offenbar keine Ahnung. Während der drei folgenden Tage erreichte Hornblower mit aller Hilfe der sizilianischen Behörden überhaupt nichts. Turner debattierte mit den Leuten pausenlos in der Lingua franca, Hornblower ließ alles Prestige beiseite und tat ihnen auf französisch schön, wobei er seinen Worten a's und o's anhängte, um sie den Italienern verständlich zu machen. Aber selbst wenn seine Anliegen begriffen waren, gingen sie darum noch längst nicht in Erfüllung. Segeltuch? Tauwerk? Bleiplatten zum Dichten von Schußlöchern? Sie taten, als hätten sie nie von solchen Dingen gehört. Als die drei Tage um waren, warpte Hornblower seine Atropos wieder in den Hafen hinaus und machte sich daran, sein Schiff mit eigenen Mitteln und mit den eigenen Leuten instand zu setzen. Er spannte die Besatzung trotz der Sonnenhitze tüchtig ein und sagte sich nicht ohne Schadenfreude, daß Kapitän Ford mit seiner Nightingale, die zum Kielholen in der Werft lag, bedeutend größere Schwierigkeiten hatte als er. Ford hatte sein Schiff zum Dichten der Unterwasserlecks ganz auf die Seite legen müssen und war gezwungen, die an Land gegebene Ausrüstung durch Posten bewachen zu lassen, damit sie ihm die Sizilianer nicht davontrugen, während seine eigenen Leute in den Gassen und Gäßchen von Palermo untertauchten und dort dem feurigen Wein zuliebe ihr letztes Hemd versetzten.
Hornblower war froh, als die Ocean mit der Vizeadmiralsflagge im Vortopp eines Tages stolz in den Hafen glitt. Er konnte melden, daß sein Schiff binnen vierundzwanzig Stunden in jeder Hinsicht see- und gefechtsklar sein konnte, und rechnete bestimmt damit, daß er daraufhin sogleich den Befehl erhielt, zur Flotte zu stoßen. Das konnte ihm gar nicht früh genug geschehen.

Wie erwartet, bekam er den Befehl auch noch am gleichen Abend, als er sich an Bord gemeldet hatte, um mündlich über seine Unternehmungen zu berichten und die schriftliche Fassung seines Berichts vorzulegen. Collingwood hörte sich aufmerksam an, was er zu sagen hatte, beglückwünschte ihn sehr herzlich zu seinem Erfolg und geleitete ihn zuletzt mit gewohnter Höflichkeit bis ans Fallreep.
Selbstverständlich hielt er auch Wort und sandte ihm alsbald den in Aussicht gestellten Befehl. Hornblower las ihn in der Stille seiner Kajüte, sobald ihn die Gig der Ocean abgeliefert hatte. Er wurde darin kurz und bündig ›ersucht und angewiesen, am übermorgigen Tag, dem siebzehnten dieses Monats‹, auf dem schnellsten Wege die Insel Ischia aufzusuchen, sich dort bei Kommodore Harris zu melden und dann zu dem Geschwader zu stoßen, das Neapel blockierte.
Demzufolge war die Besatzung der Atropos den ganzen folgenden Tag hindurch vollauf damit beschäftigt, die letzten Vorbereitungen zum Inseegehen zu treffen. Hornblower hatte kaum einen Blick für das Getriebe, das rings um die Ocean herrschte – was sollte man auch anderes erwarten, wenn der Kommandierende Admiral mit seinem Flaggschiff die Residenz seines Alliierten besuchte? Er ärgerte sich nur, daß seine Leute die Arbeit unterbrechen mußten, als der Admiral mit seinem Boot vorüberger**u**dert kam, und erst recht, als später auch noch die königliche Staatsbarke mit der sizilianischen Flagge und dem bourbonischen Lilienbanner sein Schiff passierte, um der Ocean einen Besuch abzustatten. Aber auch das gehörte eben mit dazu.
Als die Sonnenglut des Nachmittags allmählich der köstlichen Abendkühle wich, fand er noch Zeit, mit seinen Leuten einmal nach der neuaufgestellten Schiffsrolle zu exerzieren – es hatte ja so viele Ausfälle gegeben, daß die ganze Besatzung neu eingeteilt werden mußte. Er stand in der Glut des Sonnenuntergangs auf seinem Achterdeck und verfolgte, wie die Männer soeben nach dem Setzen der Marssegel aus den Toppen niederenterten.
»Signal vom Flaggschiff, Sir«, meldete Smiley und schreckte ihn damit aus seiner Sammlung auf. »Admiral an Atropos: Kommen Sie an Bord.«

»Gig klar!« befahl Hornblower. »Mr. Jones, Sie übernehmen solange das Kommando.«
Er eilte, so rasch es ging, nach unten, fuhr in seine bessere Uniform und turnte dann eilends die Bordwand hinunter, wo ihn die Gig bereits erwartete. Collingwood empfing ihn in seiner Kajüte, die er noch so gut in Erinnerung hatte. Heute waren die silbernen Lampen schon angezündet, in den Kästen unter den großen Heckfenstern blühten seltene Blumen, deren Namen er nicht kannte. Der Admiral sah ihn so merkwürdig an, seine Miene drückte sowohl Bedauern als auch Mitleid aus, zugleich aber machte er einen etwas gereizten Eindruck. Was bedeutete das? Hornblower verhielt unwillkürlich den Schritt und fühlte, wie ihm das Herz im Halse klopfte. Im letzten Augenblick erst fiel ihm seine Verbeugung ein. Wie der Blitz durchfuhr es ihn, daß sich Ford über sein Verhalten beim letzten Gefecht ungünstig ausgelassen haben könnte. Drohte ihm jetzt gar ein Kriegsgericht und damit womöglich der Ruin?
Neben Collingwood stand ein großer eleganter Herr in Gala mit Band und Ordensstern.
»Mylord«, sagte Collingwood, »dies ist Kapitän Horatio Hornblower. Wie ich höre, haben Sie schon mit Seiner Lordschaft korrespondiert, Herr Kapitän. Lord William Bentinck.«
Hornblower verbeugte sich ein zweites Mal. Trotz aller Wirrnis sagte ihm sein fieberndes Gehirn, daß das Gefecht mit der Castilla hier nicht zur Sprache kommen konnte, weil das den Gesandten doch nichts anging. Außerdem hätte Collingwood schmutzige Wäsche der Marine unter keinen Umständen vor einem Außenstehenden gewaschen.
»Wie geht es Ihnen, Sir?« fragte Lord William.
»Oh, danke Mylord, ausgezeichnet.«
Die beiden Lords blickten Hornblower immer noch an. Hornblower erwiderte ihre stummen Blicke und versuchte während dieser endlosen Sekunden wenigstens einigermaßen ruhig zu erscheinen.
»Leider habe ich eine schlechte Nachricht für Sie«, sagte Collingwood zuletzt mit ehrlichem Bedauern.
Hornblower versagte es sich zu fragen, was ihn denn erwar-

te, er riß sich nur noch straffer zusammen und versuchte Collingwoods Blick ohne Wanken zu begegnen.
»Seine Sizilianische Majestät«, fuhr Collingwood fort, »braucht ein Schiff.«
»Mylord?«
Hornblower hatte noch keine Ahnung, worauf das Ganze hinauswollte.
»Als Bonaparte das italienische Festland besetzte, fiel ihm auch die sizilianische Flotte in die Hände. Pflichtvergessenheit, Desertion – nun, Sie verstehen, wie es dazu kam. Und die Folge: Seine Majestät hat seitdem kein Schiff mehr zur Verfügung.«
»Das ist mir klar, Mylord.«
Hornblower begann zu erraten, was nun kam.
»Als Seine Majestät heute durch den Hafen fuhr, um die Ocean zu besuchen, fiel ihr die frischgemalte Atropos in die Augen. Wie ich feststellen konnte, haben Sie die Instandsetzung Ihres Schiffs in ausgezeichneter Weise durchgeführt, Herr Kapitän.«
»Gehorsamsten Dank, Mylord.«
»Seine Majestät hält es nicht für angemessen, daß er als Beherrscher einer Insel ganz ohne Schiff ist.«
»Das ist begreiflich, Mylord.«
Jetzt mischte sich Bentinck mit barscher Stimme in das Gespräch.
»Um auf den Kern der Sache zu kommen, Hornblower: der König hat uns um Ihr Schiff gebeten. Es soll von nun an unter sizilianischer Flagge fahren.« (Vgl. ⑫ Karte S. 155)
»Jawohl, Mylord.«
Jetzt war alles gleich. Das Leben hatte seinen Sinn verloren.
»Ich habe Seiner Lordschaft zu verstehen gegeben«, fuhr Bentinck fort, »daß es aus Gründen der Staatsraison angezeigt erscheint, dem Wunsch des Königs zu willfahren.«
Nur weil dieser Einfaltspinsel auf dem Thron ein frischbemaltes Fahrzeug haben wollte ... Hornblower konnte nicht mehr an sich halten, er mußte sich gegen diesen Plan verwahren.
»Ich kann mich nur schwer davon überzeugen, daß so viel Entgegenkommen nötig wäre.«

Seine Exzellenz sah eine Sekunde lang erstaunt auf den jungen Dachs von Kommandanten herab, der sein politisches Urteil in Zweifel zu ziehen wagte, aber Seine Exzellenz wahrte nichtsdestoweniger in geradezu bewundernswerter Weise die Selbstbeherrschung und ließ sich sogar zu einer Begründung seines Verhaltens herab.
»Ich habe hier auf der Insel sechstausend Mann britischer Truppen«, sagte er in seiner barschen Art, »das heißt, man nennt sie britisch, in Wirklichkeit bestehen sie zur Hälfte aus korsischen Reitern und Chasseurs Brittaniques – französischen Deserteuren in englischen Uniformen. Dennoch kann ich mit ihnen die Straße von Messina gegen Bonaparte halten, solange der König mitmacht. Tut er es nicht und fällt uns die sizilianische Armee in den Rücken, dann sind wir verloren.«
»Sie haben sicher schon einiges über diesen König gehört«, warf Collingwood begütigend ein.
»Bis jetzt nur wenig, Mylord.«
»Er ist imstande, um einer Laune willen alles zugrunde zu richten«, sagte Bentinck. »Da Bonaparte jetzt eingesehen hat, daß er die Straße von Messina nicht so ohne weiteres überschreiten kann, möchte er nur zu gerne zu einer Verständigung mit Ferdinand kommen. Er versprach ihm, daß er seinen Thron behalten könne, wenn er auf ein Bündnis mit ihm eingehe. Und Ferdinand ist durchaus fähig, auf einen solchen Handel einzugehen. Es macht ihm nichts aus – so meint er wenigstens jetzt –, französische Besatzungstruppen statt der englischen im Land zu haben und ein Satellit Bonapartes zu werden – wenn er uns damit nur eins auswischen kann.«
»Ich begreife jetzt Ihren Standpunkt, Mylord«, sagte Hornblower.
»Wenn ich mehr Truppen hier hätte, würde ich ganz anders mit ihm reden«, sagte Bentinck, »aber zur Zeit . . .«
»Die Atropos ist das kleinste Schiff, das ich hier im Mittelmeer unter mir habe«, sagte Collingwood.
»Und ich bin der jüngste Kommandant«, sagte Hornblower. Er konnte sich dieser bitteren Bemerkung nicht entschlagen und vergaß dabei sogar die Anrede Mylord.

»Das stimmt nicht minder«, sagte Collingwood.
In einer Marine, in der Zucht und Ordnung herrschte, konnte man einen Offizier nur als Narren bezeichnen, wenn er sich über die Behandlung beklagte, die er auf Grund seines Dienstalters erfuhr. Die ganze Geschichte war für Collingwood ohnehin peinlich genug.
»Ich verstehe, Mylord«, sagte Hornblower.
»Lord William hat Ihnen einige Vorschläge zu machen, die vielleicht geeignet sind, die Härte des Schlages etwas zu mildern«, sagte Collingwood, und Hornblower richtete den Blick auf Seine Exzellenz.
»Sie können das Kommando über die Atropos behalten«, sagte Bentinck; welche Freude, aber nur für einen flüchtigen Augenblick, »wenn Sie in sizilianische Dienste übertreten. Seine Majestät wird Sie zum Kommodore ernennen und Sie bekommen das Recht, den Breitwimpel zu führen. Ich bin außerdem überzeugt, daß er Ihnen einen hohen Orden verleihen wird.«
»Nein«, sagte Hornblower. Das war die einzige Antwort, die es darauf gab.
»Ich dachte mir, daß Sie nein sagen würden«, bemerkte Collingwood. »Aber wenn ein Brief von mir an die Admiralität auch nur die geringste Wirkung hat, dann können Sie damit rechnen, bei Ihrer Rückkehr nach England sofort Kommandant einer Fregatte zu werden, wie es Ihnen nach Ihrem gegenwärtigen Dienstalter zusteht.«
»Gehorsamsten Dank, Mylord. Ich soll also nach England zurück?«
So gab es wenigstens ein kurzes Wiedersehen mit Maria und den Kindern.
»Ich sehe keine andere Möglichkeit, obwohl ich Ihnen versichern kann, daß es mir aufrichtig leid tut. Wenn die Herren Lords in der Lage wären, Sie mit Ihrem neuen Schiff hierher zurückzusenden, dann würde sich darüber niemand herzlicher freuen als ich.«
»Wie beurteilen Sie Ihren Ersten Offizier?« fragte Bentinck.
»Nun, Mylord . . .« Hornblowers Blick wanderte von Bentinck zu Collingwood. Es war alles andere als erfreulich, sich vor einem Außenstehenden abfällig über einen anderen Offi-

zier äußern zu müssen, auch wenn er nur eine Niete war wie Jones. »Er ist kein übler Mensch, die Tatsache, daß er in der Leutnantsliste als John Jones der Neunte figuriert, mag seine Beförderung verzögert haben.«
Bentinck blinzelte verständnisinnig.
»Ich möchte wetten, daß er in der sizilianischen Rangliste John Jones der Erste wäre.«
»Bestimmt, Mylord.«
»Wie ist es, meinen Sie, er wäre bereit, als Kommandant in den Dienst des Königs beider Sizilien zu treten?«
»Ich wäre überrascht, wenn er dieses Angebot ausschlüge.«
Hier bot sich Jones bestimmt die einzige Möglichkeit, überhaupt noch Kapitän zu werden. Wahrscheinlich war er sich auch darüber im klaren, wenn er seine eignen Mängel im stillen auch noch so entschuldbar fand.
Jetzt mischte sich Collingwood wieder in die Unterhaltung.
»Joseph Bonaparte drüben in Neapel hat sich soeben gleichfalls zum König beider Sizilien proklamiert, jetzt haben wir also glücklich vier Sizilien.«
Darüber mußten sie alle lächeln, aber schon im nächsten Augenblick brach das ganze Unglück wieder über Hornblower herein. Mußte er nicht mit einem Schlag alles hergeben? Sein gutes Schiff, das ihm seinen vollendeten Trimm verdankte, die Besatzung, die er mit solcher Sorgfalt ausgebildet hatte, und dazu noch sein ehrenvolles Kommando im Mittelmeer. Er wandte sich an Collingwood.
»Ich bitte um Ihre weiteren Befehle, Mylord.«
»Die bekommen Sie schriftlich. Mündlich befehle ich Ihnen, nichts zu unternehmen, ehe Sie dienstlich davon erfahren, daß Ihr Schiff die Flagge wechseln soll. Ich werde Ihre Besatzung auf meine Flotte verteilen – die Leute sind mir hochwillkommen.«
Das konnte man sich denken. Wahrscheinlich war jedes Schiff in Collingwoods Flotte unterbemannt und konnte eine Anzahl vollwertiger Seeleute gut gebrauchen.
»Aye, aye, Mylord.«
»Den jungen Fürsten nehme ich zu mir aufs Flaggschiff – ich habe grade eine Stelle frei.«
Der Junge hatte nun grade sieben Monate auf einer Glatt-

deckskorvette hinter sich, wahrscheinlich hatte er da mehr gelernt, als er sich in sieben Jahren auf einem Flaggschiff aneignen konnte.
»Aye, aye, Mylord.« Hornblower mußte einen Augenblick innehalten, es fiel ihm bitter schwer weiterzufragen: »Und Ihre Befehle für mich persönlich?«
»Die Aquila – ein leerer Truppentransporter – läuft in allernächster Zeit nach Portsmouth aus – ohne Geleit, weil sie ein schnelles Schiff ist. Der monatliche Geleitzug sammelt sich zur Zeit, ist aber längst nicht vollzählig. Wie Sie wissen, habe ich nur bis Gibraltar für Seegeleit zu sorgen. Sollten Sie also Wert darauf legen, an Bord eines Kriegsschiffs zu reisen, dann müßten Sie dort umsteigen. Soweit ich heute übersehen kann, wird diesmal die Penelope den Geleitschutz übernehmen. Außerdem will ich die alte Temeraire nach England schicken, sobald ich sie entbehren kann – wann das allerdings sein wird, das wissen die Götter.«
»Jawohl, Mylord.«
»Es wäre mir lieb, wenn Sie selbst die Wahl unter diesen Fahrgelegenheiten treffen würden, Herr Kapitän. Mein Befehl wird dann Ihren Wünschen entsprechend lauten. Sie können mit der Aquila oder der Penelope reisen – oder wollen Sie lieber die Temeraire abwarten? Ich richte mich ganz nach Ihrem Wunsch.«
Die Aquila ging sofort nach Portsmouth in See, sie war ein schnelles Schiff und segelte außerdem allein. Fuhr er mit ihr, dann konnte er in einem Monat, bei gutem Wind sogar schon eher, in Portsmouth an Land steigen, kaum eine halbe Wegstunde von dem Haus, in dem Maria mit seinen Kindern lebte. In Monatsfrist war er dann auch imstande, sich bei der Admiralität um ein neues Kommando zu bewerben. Vielleicht bekam er dann wirklich die Fregatte, von der Collingwood eben gesprochen hatte – er durfte nur keine Zeit verlieren. Je eher man zur Stelle war, desto besser. Und außerdem wollte er ja auch Maria und die Kinder so bald wie möglich wiedersehen.
»Dann erlaube ich mir, um meine Einschiffung auf der Aquila zu bitten, Mylord.«
»Das habe ich nicht anders erwartet.«

So sah also die Neuigkeit aus, die Hornblower auf sein Schiff zurückbrachte. Die kahle kleine Kajüte, zu deren Ausstattung er nie Zeit gefunden hatte, mutete ihn bei seinem Eintritt plötzlich so heimelig an, daß ihm das Herz schwer wurde. Wie schon so oft, ruhte sein Kopf auch diesmal wieder schlaflos auf dem Segeltuchkissen, als er sich endlich dazu aufgerafft hatte, in die Koje zu gehen.
Es tat ihm merkwürdig weh, von den Offizieren und Männern Abschied nehmen zu müssen, ob sie nun etwas taugten oder nicht, wenn er sich auch eines Lächelns nicht erwehren konnte, als ihm Jones in der prächtigen Uniform eines Kapitäns der sizilianischen Marine entgegentrat, und als er der zwanzig Freiwilligen aus der Besatzung ansichtig wurde, die Jones in sizilianische Dienste mitübernehmen durfte. Das waren natürlich alles notorische ›Päckchen‹, und die anderen zogen sie mächtig auf, weil sie den Rum und das Hartbrot Altenglands gegen die Pasta asciuta und den täglichen Krug Wein Siziliens eintauschen wollten. Aber sogar von diesen Päckchen fiel ihm der Abschied bitter schwer – weil er eben ein wirklich sentimentaler Dummkopf war, wie er selbst meinte.
Es folgten zwei endlose Tage des Wartens, bis die Aquila endlich in See ging. Bentinck hatte ihm empfohlen, sich die Palastkapelle anzusehen oder einen Wagen nach Monreale zu nehmen, um dort die berühmten Mosaiken zu betrachten, aber er benahm sich wie ein trotziges Kind und lehnte beides ab. Die Märchenstadt Palermo kehrte der See den Rücken, und Hornblower kehrte Palermo den Rücken, bis die Aquila endlich ihre Reise antrat. Als sie im Begriff war, den Monte Pellegrino zu runden, stand er achtern an der Heckreling und blickte auf seine Atropos zurück, die dort vor Anker lag, auf die Nightingale, die in der Werft ihren Kiel zeigte, auf die Paläste der Stadt im Hintergrund. Er fühlte sich einsam und verlassen, als überflüssiger Fahrgast, der in dem Getriebe beim Inseegehen überall im Wege stand.
»Mit Verlaub, Sir«, sagte ein Matrose, der grade an das Piekfall eilen wollte – es hätte nicht viel gefehlt, und der Mann hätte ihn beiseite gestoßen.

»Guten Morgen, Sir«, begrüßte ihn der Kapitän des Schiffes und kehrte ihm dann sofort den Rücken, um den Männern an den Großmarsschoten Befehle zuzurufen. Der Kapitän eines gecharterten Transporters hatte nicht die geringste Lust, einem Kapitän der Königlichen Kriegsmarine Gelegenheit zu kritischen Bemerkungen über seine Schiffsführung zu geben. Diese Seeoffiziere gestanden ja vor lauter Einbildung kaum zu, daß es zwischen ihnen und dem lieben Gott immerhin noch ein paar Admirale gab.
Die Aquila dippte ihre Flagge vor dem Flaggschiff, und die Ocean erwiderte den Gruß, langsam sank ihre Kriegsflagge nieder und stieg dann wieder empor. Das war Hornblowers letzte Erinnerung an Palermo und an seine Fahrten mit der Atropos. Die Aquila braßte ihre Toppen rund, bekam den ersten Hauch der Landbrise zu fassen und glitt mit nördlichem Kurs nach See hinaus. Sizilien verschwamm allmählich im Dunst der Ferne, und Hornblower ging jetzt allen Ernstes seiner unerklärlichen Niedergeschlagenheit zu Leibe, indem er sich vorhielt, daß er ja auf dem Wege zu Maria und seinen Kindern war. Er versuchte, sich an der Vorstellung zu begeistern, daß ihn ein neues Kommando und neue Abenteuer erwarteten. Collingwoods Flaggleutnant hatte ihm als Neuestes aus London erzählt, daß die Admiralität immer noch so viele Schiffe in Dienst stelle, wie die Werften irgend klarmachen und ausrüsten könnten. Darunter sei eine Fregatte, die Lydia, die ebenfalls grade zur Indienststellung vorbereitet werde und die für ihn seinem Dienstalter nach genau das richtige Schiff wäre. Aber es dauerte noch lange, bis er sich wirklich damit abfand, daß man ihm sein Schiff genommen und seine Hoffnungen durchkreuzt hatte; es dauerte genau so lange, wie der Kapitän der Aquila dazu brauchte, sich daran zu gewöhnen, daß er täglich seine Mittagsbreite nahm, so lange, wie sich die Tage zu dehnen schienen, bis die Aquila endlich die Straße von Gibraltar erreichte und in den Atlantik hinaussteuerte.
Außerhalb der Enge von Gibraltar erwartete sie der Herbst mit den heulenden Weststürmen der Tag- und Nachtgleiche, die einer um den anderen über sie hinbrausten. Glücklicherweise hatten sie genügend West gemacht und lagen daher in

sicherer Entfernung von der portugiesischen Küste, als sie erst auf der Höhe von Lissabon, dann auf der Höhe von Porto und schließlich in der Bucht von Biskaya lange Stunden beiliegen mußten. Mit den Ausläufern des letzten Sturmes jagten Sie mit rasender Fahrt in den Kanal hinein, das Schiff war böse vom Sturm zerzaust und leckgesprungen, die Männer standen ohne Pause an den Pumpen, und die Marssegel waren immer noch dreifach gerefft. Dort lag die wohlvertraute Küste Englands im Dunst der Ferne, Hornblower verschlug es den Atem, als er ihre verschwommenen Umrisse erspähte. Das war Start Point, dann endlich kam Kap St. Catharine in Sicht, und jetzt erhob sich die Frage, ob es ihnen gelang, in Lee der Insel Wight zu laufen, oder ob sie dazu verurteilt waren, über ihr Ziel hinaus weiter kanaleinwärts zu jagen.

Doch der Wind meinte es gut mit ihnen, er krimpte ein wenig und gab ihnen so die Möglichkeit, in die geschützten Gewässer des Spithead einzulaufen. Die Insel Wight mit ihren unwahrscheinlich grünen Matten lag jetzt zu ihrer Linken, und Portsmouth kam allmählich voraus in Sicht. Als endlich der Anker fiel, herrschte plötzlich eine Ruhe und ein Frieden um das Schiff, daß einem der ganze Aufruhr draußen vorkam wie ein böser Traum.

Ein Mietboot brachte Hornblower zum Sally Port, ein Gefühl der Rührung stieg in ihm auf, als er seinen Fuß wieder auf englischen Boden setzte. Er stieg die steinerne Treppe hinauf und genoß den Anblick des wohlbekannten Stadtbildes von Portsmouth. Einer der Bollwerkslöwen, ein alter, gebeugter Mann, eilte auf gichtischen Beinen davon, um seinen Karren herbeizuholen, während Hornblower immer noch um sich blickte. Als er wieder erschien, mußte ihm Hornblower dabei helfen, seine Seekisten aufzuladen.

»Danke, Käpt'n«, sagte der Alte. Er gebrauchte die Anrede rein gefühlsmäßig, da er ja nicht wissen konnte, wen er vor sich hatte.

Bis jetzt ahnte niemand – nicht einmal Maria –, daß Hornblower wieder in England war. Auch von den letzten Taten der Atropos, vor allem von der Wegnahme der Castilla, war in England noch nichts bekannt. Die Abschriften der Berichte

Fords und Hornblowers an Collingwood lagen noch an Bord der Aquila unter der Obhut ihres Kapitäns in dem versiegelten Postsack, der ›Zur Unterrichtung Ihrer Lordschaften‹ an den Sekretär der Admiralität adressiert war. Noch ein paar Tage, dann standen diese Berichte vielleicht in der Gazette, unter Umständen nahmen sogar der Naval Chronicle und die Tageszeitungen davon Notiz. Natürlich entfiel bei dieser Angelegenheit der Löwenanteil an Ehre und Verdienst auf Ford, immerhin, ein paar Krümel würden dabei wohl auch für ihn, Hornblower, abfallen. Die Aussicht darauf schien doch so günstig zu sein, daß sich Hornblowers Stimmung beträchtlich hob, während er seinem Ziel zustrebte und die hölzernen Räder des Karrens hinter ihm über die Kopfsteine ratterten.
Der Schmerz des Abschieds von seiner Atropos war nun so ziemlich vergessen. Er war wieder in England und strebte so rasch, wie es die Beine des alten Mannes hinter ihm erlaubten, zu seiner Maria; er war fürs erste frei von jeder Belastung seiner Geduld und seiner Ausdauer, frei, eine Weile sein häusliches Glück zu genießen, frei, seinen ehrgeizigen Träumen von der Fregatte nachzuhängen, die ihm Ihre Lordschaften bald anvertrauen mochten, frei, endlich einmal ganz gelöst Marias glücklichem Geplauder über die Dinge des Alltags zuzuhören, während der kleine Horatio munter durchs Zimmer sprang und Mariechen mit aller Kraft seine Beine zu umklammern suchte. Das Rattern der Karrenräder trommelte zu diesen Träumen just den richtigen lustigen Takt.
Da stand das Haus, da war die wohlvertraute Tür. Er hörte drinnen das Echo, als er den Klopfer fallen ließ, und half dann dem alten Mann beim Abladen der Kisten. Als das fertig war, drückte er ihm einen Shilling in seine zitternde Hand und wandte sich eilends wieder zur Tür, weil er hörte, daß geöffnet wurde. Maria stand mit einem Kind auf dem Arm vor ihm. Sie stand in der Tür und starrte ihn eine lange Sekunde hindurch an, ohne ihn zu erkennen. Als sie endlich Worte fand, klang ihre Stimme ganz benommen.
»Horry!« sagte sie, »Horry!«
In ihrer Fassungslosigkeit konnte sie nicht einmal lächeln.

»Da bin ich wieder, mein Schatz«, sagte Hornblower.
»Und ich – dachte, du wärst der Apothekerdoktor«, sagte Maria stockend. »Die – die Kinder sind krank.«
Sie hielt ihm das Kleine auf ihrem Arm entgegen, damit er sich überzeugen konnte. Das mußte die kleine Maria sein – dieses gerötete, fiebernde Gesichtchen war ihm ja noch ganz unbekannt. Da schlug das Kind die Augen auf, aber es schloß sie gleich wieder, weil ihm das Licht weh tat, wandte das Köpfchen mit einer ungehaltenen Bewegung ab und gab einen leisen, klagenden Ton von sich.
»Sch – sch«, machte Maria, drückte die Kleine wieder an ihre Brust und beugte den Kopf besorgt über das wimmernde Bündel. Dann wandte sie sich wieder an Hornblower.
»Du mußt hereinkommen«, sagte sie, »die – die Kälte! Da schlägt sich das Fieber leicht nach innen.«
Alles war noch genauso wie früher: die Diele, das Zimmer daneben, wo er um Marias Hand angehalten hatte, die Treppe zum Schlafzimmer. Dort saß Mrs. Mason, ihr graues Haar sah sogar hier im Zwielicht hinter den schweren Vorhängen unfrisiert aus.
»Ist es der Apothekerdoktor?« fragte sie, ohne den Kopf von dem Bett zu heben, über das sie sich beugte.
»Nein, Mutter, Horry ist's, er ist wieder da.«
»Horry? Horatio?«
Jetzt erst blickte Mrs. Mason auf, um sich zu vergewissern, daß ihre Tochter nicht träume. Hornblower trat an das Bett. Drinnen lag, halb zur Seite gewandt, ein winziges Menschlein. Nur eine Hand war unter der Decke hervorgekrochen und klammerte sich an Mrs. Masons Finger.
»Er ist krank«, sagte Mrs. Mason, »der arme kleine Mann. Er ist so krank.«
Hornblower kniete sich neben das Bett und beugte sich über seinen Sohn. Er streckte die Hand nach ihm aus und berührte die fiebernde Wange. Dann, als der Junge den Kopf ein wenig in den Kissen drehte, strich er ihm sacht über die Stirn. Sie fühlte sich seltsam an, diese Stirn – als ob man durch Samt hindurch kleine Schrotkörner spürte. Hornblower wußte, was das bedeutete. Er wußte es nur zu genau, aber er mußte sich erst vorsagen, daß ein Irrtum ausgeschlos-

sen war, ehe er sich den Frauen eröffnete: Es waren die Pokken.

Ehe er sich wieder von den Knien erhob, war er sich noch über ein zweites klargeworden: daß er auch in diesem Augenblick eine Pflicht zu erfüllen hatte. Außer den Pflichten gegen König und Vaterland, den Pflichten gegen die Navy, gab es für ihn auch eine Aufgabe an Maria zu erfüllen. Maria brauchte seinen tröstenden Zuspruch. Sie brauchte ihn jetzt und in aller Zukunft, solange dieses Erdenleben währte.

1 Hornblower übernimmt das Ruder 5

2 Themseabwärts 26

3 Befehlshaber der Leichenparade 40

4 Von Deptford bis Westminster 54

5 Die Uhr 83

6 Audienz beim König 92

7 Seeklar 106

8 In den Downs 128

9 Zur Mittelmeerflotte 153

10 Baron von Eisenbeiß 176

11 Die Marmaris-Bucht 194

12 McCullum wird operiert 212

13 Taucher an der Arbeit 226

14 Wünsche des Mudirs 243

15 Sprengung des Wracks 256

16 Gold und Silber 267

17 Türkische Taktik 277

18 Nächtliche Flucht 293

19 Gelungene Täuschung 304

20 Kaperung der Castilla 319

21 Ein schwerer Schlag 338

KARTEN

Von Gloucester nach Deptford 11

Die Themse von Deptford bis Westminster 59

Die Downs 131

Das Mittelmeer 155

Die Marmaris-Bucht 211